内容類型学の原理

G.A.クリモフ [著]

石田修一 [訳]

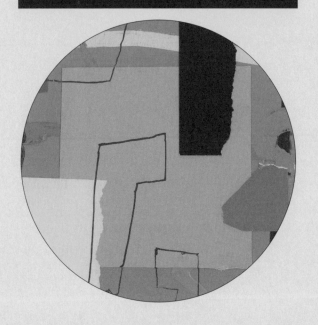

АКАДЕМИЯ НАУК СССР
ИНСТИТУТ ЯЗЫКОЗНАНИЯ

Г. А. КЛИМОВ
ПРИНЦИПЫ КОНТЕНСИВНОЙ ТИПОЛОГИИ

Copyright © 1983 by G. A. Klimov

Japanese translation rights arranged with URSS PUBLISHING GROUP
through Japan UNI Agency, Inc.

装画＝安田みつえ
装丁＝三省堂デザイン室

内容類型学の原理

G. A. クリモフ［著］

石田　修一　［訳］

本書は、諸種の形式類型学とは異なる内容類型学の特徴づけを行う。ここでは、内容類型学的な研究の理論と方法論上の、また言語資料の分類上の諸問題について検討する。研究分野の歴史的側面に特に注意を払う。この分野における我が国の諸研究の豊かな伝統もまた国外の諸学者の重要な研究諸業績も顧慮する。

編集主幹

文学博士

M. M. グフマン

目　次

序 ……………………………………………………………… *1*
第 1 章　内容類型学の一般原理 ………………………………… *9*
第 2 章　内容類型学的言語分類の問題 ………………………… *93*
第 3 章　内容類型学的研究の歴史的側面 ……………………… *173*
結語 …………………………………………………………… *257*
SUMMARY …………………………………………………… *275*
訳者あとがき ………………………………………………… *281*
索引 …………………………………………………………… *295*

序

　将来、類型学の役割は、他の基本的な言語学分野の中で益々増大して行くだろうといういくらかの言語学者等の予告は、恐らく現在すでに立証され始めていよう。最近数十年の間に、言語学諸研究状況全般の中で類型学的な研究の比重は、実質的に増大している。類型学の進歩は、言語類型の概念に関りのない他の種類の多数の構造的言語研究の類——対照言語学、言語性格学、言語普遍論——が、類型学そのものから逐次分離して来ていることに現れている。類型学の進歩は、次第に通時的類型学として確立しつつあることが、感触されるのである。そして結局、類型学そのものの中で形式類型学と内容類型学への内的分化が顕著であることも、類型学の進歩の明白な証拠と考えるべきである。

　周知のごとく、現代言語学の最たる特徴の一つは、言語学者の、言語の意味面への注視を反映した、内容に定位した類型学研究の規模が急激に増大しつつあることである。すでに 30–40 年代にソヴィエトの言語学者等が率先したこれらの研究は、現在では広い国際的な言語研究の流れとなり、欧米の文献ではこれは特に関係文法（relational grammar）ないしは関係類型学（relational typology）として現れている。このことに関しては、例えば、現代の国外の言語学で能格性一般論（一般能格論 общая теория эргативности, a general theory of ergativity）の問題群に対する関心が極めて増大してい

る、といえば十分である。

　誤解が起り得るのを避けるために、早速、本研究における「内容類型学」という用語そのものの説明をしておく必要がある。他の多数の最近の諸研究の実際のように、ここでこの用語が表しているのは、言語の内容面の類型学ではない。そうした研究が望ましいことについてはいくらかの言語学者が書いたし、またカツネリソン（С.Д. Кацнельсон）の周知の研究は、すでにその実現における一定の前進であった[1]。同様にして、ハルトマン（P.Hartmann）が使う Begriffstypologie（概念類型学）（これは何か語彙論的に定位された学的分野として定義される）という概念も同じく Formentypologie（形式類型学）に対置されるのであるが、上の用語に代るものではない[2]。この用語は、ここでは、言語の形式面を、言語に伝達される内容と直接的な関連で研究することを指針とする、それとは別の類型学研究に関係するものである。したがって、用語上の正確さを遵守しようとするならば、内容類型学は、内容に定位した言語類型学（содержательно ориентированная лингвистическая типология [content-oriented linguistic typology]）と呼ぶことができよう。

　具体的諸言語における構造的諸事実間の相互連関に対して科学がすでに蓄積済みの観察に照らして見れば、言語諸現象の記述に資するだけでなく言語諸現象の説明力を自負できる類型学理論を構築していくことが焦眉の課題であることは、ますます鮮明になりつつある。Cf. この点に関連して、自然なありのままの類型的分類法を構築していく必要性が広く感じられること。周知のごとく、現代のいくつかの形式類型学の考え方にも説明的側面は無縁ではない（cf. 例えば、膠着型構造のいくつかの音韻的諸特徴を解釈する上で形態レヴェルの諸事実を参照すること[3]）。しかし、この面ではるかに大きな展

---

[1] See: *Кацнельсон С.Д.* Типология языков и речевое мышление, Л., Изд. «НАУКА», 1972. (Изд. 4. Книжный дом «ЛИБРОКОМ»/URSS, 2009)

[2] *Hartmann P.* Satzstrukturen typologisch und logisch gesehen. — Kratylos. Jg. XI, 1966, H. 1/2, S. 24

[3] Cf. *Серебренников Б.А.* Причины устойчивости агглютинативного строя и вопрос о морфологическом типе языка. — В кн.: Морфологическая типология и проблема классификации языков. М.–Л., 1965, с. 12–14;

望をもつと思われるのは内容類型学であって、それは現象の形式と内容の相関関係における弁証法に立脚して、言語の内容面の、形式面に対する規定性を追究することを前提とするものである。そもそも現代類型学に説明理論の構築に向けた傾向があることを背景として、類型学者等の間に歴史的性格の解釈へ寄せる関心の高まりが見られるのは当然のことである。

　現在、内容類型学の諸問題の検討に対して各論者のアプローチの仕方に如何なる差異があろうとも、そこには内的統一性の特徴が非常に顕著に現れており、それは確実に異類型諸言語の比較ベースそのものの共通性──諸言語における、現実の主体・客体関係の伝達法の分析──から必然的にもたらされたものである（cf. 形式類型学的な研究の分野では、事態は根本的に異なっている）。まさにその点で、内容類型学分野の理論的・方法論的装置の構築及びそれの具体的言語資料への適用面での実際的成果は、かなり速く達成できるという期待が生まれている。

　同時に、内容類型学の今後の発展を著しく阻害するような、またとりわけ言語類型学の一連の一般的諸問題（cf. 言語類型、類型的に関与的な特徴、類型学的言語分類、類型化される諸資料の歴史的解釈、類型学的再建、等の諸問題）が未解決であることに起因する、いくつかの事情についても無視する訳にはいかない。この事情は、つまるところ、現代の類型学研究への体系的かつ歴史的なアプローチの原理の導入が未だ不徹底であることに起因するのである。言語に対する体系的なアプローチという本来の手段の適用がはなはだ不完全であることは、例えば、能格性一般論の分野における最近の一連の研究に現れている（cf. これら諸研究にしばしば見受けられるのは、能格構造の語彙的包含事象 лексическая импликация [lexical implication] の無視、能格構文をその直接的相関項である絶対構文を通り越して直接、主格構文と比較する、という傾向から未だ抜け切れていないこと、等）。言語に輪郭特徴（プロファイル）を象る類型の観点から見た非体系的諸現象の集合の

　Царенко Е.И. К пробкеме структуры скова в агглютинативных языках (на материале языка кечуа), Канд. Дис. М., 1973, с. 117 и след.

中に一定の体系性を見出そうとする態度が研究実践に充分浸透していないことが、史的・類型学的な性格の諸問題の解決を妨げているのである。現代の言語学における「類型学」という用語自体の明らかな脱意味化の多数例（cf.「辞書の類型学」、「音素の弁別特徴の類型学」、「社会言語学的場の類型学」、等のような語用）は脇へ置くとしても、類型学が、起源的（比較歴史的）あるいは地域的アプローチの枠に収まらない、ほとんどあらゆる言語資料解釈の総体だと見なされることが、未だあまりにも多すぎる、という印象が拭い去れない。こうした事情は、言語学者等多数の発言に反映されており、それは、類型学に存在している事態に彼らが不満をもつことを見事に証明するものである[4]。これらの諸問題の解決の困難性は、類型学的問題群自体の客観的な複雑さに依るというよりも、むしろ主観的な要因が研究の遂行に影響する割合が高すぎることに依る、とする専門書の指摘には根拠がある。周知のように、論者の中には、資料分類を扱う他の諸科学が巧みに培って来た方法論的装置に頼ることによってこの困難性を克服しようと提案する者もいる[5]。言語学外の分野の然るべき経験を考慮することには確かに合目的性はあるけれども、当然のことながら、類型学は先ずはこの面で言語学分野そのものの中にある可能性を利用すべきだと思われる。したがって、筆者は、本書に対して提起されている課題の解決に際しては、類型学研究と、起源的研究すなわちすでに久しく方法論的に模範的な言語学をもって自任して来た比較歴史的な研究、との間にある方法論的性格の類似性全体を総合することが可能であるばかりかそれが必要であると考えたのである。この方向では、周知のごとくほんの第一歩を踏み出したにすぎないが[6]、類型学を客観的な価値の面

---

[4] Cf.: *Милевский Т.* Предпосылки типологического языкознания. — В кн.: Исследования по структурной типологии. М., 1963, с. 4; *Horne K.M.* Language typology: 19th and 20th Century Views. Washington, 1966, p. 4; *Altmann G., Lehfeldt W.* Allgemeine Sprachtypologie. Prinzipien und Meßverfahren, München, 1973, S. 10–11.

[5] *Altmann G., Lehfeldt W.* Op. cit., S. 17 et seq.

[6] Cf.: ex.: *Hjelmslev I.* Le Language. Une introduction. Paris, 1966, p. 128; *Рождественский Ю.В.* Типология слова. М., 1969, с. 50–51; *Seiler H.* Das

で（とりわけ、説明力の面で）起源的言語学に比肩される言語学分野に転換していく基幹路線は、まさにこの方向にこそ求めるべきことは疑うべくもない。

　言語類型学の発展に否定的な役割を果たしているもう一つの要因は、専門書において未だに内容に定位した研究と形式類型学的研究との区別がしばしば不分明である、という点にある。特にこの要因は、内容に定位した研究の概念装置に対して形式類型学的研究が採用する概念の側からの多大の干渉を引き起すことになるが、こうした干渉は特に視野の狭い論者等の研究に目立つ。ところが、当然明らかなことであるが、類型化される資料へのアプローチにおける形式的基準への如何なる譲歩も、内容類型学的な研究の展望自体の歪みを生むことになる。

　類型学研究の今後の進歩にマイナスになるもう一つの事情は、容易に見て取れるように、いわゆるヨーロッパ中心主義的な要因が諸言語の記述分析の原則に影響するという点である。内容類型学研究の分野では、この事情は、主格構造の代表言語の記述図式が非主格言語の記述のメタ言語に対してかなり執拗な圧力となる、という点に現れる。（cf. 例えば、活格言語の構造を主格構造組織の用語で特徴づける、という伝統的に行われて来たやり方、能格構文と主格的文構造内の受動構文には構造的に近似性があるとする印象が未だ完全には払拭できていないこと、等々）。最も直近の刊行物においてさえ、こうした多数の間違いから決して脱却していない。Cf. 特に、動詞語の他動性〜自動性特徴による語彙化原理とか、動詞語形の態 залог[voice] による区分とか、主格の機能化、等のような、類型学的に未認定の性格の諸現象についての認識が極めて広く行われていること。

　従来通りの注意が必要になるが、類型学的な一般化の精度は直接的に、類型学研究者の、言語的研究基盤そのものを使いこなす能力如何に掛っている。具体的諸言語の構造的パラメーターについての、現在の諸刊行物にしば

　　Universalienkonzept. — In: *Seiler H*. Linguistic Workshop. 1. München, 1973, S. 13

しば見受けられる不的確な理解が、如何に研究の遂行を誤導せしめるものであるかは、想像に難くない。

多くの類型学研究で、動詞述語のアオリスト形をもつグルジア語の構文では能格構造の規範が遵守されている、と指摘されるが、カルトヴェリ語のどの専門家にも周知のように、実際グルジア語に働いているのは別原則である（ここではすべての他動詞の受動形が通常の主格構文を指定するのに対して、逆に、多数の自動詞が能格式構文 эргативнообразная[ergative-style] конструкция[construction] を指定する、といえば足りている）（[訳者] cf. 能格構文 ergative construction とは別；能格式構文については第2章参照）。

最後に指摘しておかなければならないが、今でもなお現代の類型学徒の努力が分散的であることが強く感じられるのである。大変よくあることであるが、ある学派の代表者が別の学派内で採用されている研究結果について非常に乏しい知識しかもち合せていない（この点で、重要な変化の兆しを告げるのは、1979年にオランダの言語学者等が主導して設立した国際類型学ワーキング・グループである）。しかし、それ以上に科学の発展テンポにとってマイナス要因となるのは、過去から引き継ぐ豊かな類型学研究の内容についての論者等の知識が乏しいこと、また時に全く無知であることである。したがって、例えば、近年公刊された書物の一つは、最近の研究（1978年の研究を引用して）で初めて、能格構文と非能格構文は同一言語の構造の中では互いに排除し合う、という伝統的な（?!）考えの不的確性が証明された、ことを確認している[7]。ところが、いくつかの言語において両構文が共存するという観察は、最も遅い時期のものでも30年代のものであって、これは正に過去の類型学者等の遺産に属するのである。（cf. 特に、メッシャニーノフ [И.И. Мещанинов] のいくつかの研究にある、こうした共存に関する専門的分析）。残念ながら、類型学理論の研究を自負する現代の諸研究にしてからが、同じような誤認が見受けられるのである。さらにそれ以上に論者等の

---

[7] See: *Cartier A*. De-voiced transitive verb sentences in formal Indonesian. — In: Ergativity. Towards a theory of grammatical relations. London–New-York–Toronto–Sydney–San Fransisco, 1979, p. 180

努力の分散性が見られるのは、経験に頼る（empirical）類型学諸研究においてであるが、それぞれの分野の諸研究は通常ある具体的な類型像に立っているからである（この事情は、例えば、能格諸言語を記述する諸刊行物に否定的な形で現れている）。

　結びとして強調しておくが、筆者は、本書において、我が国の1930–40年代の類型学者等の創造的な研究遺産に明、不明の形で含まれている構想全体を発展させるべく心がけたつもりである。このことは、これら遺産が、現代の国外の言語学においてもかなり明確な反応を呼び起こしている状況下ではなおさら正当なことと思われる。これら構想中の最も共通のものは、言語資料の類型化へのアプローチにおいて体系性（системность [systematicness]）と歴史主義（историзм) [hisroricism]）を相互に密接に結合する原理として新しい意味付けを得るのである。言語類型学の今後の発展の展望も、先ずは記述的及び理論的諸研究における両原理の実現の徹底如何に掛っている、と考えられるのである。

略号一覧

ВЯ	—	言語学の諸問題
ИКЯ	—	イベリア・カフカース語学
ЭКПЯРТ	—	さまざまな類型の諸言語における能格構文
BLS	—	第一回（等）バークレー言語学会総会会報
BSLP	—	パリ言語学会会報
IJAL	—	国際アメリカ言語学雑誌
Изв. ИЯИМК	—	言語・物質文化史研究所通報
IF	—	インド・ゲルマン語学研究

第1章 内容類型学の一般原理

　まだ初期のいくつかの類型学的研究が、非形式的な、「意味的な」方向性をもち (cf. フンボルト（W. Humboldt）、シュタインタール（H. Steinthal）、ヴィンクラー（W. Winkler）の考え方)[1]、また、形式類型学的な立論の可能性に対する批判的発言にこと欠くことはなかったけれども（cf. 例えば、形式的な基準を基にした、諸言語の形態的分類は「特殊な技術的意義しかなく」、「民族の歴史にとっては…如何なる実際的な重要性もない」[2]、とするチェルヌィシェフスキー [Н.Г. Чернышевский] の周知の見解）、類型学構想の中で、言語の内容面を考慮しようとする実際的な試みが始まるのは、恐らく20世紀20年代になって初めてであろう。この種の最初の試みは、恐らく優れたアメリカの言語学者であったサピア（E. Sapir）の名に関係するが、彼は、形式類型学の構想は、精神面で著しく異なっている諸言語をいくつかの形式的類似性だけに基づいて同一類として一括してしまうのであるから、それを純粋な形で適用すると表面的なものになってしまうことをはっきりと意識していた。同時に、形式的基準と内容的基準の幾分機械的な結合を特徴

---

[1] See: *Hartmann P.* Zur Erforschung von Sprachtypen: Methoden und Anwendungen. — In: Innsbrucker Beiträge zur Kulturwissenschaft. II Fachtagung für indogermanische und allgemeine Sprachwissenschaft. Innsbruck, 1962, S. 34, 54.
[2] *Чернышевский Н.Г.* Полн. соч. т. Х. М.–Л., 1951, с. 848.

とするサピア自身の類型学構想も[3]、実質的には普及し得なかった。それに加えて、後には、彼の構想の中で決定的な役割をもつのは形式レヴェルの特徴だ、という指摘がなされたのであった。

　この点に関連して、グリンバーグ（J. H. Greenberg）は、モースト（A. Moust）を引用しつつ次のように書いている：「第一のそして最も重要な批判は、サピアは言語を4基本類型に区分するに当たって概念について語っていそうに見えるが、実際には、意味基準ではなくて形式的基準を基にしている——このことが資料記述の際のいくつかの困難の原因である、という点に尽きる。例えば、サピアは、彼が高度に抽象的だと見なしている複数性の概念を検討している。ところが、彼の指摘では、ある具体的な言語においては、この概念はI–IVの尺度によるどの位置にも収まり得るものである。したがって、複数性が基本概念か（I）、派生概念か（II）、関係概念か（III, IV）は、あれこれの言語が複数性を如何なる形式類に所属させているかに依る。サピア自身がこの不一致を認めている。『我々は、あれこれの概念をどこに所属させるべきかを予め言うことはできない、我々の概念分類は、経験の哲学的分析であるというよりはむしろ滑尺だからである・・・』。我々は、現実に存在する傾向によって、基本形態素（サピアのI）は、通常、派生形態素（サピアのII）ないしは語形変化形態素（サピアのIII, IV）よりも意味が具体的である、と認める；しかしながら、この傾向は、それに基づいて確実な根拠のある方法論を構築するには余りにも不明確すぎる」[4]。オーストラリアの言語学者カペル（A. Capell）のいわゆる概念的優勢（concept domination）

---

[3] *Sapir E.* Language. An introduction to the study of speech. N. Y., 1921, p. 120 et seq. (ロシア語訳 *Сэпир Э.* Язык. Введение в изучение речи. М.–Л., 1934, с. 94.)

[4] *Гринберг Дж.* Квантитивный подход к морфологической типологии языков. — В кн.: Новое в лингвистике, вып. III. М., 1963, с. 73. — [訳者] cf. *Greenberg J.H.* A Quantative Approach to the Morphological Typology of Language. International Journal of American Linguistics, 1960, vol. 26, No. 3, p. 178–194; cf. サピアからの引用部分→エドワード・サピア著（泉井久之助訳）「言語」、紀伊國屋書店、1964, p. 103; 同著安藤貞雄訳「言語」、岩波文庫, p. 183.

第 1 章　内容類型学の一般原理　　*11*

の類型学も、普及するには至らなかった。彼の考えによると、世界の諸言語は、二大グループ――対象優勢言語（object-dominated languages）（名詞形態のより発達した言語）と事象優勢言語（event-dominated languages）（動詞形態のより発達した言語）――に区分することができる。このように仮定された二つの言語類型は、彼の考えによると、諸言語の担い手による世界の概念化の違いがその内的動因子なのである（一方は現実の事物面への定位を、もう一方は現実の事象面に定位していることを顕す)[5]。ところが、カペルのアプローチでも、結局、主要基準となるのは、名詞ないしは動詞形態の相対的発達度という形式的特徴なのである。

　内容類型学の歴史にとってはるかに大きな関心を呼ぶのは、ポーランドの言語学者ミレウスキ（T. Milewski）が、様々な文成分の機能域の不一致に基づいた、形式類型学とは異なった統語的類型学を構築しようとした周知の試みがあるが、これは明らかにソヴィエトにおける内容に定位した類型学の先行発達の気風を受けたものである。論者に従って、言語の統語手段をそれぞれ a, b, c の記号でもって表すならば、それぞれの機能域は、世界の諸言語に観察される 4 つの統語関係（自動詞述語に対する主語、他動詞述語に対する行為主体、他動詞述語に対する行為客体、そして最後に、被限定語に対する限定語）を 6 類型として、次のように表すことができる：

第 1 表

	1	2	3	4	5	6
主語―述語	a	a	a	a	a	a
行為主体―述語	a	b	a	b	a	b
行為客体―述語	b	a	b	a	b	a
限定語―被限定語	c	c	b	b	a	a

---

　[5] See: *Capell A.* A typology of concept domination. — Lingua, v. 15, 1965, p. 451–462.

ミレウスキのこの表に対する解説によると、「第1類型（例えば印欧諸語）と第2類型（例えば大多数のカフカース諸語）には・・・三指標がある。主語の指標 a 以外に、ここでは特別な限定語指標 c と他動詞文における指標 b が登場しているからである。これらの言語にだけ、一つは語結合（属格指標 c）の、もう一つは自動詞文と他動詞文（指標 a, b）の、明確な区別がある。ところが、これら二類型間の相互関係は錯綜している。第1類型では、主体は形式的な主語である（指標 a は主格語尾）のに対して、客体は特別な形式指標 b（例えば，対格語尾）をもつ；第2類型では、形式的な主語であるのは、客体（指標 a, 例えばカフカース諸語では、この指標に当るのは絶対格語尾——ゼロ語尾）であるのに対して、主体は特別な形式指標 b（大多数のカフカース諸語では能格語尾）によって特徴づけられる」[6]。 容易に気付くことであるが、このようなアプローチはその後発展を見なかったのであって、論争期以前の時期のソヴィエト言語学において展開されていた内容類型学構想を幾分改作したものなのである（ミレウスキの第1類型に対しては主格構造言語が、第2類型に対しては能格構造の代表言語があることは、明らかである）。

したがって、非形式的な類型学構想がすでに10年以上に亘って世界の言語学において高い威信を保っている、という事情は、偶然ではないのであって，この礎は、すでに1930–40年代のソヴィエトの言語学者達が築いたものであった。この時期の我が国の言語学における、内容に定位した類型的問題群の活発な研究は、周知の如く、言語における形式と内容の弁証法的相関関係の研究に対して過去の我が言語学者達が努力を集中してきたことの法則的結果の一つであり、同時に、それはロシア言語学が言語の内容面に伝統的に注意を注いできたこととも符合するものであった[7]。現代の国外の言語

---

[6] *Милевский Т.* Предпосылки типологического языкознания. — В кн.: Исследования по структурной типологии. М., 1963, с. 27. Cf. quoque: *Milewski T.* La structure de la phrase dans les langues indigènes de l'Amerique du Nord. — Lingua Poznaniensis, 11, 1950; *Idem*. Językoznawstwo. Warszawa, 1967, s. 238–246.

[7] Cf.: *Климов Г.А.* Типологические исследования в СССР (20–40 годы). М.,

学においては（基本的には、西欧とアメリカ合衆国において）、この研究の方向性は特にいわゆる関係文法（relational grammar）ないしは関係類型学（relatlonal typology）の中に現れており、これは西欧言語学が言語の意味に向けて新たに転換を行う上での新しい刺激を獲得したものである[8]。周知の如く、この方向性の最も顕著な現れ方の一つは、西欧、アメリカ、オーストラリアの研究者達が能格性一般論の研究に注意を集中している点である[9]。言語の有意成分（значимые элемены, significant elements）の語順の類型学の分野の研究も、内容類型学とのいくつかの接点を顕している[10]。

実際、言語における形式と内容の相関性が、今日でも、科学としての言語学の要の問題の一つであることは、ほとんど疑う余地のないところであろう。この問題の解決なくして言語構造の本質自体の的確な理解が全く期待できないことは、言語学の経験全体が反論の余地なく証明している。多少とも形式と内容を統一させる体系を扱うことこそ、内容への言語学的アプローチに構造性という属性を与えるのである。反対に、言語のこの両面を切り離して観察した場合、視野は何れにせよ狭いものになるのが普通である。

明かに肯定的成果をもたらしたのは、起源（比較歴史）言語学の分野におけるこの両面の有機的研究である。しかしながら、類型学の分野では、すでにフンボルトが自らの言語類型構想の中で、「音形式と観念形式相互間の正しく活発な相互浸透」に関するテーゼを指針としていたにもかかわらず、大多数の場合、言語形式は言語形式が伝達する内容を捨象して研究され、そのことは、結果として、長い伝統の中に、諸言語の多数の各種形態的分類案を

1981, c. 9–19.

[8] Cf.: *Johnson D.* On the role of grammatical relations in linguistic theory, — Papers from the X-th Regional Meeting. Chicago Linguistic Society, 1974. 10; *Idem.* Toward a theory of relational-based grammmar. Ph. D. thesis. University of Illinois, Urbana, 1974; cf. quoque: Syntax and semantics, v. 8. Grammatical Relations. London, 1977.

[9] Cf., ex.: Ergativity: Towards a theory of grammatical relations. London, 1979.

[10] 最近の出版物からは、cf.: Word order and word order change. Austin–London, 1975.

産みだしたのであった。興味深いことに、過去の非常にすぐれた言語学者の中にさえ、言語の形式と内容の相関関係を研究する時に研究の前に広がる展望を軽んじて来た人たちがいる。例えば、ベートリンク（O. Böhtlingk）は次のように書いた：「私もまた、率直に認めなければならないが、様々な言語における物と形の相互の関り方は、概して、それだけを基にして諸言語の分類を行うには、あまりにも表面的な特徴だと考える」[11]（学者自身の研究の実際がこの発言と完全には一致していないことは、かなり象徴的だと思われる）。

そうであればこそ、内容に定位した類型学研究の優れた役割をはっきり自覚していたのは、過去においては恐らく1930–40年代の一連の我が国の言語学者達の研究が初めてであった、という点は強調して然るべきである。この点に関しては、例えばメッシャニーノフの次の発言を想起しておけば充分である：「言語は、独りで変化して行くのではない。言語の変化は、発達していく観念形態における切実な物質的需要にも応えつつ、不可欠のコミュニケーション手段として言語を利用する社会的環境によってもたらされるものである。ここでは、言語と思考のつながりは、疑うべくもない。思惟は、そのあらゆる構成要素において意味付けされている言語を通して表現される。内容なしの形式は、存在し得ない。ここに、狭い形式的分析から、形式に固有の内容をもった、形式の細目に亘る研究方向への出口がある。このことで形式面自体も得るものがある」[12]。

現代言語学わけても類型学において完全に正当であると認められるのが、言語形式の内容を捨象した言語の形式面の研究である以上、言語形式が伝達する内容に定位した言語形式の研究はなおさら発展性があると見なければならない。意味を考慮することが言語分析の必要条件である、とする一般的立場を同じくするどの言語学者にとっても、このことは一層自明のことであるはずである。

---

[11] *Böhtlingk O.* über die Sprache der Jakuten. St.-Peterburg, 1851. S. XXIV.

[12] *Мещанинов И.И.* Новое учение в яызке на современном этапе развития. — Вестн. ЛГУ, 1947, № 11, с. 244.

第 1 章　内容類型学の一般原理　　15

　現在までに、理論言語学はすでに、言語形式に対する言語内容の第一義性（примат, primacy）、というテーゼの正当性を裏付ける証拠を少なからず蓄積している。実際、すでに伝統的な言語学の根幹に、語彙素の、任意の形式的語形変化パラダイムへの組込みそのものが、結局はその意味によって指定されるものだという、この点での重要なコンセンサスが成立している。この原則は、現代の多くの諸研究においても支持されている。ジョルベナゼ（В.А. Джорбенадзе）は、この点に関連して、次のように強調している：「構造が、実際上、各種組織網から選択された諸要素の集積によって形成されるとするならば、言語の意味が言語形式に影響を与えるや否や、という問に対しては、肯定的に答えなければならない：意味は、言語形式の構造化に能動的に参与するのであり、その中で形態形成過程を実現していく軌道なのである」[13]。キブリク（А.Е. Кибрик）も、同じく、言語の表層的な表出を特徴づけているコード（記号）化装置は自律的なものではなくて、相当程度は、一つは深層的意味構造によって、もう一つはこの構造から構造の最終的実現（物質的具体化）に移行するときに生起する過程によって、決定されるものだ、と考えている[14]。

　このような理解に基づいて、すでに過去の多数の研究において、言語研究は、「形式から内容へ」という方向のみならず、逆に、「意味から形式へ」という方向であるべきだ、という考えが述べられている（cf. ブリュノ〔F. Brunot〕、イェスペルセン〔O. Jespersen〕、シシェルバ〔Л. В. Щерба〕、メッシャニーノフ、等多数）[15]。　具体的諸研究の中にすでにこうした手順方

---

[13] *Джорбенадзе В.А.* Принципы формального и семантического анализа грузинского глагола. Докт. дис, Тбилиси, 1978, с, 55.

[14] *Кибрик А.Е.* 1. Соотношение формы и значения в грамматическом описании. 2. Выражение «органического» и «производного» состояния в арчинском языке. — Проблемная группа по экспериментаьной и прикладной лингвистике, вып. 132. М., 1980, с. 3–4.

[15] Cf.: *Burnot F.* La pensée et langue. Paris, 1956, p. XVIII–XIX; *Есперсен О.* Философия грамматики. М., 1958, с. 60–61; *Щерба Л.В.* Преподавание иностранных языков в средней школе. Общие вопросы методики, М.-Л., 1945, с. 84–88.

向を実践する少なからざる成功例が見られる現在では、研究手順のこうした方向に発展性があることについて、特にいくつかの言語学分野ではより強く自覚されているところである。そこで例えば、キブリクが特に指摘しているのであるが、記述諸研究の分野にあって、「著しい優位性をもつのは、意味レヴェルを出発点とするような記述方法、また、一定の意味単位とそれを表出するコード化特性が対比されるような記述方法、である。この場合に、言語の多くの統語的かつ形態的特徴の動機性を明らかにすることができ、また、そのことによってこそその特徴の記述を単純化できるのである（例えば、語形の豊かな形態的かつ多項階層構造を成す膠着諸言語にあっては、語形における文法範疇の階層――語根に対する位置番号――が、言語において気まぐれに指定されているのではなく、語形の意味的表出装置によって予め決定されているのである）」[16]。

多様な組織体系を含む経験的資料の故に言語学者が何らかの安定した形式的基準点を選択できないでいる類型学研究分野において、最も広い展望を開くのは、意味から形式への研究の方向性である。意味的因子こそ、すなわちある意味普遍（概念範疇）の総体こそが、この場合に、非常に多様な諸言語の形式的手段を対比するための一定の基準を見出すことを可能にするのである。内容類型学的研究において、すでに長期に亘って、このような標識（ориентир, reference point）の役割を果たしているのは、世界の全ての諸言語において必然的に表現される、現実の主体・客体関係である。関係文法の理論も、実質的には、この関係にこそ起点をおくのである。

ここで、内容類型学研究がこれまで世界の科学においてどのように形成さ

---

[16] *Кибрик А.Е.* Op. cit., p. 4; cf. quoque: *Володин А.П.* Падеж: форма и значение или значение и форма? — В кн.: Склонение в палеоазиатских и самодийских языках, Л., 1974, с. 261–262, 291; *Ревзина О.Г.* Типологическое анкетирование и грамматические категории. — В кн.: Типология грамматических категорий. М., 1975, с. 201–203; *Серебренников В.А.* Сводимость языков мира, учет специфики конкретного языка, предназначенность описания. — В кн.: Принципы описания языков мира, М., 1976, с. 14–16.

れてきたかという、内容類型学研究の方法論的手段としての主体・客体的基準の解明の歴史に簡単に触れておくことも、なかなか興味深いのである。

初期の頃には、言語学者達のこれの観察は、実質的には、伝統的な形態的言語分類の枠内での形式類型学的なアプローチの限界を克服しようとするねばり強い試みの副産物であった。当初から、諸言語における語の形式的な形態的特徴づけは、完全に語の内容的特徴を捨象したものであることは明らかであった。すでに 1926 年にショール（Шор）が指摘したように、形態分類は、「言語の形態（文法構造）を特徴づける、二番目に（彼女の考えでは、世界の諸言語に存在する、文法範疇の表現手法の、不十分な考量に次いで――クリモフ）重要な要素――言語が、形式的文法的に表出する文法諸範疇の基礎に据えている、意味と意味間の関係の取出し――を、全くなおざりにする」[17]。

したがって、例えば、すでにその時期に、語彙的資料の中に意味的発展の多少とも標準的な法則性を明らかにしようとする前提があった。当時多数のソヴィエトの論者達が活発に普遍的な意味の束ないしは意味群を明らかにしょうとする実験に取り掛かったのもこの暗示があったためであり、それは、語の基本的意味と派生的意味を確定せんとする試みを伴っていた（同時に、多年に亘る然るべき刊行物によって、研究方法自体の一定の進化を指摘することができるが、それは、指示対象 [денотаты] の形や素材面での意味連合の分析から次第に指示対象の機能面の連合の分析、すなわちいわゆる機能的意味の方法へと、変って行った）。周知の如く、多少とも厳密な研究方法論がなかったために、当時は語の確かな意味的進化法則を定式化することはできなかった。ところが、もう一つの状況は、興味深い――正にこの時期にこそ直観的に本来の形式類型学構想と内容に定位した類型学構想を分離することが、言語学に初めて姿を顕してくる。例えば、事実、すでに 1928 年のマール（Н.Я. Марр）の次の発言はこの意味でのみ理解することができる：「・・・ここにこそ、当該言語ないしは当該諸言語群の形式的類型ないし

---

[17] *Шор О.Е.* Язык и общество. 2-е изд. М., 1926, с. 15.

は形態と語彙構成との不一致の問題が発生してくる。同一言語が、外的類型の点ではある言語群に集合し、また語彙の点では別の言語群に集合する場合があることになる。諸言語の分類は、この相関関係の面も考慮しなければならないことは明らかである・・・」[18]。これよりもう少し明確な形でこのことを証明しているのは、もう少し後のメッシャニーノフの研究からの引用であるが、それによると、すでにその時期、「研究されている言語構造内での、言葉の形式的側面とイデオロギー的（すなわち、内容的——クリモフ）側面の研究、論理範疇と文法範疇の相関性の問題に対して」特別な注意が向けられたのである。「当初、意味的転移の法則とりわけ機能的意味の法則の解明と併せて語の意味と形に基本的な支点が置かれた。語の意味は、語の変形的再編の結果（個々の語の中から、語に働く接頭辞が得られた）と考えられる語の機能的な部分（様々な種類の接頭辞、接辞）の意味の研究を惹起した。研究方向は、ここから形態的小部分一般を経て形態へ、したがってまた統語面へ移って行った。正にこのことから、語彙にも別の形式的言語手段にもよるすなわち形態や統語にもよる、発話中でのフレーズの意味の追跡やフレーズの形成の追跡、という課題が提起された」[19]。

独特の類型学研究潮流としての内容類型学の形成に決定的な一歩が踏み出されたのは、現実の主体・客体関係の様々な伝達方法の中に、言語構造の対比的な記述を構築していく上での発展的展望の基礎があることが明らかになった時点においてであった。この一歩は、恐らくは、20世紀20年代までの言語学の状況全体によって準備されていたものであろう。

例えば、すでにサピアにあっては、とりわけ、他の必須、関係概念の中で、世界の諸言語にとって特別の役割を演じているのは、主体と客体の概念であるという点についての明確な理解が見受けられる。早くも1920年、サピアは、次のように書いている：「ある事物とある行為について語ろうとすれば、その事物と行為が互いに同格的関係にあるのか（例えば He is fond of

---

[18] *Марр Н.Я.* Яфетическая теория. Баку, 1928, с. 60.

[19] *Мещанинов И.И.* Общее языкознание за 20 лет. — В кн.: Памяти академика Н.Я. Маррa (1864–1934). М.—Л., 1938, с. 10.

wine and gambling 彼はワインとギャンブル [をすること] が好きだ)、それとも、その事物が起点つまりその行為元、すなわち通例言われるように、それに関する行為が『叙述される』『主語』として考えられているのか、それとも、反対に、それが終点であって、行為の『目的語』となっているのかどうかを、承知していなければならない。もし一人の農夫と一羽の子ガモと殺害行為について明瞭な観念を伝達する必要がある場合（論者は、ここで、言語に伝達される基本的な『連関』関係の弁証法 [диалектика, dialectics] を例証する英文 the farmer kills the duckling の分析に立ち返っている──クリモフ）、これら具体的概念を表す言語記号を好き勝手、適当に並べて陳述し、あとは聴き手自身が、その場にありそうな状況全般から推論してこれらの間のある種の関係図式を組立てることができるだろう、と期待したのでは不十分であろう。基本的な統語関係は、誤解を生まないよう明確に表現されなければならない。時、所、数、その他多くの様々な概念に関しては黙することもできるが、誰が誰を殺すのか、という問題を避けることはできない。我々が知る言語のどれ一つとして、この問題を避けることのできるものや、現に避けているものは存在しない。それは、具体的概念を表す記号に頼らずして何事も表すことができないのと同様である」20。この発見の重要性は、我が国の言語学でも研究者達が主体・客体関係の伝達法における諸言語間の構造的な差異の研究に注意を集中することで、かなり急速に自覚されたのであった。幾分遅れてリフチン（Рифтин А.П.）が特に強調したのは、次の点であった。言語の「文法的な核」には「"核"内でも核外でも残余の全ての諸関係にとって決定的である中心的な関係がある。我々の考えでは、このような関係たるべきものが主体・客体関係である。主体・客体関係は、何と言っても、社会的実践の実際的主体の関係なのである。社会的発展の各段階毎に、社会的な主体の、客体に対する関係が、主体相互間の関係を決定し、これらの諸関係の意味付けを決定し、同様にして、客体と客体どうしの関係

---

20 *Сэпир*, Э. Язык. Введение в языкознание речи. М.—Л., 1934, с. 73. — ［訳者］サピア著（泉井久之助）「言語」、紀伊國屋書店、1964, p. 90–91; cf. 安藤貞雄訳「言語」、岩波文庫、p. 159–160.

の理解を決定するのと同じように、文においても、主体・客体関係が他の全ての諸関係に対して核心的かつ決定的な関係なのである。この故にこそ、主体・客体関係は、我々にとって基本的な基準なのである・・・」[21]。

実際、現実の主体・客体関係は、異類型諸言語の担い手の意識の中に同程度にはっきりと反映されるものであって、言語において必須的に伝達される関係に属するものである。とりわけ強調しておくべき点は、主体・客体関係こそが、言語構造内にほとんどその構造レヴェル全体に及ぶような多岐的な投影組織網を敷いていることであり、それは、これの類型的な関与性の観点からして原理的に重要なのである。過去においてこの事を最も考慮していたのは1930–40年代のソヴィエトの類型学者達であったが、彼らは、諸言語の統語・形態的メカニズムの然るべき共通性を主張しただけではなくて、時にはその語彙的前提条件の存在を推定したのであった。例えばジルムンスキー（В.М. Жирмунский）は、この点に関連して、主体・客体的基準を基にした類型論の種類は、「ひょっとして完全には類型として諸言語を包括し切れないかも知れないが（言語類型の構造特徴の中に音韻レヴェルの特徴を含める場合の一定の困難性のことを想定したもの、と考えられる——クリモフ）、その代わりに、その類型の中に偶然的なものではなくて本質的なものを掴むような類型的考察の例になる」と自分には思われること、また、「主体・客体関係は、言語における、人間の思惟の最も普遍的な範疇の表現に関わるものであるから、言語の最も普遍的な範疇の一つである」こと、を指摘したのであった[22]。長い断絶の後1970年代になってようやく復権した関係

---

[21] *Рефтин А.П.* Основные принципы построения теории стадий в языке. — 1819–1944. Труды юбилейной науч. сессии. ЛГУ, 1946, с. 22.

[22] *Жирмунский В.М.* О целесообразности применения в языкознании математических методов. — В кн.: Лингвистичекая типология и восточные языки, Материалы совещания. М., 1965, с. 109; cf.: *Höpp G.* Evolution der Sprache und Vernunft, Berlin–Heidelberg–New York, 1970, S. 3–5; *Růžička R.* Some remarks on linguistic typology. — In: Travaux linguistiques de Prague, 4. Prague, 1971, p. 93; *Schmidt W.* Zum semantischen Aspekt des Verhältnisses von Sprache und Bewußtsein. — Proceedings of the Twelfth International Congress of Linguists. Vienna, August 28–September 2, 1977. Innsbruck, 1978,

文法の範囲内にあっても（これの古い伝統は、イェスペルセン、サピア、他のような言語学者達の遺作の中に見出される）、同じように、主体、客体、等の概念が反映する文法関係は、言語のあらゆる文法レヴェルに対して関与的であり、言語理論全体の中で中心的な役割を演ずるはずである、という主張がなされている[23]。

　内容類型学独自の原理の考察に移る前に、せめて非常に概略的にでも、諸種の類型学的研究とは別の、類型学研究上でのいくつかの一般的な諸原理に触れておく必要があり、これを明らかにせずしては、他の言語学分野の中での類型学の位置付けそのものが明確さを欠くことになってしまうであろう。当然明らかなはずであるが、類型学の独自の課題の面からして類型学の専門領域と言語学研究の他の側面の関心分野とを区別することが、類型学研究の成功の最も一般的な前提条件である。

　筆者は、類型学理論の原理（そしてまた類型学的に関与的な基準）についての原則的な問題の解決は、類型学研究の課題そのものの理解に直接関わって提起さるべきだ、という信念に立っており、それは起源（比較・歴史）言語学（генетическое языкознание, genetic linguistics）と地域言語学（ареальное языкознание, areal linguistics）の原理や基準が、この両者の課題の理解に関わっているのと同様である。周知の如く、起源言語学と地域言語学の基本的な注視対象である、諸言語の構造的類似性の背後には完全に明確な過程が存在している。例えば、起源言語学の専門領域に属する類似性の背後には同系諸言語の拡散（divergence）過程が見出されるのが一般的で、それに従って、起源的研究は、決して任意の事実ではなく当該過程を反映する明確厳然たる事実を取り扱うのである。それぞれの研究の基準の厳密な確定性（дерерминированность, determinedness）も、このことに因る。同様にして、地域言語学の関心分野にある言語の構造的類似性の背後にも、それ以上に明確な言語の集約（convergence）過程が存在するのであり、そ

S. 232–235.
[23] Cf.: *Johnson D.E.* Toward a theory of relationally-basel grammar. Bloomington, 1976.

れに従って、この分野も、これらの過程を反映する非常に画然とした事実集合を取り扱っている。地域言語研究の基準の明々たる確定性も、このことから来る（諸言語の地域的分類が一定の範囲内で恣意的である、とするグリンバーグの研究の一つに見られる見解が何に依るものか不明である[24]）。研究対象の現実に対するこうしたアプローチこそが、言語類型学の分野ではつい最近に至るまで感じられることもないような羨むべき目的意識性を、起源言語学の研究にも地域言語学の研究にも賦与していることは、容易に気付くところであるが、言語類型学においては、言語の構造的類似性を惹起する過程とは無関係なほとんどあらゆる構造的類似性が、専門研究領域の対象だと宣言されるのである（したがって、類型学を、言語の拡散と集約のファクター以外の作用によって生成されたあらゆる構造諸事実を研究する分野と解釈する事例が未だになお頻出する）。類型学が、今後とも、それが直接的に関心をもつ言語過程の特徴を何等確定できないならば、これからも、類型学は、言語的現実の種々雑多な過程を反映する多数の諸事実を無限にモデル化して行くという枠の中を堂々巡りすることになるだろうし、そうなれば、これまでと同様、類型学の基準も大きく振幅することになろう。しかし、恐らく類型学研究においてこのような実験に固執し続けることは無意味であろう。

　それどころか、どんな種類の言語研究にも必要な目的意識性は類型学にも賦与されて然るべきだと考えるべき根拠は十分にある。この場合も、このような目的意識性を保証する決定的な前提条件は、類型学が考察する過程の範囲をはっきりと確定することであると思われる。恐らく、言語の起源的同系性からも地域的「類似性」からも（また現代諸言語全てを特徴づけるような普遍の法則性からも）独立した固有の類似性に帰着するような言語構造の同方向的な発展過程が類型学の考察する過程であると認定して当然であろう。こうした条件があれば、類型学が関心を寄せる言語的類似性の諸事実全体を、したがって、類型的研究の基準そのものの確定性を明らかにできることは間違いなかろう。このようなアプローチを遵守すれば、類型学がその存在

---

[24] Cf.: *Greenberg J.H.* Essays in Linguistics. Chicago, 1957, p. 68.

意義からして、またとりわけその説明力からして、結局は基礎を成す、他の二つの言語科学に完全に比肩できる研究分野となり得るであろうことは、当然期待できる。

　類型学の対象と、起源（比較・歴史）および地域言語学の対象の間に厳密な境界線が存在することは、現在では特別な論証を必要としない（言語連合をある程度類型学レヴェルの生成物と見る、過去において時に述べられた考えは、もはや完全に克服済みと思われる）。この点に関連して、諸言語の構造的同型性（isomorphism）の解明が類型学の課題だと考えるヤコブソン（Р. Якобсон）がいみじくも指摘する通り、同型性は、「同一言語の異なる状態を一括りにし得る、あるいはまた、二つの異なる言語の、しかも地理的に隣接する言語であれ遠く離れている言語であれ、同系言語であれ起源を異にする言語であれ、二つの異なる言語の、二つの状態（時間的に同時期的であれ異なる時期であれ）を一括りにすることができる」[25]。

　はるかに明確さを欠くように見えるのは、歴史的には類型学本来の研究から分離した、他の種類の、諸言語の構造的研究全体――対照言語学、言語性格学、また言語普遍論――と、類型学との境界線である。この境界線は、恐らく、これらの間にある一定の課題の別を基礎として画定することができよう。

　周知の如く、類型学研究の基本課題の理解の面で専門書に二つの若干異なる考えが述べられているが、その一つは、諸言語の同型性（isomorphism）を解明することがその基本課題であるとし、もう一つは、言語の同型性も異型性（allomorphism）も立証することが基本課題だとするのである。しかし、類型学が関心をもつ分野と、他の二つの基礎的種類の、諸言語の構造研究が関心をもつ分野――起源言語学と地域言語学――との間に存在する一定の方法論的類似関係からすれば、上に引いた引用の中でヤコブソンが指摘しているように、後者二つ（起源言語学と地域言語学）の場合と同じく、類型学が

---

[25] *Якобсон Р.* Типологические исследования и их вклад в сравнительно-историческое языкознание. — В кн.: Новое в лингвистике, вып. III, М., 1963, с. 97.

注意を集中すべき分野は、先ずは諸言語を一定の類型種（типологические классы, typological classes）に一括化させる、言語の構造的同型性の現象である。メッシャニーノフは、この考えを次のように定式化したのであった：「歴史的に形成された諸言語は、一定の構造タイプを作り出しつつ独自の発展経路を辿って来たものであって、そのタイプは分化する語族の面での一語群だけに追跡されるのではない。そのタイプの成員たる各言語は、一貫したタイプ的単位なのである。このような各言語は、他の諸言語と共通であることで一群に括られる。ただし、この『共通』なるものは、地球上の全ての言語を一括化するようなものではなくて、当該群にのみ共通のものである」[26]。同時に、言語的異型性の現象も不可避的に類型学の視野の中に入ってくるのであって、それは諸言語の様々な類型種や個々の諸言語を相互に分離し、かつ、研究者に多数の一層興味深い問題を提起するものである（事実、言語のあれこれの違いは、起源言語学にとっても地域言語学にとっても無視することはできない）。したがって、同意できるのは、二つの考え方の間に本質的な差異を見ない類型学である。

　構造的同型性と異型性の関係が、程度の差こそあれ、対照言語学や言語性格学また言語普遍論の視野の中にも入っているのであるから、これらと本来の類型学との決定的な区分基準は、言語的同型性と異型性の異なる側面だということになる。例えば、当然明らかなように、対照言語学は諸言語の構造的類似性や非類似性のどんな特徴であれ、それが類型学に関与的であるか否かに関わりなく検討するのである。当然のことながら、比較される諸言語間の起源的また地域的結びつきによって規定されるような特徴も、度々こうした特徴の中に入っている。換言すれば、対照言語学の特徴は、類型学にとっての要である、言語類型（языковой тип, linguistic type）の概念を必要と

---

[26] *Мещанинов И.И.* Типологические сопоставления и типология систем. — Филол. науки, 1958, № 3, с. 5; cf.: *Солнцев В.М.* Установление подобия как метод типологического исследования (на материале китайского и вьтнамского языков), — В кн.: Лингвистическая типология и восточные языки. М., 1965.

していない、という点に尽きるのである（周知の如く、対照言語学の枠内で比較の基準となるのは、比較対照される言語組織の一つである）。性格学的なアプローチも、同じく言語類型の概念に問いかけることなく、また、一定のやり方で線引きした諸言語の範囲に限定して、言語のあらゆる構造特徴を検討するものであるから、本来の類型学的なアプローチとは区別されるのである。ロジェストヴェンスキー（Ю.В. Родженский）は、これの特徴を次表のように規定している[27]：

第2表

	性格学	類型学
弁別特徴リスト	開放的	閉鎖的
言語リスト	閉鎖的	開放的

この表が必要とする唯一の注釈は、類型学における弁別特徴の閉鎖性は、類型的に関与的な諸現象（すなわち言語類型の相互区分の基になる構造特徴）に限ることによる、という点に尽きる。したがって、性格学のジャンルに属すべきなのは、本来の類型学的研究の途上で構築される類型（type）概念とは無関係に閉鎖的な言語群の構造特徴を立証するかなり多数の研究である。例えばカペルが採用する、オーストラリア諸語のいくつかの「言語類型」による区分とか、特徴的「イベリア・カフカース」的言語類型という概念を提起するホルマー（N.N. Holmer）の試みが、正に性格学の分野に属するのである[28]。まして、全く類型学的な手順によって提起されたものではない、印欧語の、ウラル・アルタイ語の、セム語の、ゲルマン語の、日本語の

---

[27] *Рождественский Ю.В.* Типология слова. М., 1969, с. 44; cf. quoque: *Успенский Б.А.* Структурная типология языков. М., 1965, с. 37.

[28] *Capell A.* Some linguistic types in Australia, — Oseania linguistic monographs, Sydney, 1962, N 7; *Holmer N.M.* Ibero-Caucasian as a linguistic type, — Studia Linguistica, 1947, N 1.

「言語類型」といった、言語学文献に見受けられる概念は、誤解を与えてはならない[29]。これら概念の表すものは、起源言語学の用語装置からその定義を借用してきたものであるから、ある種の contradictio in adjecto（形容矛盾）であることに気が付くのである。したがって、ある程度多数の言語に特徴的な現象の総和だとする言語類型の定義は[30]、かつて多数の論者達が提起したものであるが、これは実際上はある種の性格学的な研究の概念に関わるものである。

さらに、現在では、言語類型学と言語普遍の間に存在する境界線も、一層明確になって来ている。言語と他の自然的および人工的信号組織を分離する、言語の最も一般的な構造特徴の解明に照準を当てる研究方向は、言語普遍論が専門とする分野に属するべきものである。それは言語的異型性の現象を完全に捨象するからである。逆に、言語群間の類型的な構造的差異を解明する研究は、類型学研究の中に入るのである。したがって，いわゆる完全普遍の集合が丸ごと言語普遍論の分野に入るのに対して、「含意的普遍（импликационные универсалии, implicational universals）ないしは不完全普遍の中には、類型的に関与的な普遍も・・・類型的に情報価値の小さな普遍したがって非関与的な普遍も析出される。恐らくは、前者だけを類型的普遍と定義すべきであろう」[31]。

各々の類型学構想の実際的な有効性および今後の進歩の可能性を決定するファクターに話題を転ずれば、真っ先に挙げなくてはならないのは、類型学理論にとって基本である言語類型（языковой тип, linguisticbn type）とい

---

[29] See, ex.: *Torczyner H.* Die Entstehung des semantischen Sprachtypus. Wien, 1916; *Amman H.* Germanischer und indogermanischer Sprachtypus, — In: Festschrift H. Hirt, v. II. Heidelberg, 1936; *Hartmann P.* Zur Typologie des Indogermanischen, Heidelberg, 1956.

[30] Cf.: *Steinthal H.* Charakteristik der hauptsächlichsten Typen des Sprachbaues, Berlin, 1860, S. 4; *Finck N.* Die Haupttypen des Sprachbaus. Stuttgart, 1965, S. 1.

[31] *Гухман М.М.* Лингвистические универсалии и типологические исследования. — ВЯ, 1973, № 4, с. 9; see quoque: *Солнцев В.М.* Типология и тип языка. ВЯ, 1978, № 2, с. 35.

う概念であり、我々の考えでは、これの十分な検討がなされていないことが、言語類型学の発展を妨げる主要原因の一つとなっている。

ところが、類型学において伝統的に行われてきた言語類型の概念の、言語内類型（тип в языке, type in language）（形態的、音韻的等々の型）の概念によるすり替えに、その後さらに加わったのが、類型の概念に頼らずに類型学一般の構築が可能だとする、現在一定の広がりを見せている考え方であり、このことは、例えば、グリンバーグのいくつかの発言がこれを証明している[32]。結果として、この考え方から明、不明の形で出てくる研究に特有なのは、すでに再三専門書に指摘されていることであるが、言語における構造的現象現象と類型学の事実の間に何の区別も行わないこと、また——このことの当然の帰結として——類型学研究と言語のあらゆる構造的研究とを事実上同等視してしまうことである。とりわけ、このことを確認させるのは、この流れを汲む研究者の研究に、類型学的比較の基準選択の恣意性というテーゼが頻繁に無条件に定式化されていることであり、その恣意性が、決して構造的基準の恣意的な取り出しを指針としない起源（比較・歴史）言語学や地域言語学のような言語学分野に比べて、まるで類型学の特徴を成すらしいのである。したがって、現代の多くの類型学者等がこの流れに何の発展性も見ていないことは、驚くに足らない[33]。

ところが、本来的な類型学的（すなわち対照言語学的、性格学的、言語普遍論的でない）研究は、何れにしても、多少とも抽象的な比較基準（эталон, étalon）——言語類型——の検討なしには、実際上不可能であると考うべき相当重要な根拠が存在している。この基準の助けを借りることによって初め

---

[32] Cf.: *Greenberg J.H.* The nature and use of linguistic typologies, — IJAL, 1957, v. 23, N 1, p. 63 et seq.; *Idem.* Essays in linguistics, Chicago, 1957, p. 67–69; *Idem.* The typological method. — In: Current trends in linguistics. 11. Diachronic, areal and typological linguistics. The Hague–Paris, 1973, p. 184–186.

[33] See: *Скаличка В.* О современном состоянии типологии. — В кн.: Новое в лингвистике, вып. III. М., 1963, с. 19; *Жирмунский В.М.* Op. cit., с. 108; *Солнцев В.М.* Op. cit., с. 32, 35–36.

て、あれこれの言語の類型的近似性の非偶然性（неслучайность）を提示することができるのであるから、正にこの基準こそが、類型学に今なお極めて大きく広がっている、基準の恣意性、したがって類型学が検討する諸事実の選択の恣意性、を克服する有効な手段となり得る、と考えられるのである。

　起源的語族の抽象的基準（すなわち祖語モデル）や言語連合のそれ（すなわち地域的に相関する諸特徴の集合総体）の場合と同じように、言語類型（языковые типы, linguistic types）は、先ず何よりも、実際に立証されかつその用語で記述される諸言語の種類（класс, class）とは区別しなければならない。したがって、言語の類型種（типологический класс, typologocal class）が語族や言語連合と同レヴェルの現象であるのに対して、言語類型は確たる構成体（構造体 конструкт, construct）——具体的な諸言語が一定の類型種に属することの診断基準となるある種の構造的諸特徴集合総体——なのである。換言すれば、世界の言語地図に現れる、言語の類型種とは違って、言語類型は、類型論者が組み立てる概念（концепт, concept）なのである（これが如何に逆説的であれ、形式的類型学の分野では、概して、これら異なるレヴェルの概念の混同が起っている[34]）。注目すべきは、このような理解がすでにかなり以前から暗黙の内に提起されていて、特にメッシャニーノフの諸研究に見出し得ること[35]、またそれを完全に明示的に定式化したのは恐らくスカリチカ（V. Skalička）が最初であって、彼がそれぞれ「型（タイプ）」（тип）（＝類型種 типологический класс）と「類型的構成体」（типологический конструкт）（＝言語類型 языковой тип）という用語を使ったこと[36]、である。

---

[34] Cf., ex.: *Лайонз Дж.* Введение в теоретическую лингвистику. М., 1978, с. 204–205.

[35] Cf.: *Мещанинов И.И.* Проблема классификации языков в свете нового учения о языке. 3-е изд. Л.–М., 1935, с. 14; ejusdem. Глагол. М.–Л., 1948, с. 26.

[36] Cf.: *Skalička V.* Ein <typologisches Kontrukt>. — In: Travaux linguistiques de Prague. 2. Les problèmes du centre et de la péripherie du système de la langue. Prague, 1966.

恐らく、このような区別の重要な結果の一つとして、様々な事情の故に、例えば言語の前進的な動きの故に、現存の用語法内では実現されていない言語類型の構築の可能性が出て来よう。一方、この前提条件を守る場合にのみ、類型学研究は、言語学にますます頻繁に定式化される問題——如何なる言語構造が可能であるか、また、何故にそのような構造が可能である一方でそれ以外の構造は不可能なのか、という問題——に対して答えを与えることができよう。パルマイティス〔М. Л. Палмайтис〕が、この点に関連して次のように強調しているのは、十分な根拠を含んでいる：「歴史時代に知られる言語組織だけが唯一可能だと宣言しようとすることは、明らかに類型論の極端である。この場合には、世界の諸言語全てが丸ごと、永遠に過去も未来もない所与の現実ということになるからである。そうなれば、言語発生の問題そのものが無意味になる」[37]。同時に、現存諸言語に実現されている言語類型の、我々から見て不完全な現れ方は、かなりの程度は、その言語類型の構造的多様性の調査が不十分であることに起因するものである。

起源言語学や地域言語学が、その立論において、決して恣意的な基準どころか厳密に確定された基準を利用している点に鑑みても、類型学にも、恣意的な原理ではなくて完全に確定した原理を期待しても当然であろう。このような期待が類型学において定式化されて来なかったとは言えない。Cf. 例えば、次のようなヤコブソンの有名な発言：「恣意的に選択された特徴を基にした言語類型論は、満足すべき結果をもたらすことはできない。それは、例えば脊椎動物と無脊椎動物、哺乳類と鳥類等の有効な生物分類に代えて、仮に皮膚の色のようなものを基準として使って、これに基づいて、いわば白い皮膚の人間と白色の豚とを一群に纏めるという動物界の代表の分類が満足すべき結果をもたらし得ないのと同じである」[38]。

にもかかわらず、現代の類型学には、明らかに、類型学研究の基準の恣意性についての、全く展望のない認識が、したがってこの認識の枠内で組み立

---

[37] *Палнайтис М.Л.* Индоевропейская апофония и развитие деклинационных моделей в диахронно-типологическом аспекте. Тбилиси, 1979, с. 38.

[38] *Якобсон Р.* Op. cit., c. 98.

てられる分類の慣わしが、今なお横行している。これの例証としては、グリンバーグのこの面での特徴的な見解を引くだけで十分であろう。彼の定式化によれば、類型学的分類は、「予め条件的に選択した一連の特徴を基にした人種分類に似ている。例えば、我々が、母音音素ペアを区別する特徴として、円唇性の有無といったような純音声学的基準を選択したとすると、世界の言語は、この対立原理を利用する言語と利用しない言語という二群に区分される。円唇化を利用しない英語やイタリア語は、無数の他の諸言語と同一類のA類に入り、一方、フランス語やドイツ語は、世界の様々な部分の少数派言語と共にB類に属する。もしもある他の類型的（より正確には、構造的、というべきであろう——クリモフ）特徴、例えば名詞に関して従属的属格の位置といったものを選択するときには、新たに二類の言語が現れるであろうが、それらは円唇化母音と非円唇化母音の対立を基準として得られる類とは重なるものではない。二つのファクターに注目すれば、四類のものが得られることになる・・・。要するに、系統分類（генеологическая классификация, genealogical classification）とは違って、当該分類すなわち類型的（構造的——クリモフ）分類においては、言語群の数と構成は、比較のために利用される言語現象の数と一定の選択に応じて異なったものとなるであろう」[39]。

多少とも同様の方法に従えば、それなりに一つである、世界言語の起源的および地域的分類とは違って、形式類型学においては然るべき構想案の数はすでに現在でも非常に巨大なものに膨れ続けているのである：cf. とりわけ、Fr. シュレーゲル（Fr. Schlegel）、A. シュレーゲル（A. Schlegel）、フンボルト、シュライヒャー（A. Schleicher）、シュタインタール、ラツァルス（M. Лацарс）、ミステリ（F. Misteli）、ミューラー（N. Müller）、フィンク（N. Finck）、サピア、ミレウスキ、スカリチカ、グリンバーグ、ウスペンスキー（B.A. Успенский）、ホルマー[40]、他、の類型構想。これらの

---

[39] *Гринберг Дж.* Квантитативный подход к морфологической типологии языков. — В кн.: Новое в лингвистике, вып. III. М., 1963. с. 62–63.

[40] 概説は、see: *Horne K.M.* Language typology. Washington, 1966.

数は、一定の言語群の個々のレヴェルの枠に、あるいはまた、言語の文法構造の諸事実のある一つのレヴェルにだけ厳しく限定した、多数の構造的立論（cf. 例えばミレウスキの研究する、アメリカ諸語の音韻的類型、グリンバーグの、言語の有意義成分の類型、等）を類型的なものと認定すれば、さらに益々膨れ上がっていくことになる。このことから、類型学の理論構想の原理的な問題に関して多数の不一致が当然見えてくるような事態に、多数の言語学者達が明らかに不満を抱くのは当然のことである。類型学に支配的な、研究基準の選択における恣意性に抗った過去の言語学者の中に、例えばボードゥアン・ド・クルトネ（J. Baudouin de Courtenay）を挙げることができる。彼はすでに100年以上も前に、次のように書いたのであった：「諸言語の分類、類別というものは、既知の、無分別にあるいは先験的に取り出した、特徴に基づいて、諸言語の多様性の中に秩序を導入することによって、言語研究を人為的に容易にしょうという意味で理解してはならない。科学一般に対する、また、特に言語学に対する、現代の考え方においては、真に科学的な言語分類は、言語の自然な発展の復元でなくてはならず、また、一方、本質的な特徴に基づくものでなくてはならない」[41]。最近では、こうした不満は、多数の論者達が唱えている。この場合、見受けられる類型的基準の恣意性や一面性が同種の現象だと見なされるのは、故あってのことである。例えば、ズヴェギンツェフ〔В.А. Звенгинцев〕は、もしも「類型的基準が、言語のある一つの・・・レヴェルの範囲から選択されるのであれば、形態分類と比べて原理的に新しいものは何等得られない。ただある条件的で一面的な基準だけが、同じ性質のある別の基準に代るにすぎない。結果として発生してくるのは、諸言語の、新しいまたそれに劣らず恣意的な、類型種分類の組み合わせである」、と強調している[42]。実際、任意の言語レヴェルの何がし

---

[41] *Бодуэн де Куртенэ И.А.* Некоторые общие замечания о языковедении и о языке. — В кн.: *Бодуэн де Куртенэ И.А.* Избранные труды по общему языкознанию. т. 1. М., 1963, с. 70.

[42] *Звегинцев В.А.* Современные напрвления в типологическом изучении языков. — В кн.: Новое в лингвистике, вып. III. М., 1963, с. 14.

かの言語特徴がさらに大きな呼応特徴組織に含まれるという事実ぬきでは、一般的に言って、恐らく、その特徴の類型的関与性を確信することはできないであろう。

現代言語学にかなり広範に行われる研究実践を反映したグリンバーグの定式化には、類型学との関係そのものを疑わしめるような少なくとも二つの弱点に、容易に気付くのである。

第一に、類型学的アプローチが、如何なる論証もなく（また、特に言語類型の概念を完全に無視して）、ここではあらゆる構造的アプローチと同等視される点が目立つ。第二に、この場合、それに劣らず恣意的なやり方で、方法的な手順そのものの完全な逆立ちが（起源言語学や地域言語学の手法と比べて）前提とされていることは、相当顕著である。

しかし、構造的アプローチが起源（比較・歴史）言語学や地域言語学のような言語学分野の特徴でもあることは、恐らく一般的に認められているかと思われる。これら基礎的な言語学研究分野も、一定多数の具体的諸言語の構造的類似性の分析を基にしており、常にそれが観察の中心になっているからである。これら全ての分野は必然的に、比較される諸言語の様々に分類化された構造的諸現象に取り組むのであるから、これらは全て、ある意味では構造的な分野と認められるべきである（言語へのいくつかの他のアプローチ、例えば言語普遍の研究の前提もこれ以上に自明である）。実際、現在では、これら全てが、同じように具体的諸言語の記述文法の形で存在する、共時的・記述的研究が予めまとめた実際を基礎にしていることは、広く認められることである（筆者が知っている唯一の例外は、一部のカフカース学者達であるが、彼らは、記述言語学の理論そのものは「歴史・比較」言語学の基本方針に立脚しなければならないと考えている）。

正に構造的資料こそが基礎的対象を成すのであって、その対象内で、ここに比較した三つのアプローチのそれぞれがそれに固有の基準に従ってその研究対象を分担していることは、当然のことと思われる。起源言語学にとってこれは祖語の状態の拡散過程に保存される同系諸言語の構造的（そして物的）要素であり、地域言語学にとっては諸言語の集約過程で諸言語が獲得し

た構造的（そして、時に主張されるように、物的）要素であり、また、類型学にとっては、それは拡散ないしは集約の過程には関わりのない、そして、独自の類型種に属することに起因する、言語的同型性（isomorphism）の構造的（そして物的?）要素なのである。この三つの分野全てにおいて、同一の構造的事実が時にそれ独自の解釈を受けることがあることは、驚くに足らない。例えば、比較言語学者がアルバニア語の属格を共通印欧語属格の法則的継承として関心を示すのに対して、地域言語学者にとっては、その属格はバルカン言語連合の特徴としての、属格と与格の重なり合いという面で関心を引くのであり、さらに、類型学者（内容的分類の分野で活動する）にとっては、それは主格構造の包含事象の一つとして興味を引くのである（このことについては，原著 p. 45[本書 p. 54–55] 参照）。

　ところが、グリンバーグの定式化が反映する、類型学の方法論的手順の逆立ちが前提としていることは、起源言語学や地域言語学が期待を込めて勧める普通の方法の構造的研究とは違って、類型学研究者は、先ず自らの裁量で言語的現実に見られる構造的特徴を選択し、次いで具体的な諸言語におけるそれら特徴の有無に従って、検討対象の諸言語全体（実はこの全体は、多くの場合世界の言語地図丸ごとである）をいろいろな方法でいくつかの数の種類に切り分けることである。当然明らかなように、こうした条件の下では、類型学の構築にとって不可欠であるところの言語類型の概念の必要性も全く生じず、またそのためにありとあらゆる結果が随伴することになる。特に明らかになることは、このようにすればいくつかの人為的分類が生まれ、その分類の枠内では類型種を構成する諸言語成員間の関連の必然性は期待すべくもないことである。別言すれば、グリンバーグの手法は人為的分類に行き着くのであり、その分類は「事物間の関係を、そしてまた事物に関する認識の間の関係を、歴史的な発展の結果として、またその発展過程において必然的に形成された関係としてではなく、偶発的な、外的な関係として、そして稀ならず、当該資料の理解の便宜のために人間自身が設けた関係として説明

しかつ解釈するのである」[43]（cf. この点に関しては、諸言語の帰納的な類型分類の構築の必要性を説くスニク〔О. П. Суник〕の指摘も[44]）。

立論される言語類型が恣意的なものではなくはっきり確定された性格をもつことは、現代の類型学の最も重要な要求の一つであると思われる（これに向けた最も早期のアプローチはすでにマールの刊行物に現れているが、彼は類型（тип）を呼応特徴（признаки-координанты）総体と理解することを支持している）。Cf. 例えば、言語類型を論理的に相互規定的な構造特徴の一定の総和とするハルトマンの定義[45]、言語類型を自由に共起する諸現象の総体と見る考え方に対するパンフィーロフ（В. З. Панфилов）の批判[46]、言語類型を類型的に関与的な構造諸特徴の一定の組合わせとするルージチカ（Růžička）の考え[47]、言語類型を一定の階層をもつある種の構造特徴組織とするソーンツェフ〔В. М. Солнцев〕の理解[48]。

言語類型の構造的諸特徴の集合総体すなわち類型の弁別諸特徴の束に属すべきものは、論理的に相互に必然的な特徴だけであって、自由に結合する現象ではない。この条件によって、一つは世界の諸言語にとって普遍的な現象が、またもう一つはその個別的な現象は、考察から排除されることは明らかである。この点に関してソーンツェフは次のように強調している：「類型を構成する諸特性の総体は、具体的な各言語を特徴づける諸特性全体と比べれば、計り知れないほど貧弱である。具体的な各言語は、他の諸特性と並んで、そこに、その言語を他の類型ではなく当該類型に所属させる類型的諸

---

[43] *Кердов М.Б.* Классификация наук. 1. Энгельс и его предшественники. М., 1961, с. 6.

[44] *Суник О.П.* Вопросы типологии агглютинативных языков (к проблеме соотношения агглютинации и флексии). — В кн.: Морфологичеслая типология и проблема классификации языков. М.–Л., 1965, с. 30–31.

[45] *Hartmann P.* Zur Erforschung von Sprachtypen: Methoden und Anwendungen.

[46] *Панфилов В.З.* О задачах типологических исследований и критериях типологической классификации языков. — ВЯ, 1969, № 4, с. 7.

[47] *Růžička R.* Some remarks on linguistic typology. — In: Travaux linguistiques de Prague, 4. Prague, 1971, p. 90–91.

[48] *Солнцев В.М.* Op. cit., с. 35–37.

特徴をもっている。類型的諸特徴は全体として、あれこれの言語を類型的分類の中に位置付けるための規準ないしは基準となる。言語において、非類型的特性は、上述に従って、一つはあらゆる人間言語が例外なくもつ特性であり、すなわち真に普遍的な特性であり、またもう一つは当該の言語だけがもつ個別的な特性である・・・。したがって、各言語には、三群の特性——普遍的特性、類型的特性、個別的特性——を明らかにすることができるのである」[49]。

　類型学に関する最近の諸研究で益々頻繁に認められることは、言語類型の構造的呼応諸特徴間の相互的な論理的必然性が得られるのは、こうした複合体の構成がその階層的構造化原理に従っているときだけだ、という点である。このことは、当然、言語類型の概念は一次元的なものではあり得ない、すなわち、ある一つの特徴に基づいて構成されるものではあり得ず（一次元的と見なすことができるのは、いわゆる言語内類型〔тип в языке〕の概念だけである）、必然的に多次元的なものであって、一レヴェルの事実の範囲を越え、最大限ケースでは全レヴェルの証例を基にする、ことを前提としている。ウスペンスキーは、次のように強調している：「正に言語の構造こそが、類型的比較の場合の起点、基準点でなくてはならない；さもなくば、個々に取り上げた細かい原子論的諸現象が比較されるが、その諸現象自体（他の言語諸現象とは無関係な）の情報性は小さい」[50]。正にこの場合にこそ、類型学研究は最も広範な言語事実総体を検討できると期待して当然である。また、反対に、あれこれの構造特徴を、言語類型のより大きな呼応諸特徴組織に組み込むことができるまでは、これら特徴の類型的関与性に常に重大な疑念が残る可能性がある。実際、具体的な構造的現象が類型的に関与的である、すなわち類型の事実を構成する、ことを何がしか別の方法で示すことは、恐らく不可能であろう。

　恐らく容易に気付くところであろうが、言語類型の構造的諸特徴に相互的

---

[49] Ibid., c. 34.
[50] Успенский Б.А. Op. cit., c. 10.

な必然性を求めることは、今度は、言語類型の「純正さ」«чистота»(purity)の原理を、すなわち言語類型の論理基盤の一貫性を、そしてまた反対に、いくつかの研究に見受けられるいわゆる混合型ないしは中間型の概念の不的確性を、示すことになる。こうした観察は、今のところ、言語類型学において表だっては現れていないかに見えるけれども、この定式化に対するあれこれの前提は多数の論者達に見出すことができる（例えばスカリチカは、類型を、相互に好都合な構造的諸現象が最大限に発達したある種の飽和状態と規定しており、またべハート〔J. Bechert〕は、主格組織体系と能格組織体系それ自体は論理的に相容れないと明言している[51]）。すでに「混合」型〔смешанный тип, mixed type, type mixte, Mischentypus〕という用語自体が contradictio in adjecto（形容矛盾）の相当明白な見本である。類型を構想することは、非類型的な要素全てを研究対象の特徴づけから捨象することを求めるからである。類型学の研究実践が証明しているように、言語類型の「純正さ」の原理こそ、言語類型の内的な ratio（原理）を明らかにすることを可能にするのである。具体的な言語の構造的輪郭を二つの言語類型の混合と特徴づける可能性が存在するどんな場合であれ、それに続けて両類型をある種の統一体（единство, unity）として一括化（интеграция, integration）すれば、それは類型学に何の補助的な知識も提供しない余剰的な構造に変るのである（周知の如く、混合型という概念は、必然的に、然るべき「純正」型についての考えを予め想定することを前提としている）。

混合型という概念を克服しきっていないことは、形式類型学的な研究の現状にとってもかなり特徴的なのであるが（個々の場合には、恐らく、一言語の中に異なる類型的要素が存在するというテーゼの表現の仕方が単に拙いということにすぎないのかもしれないが）、このことは類型学研究の歴史その

---

[51] Cf.: *Skalička V.* Zur ungarrischen Grammatik. — In: *Skalička V.* Typologische Studien (Schriften zur Lingistik, Bd 11), Wiesbaden, 1979, S. 123; *Bechert J.* Das Nominativ-Ergativ-Kontinuum und die paradigmatische Fundierung grammatischer Kategorien. — Linguistic Agency University of Trier. Series A, Paper N 47, S. 5.

ものとも明らかに相容れない。とりわけ、科学における世界の諸言語の形態的分類の研究の長い伝統は、言語学者達が、直観的ではあるが、それにもかかわらず、常にはっきりと、内的矛盾から自由な類型の概念を構築しようとしてきたことを、かなり見事に証明するのである。こうして、形式類型学の実際は、混合的な、例えば膠着・屈折的な組織の基準の研究の先例を知らない。まして、内容類型学内での、混合的な、例えば主格・能格的言語類型の概念の構築の何がしかの経験などについては言うべくもない。

したがって、類型学的に異質の特徴の混合は、具体的言語においてのみ実現される、原理的に次元の異なる現象であることを、再度強調しておくことが適切である。当然のことながら、具体的諸言語の的確な類型的特徴づけのためには、最も近い類型的基準からそれらの構造への一定の変換原則を定式化すれば十分である。我が国の過去の類型学において、このことは、例えばメッシャニーノフも見逃さなかったが、彼はすでに 1934 年に次のように指摘したのであった:「これら全ての段階(当時の類型的分類が前提とする、歴史的に交替する言語諸類型について述べたもの——クリモフ)は、先行段階の状態の残滓的要素の歴史的な運動と保存の複雑な過程の中で諸特徴が部分的に成層してくるために、完璧な一貫性をもつのは理論的構造においてだけである; 実際上は、言語の弁証法的な発展の条件下では、純正な段階的代表言語は全く存在しないであろう」[52]。

「混合型」という用語を利用する極めて根強い傾向は、類型学における、原理的に次元の異なる二つの概念——実際的現実に現れるある種の言語群としての、言語の類型種(типологический класс, typological class)という概念と類型学理論の枠内で定式化されるある種の抽象的な構造組織としての言語類型(языковой тип, linguistic type)——の区別の必要性を忘れるという、今なお頻繁に見受けられる状況に、好都合な足場を見出している。こうした非弁別は、二種類の好ましくない結果を引き起こすのである:言語類

---

[52] *Мещанинов И.И.* Проблема классификации языков в свете нового учения о языке, с. 14; cf. *ejusdem*. Глагол, с. 26.

型が事実上語族と同レヴェルの現象と認識される場合(この認識はイェルムスレウ〔L. Hjelmslev〕さえ実質上避けられなかった[53])、また、言語の類型種についての何がしかの認識を見出し難い場合、である[54]。現在、類型学に存在しているのは、両概念の厳密な区別がむしろ例外に属するとするような状況である(この区別が多数のチェコ・スロヴァキアの論者達に行われているのは、驚くに足らない[55])。類型学と言語研究の他の基礎的領域の理論装置の間に生ずる概念的類似性に照らしてみれば、言語の類型種という概念は、起源言語学における語族(起源的種類〔генетический класс, genetic class〕)とか地域言語学における言語連合(地域的種類〔ареальный класс, areal class〕)と同じ概念領域に属するものであり、一方、言語類型という概念は、完全に起源言語学における祖語モデルの概念および地域言語学における地域的相関諸特徴の集合総体(совокупность, aggregate)という概念、のような抽象概念に相関するものであることを、指摘しておかなくてはならない。

言語類型の真に総体系的な性格の問題も、言語類型の構造的諸特徴の非恣意性という要求に関連している。

周知の如く、総体系的な言語類型観が言語学において形成されたのは、決して直線的であった訳ではない。尤も、総体系的類型学(cf. ヴェグリン〔K. Voegelin〕の "whole system typology" という用語)、すなわち言語構造の各種レヴェルの交差的資料を考慮して構築される類型学、の検討が必要だとする考え自体は、すでにフンボルトが述べているのではあるけれども[56]。

---

[53] Cf.: *Hjelmslev L*. Le langage. Une introduction. Paris, 1966, p. 123–125.

[54] Cf.: *Greenberg J.H.* Language typology: a historical overview. The Hague–Paris, 1974, p. 32–34; *Anderson St.* On mechanismes by which languages become ergative. — In: Mechanismes of Syntactic Change. Austin–London, 1977, p. 320, 329.

[55] Cf.: *Sgall P.* On the notion <Type of language>. In: Travaux linguistiques de Prague, 4. Prague, 1971.

[56] *Гумбольдт В.* О различии строения человеческих языков и его влиянии на духовное развитие человеческого рода. — Хрестоматия по истории языкознании XIX–XX-го веков (сост. В.А. Звегинцев). М., 1956, с. 73.

その後、これは様々なやり方で、様々な言語学潮流の代表者によって定式化され、個々の具体的な研究にさえ一定の実現を見たのであった。この点に関しては、我が国の多数の言語学者の研究、わけてもメッシャニーノフの労作を指摘すれば十分であるが、彼は言語の統語組織と形態組織の奥深い調和性（глубокая конгруэнтность, deep congruity）を強調しただけでなく、主格性や能格性のような構造組織の総体系的な性格に気づいていたのであった（例えば「言語の諸段階で語形成と形態と統語の諸特徴に応じて時期が区分される」、という彼の発言は、すでに 1929 年のものである[57]）。

それにもかかわらず、極めて根強い形態的言語分類に終った、総体系的な類型学構築のいくつかの実験の失敗の結果、長い間いわゆるサブシステム（部分系）類型論（subsystem typology）の研究だけが可能だとする考え——とりわけ国外の言語学において——が広がったのであった。この考え方が、形式類型学的な性格の様々な構想の立論を主導しただけではなく、ある程度は内容類型学的な研究にも影響を与えた点は、見過ごせない。諸言語の類型的記述の総体系的モデルを構築することは不可能だという主張は、例えば言語学文献に再三展開される、語彙の類型化の可能性に対する疑念表明に支持を得たのであった。マルティネ（A. Martinet）は 1962 年次のように書いた：「少数の言語学者は、語彙の類型学の確立を主張するであろうが、それは、彼らが、任意の言語の語彙が非言語的現実に密接な関ると自覚するからだけではなく、——これもまた同じことを表しているかも知れないが——語彙は、顕在的に構造化された言語レヴェルの分析と観察の後に得られる正に残留物、すなわち相互不安定に連関する単位の分野であり、この単位の完全な特徴づけは極めて困難だと思われるからである」[58]。多くの他の論者達は、総体系的な類型解釈の可能性も認める点だけは異なっているが、全体として

---

[57] *Мещанинов И.И.* Гомер и учение о стадиальности, — В кн.: Язык и литература, т. IV. Л., 1929, с. 22.

[58] *Martinet A.* Linguistic typology, — In: *Martinet A.* A functional view of language, Oxford, 1962, p. 87; cf. quoque: *Skalička V.* Wortschatz und Typologie. — Asian and African Studies, Bratislava, 1965, I, S. 152–157.

は同じような立場を取っている。特にバーゼル（Ч.Е. Базелл）は、これに関して次のような点で疑問をもっていたのであるが、彼の考えでは、諸言語は「同質的な組織（негомогенные системы, homogeneous system）ではなく、むしろ部分的に一致する組織の集合であるから、言語全体ではなくむしろこれらの部分的一致こそが類型学の資料となるであろう。一部の人達の間でなおも好まれる単一系的な分析は、特にファース（J.R. Firth）教授が宣伝する複合系的な分析タイプに席を譲る・・・。しかし、恐らく、少なくとも都合よくいけば、やはり、核となる類型すなわち支配的な類型を析出することができよう。我々は、ここで、単純化のために、『言語類型』について示そうとする場合、それは、典型例として選ばれた言語でさえも全ての点で当該の類型である訳ではない、という意味で理解すべきである」[59]。同時に、本来の類型学研究の一番最初から、類型の概念の中に音韻レヴェルの特徴づけを組込む可能性についての展望は不明であった。

　しかし、パンフィーロフが指摘するように、言語学の一分野としての類型学の発展の一定の困難さや、とりわけ伝統的な形態分類の明らかな欠陥があるからといって、「そのこと自体は、あれこれの principium divisionis（分類原理）を使って各々の言語全体を一定の類型に所属させるような、類型学研究の最終段階としての類型学的言語分類の原理的可能性を否定する根拠とはならない。このような言語分類の可能性の否定は、結局のところ、言語諸現象の体系的構造化の原理そのものを、また、言語諸要素に必然的な法則的連関性の存在を、否定することになる。つまり、正にこのような連関性こそが（ただし、推定的な、偶然的な連関性ではなく）、類型学的言語分類に際して考慮しなければならないのである」[60]。

　実際、類型学の著しい発展（そして、とりわけ多言語資料の研究で蓄積されたいわゆる「潜在」範疇の解明の経験）によって、そしてまた、広範な様々なタイプの代表言語が活発に研究範囲に導入されたことによって、語彙

---

[59] *Базелл Ч.Е.* Лингвистическая типология. — В кн.: Принципы типологического анализа языков различного строя, М., 1972, с. 16.

[60] *Панфилов В.П.* Op. cit., с. 7.

組織の一定の構造化原理は勿論（正にこのことによって、語彙にも文法における と同様、全体として一定の組織体系を形成する相当厳格な相関的範疇が存在するとする考えが裏付けを得た[61]）、その語彙組織の構造化原理と、言語の統語組織や形態組織の然るべき構造化原理との繋がりも相当明確である言語構造の知識が得られるようになっただけではない。そればかりか、文法的抽象度が語彙的なそれに比べてより深いということから法則的に出てくる、語における語彙的なものの一次性と文法的なものの二次性という、長い伝統が明らかにして来た一般理論的な立場に立てば当然推定できることであるが、正に語彙の分野にこそ、他のレヴェルのより個別的な呼応諸特徴の最大限集合の機能を引き起す、言語構造の根本的特徴がある。この推定は、周知の如く、内容類型学的な研究分野において特に明白な裏付けを得ており、その研究過程においては、能格構造、活格構造、類別構造の代表言語の具体的資料を基にして、言語の統語特徴や形態特徴がそれら諸言語に実現されている動詞語彙や名詞語彙の構造化原理に依存関係をもつことが、再三示されて来たところである[62]。考えられるように、結局、実質上類型学の歴史の中で起った、「形態的分類」という用語の、「類型的分類」という用語による置き換えの事実そのものにすでに、言語諸現象の総体系的な把握に向けた類型学研究の傾向が反映されているのである（ただし、伝統的な形態的分類も、その創始者達の構想通りに、専ら形態レヴェルにのみ関わっていた訳ではないと考えるべき根拠はある[63]）。

最後に、諸言語の類型的、起源的、地域的所属の相関性について若干述べておかなくてはならない。

---

[61] Cf.: *Будагов Р.А.* Система языка в связи с разграничением его истории и современного состояния. — ВЯ, 1958, № 4, с. 49.

[62] Cf. ex.: *Климов Г.А.* Типология языков активного строя. М., 1977; *ejusdem.* Очерк общей теории эргативности. М., 1973; Африканское языкознание (сборник статей), М., 1963.

[63] See: *Старинин В.П.* Структура семитского слова. Прерывистые морфемы, М., 1963, с. 6 (прим. 4); *Успенский В.А.* Op. cit., с. 40–41 (прим. 26); *Рождественский Ю.В.* Op. cit., с. 47.

諸言語の類型種、語族、言語連合といった概念は、原則として、言語学の異なる分野の用語装置に属するものとして互いに独立して形成されている。ある具体的な諸言語のこれら三つの側面での近似性は、後の二つの側面での近似性を前提とするものではない。諸言語研究のこれら三つの基本的な視角は全て、原理的に異なる言語発展過程の研究に起因するものであること：起源言語学は言語の拡散（divergence）過程を研究し、地域言語学は言語の集約（convergence）過程を、類型学は言語の同方向的な (parallel)（同型的 isomorphic あるいは異型的 allomorphic）変化過程を研究すること、を考えれば、このことも当然予想されたことである。すでにはるか以前から指摘されているように、同一語族の諸成員は度々、すでにそれらの祖語状態において蓄積した共通の構造的前提条件に規定された、多少とも目立った類型的類似性を見せるのであり（このこととは無関係に、その状態は実際上の祖語あるいは同系語群として思い浮かぶが）、このことは、同系諸言語の場合には特に明らかである。一方、多くの場合に類型的には同一種であるものが、実は何がしかの起源的な近似性特徴を顕さないことがある。したがって、文献には時に、諸言語の類型的な類似性はなおその起源的な近似性を裏付ける論証とはならないのに対して、起源的同系性はその類型的類似性も予め決定づけている、とする意見に出会すのである。多くの場合、同系諸言語の一定の構造的近似性を示すことは難しいことではないが、こうした定式化の後半部は恐らく不正確であろう。遠い（時には遠くない）同系性の関係を示す諸言語の類型的な不一致のケースが多少とも存在することが、この定式化の不正確さを証明するのである。

　こうして、この点に関して、すでに今日互いに極めて遠く隔たってしまった印欧諸語が、しばしば、異なる形式類型学的特徴づけを受けること（cf. 特に、スラヴ諸語のかなり一貫した総合的〔synthetic〕構造の一方で、ロマンス諸語の深く進行済みの分析性〔analyticity〕の発展）を想起することができる。同様の相関関係の可能性は、これまでのところその起源関係が何ら正確に提示されたとは考えられない言語はもとより、遠い同系諸言語の、内容類型学的な特徴づけに対しても想定されることは、至極当然である。例え

第1章 内容類型学の一般原理　43

ば、専門書には、カーペンタリア湾およびオーストラリアの隣接沿岸地帯（北クインスランド）のウェルスリ諸島の諸言語は、原則的にはオーストラリアの能格諸言語と遠い同系関係にあるけれども、主格言語であることが専門書に指摘されている。しかも、オーストラリアの北西部沿岸地帯の、主格言語を基本とするオーストラリア諸語は、これと隣接する能格言語とはかなり近い同系関係にあると考えられている[64]。最近の研究に照らしてみれば、遠い同系性の関係は、周知の如く、主格、能格、活格諸言語という類型種に分裂しているアメリカ諸語の多くの語族に対しても排除できない[65]。同様にして、イベリア・カフカース仮説は、能格構造を基本とする北カフカース諸語（すなわち、アブハズ・アディゲ諸語およびナフ・ダゲスタン諸語）と主格類型的要素と活格類型的要素の結合を特徴とするカルトヴェリ諸語の起源的同一性のテーゼを定式化している。まして、起源的に同一の言語群の類型的再編の可能性そのものを否定する重要な根拠は何等見られないのである（オーストラリア学者等は、大多数の能格的オーストラリア諸語を背景にして際立つ上述の北西部オーストラリアの主格諸言語は、正にこうした再編の結果だと考えている[66]）。

　勿論、この面で少なからざる興味を引くのは、いくらかの言語学者が単一のノストラ大語族に一括している、印欧諸語、アフロ・アジア諸語、カルトヴェリ諸語、ウラル諸語、ドラヴィダ諸語、そしていわゆるアルタイ諸語からなる旧世界のいくつかの語族の全体が、類型学的な面でも主格構造という一体として特徴づけられる、という点である（恐らく、唯一保留条件をつけなければならないのは、主格的要素が優勢である一方で活格類型の要素も極めて顕著に認められるカルトヴェリ諸語に関してだけであろう）。ただし、ノストラ語族仮説は、現在では、何ら証明されたとは見なされていない点に

---

[64] *K. Hale.* The passive and ergative in language change: the Australian case. — In: Pacific linguistic studies in honour of Arthur Capell. Pacific Linguistics (Series C – N 13). Canberra, 1974, p. 759.

[65] Cf.: *Matteson E.* (et al.). Comparative studies in Amerindian languages. The Hague–Paris, 1972.

[66] *Hale K.* Op. cit., p. 759.

留意しておかなければならない[67]。しかも、多くの専門家達は、ノストラ語族の成員の一つ——アルタイ諸語——の内的な起源的同一性さえも根拠は薄いと考えている。

　この節を結ぶに当たって、もう一つの用語上の注意もしておく必要がある。「印欧語類型」（cf. индоевропейский тип, Indoeuropean type）とか「地域的類型」（cf. ареальный тип, areal type, Arealtypologie 等）のような、言語学文献中に頻繁に見受けられる用語間の不統一性が大変目立つという点に関してである。これら用語の限定語が系統的（あるいは地域的）分類の用語装置から借用したものであるのに対して、被限定語の方は類型学的分類の用語装置から借用したものである、ことを考慮すれば、厳密に言って、これらは contradictio in adjecto の典型と見なすべきである。何としても多数の中から「印欧語類型」という用語を使いたいという誘惑に駆られる場合でも、ひいき目に見てそれら用語には言語のあらゆる類型的要素を慮った全体的な類型学的特徴づけという想いがあるかもしれないから、それらに比喩的な性格があることを認識しておく必要がある。ただし、研究の実際がいみじくも証明しているように、最も頻繁にこのような用語の裏に隠れているのは、性格学の分野に関係する内容である[68]。同時に、「地域類型」という用語には、容易に言語連合の基準の概念を見て取ることができるのである[69]。

＊　　　＊　　　＊

---

[67] Cf.: *Doerfer G.* Lautgesetz und Zufall. Betrachtungen zum Omnicomparatismus. Innsbruck, 1973, S. 77–116; *Серебренников В.А.* Проблема достаточности оснований в гипотезах, касающихся генетического родства языков. — В кн.: Теоритические основы классификации языков мира. Вопросы родства, М., 1982.

[68] Cf., ex.: *Trubetzkoy N.S.* Gedanken über das Indogermanenproblem. — Acta Linguistica, 1939, v. 1, f. 2; *Hartmann P.* Zur Typologie des Indogermanischen. Heidelberg, 1956.

[69] *Hoenigswald H.M.* Change and linguistic reconstruction. Chicago–London, 1965, p. 82.

類型学理論の最も一般的ないくつかの諸原理の検討を一通り終えたのであるから、内容類型学を特徴づける固有の問題群に戻ることができる（今度は、既述の見地を考慮しつつ）。

　何にもまして先ず再度強調しておく必要があるのは、類型学研究の二つの基本的種類——形式類型学研究と内容に定位した類型学研究——の峻別の必要性を惹起したのは、言語類型の深く異なる二つの概念を研究して来た、言語学分野としての類型学の発展の論理だ、という点である。この内前者は、言語に伝達される内容を捨象して、したがって、専ら言語の構造的諸要素間に存在する一定の形式的依存関係を基に立論される（一つは孤立型、膠着型、屈折型が、もう一つは分析型と総合型が、これの例証となる）。それとは反対に、内容に定位した言語類型の概念の検討には、1930年代の始めから言語構造の表層的多様性を支配する深層的な構造の探求（当時の言い方では、「言語技法のイデオロギー的論拠の証明」）に着手したソヴィエト言語学が主要な貢献を行ったのであるが、その概念は、必ず言語の内容面——言語における、現実の主体・客体関係の伝達法——に照準を合せることよって立論されるのである。

　研究実践が証明しているように、この原理的な違いを忘れると誤解が生じ、それが結果として具体的な経験的資料の分析の不的確性を引き起こし、かつ全体的な展望の喪失を孕むことになる。実際、内容類型学の主体・客体的原理を見落とすと途端に、研究は検討対象となる現象の形式類型学的な解釈に陥ることになる。

　このような混乱の一例として、まだ比較的最近一部のカフカース学者等の間に一定の広がりを見せたいわゆる無規定構文（индефинитная конструкция предложения, indefinite sentence construction）という概念を指摘することができるが、これは多数の能格諸言語に対して、能格構文や絶対構文と並んで仮定されたものである[70]。しかしながら、当然明らか

---

[70] 無限定構文の概念の批判については、see: *Давитианн А.А.* Синтаксис грузинского языка. I. Общие вопросы синтаксиса. Простое предложение. Тбилиси, 1973, с. 338–341 (на груз. яз.); *Климов Г.А.* Очерк общей теории

46

なはずであるが、この「構文」は、一般的に、内容類型学的研究領域に属する能格文モデルとか絶対文モデルとかあるいはまたその他のどの文モデルとも対比し得まい。何となれば、この構文は、主体・客体関係の伝達法の違いによって特徴づけられる能格文モデル、絶対文モデル、その他のどの文モデルとも違って、何がしかの主体・客体的関係を表さない文モデルとして定義されてきたからである。この事態は現有の区分の論理基盤の混乱から生じるものであるから、無規定構文の概念の関与性が内容に定位した類型学的研究にとって極めて疑わしいものであることは、当然明らかである（ここで、名詞成分の語形に主体・客体的内容が表されなくとも、動詞述語の語形によってそれがはっきりと伝達されるようなケースでのかなり多数の無規定構文の確認例についてはもはや言うまでもない）。

　資料の内容類型学的な分析の形式的なアプローチに妥協するもう一つの例は、言語現象の解釈における体系性（системность, systematicness）原理を犯すことに現れる。例えば、普通フランス語で他動詞で翻訳されるウビフ語のある動詞語彙素類は、名詞補語を斜格形におかしめる（cf. 例えば、wä-tət čə́-n məšän「この人が・呼ぶ・馬を」[этот человек зовет лошадь]）。この場合、専ら形態面の根拠だけを基にすると、これが指定する構文は主格構文だと認定する誘惑に駆られる[71]。この場合、名詞補語を斜格形におくという事実そのものは、実は、全体として能格構造原理を徹底して行うこの言語では、動詞述語の非他動性の法則的反映である、点が見落とされている。

эргативности. M., 1973, c. 45; *Boeder W*. Ergative syntax and morphology in language change: the South Caucasian languages. — In: Ergativity. Towards a theory of grammatical relations. London, 1979, p. 438–439. — [訳者] cf.「無規定構文」とは、主語と直接補語の格形式が欠如することから、形態的に「無規定」と認定される構文を指す。名詞形態に主体・客体関係を表示するマーカーがなくとも、それらは動詞形に集中配置される接辞系列によって分明であるから、実際は「無規定」ではない。これは実に、クリモフがいう、いわゆる「動詞」型構文のことである。例：グルジア語šen（君）・me（君）・m-ake（誉めた）=「君が私を誉めた」では、動詞語形中に1人称直接客体系列のマーカーが接頭されている（1、2人称代名詞は非曲用）。

[71] Cf.: *Tchelholl C*. Aux fondements de la syntaxe: l'ergatif. — Le Linguiste, 19, Paris, p. 110–112.

このことは、この動詞類の形態構造における人称接頭辞の一定の配置規則にも見事に裏付けられる（cf. 他のアブハズ・アディゲ諸語においても、「呼ぶ」という動詞が「非他動詞」に属することも）。このことから、引用したウビフ語の構文は、能格構造の代表言語にとっては普通の、「斜格」補語を伴う絶対構文である、という結論を下すべきである。形式的分析への同種の妥協例として、一連のオーストラリア学者のテーゼがあるが、それによると、オーストラリア諸語の一部では名詞曲用における能格性規範の実現と並行して、人称代名詞の曲用パラダイムに無徴の主格と -na 表徴をもつ対格の対立がある。ところが、これら諸言語に主格性の統語的前提条件がないことを考えるならば、この接辞は、むしろ活格構造の残滓的な現象と解釈することができる（cf. 本書第 2 章参照）。内容に定位した類型学的研究の原理からの意識的ないしは無意識的な逸脱によって起る結果の特に明白な例証となり得るのは、最近数年間の専門書では周知の、純形式的パラメーターをその論拠として組織体系を組立てる試みである。Cf. この面で、そこにおける主体・客体関係の伝達特性に従うのでなく、主格型ないしは能格型のような言語諸類型の構造特徴の鏡像的な反映の性格に基づいて組み立てる組織体系を仮定する先例があること（これの批判的検討は、本書第 2 章を参照）。当然のことながらこのような組織体系が、如何なる場合にも全一的な言語構造を特徴づけることはできず、言語構造の部分的な断片に関連するものにすぎないことは、驚くに足らない。

　当然のことながら、上に特徴づけた、類型学理論の諸要件全体を内容類型学は一体どのように実現させているのか、という問題に取り組まなければならない。

　先ず強調しておくべきは、内容類型学の基準が恣意的ではなく厳格に確定された性格をもつことであるが、この基準は、種々の構想に従って現有資料に課されるものではなく、具体的な諸言語を一括りにする一定の構造的類似性に基づいてその資料から引き出されてくるものである（cf. 起源言語学や地域言語学内における、資料に対する原理的に同様のアプローチの仕方）。この構造的類似性が特に大きな諸事実の集合総体に広がること、それが何が

しか一様な説明を得ることも、これらの基準の非恣意性、言い換えれば、その基準の類型的関与性を証明するのである。

　内容類型学の主体・客体的な基準が恣意的なものではなく、厳格に確定された性格をもつものであることを確認するためには、内容類型学の一連の基本概念の研究史を簡単に想起するだけで十分である。ちなみに、その研究史は、起源（すなわち，比較歴史）言語学での対応の概念の形成の歴史に著しい類似性を示す。周知の如く、内容類型学の歴史の基礎を築いたのは、すでに 19 世紀中葉に、ヨーロッパの他地域や隣接のアジア地域の主格言語とは著しく異なるバスク語、エスキモー語（グリーンランド）、カフカース諸語やその他いくつかの諸言語の間に一定の構造的類似性が発見されたことであった。当時の言語学者等の視野の中に、これら諸言語の形態や統語面は勿論、実は語彙の構造化原理にも及ぶ構造的対応関係の集合全体が一度に明らかになった、ことを強調しておくことが重要である（cf. 能格諸言語の統語及び形態組織が、これら諸言語に特有の、動詞語の語彙化原理に起因することを探っていたウスラル〔П.К. Услар〕が 19 世紀 60 年代に定式化した説も[72]）。

　正にこれら類似性こそ、後にその規模を広げた、能格構造の構造的包含事象組織の土台にもなった。さらにその後、この組織を介してさらに広い範囲の能格諸言語が、また同様にして——同様の方法的一貫性を遵守しつつ——主格諸言語の種類が明らかにされた。次いで近年、多数のアメリカ原住民の諸言語全体の間の構造的類似性が立証されるに及んで、活格構造の代表言語の類型種の輪郭も同様に明らかになり始めている。言語学史から周知のように、比較言語学の然るべき概念を精査する手順も全く同様であった。ここで最も初期の段階で研究者達の視野に入ってきたのは、具体的な同系諸言語群（印欧諸語、フィン・ウゴル諸語、セム諸語の一部）のある種の構造的類似性であった。次いで明らかとなったのは、それら各語群内に現れる類似性に

---

[72] Cf.: *Услар П.К.* Чеченский язык. — В кн.: Этнография Кавказа. Языкознание, т. 2. Тифлис, 1888, с. 64–65; *ejusdem*. Лакский язык. — В кн.: Этнография Кавказа. Языкознание. т. 4. Тифлис, 1890, с. 141.

一定の体系性があることであった。そして、遂には、この体系性に基づいて、それぞれの語族の完全な構成を確定することが可能となったのである。地域言語学の歴史も、現在、同様の方向に沿って進んでおり、同言語学の成立は、周知のように、バルカン半島および他若干地域の諸言語の特徴的な構造的類似性の発見から始まったのである。正にこうした一貫性こそが、ボードゥアン・ド・クルトネの言葉を借りれば、とりわけ、「その本質的な特徴」に基づいた諸言語の「自然的な発展の復元」となり得る、類型学的な言語分類の構築を可能とするのである（形式類型学の類、とりわけ形態論的類型学の研究史は、原則として別のやり方で形成されてきたのであり、その範囲内では、最初に選択した、文法的意義の表現法の特徴を、その特徴に相関する別の諸特徴の一定の組合せによって補おうとする傾向が、常に感触される）。さらに続く内容類型学の発展が示したように、同じ類型種の諸言語の構造的類似性の背後には、現実の主体・客体関係の伝達法にある程度同一性が存在するのである。

　内容に定位した類型学の主体・客体基準には、時に疑問視される多類型諸言語の同一尺度での原理的な構造対比性を実証する上でも、恐らく卓越した役割が備わっていようし[73]、これ抜きには、恐らく有効な類型論の構築は不可能であろう。主体と客体の意味的役割は、多少とも主格構造の代表言語の構造的輪郭に一致するものであるが、それにもかかわらず、他の諸類型の諸言語でも、すなわち世界の諸言語にとってのある種の普遍的な深層構造においても、常に話者の意識の中に存在するものであることに着目するならば、この基準の卓越した役割は一層明白となる（共時的に定位した類型学構想においては、この意味役割に対して最もよく定着しているのは、別の意味でもよく使われる "Agens" [agent]「行為主」と "Patiens" [patient]「被行為主」の用語である）。この脈絡では、以上を証明するには、以下の二点に限って述べるだけで十分であろう。

---

[73] Cf., ex.: *Allen W.S.* Relationships in comparative linguistics. — Transactions of the Philological Society, Oxford, 1953, p. 79.

第一に、主体と客体の区別は、実際上、非主格言語の一定の——当然、周辺的な——構造単位にも何らかのやり方で反映される、ことを示すことができる。例えば、一つは、この区別は能格組織に姿を顕しており、そこでは能格組織にとって基本的な agentive（作因項）と factitive（叙実項）の意味的な役割（これについては、後述参照）と主体・客体的なものが未分化的に融合しているけれども、他動的行為と非他動的行為の主体の概念も直接補語と間接補語の概念も区別されていることである（このことが長い間、能格構造の代表言語の記述をある程度主格言語構造の用語で行うことを助けてきた）。もう一つは、活格組織のいくつかの構造特徴も、話者の意識の中で主体と客体の役割の区別が行われていることを証明していることである。このことは特に「行為の主体」、「状態の主体」、「不随意行為・状態の主体」といった主体の種類のかなり細かい区別が示している（cf. ここでの活格動詞類、状態動詞類、また不随意的行為・状態の動詞類の区別）。同時に、活格組織にとって特徴的な、有機的（非分離）所有（органическая[неотчтуждаемая] принадлежность, organic[inalieble] possession）と非有機的（分離）所有（неорганическая[неотчтуждаемая] п., inorganic[alienable] p.）の名詞形の区別は、カッシーラー（E. Cassierer）がすでに指摘しているように、主体に対する遠近度の大小に応じて客観的なものの程度の違いを意識内で区別することを表すのである[74]。

　第二に、様々な言語類型の意味的決定因子（семантические детерминанты, semantic determinants）そのものは、主体原理と客体原理の対立への接近度の差異として表すことができるのであって、その対立は主格構造言語組織では最も鮮明に実現される、とする仮説を提起する根拠が存在している。しかも、活格組織とか能格組織のような類型的組織の生成過程そのものが、結局のところ、非主格諸言語の意味的決定因子における主体・客体的対立の比重の逐次的増大によるものだと推定することができる。

---

[74] *Cassirer E.* Philosophie der symbolischen Formen, Teil 1. Die Sprache. Berlin, 1923, S. 224.

第 1 章　内容類型学の一般原理　　51

　内容類型学の原理の確定的性格の極めて重要な結果の一つは、周知の如く、科学において益々増加しつつある形式類型学やそれに対応した分類図式とは違って、内容類型学の分野で活動する言語学者は、実質上、主格型（別の用語法では、対格型）、能格型、活格型（別の用語法では、fientive type ないしは agentive type）他いくつかを含めた、同一目録の言語類型を扱っていることである。正にこのことによってこそ、形式的諸記述や特に予備的な性格をもつ諸分類が不可避的にもつ限界性を克服していくという現代の科学の論理が提起する課題が解決されるのである。

　内容的言語類型とは、先ず第一に、言語の様々なレヴェルの一定の呼応諸特徴の集合体であり、その類型の背後には常に世界の言語地図に現れる諸言語のいくつかの類型種が存在する。内容的言語類型は、これら諸レヴェル間に存在する構造的諸現象の自然的な階層性を考慮して構想される。特に強調しておく必要があるのは、全てのことから判断して、内容的言語類型は語彙的、統語的、形態的そして恐らくは音韻的レヴェルの諸特徴から成るのであるから、総体系性という性質をもつ、という点である。科学の発展が示したように、コード化特性（кодирующие свойства, coding properties）の名で知られる言語類型の呼応諸特徴の上述の集合以外に、いわゆるコントロール特性（контролирующие свойства, control properties）の概念の導入も有効である。

　期待できそうなこととして、内容類型学内には、言語類型の音韻的包含事象の可能性についての問題を解決していこうという動きも芽生えてきている。この点に関して、キブリクは、次のように書いている：「問題になるのであるが、音韻のレヴェルは意味レヴェルから独立したものであるのか？それは独立して研究しかつ記述することが可能なのか？多くの場合、これは事実上不可能であることが明らかになってきている。イントネーションの問題は、その明白な例である。イントネーションは意味表現の一定諸要素を直接的にコード化しているのに、音声学者と意味論者の努力が分散するために、イントネーションの物的特徴も意味的特徴もほとんど研究されないでいる

ことは、全く明らかなことである」[75])。現在では、言語類型の特性がイントネーションの範囲外にまで反映される様子を示すことができる。

　勿論、残余の全レヴェルのために機能するものとしての音韻レヴェルの構造的特徴づけが残余のレヴェルに全く矛盾し得ないという状況だけでは、音韻資料を内容的言語類型の呼応諸特徴の構成要素の中に組込むに十分な根拠とはならない（特に、言語の音素的系列関係〔paradigmatics〕と言語のより高次のレヴェルに具現される内容的原理との何らかの整合性は期待すべくもない）。このような音韻資料の組込みのもっと重要な根拠は、記述研究の実際の中ではよく知られているが、それは言語の類型的所属性が言語に共時的に実現される音声学的過程の上に課する制約である。しかし、この点で最も象徴的なのは、音韻レヴェルのいくつかの統合的（syntagmatic）法則性は、しばしば、当該言語類型にとってのみ特徴的な、主体・客体関係の独自の伝達法に直接的に定位している、という状況――なかんずく、然るべき専用の形態素を入れ換えるための音素交替の組織としての、言語における形態音素規則の一定集合（cf. 形態音韻論〔morphophonology〕は、音韻論の構成要素だとする、現代言語学にかなり行き亘っている考え方）、文における語の統語的結合関係を反映する明確な規則性をもつ連声〔sandhi〕則の体系、その他いくつかの現象――である。

　例えばアブハズ・アディゲ諸語においては、若干の音韻レヴェルの現象が能格性メカニズムのために利用されている。第一に、同化過程である。二つの数の 1 人称および複数 2 人称の能格指標は他動詞語基の先頭子音に隣接するときに同化を受けるが、これは同指標が自動詞の語形では同環境でも同化を受けないのと異なっている。周知の如く、アブハズ・アディゲ諸方言では、この現象は完全に動詞語基の語頭有声音の影響下で指標が有声化するという点に尽きる：アブハズ語 с- > з-, х̣- > аа-（アバザ語 rI-), шә- > жә- (cf. и-с-гойт > и-з-гойт「それを・私が・運ぶ」, и-х̣(а)-гойт > и-аа-гойт「それを・我々は・運ぶ」, и-шә-гойт > и-жә-гойт「それを・あ

---

[75] *Кибрик А.Е.* Op. cit., с. 8.

なた達が・運ぶ」)[76]。アディゲ諸語では、このような同化過程が 2 人称単数指標にも広がりつつ、他の同化過程にも及んでいる。アディゲ語でもカバルダ語でも、この同じ条件下での転化が立証されている：c- ＞ з-, у- ＞ б-//п-//пI, т- ＞ д-//тI, шъу- ＞ жъу-//шIу-｝(cf. アディゲ語 сы-у-щагъ ＞ сы-п-щагъ}「私を・君が・連れて出した」、カバルダ語 сы-у-пIащ ＞ сы-пI-пIащ「私を・君が・育てた」)[77]。第二に、これら諸言語では、能格性のメカニズムを母音交替（Ablaut）組織が担っており、それは、動詞語彙素の、他動性～自動性（より正確には、агентивность[agentiveness] 作因性～фактитивность[factitiveness] 叙実性）特徴による相互弁別の為に利用されている：cf. アディゲ語 дын「縫う」[шить(sew)] ～дэн「縫物をする」[шить(sew), заниматьця шитием (engage oneself in sewing)]、гыкIын「洗濯する」[стирать (wash)] ～гыкIэн「洗濯の仕事をしている」[стипать (wash), заниматься стиркой (engage oneself in washing)]、лэжьын「加工/処理する」[обрабатывать (work,treat)]～лажьэн「仕事する」[работать (work)], 他[78]。ラフォン（R. Lafon）は、スペインの全バスク方言に対して、複数のパラダイムにおける能格指標と絶対格指標の中和の事実を、純音声学的な要因によって立証している（絶対格 *-ag-ø ＞ ak，能格 *ag-ek ＞ -agak ＞ -ak；両形とも、-ag は数マーカー)[79]。ところが、資料から判断する限り、ここに現れている中和化は言語の重要な類型的カテゴリーに関わるものであり、したがって、これは、いくつかの他の現象（cf. 例えばインパーフェクトの動詞語形が能格性の規範に一致し

---

[76] See: *Ломтатидзе К.В.* Категории переходности в авхазском глаголе. — Изв. ИЯИМК, Тбилиси, 1942, XII, с. 9–10 (на груз. яз.); *ejusdem.* Тапантский диалект абхазского языка. Тбилиси, 1944, с. 124 (на груз. яз.)

[77] Cf.: *Рогава Г.В., Керашева З.И.* Грамматика адыгейского языка, Краснодар–Майкоп, 1966, с. 136–137.

[78] Cf.: *Кумахов М.А.* Словоизменение адыгейских языков. М., 1971. с. 201–202.（例文の英訳は訳者）

[79] See: *Lafon R.*, Ergatif et passif en basque et en géorgien. — Bulletin de la Société de Linguistique de Paris, 1971, vol. 66. f. 1, p. 329.

ないこと）も証明しているように、むしろバスク語の構造的主格化傾向を示す事情に起因するものである。言語構造の本質そのものに関わる同様の音声学的法則は、いくつかの活格類型の代表言語にも追跡される（cf. 活格動詞の遠心相〔центробежная версия, centrifugal version〕と非遠心相[нецентробежная., noncentrifugal v.] の対立を伝達するためのいくつかの母音交替の利用）。ダコタ語の動詞接頭辞人称指標が前舌母音の後ろの位置でやや複雑な k ＞ č 型の口蓋化を行う規則は、活格動詞（特に他動的な意味の）に状態動詞を対置させるものであるが[80]、主格化の特徴を示すこの言語の後期活格状態を反映する可能性があるかもしれない。

　言語類型の構造的包含事象の最大限の範囲がそのタイプの輪郭特徴に応じた主体・客体関係の伝達法によって決定づけられるという、ここに展開しているテーゼは、例えば、主格構造の代表言語の形態レヴェルで、格組織のような形態の限られた断片を観察しても、例証することができる（このような例証は、形式類型学的図式内で語の形態構造の性格に関わる包含事象が概して少数である中で、かなり注目に値する）。

　現在では、恐らく、主格、対格、属格、与格、具格（造格）のような格単位の組合せは言語類型の特性に決して無関係ではなく、類型学的にはある組織にだけ、すなわち主格組織にだけ、定着するものであることを証明することができよう。能格性一般論の分野で行われてきた多数の研究に鑑みれば、主格と対格の対立は能格組織の能格と絶対格の対立にも活格組織における活格と不活格の対立にも機能的に共起しない、という事実にここで特に言及する必要はない[81]（能格組織を基本とする諸言語の多くの記述文法で、絶対格を表すために「主格」という用語が普及しているが、これは、絶対格が、能格も同じく、主格とは原理的に意味が異なるものであるから、正に用語面で

---

[80] See: *Boas F., Deloria E.* Dakota grammar. — In: Memoirs of the National Academy of Sciences, 23. Washington. 1939. p. 14; これについては: *Климов Г.А.* Типология языков активного строя, с. 196–197.

[81] Cf.: *Мещанинов И.И.* Основные грамматические формы эргативного строя предложения. — В кн.: Эргативная конструкция предложения в языках различных типов. Л., 1967.

の一貫性の欠如である)。属格が、主格と対格の一種の転置 (transposition) であり、それが、属格の基本機能の、genitivus subjectivus (主体の属格) と genitivus objectivus (客体の属格) への分化に直接的に反映しているのであり、それ故に、属格は類型学的には主格構造組織に相関するものである、とするクリウォヴィッチ (J. Kuryłowicz) やバンヴェニスト (E. Benveniste) の周知のテーゼ (このテーゼは、属格関係自体の分析に基づいたもの) も、現在では理論言語学のかなり以前の成果だと考えられるものである[82]。

　続く時期には、このテーゼは、属格が、活格構造の言語だけでなく、一貫した能格構造の代表言語においても欠如していることを示す多数の記述面の研究に経験的な裏付けを得たのである。実際、圧倒的多数の能格諸言語において、属格は全く知られていない (cf. アブハズ・アディゲ諸語、一連の近西アジアの古語、パプア諸語、オーストラリア諸語、エスキモー・アリュート諸語、アルゴンキン諸語、ツィムシアン・チヌーク、マヤ・キチェ、タカナ・パノの諸語他)。あらゆる場合に他の著しい主格性特徴ももつごく少数の能格言語に対してだけ、主体・客体機能の伝達面におけるよく知られた制約性があることを考慮した上で、属格の形成を示すことができる (cf. ナフ・ダゲスタン諸語、バスク語、一部ブルシャスキ語の状況)。とりわけ、ナフ・ダゲスタン諸語では、属格の役割を以て任ずる語尾は genitivus objectivus の機能をもたないばかりでなく[83]、genitivus subjectivus の機能でも制約性をもちつつ登場する。例えば、ここでは、主体の属格の形は、無生名詞にあっては形成されないことがしばしばである：cf. アヴァール語 гамачI борти「石 (絶対格)・落ちること (落石)」[падение камня]、ベジタ

---

[82] Cf.: *Курилович Е.* Проблема классификации падежей. — В кн.: *Курилович Е.* Очерки по лингвистике. М., 1962, с. 195–196; *Бенвенист Э.* К анализу падежных функций: латинский генитив. — В кн.: *Бенвенист Э.* Общая лингвистика. М., 1974, с. 162–164. Изд. 3. М.: Книжный дом «ЛИБРОКОМ»/URSS, 2009.

[83] 極めてまれな例外については、see: *Ибрагимов Г.X.* Склониние имен существительных в рутульском языке. — В кн.: Именное склонение в дагестанских языках. Махачкала, 1979, с. 26.

語 боцо гуцIоли「月（絶対格）・現れること (月の出)」[появление луны]；ツァフル語 йухьхьан хъадий「春（絶対格）・来ること（到来）」[приход весны]（ツァフル語における виргъ-ен илкъевчIи「陽の［属格］・昇ること（日の出）」[восход солнца] のような構文形成の可能性は、その意味が有生性の内包的意味 connotation を許容するような、少数の無生名詞だけを特徴づけるにすぎない）；クルィズ語 уджагъ вусридж「焚火（絶対格）・消えること」[угасание костра]。さらに、有生名詞の場合でも、その限定的シンタグマにおける意味的アクセントが行為主体ではなく行為に落ちる場合には、主体の属格は絶対格の形によって置換されるのである：cf. ベジタ語 або окъоли「父（絶対格）・来ること（到来）」[приход отца] に対する або-с окъоли「父の（属格）・来ること（到来）」[приход отца]；ラック語 пил лечаву「象（絶対格）・走ること」[бег слона] に対する пилданул лечаву「象の（属格）・走ること」[бег слона]；ツァフル語 йед аркIыний「母（絶対格）・出かけること」[уход матери] に対する йед-ин аркIыний「母の（属格）・出かけること」[уход матери]；タバサラン語 бай ишуб「子供（絶対格）・泣くこと」[плач ребенка] に対する бал-ин ишуб「子供の（属格）・泣くこと」[плач ребенка]。反対に、主格構造の代表言語にあっては、その多くが有する客体の属格については言うに及ばず、主体の属格機能は如何なる制約もなく登場する（特に印欧諸語、フィン・ウゴル諸語、カルトヴェリ諸語はこうした状況である）。

この点に関して想起して然るべきは、すでにメッシャニーノフの研究に、属格が特に主格諸言語の曲用パラダイムに結び付く傾向があるという考えを引き出せる文脈が見られることである[84]。Cf. 次のゾマーフェルト〔A. Sommerfelt〕の発言も：「属格は、普遍的な文法範疇ではない。このように考えることは、世界の諸言語を印欧語の眼がねを通して眺めることを意味する」[85]。同時に、多くの言語にあって genitivus objectivus なしの genitivus

---

[84] Cf.: *Мещанинов И.И.* Новое учение о языке. Стадиальная типология. Л., 1936, с. 244–245, 252 et seq.

[85] *Sommerfelt A.* Language, society and culture. — In: *Sommerfelt A.* Diachronic

subjectivus の存在には出会すが、逆に、この反対の相関関係には決して出会わないという、言語的実体験には周知の状況から、恐らく、内容類型学的な研究は、属格自体の起源一般に関して一定の予測を立てることができよう。

　与格と主格組織の曲用パラダイムの類型的相関性も、極めて蓋然性が高い。恐らく、この場合にも、この語尾に主体機能ないしは客体機能の発展性があることが、その決定基準の役割を果すはずである[86]。言い換えれば、ある変化語尾に限定機能があるだけでは、それを属格と認定するには不十分であるように、副詞的（方向的、場所的等）機能だけでは、それを与格として認定するには不十分である。与格の完全成立を証することができるのは、言語に制約なしの dativus adverbialis（副詞的与格）と並んで、dativus objectivus（客体の与格）や dativus subjectivus（主体の与格）が機能している場合だけである。一貫した能格構造や活格構造に与格が見られない点に注意しておくことが重要である。能格組織の範囲内では、間接客体的な機能は完全に能格の意味の中に含まれていることに鑑みれば（原著 p.109〔本書 p. 136–137〕参照）、与格は能格組織に構造的動機性をもたないと認定すべきであろう。同じことは、間接客体的な機能が直接客体的な機能から分離していない活格組織についても言うべきである。また、矛盾した能格性解釈を行う多数の記述研究において、広い方向的な意味の格を誤って与格と認定していることにも注意しておく必要がある。

　造格（具格）についても同じく、ある程度一貫した能格構造の代表言語に（活格言語ついてはいうに及ばず）、それを期待する訳には行かない。能格組織では、その意味は能格域に他動的行為の主体の意味と有機的に一体化してしまっている。そうであればこそ、専用造格（具格）の形成も観察されるナフ・ダゲスタン諸語は[87]、明らかな主格化傾向を示すのである。この点で

---

and synchronic aspects of language., 's-Gravenhage, 1962, p. 114
[86] 与格関係のモデルについては、see: *Haudry J*. Les emplois doubles du datif et la fonction du datif indo-européen. — BSLP, 1968, t. 63, f. 1.
[87] Cf.: *Бокарев Е.А*. Выражение субъектно-объектных отношений в дагестан-

は、ガプリンダシヴィリ（Ш.Г. Гаприндашвили）の次の見解は示唆的である：「ダルギン語諸方言における具格（орудийный падеж）（造格——クリモフ）の形成は、我々の眼の前で起っている。諸方言の一部では、能格が具格の機能を果しており（ウラヒン型諸方言、ツダハル方言…）、他の一部では、能格も具格専用形も具格機能で登場する。方言の一部には過渡的な段階も存在している：具格専用形は、なおまだ格組織の中の地位を獲得し切っておらず、能格がそれに代替しており、能格は言語に具格専用形がある場合でさえ具格の機能を果し続けている・・・。様々な諸方言での具格の形は、各様である」[88]。これら形の多様性は、ダルギン語圏を越えるに従って増加していくことも付言しておくべきである。

伝統的な言語学の枠内で行われてきた記述諸研究は、主格、対格、属格、与格、具格からなる格単位の総体が、ある主格言語から別の主格言語へと広がっていることを、かなり雄弁に証明してきた（具体的な言語に曲用パラダイムが欠如している場合には当然、これら格単位が伝達する関係はその類似物によって表される）。したがって、印欧諸語、ウラル諸語、チュルク諸語、モンゴル諸語、ツングース・満州諸語、ドラヴィダ諸語、カルトヴェリ諸語、ケチュマラ諸語、また日本語、朝鮮語、その他いくつかの諸言語において、このような格単位全体が機能していることは完全に立証されたことであり、このことは、この格単位全体が恐らく言語の一定の類型的状態にのみ相関するものだ[89]、とするメッシャニーノフの推定を[90]、ある程度裏付けるのである（逆に、研究者達は、能格諸言語の曲用パラダイムに取り組むことによって、その曲用パラダイムの明白な独自性の姿を明らかにしただけでなく、彼らは稀ならず非常に深刻な困難に直面することになった）。同時に、これら多数の諸言語の比較文法が明確に一般化している、これら諸言語の歴史の初

___

ских языках. — Изв. АН СССР, СЛЯ, 1948, т. VII, вып. 1, с. 39.

[88] *Гаприндашвили Ш.Г.* Система склонения имен существительных в диалектах даргинского языка. — ИКЯ, 1956, т. VIII. с. 511.

[89] この点については、cf.: *Климов Г.А.* Общеиндоевропейский и картвельский (к типологии падежных систем). — ВЯ, 1978, № 4.

[90] *Мещанинов И.И.* Op. cit., с. 244–245.

期段階には属格、与格、具格は存在しない、とする観点は[91]、これらの格が主格組織の二つの位置格 позиционные падежи [positional cases]（カツネリソンの用語法による）——主格と対格——の対立からの論理的派生だとする周知の観点に見事に一致するのである。

現在では、恐らく、主格組織と非主格組織の位置格が一致しないことを疑うものは誰もなかろう。したがって、この文脈で強調しておくべきは、現代の研究が、主格と対格は勿論、いくつかの他の格単位、先ず第一に属格や与格が非主格組織内では動機性をもたない、という結論に至らしめることである（この結論と、ホルマーが仮定したイベリア・カフカース型諸言語における両格の欠如についての、彼の以前の発言と混同してはならない[92]）。そこで、「能格組織の一般的特徴は、属格形は能格組織内では能格と同一だという点である」、とするフィルモア（Ch.J. Fillmore）の周知の一般化は、少なくとも不正確であるが[93]（したがって、むしろ能格が主格組織の属格機能を果たしているというべきであった）、この一般化は、恐らく、能格諸言語の研究者等の間に過去に大きな広がりを見せていた誤解に基づくものであろうが、これは、すでにはるか以前から専門書において批判されているものである。タルビッツァー（W. Thalbitzer）やペザーセン（H. Pedersen）が、グリーンランド・エスキモー語の -p 指標をもつ格を属格とする解釈は、これを特殊な格パラダイム単位と考えたフィンクの側からもすでに批判を受けて

---

[91] Cf., ex.: *Серебренников В.А.* Основные линии развития падежной и глагольной систем в уральских языках. М., 1964, с. 23-72; *Иванов Бяч.Вс.* Общеиндоевропейская праславянская и анатолийская языковые системы. М., 1965, с. 51-54; *Вернер Г.К.* О родовой дифференциации в падежных показателях современных енисейских языков. — В кн.: Склонение в палеоазиатских и самодийских языках. Л., 1974; *Андронов М.С.* Сравнительная грамматика дравидийских языков. М., 1978, с. 227 et seq; *Палмайтис М.Л.* Индоевропейская апофония и развитие деклинационных моделей в диахронно-типологическом аспекте. Тбилиси, 1979, с. 83-104.

[92] See: *Holmer N.M.* Ibero-Caucasian as a linguistic type. — Studia Linguistica. Année 1, 1947, N 1, p. 25.

[93] *Fillmore Ch.* The case for case. — In: Universals in linguistic theory. New York, 1968, p. 14.

いる[94]。シューハルト（H. Schuchardt）は、ラック語における -l 指標の格を属格とするエアケルト（R. Erkert）の解釈を批判して、ここではむしろ属格機能を与えられた特殊な「能動〔активный〕」格（すなわち能格）を仮定すべきである、と書いたのであった[95]（ラック語では、属格の生成過程だけを示せるに過ぎない）。さらに後には、ウビフ語の格変化語尾 -n を属格とする解釈の恣意性についても、メサロシュ（Ю. Месарош）の指摘するところとなった[96]。

能格構造に主格構造の要素を併せもつ諸言語での「属格」や「与格」という用語使用の条件性の程度は各様であると見なすべきである（cf.「多くの場合、『属格』のような一般的呼称はかなり条件的なレッテルであり、それは同一の範疇的意義の極めて異種的な——意味面は勿論統語面でも——見本の意味的共通性という幻想を作り出すだけである」、とするブルィギナ〔Т.В. Булыгина〕のさらに一般的なテーゼ[97]）。いくらかの専門諸研究が示しているように、主格言語的な要素の比重が目立つ能格言語においてすら、例えばナフ・ダゲスタン諸語においても、両単位の意味は、先ずは主体・客体関係の分野には関わりのない関係を伝達するのである（この点で注意を引くのは、ダゲスタン諸語の与格は、実質上、系列 [серии, series] 外の所格〔несерийный локатив, unserialized locative〕である、とする Е. ボカリョフ〔Е.А. Бокарев〕の周知の定式化である[98]——[訳者] 例えばアヴァール

---

[94] *Финк В.Н.* О якобы пассивном характере переходного глагола. — В кн.: Эргативная конструкция предложения. М., 1950, с. 114–115.

[95] *Шухардт Г.* О пассивном характере переходного глагола в кавказских языках. Op. cit., с. 43

[96] Duměézil G. Études comparatives sur les langues caucasiennes du Nord-Ouest (Morphologie). Paris, 1932, p. 47–48.

[97] *Булыгина Т.В.* Проблемы теории морфологических моделей. М., 1977, с. 29.

[98] *Бокарев Е.А.* Локативные и нелокативные значения местных падежей в дагестанских языках. — В кн.: Языки и мышление, вып. XI, М.-Л., 1974, с. 63; cf.: *Гайдарова П.А.* Функции подительного падежа в лакском языке. — Сб. статей по вопросам дагестанского и вейнахского языкознания. Махачкала, 1972; *Дешериева Т.И.* Структура семантических полей чеченских и русских падежей. М., 1974, с. 39–40.

語には、一定の空間的な意味に応じて 5 系列 серии の所格の種類がある)。
Cf. 記述的ジャンルのオーストラリア学の研究において、広い方向的な意味をもつオーストラリア諸語の格単位を表すために「与格」という用語が普通に使われていることも。周知の如く、属格、与格、具格は、一般的にいって、本質的に活格諸言語には決して記録されていない。さらに、この点に関しては、いくつかの他の諸言語におけるこれらの格の記録されるケースが誤りだ、という最近の指摘も挙げることができる[99]。上述のことは、我々の考えでは、すでにメッシャニーノフの諸研究に提起されている、異類型諸言語における格単位の用語上の区別という課題の現実性を証明するのである。

　すでに上に若干指摘したように、言語類型 (языковой тип) の背後には、常に言語の類型種 (типологический класс языков) がある。正に言語類型の概念を介してこそ、具体的諸言語が言語の一定の類型種の代表言語と認定されるのである。同時に、専ら論理的に相互必然的な構造諸特徴の総体として構成され、したがって「純正さ」において完璧な言語類型とは違って、言語の類型種の構成分子は、逆に、より一般的なケースでは決してその類型の純正代表言語ではない。最も頻繁に取り扱わねばならないケースは、言語に輪郭像 (プロファイル) を見せる類型が程度の差こそあれ別類型の諸特徴を兼ね備える場合であり、ここには、当然、言語の歴史的発展過程の共時的反映が見えるのである。したがって、例えば、類型学者のある者が、自分は「能格構造言語と受動態は完全に相容れない (a complete incompatibility) とする見解は採らない」[100]と指摘する場合、このような見解は、言語の概念に対してではなく、むしろ、論理的に必然的な諸特徴の一定の総和としての能格組織の概念すなわち然るべき言語類型の概念に関係すべきものではないのか、という疑問が自ずと生じるのである。この場合、恐らく決して類型の純粋な代表者ではない具体的言語との関係ではなく、ある言語類型との関係でのみ、何がしかの構造特徴が組織体系全体と完全に相容れないと述べても、

---

[99] Cf.: *Курилов Г.Н.* К вопросу о родительном падеже в юкагирском языке. — В кн.: Склонение в палеоазиацких и самодийских языках. Л., 1974.
[100] *Jacobsen W.H.* Why Does Washo lack passive?, — In: Ergativity..., p. 157.

それは勿論正当であろう。

経験的な観察は、言語構造には、主たる類型的要素も従たる要素も明らかにすることができることを証明している。例えば、ヤホントフ（C.E. Яхонтов）の見解によると、「普通、任意の類型の諸言語に別類型の諸要素を見出す場合、その要素は重要性が劣る文法分野に属する場合も、非生産的で消失傾向をもつ場合も、さらにまた、幾分こじつけてのみそれを認定できる場合もある」[101]。

経験的な諸研究の中で、言語の輪郭（プロファイル）を象る要素と従たる要素を区別する必要性がかなり頻繁に見られることに関連して、いわゆる分離能格性（split ergativity, gespaltene Ergativität）の概念が根拠もなく広く使われている（ただし、普通は、二次的資料に基づいた使われ方であるが）のが目立つのである。実際、この概念は、如何にも奇異なことに、具体的言語における能格的要素とそれに並行する類型的要素の比重とは全く無関係に使われるのであるが、それらの要素の相関性を考慮することが、その言語の的確な類型的特徴づけにとって必要な前提条件である。したがって、最近の出版物の一つが正しく指摘するように、「分離能格性を能格組織の類型的相関概念と考えるような一定の悪循環が」発生している。「言語が、あるコンテクストでは対格言語的（すなわち主格言語的——クリモフ）であり、また別のコンテクストでは能格言語的であるのならば、恐らく、むしろ分離主格性をもつ言語と認定することができるかも知れない」[102]。一方、言語における主導的な類型的要素を明らかにし得る可能性は、現代の多数の研究実践が確認するところである。

例えば、文献に頻繁に見受けられるのであるが、カルトヴェリ諸語やいく

---

[101] *Яхонтов С.Е.* О морфологической классификации языков. — В кн.: Морфологическая типология и проблема классификации языков. М.-Л., 1965, с. 98; see quoque: *Гухман М.* Лингвистические универсалии и типологические исслодования. — ВЯ, 1973, № 4, с. 7–8; *Климов Г.А.* О понятии языкового типа. — ВЯ, 1975, № 6, с. 27.

[102] *Larsen T.W., Norman W.M.* Correlates of ergativity in Mayan grammar. — In: Ergativity..., p. 369.

らかのインド・イラン諸語のような言語の現代の状態を類型学的に特徴づける際に分離能格性の概念に頼ることは、恐らく正当とは認められまい。

　この際前者の場合に見落とされているのは、カルトヴェリ語の構造は明らかに主格的要素が優勢であるという特徴をもつ点である。例えば、この構造には、語彙的、統語的な主格性の包含事象が多数存在していることは勿論、他動詞の能動態と受動態の語形の対立といった、明らかに主格性の形態特徴が組織体系的に実現されているという事実が、注意を引くのである（グルジア語資料を基にしてアメリカのカルトヴェリ学者であるアロンソン〔H.I. Aronson〕が初めて行ったこの観察は、その後、他のカルトヴェリ諸語の証例によって裏付けられた）。同時に、従たる役割を演じるこの構造の非主格的要素は、恐らくは、能格的要素ではなくて、活格的要素と認定して然るべきであろう[103]。この点に関連して、極めて示唆的と思われるのは、シャニゼ（А.Г. Шанидзе）によるグルジア語の周到な研究が、主格的構造組織を記述するためのメタ言語によって、グルジア語の構造の非常に的確な姿を描き出していることである[104]。

　一方、同じく類型論において稀ならず分離能格性組織の代表言語と見なされるインド・イラン諸語に関していえば、専門的諸研究が実証しているように、これは主格構造組織を基本とする言語と認定すべきである。例えば、ここでは、主格文モデルの能動文と受動文の相関性の枠内でのみ可能である、他動詞の真の態（залог, voice）的ディアテシスがかなり整然と行われていることは、再三指摘されてきたところである。ここでは、真の能格（したがって、それと必然的に相関する絶対格）を示すことも困難である。何故ならば、これに相応する格語尾ないしは後置辞は、通常、能格が有機的にもつ間

---

[103] カルトヴェリ諸語の類型については、see: *Климов Г.А.* О дономинативном компоненте картвельской языковой структуры. — В кн.: Лингвистический сборник. Тбилиси, 1979; see quoque: *Климов Г.А., Алексеев М.Е.* Типология кавказских языков. М., 1980, с. 78–169.

[104] Cf.: *Шанидзе А.Г.* Основы грамматики грузинского языка. I. Морфология. Тбилиси, 1973 (на груз. яз.); *ejusdem.* Грамматика древнегрузинского языка. Тбилиси, 1976 (на груз. яз.).

接客体的な——また、特に、具格的な——機能を失っているからである（原則として、これはある種の純主格的な意味の格である）。しかも能格構造規範を外面的に遵守しているらしきものが存在しているのは、ほとんど常に一連のインド諸語やイラン諸語の構造の限られた断片において——動詞述語の過去時制形をもつ構文において——だけであるから、これらの言語の類型的状態はむしろ分離主格性として特徴づけるべきであろう（cf. この点に関連して、split ergativity という用語は、実は多くの場合 split nominativity という用語に等しい、とするベハートの指摘[105]）。

＊　　　＊　　　＊

過去の我が国の言語学において広く一般化していた考えは、同一のに属する諸言語間に深層的な構造的対応関係（структурный параллелизм, structural parallelism）があるのは偶然的ではないとする考えである。例えば、ヤコヴレフ（Н.Ф. Яковлев）は、その研究の一つにおいて、「ソ連邦内にある二つの最も古い言語群——カフカースのヤペテ語群とアジアの極北東部の古アジア語群（能格構造の代表言語のことを想定したもの——クリモフ）——を研究していくと、何れの言語にも、偶然的な一致だけでは説明がつかないような多数の文法的相似性が存在することに驚く」、と指摘している[106]。能格的なアブハズ語とエスキモー語の間の文法的相似性を確認して、メッシャニーノフは次のように書いた：「我々は、これらの事例とこれらに似た全ての事例において、決して偶然的ではない相似性局面に出会す・・・。観察される、極東諸言語とヨーロッパ諸語のこのような類似性を、民族移動や相互的影響や文化的つながりによって説明しようなどという考えは、恐ら

---

[105] *Bechert J.* Ergativity and the constitution of grammatical relations. — In: Ergativity..., p. 46.

[106] *Яковлев Н.Ф.* Древние языковые связи Европы, Азии и Америки. — Изв. АН СССР, ОЛЯ, 1946, вып. 2, с. 141.

第 1 章　内容類型学の一般原理　　65

く誰にも浮かばないだろう・・・。問題は、そんな外面的な条件にあるのではない。この場合、我々が直面しているのは、別の種類の条件である。我々が比較のために上に引いた諸言語の構造のこうした相似性は全て、自分と客観的現実との関係の同じ様な捉え方、自分と遂行中の行為との同じ様な理解の仕方、の結果としてのみ解することができる・・・」[107]。この定式化にもあるように、同じような構造的一致の究極的な動因は、原則として、こうした言語の担い手達の思考規範が主体・客体的な表象の点で原理的に同一性をもつことに見出されたのであった。それと同時に、すでに 40 年代の半ばに、多数のソヴィエトの言語学者達には、「主格的」思考と「能格的」思考の違いを証することはできないことが明らかになり、その結果、上のような対応関係は、言語的思考（речевое мышление）面だけの一定の類似性に限った説明とすることになった、ことを強調しておくことが大切である。とまれ、これまで何ら正当な論証も得ない択一的な考えが時に述べられることはあったが、こうした相似性に法則性があるという考えは、その後も類型学者等の念頭を去ることはなかった[108]。

　現代の諸研究に照らして見ても、内容類型学において採用された主体・客体的な基準に基づいて同一の類型種に一括化される具体的な諸言語の間の関連性は、非偶然的なしたがって必然的な性格を有する、という印象を受ける。恐らく容易に気付くことであろうが、諸言語の同一類型種の代表言語が共有する構造的対応関係はスケールの上であまりにも深く進行してしまって

---

[107] *Мещанинов И.И.* Глоттогонический процесс и проблема стадиальности. — Изв. АН СССР, ОЛЯ, 1941, № 3, с. 14.

[108] Cf.: *Cohen M.*, La langage. Structure et évolution. Paris, 1950, p. 87; *Holz H.H.* Sprache und Welt. Probleme der Sprachphilosophie. Frankfurt/a. M., 1953, S. 111–124; *Höpp G.* Evolution der Sprache und Vernunft. Berlin–Heidelberg–New York, 1970; *Будагов Р.А.* О предмете языкознания. — Изв. АН СССР, ОЛЯ, 1972, № 5, с. 410; *Кацнельсон С.Д.* Типология языка и речевое мышление, Л., 1972, с. 103–105; *Савченко А.Н.* К вопросу о происхождении эргативной конструкции предложения. — ИКЯ, 1973, XVIII, с. 139–142; *Fähnrich H.* Wesenzüge des georgischen Sprachbaus. — Wissenschaftliche Zeitschrift (Friedrich Schiller-Universität, Jena), 24 Jg., 1975, N 5–6, S. 621.

いるため、それらの生成を全く異質の要因、つまり偶然のいたずらのせいにすることはできない（ただし、公正のために、各言語に反復再現される個々の諸現象、例えば、何らかの言語体系全体ではなく一定の構文の形成を説明する際には、むしろこうした要因に頼ることは認めるべきである）。しかも、様々な言語構造レヴェルに及ぶこれらの相似性がかなり明確な体系性を有すること、また、それらの相似性がある程度性格的に内容的な原理基準で同質性をもつこと、が目につくが、このことが、この同質性の究極的な動因子を、言語的思考（речевое мышление）（恐らく、主体・客体関係の、現実に存在する捉え方の規範はもとより、かつて存在した捉え方の規範を反映し得るであろう言語的思考）の分野に求めようとする意向を惹起するのである。

　内容的な比較原理、利用する基準の確定した性格（детерминированный характер, determined character）、そしてまた言語体系全体を捉えようとする志向性も、全てのことから判断して、内容類型学的構想内で組み立てる世界の言語分類に人為的ではない自然な性格を与えるのである。内容類型学構想内に仮定する言語の分類種が自然なものであるならば、本書に検討している、同一類型種内での諸言語の関係は、起源言語学内での同一語族に属する諸言語の関係や地域言語学内での同一言語連合に属する諸言語の関係と同様、偶然的なものではない。後者二つの場合のこれらの関係がそれぞれ言語の拡散（divergence）と集約（convergence）の歴史的過程を反映したものであるとすれば、内容に定位した類型学的研究の途上で確認される言語関係は、言語構造の同方向的（parallel）発展の歴史的法則性を反映したものである。したがって、この関係はすでにこの点で、少なくとも恣意的な基準に則った形式類型学的研究の潮流に定着している、言語間の相似性とは根本的に異なるものであることを見て取ることができるのである。

　思考面に類型的な変化の動因子を求めることは、恐らくは、言語科学にとって伝統的なものだと見なすことができよう（例えば、20世紀初めまでの過去の心理主義的言語学潮流は全て、本質的には、民族心理が然るべき思考「タイプ」による諸言語の構造的特徴づけを決定する、という立場を持してきたことを想起するだけで十分である）。

例えば、具体的説明のためにロシア言語学の歴史に限るならば、この点で先ず触れる必要があるのはポテブニャ〔А.А. Потебня〕の主張であるが、彼の考えによると、言語の統語構造の段階的な進化は思考そのものの発展における一定の時代を反映したものだというのである。次世代の言語学者に対して彼が遺言した諸問題のなかで、この文脈で特に指摘しておくべきは、主体・述語・客体の複合体（комплекс, complex）の問題である（cf. 特に、「過去に向かうにつれて、a）主体と属性、b）主体と述語、c）主体と客体、に対する無関心」が増大していくというテーゼを定式化したこと[109]）。コルシ（Ф.П. Корш）は、起源的所属を異にする諸言語間に統語的対応関係（syntactic parallelism）が生成されていく上での思考の主導的な役割を、次のように定式化したのであった：「勿論、言語の統語的性格に対しても、無意識的に受け継いできたもの（すなわち遺伝的継承要素）の力を否定することはできない；しかし、いわば生理的な法則が全民族に共通の心理的法則の前に後退するという真理を確認するためには、全く起源を異にする二つの言語の語結合を比べるだけで事足りる。精神の同じような要求が、同じような現象も引き起こすのである：すなわち、思考、意志、感情は、全ての言語において同様に自己のための表現を求めるのであり、相応の文種を作り出すのである・・・」[110]。さらにやや遅れて、ボードゥアン・ド・クルトネは、言語類型学は、生理・心理的な基層を取り扱うものである、と明言したのであった。当時科学において支配的であった形式類型学的構想とは違って、「諸言語の形態構造の基本特性」は、「それぞれの言語的思考（языковое мышление）の間の形態的差異」を考慮し、また同じく、「ある形態タイプから別の形態タイプへの段階的移行（形態の分野での言語的思考の歴史的進化）」が追跡できるような、何がしか新しい方法によって確定する必要がある、とした主張

---

[109] *Потебня А.А.* Из записок по русской грамматике. т. 3, М., 1968, с. 507. (cf.: *Ibid.* Мысль и язык, 4-е изд., Харьков, 1922).

[110] *Корш Ф.* Способы относительного подчинения. Глава из сравнительного синтаксиса. М., 1877, с. 5.

したことは、こうした考え方の当然の帰結である[111]。

*   *   *

上述のことに関連して、概して現代言語学において自然分類の大きな（わけても、説明的な）可能性が明らかに今なお軽んじられている、ことに注意しておく必要がある。非常に奇妙なことであるが、言語学者等が特にこのことに関心を示すようになったのは、やっと最近である。ところが、シャイケヴィッチ（А. Я. Шайкевич）が、自然分類のポテンシャルについていみじくも書くように、「もし我々の科学が人工的（論理的）分類と自然分類の重要な差異を承認すれば、言語学的な（さらに広く言えば、フィロロジー的な）分類学（タクソノミー）の今後の進歩は容易になるであろう。このような区別は、はるか以前から生物学的な分類には存在しているが、フィロロジーにおいてはほとんど知られていない」[112]。

わずか20年程前に、バンヴェニストは、「印欧諸語の資料に基づいて精査された方法は、現在大多数の言語が起源的な語族にグループ分類されているようなやり方で、後になってその他多数の諸言語に拡大された。世界の諸言語の記述に関する仕事は、恐らく今ではこれ以外の方法によっては行い得まい」、という確認を行ったのであった[113]。ところが、このような課題を解決する場合に、起源的な方法が一面的であり、したがって不十分であることに

---

[111] *Бодуэн де Куртенэ И.А.* Избранные труды по общему языкознанию, т. 2. М., 1963, с. 362, 182.

[112] *Шайкевич А.Я.* Гипотезы о естественных классах и возможность количественной таксономии в лингвистике. — В кн.; Гипотеза в современной лингвистике. М., 1980, с. 320; cf. quoque: Климов Г.А. К взаймоотношению генеалогической, типологической и ареальной классификации языков. — В кн.: Теоретические основы классификации языков мира. М., 1980, с. 19.

[113] *Бенвенист Э.* Классификация языков. — В кн.: Новое в лингвистике, вып. III. М., 1963, с. 37.

ついては、恐らく特別な証明は必要なかろう。類型学における諸言語の自然分類構築の原理的な可能性に鑑みて、類型学的な原理に則って検討され、内容類型学の構想中にある、異種構造諸言語の統一した記述体系のモデルは、この意味で起源的モデルに比肩し得るだろう、と考えることができる。現在このモデルは、十分な吟味が終わっていないため、起源的モデルに対する完璧な代案とはなり得ていないが、実質上世界の諸言語の記述を原理的に異なった観点から補強している。しかしながら、このモデルは、今後完成度を増すに従って、言語学分野の中で益々輪郭を鮮明にしつつある類型学の卓立した地位に相応しい、言語構造の特徴づけの完全自立的な手段としての役割を主張することができるであろう、と期待し得る。

　現代の専門書に現れる二大研究潮流の分界線も、したがって、広い個別的諸問題全体の解決の性格も、内容類型学の基本問題の解釈の仕方如何にかかっているのであるが、その内容類型学の基本問題は言語類型の基準（основания, basis）の問題だ、といっても過言ではなかろう。周知の如く、内容類型学内での構造比較を伝統的に現実の主体・客体の弁証法（субъектно-объектная диалектика, dialectics of subject-object）の表現手法に定立させてきたのは（それは、ユレンベック〔C.C. Uhlenbeck〕、30–40 年代のソヴィエトの類型学者達、多数の新フンボルト学派の人々、その他いくらかの論者等の研究に現れている）、その一番最初から、言語類型の一定の意味的基準（семантические основания, semantic basis）の存在を裏付けることを前提としてこの問題の解決を図ってきたからである。正にこのような方法の様々な変種は程度の差こそあれ、20 世紀 60 年代以前の、この分野で行われてきたほとんどあらゆる研究を特徴づけるものであった。ところが、現代の内容類型学においては、この問題解決における二つのかなり異なった傾向を示すことができる。

　その傾向の一つは、伝統的諸研究の路線との思想的な接触を失っておらず、主としてソヴィエトや大多数の西欧の類型学者や一部のアメリカの類型学者等の諸研究に反映されるもので、言語類型の意味的性質に関するテーゼを基礎とするものである。このテーゼに従って、言語類型の基礎にある意

味的動因子は、言語構造全体に各様に関わり、その構造の各種レヴェルにそれぞれ固有の反映の仕方をする、とされる（cf. グフマン〔М.М. Гухман〕、カツネリソン、キブリク、ヂヤコノフ〔И.М. Дьяконов〕、ヴェルネル〔Г.К. Вернер〕、パルマイティス、ヴャチェスラフ・イヴァノフ〔Вяч.Вс. Иванов〕、サフチェンコ〔А.Н. Савченко〕、エーデルマン〔Д.И. Эдельман〕、ベハート、ベーダー〔W. Boeder〕、ビルンバウム〔G. Birmbaum〕、セキ〔L. Seki〕、カール・シュミット〔K.H. Schmidt〕、フェーンリヒ〔G. Fähnrich〕、他多数）。この場合、当然、科学には周知の、言語類型の変換の事実は、その内容的動因子の交替によるものと見なすのである。

同時に、もう一つの傾向は、多数のアメリカ及びいくらかの西欧の論者達の刊行物に反映されるもので（cf. アンダーソン〔St. Anderson〕、ワグナー〔H. Wagner〕、コムリー〔B. Comrie〕他）、言語類型の意味的基準を見ないで、世界の諸言語間の構造的差異を、原則として、純表層的な差異すなわち個々のレヴェルの専ら言語技法に関わる差異と解釈するのである（恐らく、クリウォーヴッチはこのアプローチの先達の一人と見なすことができよう[114]）。このことに従って、この第二の傾向の代表者等は、実質上何等全一的な言語類型（целостный языковой тип, integrated linguistic type）を示すこともせず、ある種の構造原理の様々な現れ方を示すのであって、諸言語における類型的変化は非常に多様なファクターによって説明が可能だと考えるのである。

最後に、この面で上とは別の特徴づけを行うべきは、オーストラリアの研究者等の問題意識である。

第一の潮流の代表者達の問題意識は、言語構造には一定の体系性があり、その体系性の中で言語のより低次のレヴェルはより高次のレヴェルに対して階層的な依存関係の位置にある、とする基本的観点に立つことである。言い換えれば、この流れを汲む人たちは、原則として、一つは語彙的なも

---

[114] See: *Курилович Е.* Эргативность и стадиальность в языке. — Изв. АН СССР, ОЛЯ, 1946, т. 5, № 5.

のの一次性に対する文法的なものの二次性（このことは必然的に、言語における語彙的抽象と文法的抽象の程度の差異に発するものである）、もう一つは統語に資する形態との関係での統語の優先性（примат синтаксиса, primacy of syntax）、といった、以前から伝統的言語科学が自ら勧めてきた立場をとっている。この流れは、伝統的な内容類型学的研究が言語類型の構造的諸特徴の機能的分析に寄せてきた関心を継承したもので、その研究途上で、内容類型学の分野に仮定される各組織体系の基礎には一定の意味的動因子があり、それが多レヴェル呼応特徴総体として各組織の機能化を裏付け、また度々基本的な意味役割の対立形式で顕れる、という結論に到達している（本書の筆者の諸研究では、この動因子を言語類型の意味的決定因子〔семантическая детерминанта, semantic determinant〕と称しているが、ビルンバウムの刊行著でこれに相当する用語は「類型学的深層構造〔typological deep structure〕」[115]であり、またディクソン〔R.M.W. Dixon〕の諸研究である程度これに相応するのは「浅い構造〔shallow structure〕」であるが、これはこの動因子と言語普遍の深層構造のレヴェルとの区別を強調したものである[116]）。オーストラリアの言語学者等の研究潮流のもう一つの重要な特徴と考えられるのは、内容類型学研究の歴史的側面に対する関心が一貫していることである。

ソヴィエトの類型学者等の諸研究に特にはっきりと現れる、同じようなアプローチに最も近い研究は、我が国の研究とのかなり緊密な思想的接触を特徴とする東欧の言語学者等の刊行書に見ることができる。そこには、内容類型学の理論面の研究に対する関心も（デジェ〔L. Dezsö〕、ロムポルトル〔S. Romportl〕）、その軌道上で具体的な言語資料を観察していこうという関心も見られる（ミンコヴァ〔К.А. Минкова〕、フェーンリヒ、プスタイ〔J. Pusztay〕、他）。特別な位置を占めるのは、有力なハンガリーの言語学者デジェであるが、彼は、「類型学は形式面にも関心を示すべき」ことを

---

[115] *Birunbaum H.* Problems of typological and genetic linguistics viewed in a generative framework. The Hague, 1970, p. 26.

[116] *Dixon R.M.W.* Ergativity. — Language, 1979, v. 55, N 1, p. 120–124.

認めた上で、「類型学は言語の実質面（субстантивный аспект, substantial aspect）を研究し、正にそのことによって形式面の分析を補強する言語理論部門に属する」、という一般的前提に立脚している[117]。同研究者は、自分が類型学研究の中心概念であると考える、多レヴェル的諸事実を包括するいわゆる複合体的言語類型（комплексный языковой тип, complex linguistic type）の研究という構想を発展させており、この場合、主格構造、能格構造、活格構造の構成成分間の包含事象の依存関係の研究は勿論、それらの随伴事象（фреквенталия, frequentaria）の関係の研究も必要だと強調している[118]。極めて興味深いのは、同論者が形式的言語類型と内容的言語類型のいくつかの特徴間に起り得る相関関係を追究していることである。Cf. これら類型と文における基本的語順モデルとの相関性に関する彼の解釈も[119]。ベリチョヴァー・クシーシコヴァー（Běličová Křížková）は活格構造の概念を取り入れ、動詞行為をその起点（Agens）とその行為に関わる「客体」（Patiens）を前提とするものと解するパウリニ（E. Pauliny）構想に立脚した、主格構造言語と能格構造言語の統語構造の意味的解釈の試みを提起している。彼女の考えによると、主格構造言語と能格構造言語の違いは、基軸的共演項（actants）の表し方とそれに応じた文構造の定位の仕方にある。主格構造諸言語は主体に定位され、主語格としての主格の無徴的性格はその帰結であるのに対して、能格構造言語はむしろ客体に定位されている（cf. とりわけ、能格構造諸言語での無徴的絶対格の存在）[120]。

---

[117] Дэжё Л. Вопросы общей и славянской синтаксической типологии. — Studia Slavica Hunfaricae, 1973, XIX, c. 1.

[118] Dezsö L. Approaches to typology: complex types vs. processes and dimensions. — In: Language universals. Tübingen, 1980, p. 149–155; Idem. A typological interpretations of frequentals. — Ibid., p. 161.

[119] Dezsö L. Grammatical typology and protolanguages. — In: Amesterdam studies in the theory and history of linguistic science, IV. Current issues in linguistic theory. Vol. 19. Linguistic reconstruction and Indo-European syntax. Amsterdam, 1980, p. 21–25.

[120] Běličová Křížková H. Sémantická struktura věty, tzv. hloubková struktura a intence slovesného děje (Na okraj subjekto-objektovýkh vztahů v jazycích nom-

第 1 章　内容類型学の一般原理　　73

　ロムポルトルは、専門論文の中で、最近能格性一般論が達成した重要な進歩を指摘しながら、文法理論にとって今後、主格、能格、活格構造組織の比較研究を行うことが焦眉の課題だとする正当な主張を行っている[121]。ミンコヴァは、印欧語の格パラダイムの起源の研究状況全体に立って、印欧祖語における活格構造の再建に到達しつつある（中間的な能格段階を否定しつつ）[122]。プストイは、東部シベリアの能格諸言語における位置格の前史を研究している[123]。フェーンリヒは、能格性の特別な意味的原理の存在を支持する発言を行っている[124]。

　全体として、これにかなり近いアプローチを特徴としているのは、西ドイツの類型学者等である。彼らもまた、内容的言語類型を全一的な（多レヴェル）構造組織とする理解をもっており、その語彙的包含事象に対する関心を、また、異類型言語の構造諸要素の機能的分析に対する関心を、またそのことから、言語諸類型の意味的被制約性の探求に対する関心を、示している。彼らは類型化対象とする諸言語の経験的資料（基本的には、印欧諸語、カルトヴェリ諸語、ナフ・ダゲスタン諸語）を直接的に使いこなせるだけでなく、現有の専門文献について優れた知識をもつことを強調しておかなければならない。

　例えば、言語類型の総体系性（целиносистемность, whole systematicness）というテーゼを同じくし、活格、能格、主格組織体系（active, ergative, nominative system）という概念を用いる有名な西ドイツの印欧学者であり

---

inativního a ergativního typu). — Slovo a slovesnost, 1980, XLI, 4, s. 265–273.

[121] *Romportl S.* Aktuálnost poznatků o jazycích ergativního tipu (Na okraj monografie G.A.Klimova). — Slovo a slovesnost, 1976, XXXVII, 1, s. 121–134.

[122] *Минкова К.А.* О значении родительного падежа в становлении падежной системы в индоевропейских языках. Автореф. канд. дис. Велико Тырново, 1976.

[123] *Pusztay J.* Über die Herkunft des Ergativs in den Palaeosibirischen Sprachen. — In: Societas Linguistica Europaea '80. Summa dissertationum, Budapest, 1980, S. 68.

[124] *Fähnrich H.* Wesenzüge des georgischen Sprachbaus. — Wissenschaftliche Zeitschrift (Friedrich-Schiller-Universität, Jena). 1975, 24 Jg 56.

カフカース学者であるカール・シュミットの立場は、極めてソヴィエトの類型学者に近い。具体的な事実資料に対するこうしたアプローチの最も重要な積極的成果の一つは、同論者が印欧諸語やカルトヴェリ諸語の、活格構造から主格構造への類型的進化における対応関係（parallelism）全体を解明したことである[125]。同時に、彼の最近の発表論文の一つが証明しているように、シュミットは、本書の筆者のいくつかの類型学説の論点を幾分不正確に叙述している限りにおいてその本質を理解し切れておらず、本書の筆者がかつて述べたことのない一連のテーゼ（例えば、その分類図式が統語に依拠していること[126]）は、彼の責に帰すべきものである。

　ベハートも、主格性と能格性を、前者の場合には主体・客体関係の伝達に定位し、後者の場合は行為主（Agens）と被行為主（Patiens）の関係に定位する、という構造特徴をもった、大規模な組織体系（system）（中でも特に統語的組織体系であるが）と理解する立場を持しており、その点で、両組織体系とも原則として意味的ファクターに規定されるものと見る。このことに従って、彼の研究の一つでは、能格諸言語に仮定される動詞語彙素類は他動詞類と自動詞類と認定することができない、という観点が述べられる（cf. この点に関しては、ドイツ語動詞が行為を主体の観点から観察する行為として表すのに対して、アヴァール語動詞は純粋な出来事の表現であり、それはもはや主体の観点から行為を示すものではない、とする彼の定式化）。言語構造における二つの類型的要素が重なり合うという条件の中で主格的形式化へあるいはまた能格的形式化へ傾きがちな、言語の具体的な構造諸事実の階層

---

[125] Cf.: *Schmidt K-H*. Probleme der Typologie (Indogermanisch/Kaukasisch). — In: Homenaje a Antonio Tovar, ofrecido por sus discipulos, colegas y amigos. Madrid, 1972; *Idem.* Reconstrusting active and ergative stages of Pre-Indo-European. — In: Ergativity..., 1979; *Idem.* Die vorgeschichtliche Grundlagen der Kategorie <Perfect> im Indogermanischen und Südkaukasischen. — В кн.: Арнольду Степановичу Чикобава (сборник, посвященныь 80-летию со дня рождения). Тбилиси, 1979.

[126] *Schmidt K.H.* Ergativkonstruktion und Aspekt. — В кн.: Езиковедски проучвания в чест на акад. В. И. Георгиев. София, 1980, с. 163–171.

性を明らかにしょうとする興味深い試みも、ベハートの仕事である。関係文法の分野の諸研究に見受けられる、いくつかの極端な形式主義に対する批判も、彼の研究の特徴である[127]。

西ドイツのもう一人の研究者ベーダーの諸研究にも多くの点でこれに近いアプローチが反映されているが、彼は特にカルトヴェリ諸語の歴史に対して、活格状態、能格状態、そして主格状態の順次性を仮定している。論者は当然のことながら、カルトヴェリ諸語と印欧諸語の間の大きな見通しをもった類型的対応関係（parallelism）の存在を強調している[128]。

関係的類型学の枠内である程度全一的な形態統語的メカニズムとしての主格構造、能格構造、活格構造という概念を使うプランク（F. Plank）も、必ずしも主体原理と客体原理の二分法に依らない言語の類型構造の意味的決定性を重視している。クリウォヴィッチが提起したいわゆる文体的能格説（стилистическая концепция эргативности, stylisitic conception of ergativity）に対する彼の批判的評価は、特にこのことの帰結である。論者は、説明力のある類型学理論の立場を一貫して擁護しており、これの問題群は通時的展望の中で検討すべき点を強調している[129]。

フランスの研究者達（レガメ〔C. Regamey〕、マルティネ、ラフォン、チェーホヴァ〔C. Tchekhoff〕、他）は程度の差こそあれ全体として、言語類型の意味的原理（семантические основания, semantic basis）を認める方向（主格構造と能格構造の代表言語の比較資料を基にして）に接近している。彼らの研究の特徴は、明らかに、各種類型諸組織の輪郭特徴（プロファ

---

[127] *Bechert J.* Ergativity and the constitution of grammatical relations. — In: Op. cit.; *Idem.* Zu den Teilen des einfachen Satzes im Awarischen. — Zeitschrift für vergleichende Sprachforschung, 1971, B. 85, H. 1; *Idem.* Das Nominativ-Ergativ-Kontinuum und die pragmatische Fundierung grammatischer Kategorien. Linguistic Agency University of Trier. Series A, Paper 47, 1978.

[128] *Boeder W.* Überlegungen zur historisch-vergleichenden Stnyax. — В кн.: Восточная филология, IV. Тбилиси, 1976; *Idem.* Ergative syntax and morphology in language change: the South Caucasian languages. — In: Ergativity...

[129] *Plank F.* Ergativity, syntactic typology and universal grammar: some past and present viewpoints. — In: Ergativity...

イル）を象る構造諸要素の機能分析に関心を示すこと、主格構造と能格構造を相互分離させる統語的役割と意味的役割の諸特性を追究することである（恐らく、そのためであろうが、彼らの諸研究においては、他動詞類と自動詞類への動詞区分は、通常、主格言語あるいは主格的要素を強く顕す言語にのみ関係するものとされる）。例えば、レガメは、能格構文が、深層で印欧語構造とは異なる、また、我々の伝統的な文法範疇の概念では分析できない、言語構造の諸特徴の一つである、とする初期ソヴィエトの類型学者達の見解の正当性を強調している[130]。注目して然るべきは、原則として、フランスの論者達はその際研究する非主格諸言語の資料を直接的に使いこなせることである。Cf. 彼らがバスク語やアブハズ・アディゲ諸語のような能格諸言語の資料に当てている経験的ベースの役割。同時に、彼らの諸研究の特徴は、ほとんど専ら内容類型学的研究の共時面に注意を傾けていることである（通時面での最も興味深い発言の一つは、世界の能格諸言語全体を眺めた場合に問題になるのは、「これら諸言語に存在する類似した諸条件の故に別々に発展した同方向的（parallel）構造」である、とするレガメの見解である[131]）。

恐らく、彼らのアプローチの全ての基本特徴は、特にチェーホヴァが近年発表した有力な諸研究に反映されていよう[132]。そこで例えば、論者は、能格諸言語に対して、「行為項」«агент» (agent) と「非行為項」«неагент» (inagent)（ないしは、いわゆる第一参与項〔первый партиципант, first participant〕）という統語的役割と並行して、行為者（Agens）と被行為者（Patiens）という独特の意味役割も確認する。彼女は、ここに、主格諸言語の単一の主格構文に対置される、能格構文と絶対構文の相関関係も見出している。彼女はこの同じ文脈で現代の多くの諸研究に向けてコメントしており、能格諸言

---

[130] *Regamey C.* A propos de la <construction ergative> en indo-aryen moderne. — In: Sprachgeschichte und Wortbedeutung. Festschrift Albert Debrunner. Bern, 1954, p. 364–365.

[131] Ibid, p. 365.

[132] *Tchekhoff C.* Aux fondements de la syntax: l'ergatif. — Le Linguiste. Paris, 1978, 19; *Idem*. La construction ergative en Avar et en Tongien. — Publications de la Société de la Sorbonne. Etudes Linguistiques, Paris, 1979, XXIV.

語の拡散（可変）動詞（диффузный [лабильный] глагол, diffused [labile] verb）の「非他動」形を「逆受身（逆受動）」«antipassiv»なる用語で表すことがこれらの諸研究に広がっているが、これは主格言語にのみ適合する伝統的な言語記述装置から借用したひどく主観的な用語法の採用を意味する、と述べる（論者は、態 [залог, voice] の範疇を他の種類の動詞ディアテシス [диатеза, diathesis] と峻別している）。チェーホヴァの研究で再三強調されているのは、述語を表す動詞の一定の語彙素類と構文間には一定の相関性が存在することである。最後に、世界の諸言語に見られる類型的構造組織の多様性は、能格性と主格性に尽きる訳ではない、という点での論者の明快な見解にも注意しておかなくてはならない。

　フランスの類型論者達の普通のアプローチとは幾分外れた傾きを見せるのは、能格類型と主格類型の文構造の形式的記述の試みを行うラザール（G. Lazard）の最近の論文である。ただし、それは、その諸現象の意味的解釈を原理的に拒否しているためではなく、言語学において十分に明確になっていない主体（subject）と客体（object）あるいはまた行為者（Agens）と被行為者（Patiens）といった概念に、でき得る限り頼ることを避けようという意向から採った試みである[133]。

　内容類型学の問題に関わるイギリスの言語学者達の研究は、内的な思想的統一性を見せていない。とりわけ、ここで最も頻繁に検討される課題である、主格構造組織と能格構造組織の相関性問題の解決に対する彼らの諸アプローチは、本質的に異なっている（当該問題を、主として英語の実際資料に基づいて検討しようとする点での共通性は認められるが）。これらの研究が最も関心を示す要素は、筆者から観ると、能格構造と主格構造に特徴的な「他動性」の、言語メカニズムの表出原理を区別しようとする傾向であり、これは様々にハリデー（M.A.K. Halliday）、ライオンズ（J. Lyons）、テイ

---

[133] *Lazard G.* Elements d'une typologie de structure d'actance: structures ergatives, accusatives et autres. — Bulletin de la Société de linguistique de Paris, 1979, vol. LXX, fasc. 1.

ラー（A. Taylor）の諸研究に姿を顕している[134]。主格構造組織と能格構造組織を支配する深層的な役割の不一致に関するハリデーのテーゼも、この区別に関連がある（前者ではその役割は行為者〔actor〕と目標〔goal〕、後者では作動者〔causer〕と被作動者〔affected〕と定義される）。同時に、ライオンズが導入している「理想的」能格構造組織（"ideal" ergative system）という概念の背後には、本質的にはすでに活格構造組織についての理解があることに留意しておく必要がある。孤塁を保つのは、英語とバスク語のような言語に文法構造の基幹的構成要素での違いを認めないJ・アンダーソンの観方である[135]。多数のイギリスの論者等に目立つ欠陥は、異類型諸言語の形態構造の証例に対する注意が不十分である点にあり、それはその形態構造の諸要素の表層的性格という認識の蔓延に因るものである。

テイラーの興味深い論文では、英語の専門文献における「能格」という用語に付きまとう概念の変動性（四つの異なる用語法が指摘される）が今後の研究の進歩を阻害する点に注意が向けられ、また、言語の統語的メカニズムの類型的特性を確定するためには言語における動詞語彙素の分類が重要だという自覚が明示され、さらにまた、言語の類型的特徴づけに関する問題に満足すべき解答を与えるためには、その深層構造に進む以前に言語の本質的な違いも反映する表層構造の観察から最大限の情報を引き出すべきだという点が正しく指摘されている。

カフカース学者のキャットフォード（J.C. Catford）も、一部の諸言語（我々の用語では、能格式構文の特徴をもつ言語→［訳者］第2章参照）に対して形式的能格性の概念を採るのではあるけれども、能格性を意味面を基礎

---

[134] *Halliday M.A.* Notes on transitivity and theme in English. — Journal of Linguistics, 1968, 3, p. 37–81, 199–244; 1968, 4, p. 179–215; *Idem.* Language structure and language function — In: New horizons in linguistics. Harmondsworth, 1970; *Lyons J.* Introduction to theoretical linguistics. London–New York, 1968, p. 351–359; *Taylor A.* Ergative-based or transitive-based? — Foundations of Language. 1976, v. 14, N. I.

[135] *Anderson J.* Ergative and nominative in English. — Journal of linguistics, 1968, v. 4, p. 11.

とする現象であるという感覚をもっている。彼は、能格構造組織内での動詞の語彙類と統語構文の間の一定の相関関係をかなり明確に捉えている。全体として、論者は、多くの点でソヴィエトの類型学者が述べる立場を共有している（特に、彼は、カルトヴェリ諸語の構造に活格構造の残滓現象が存在するという考えを支持している）[136]。

類型学的問題群の研究の伝統に従って、イギリスの言語学者であるコリンジ（N.E. Collinge）も、能格性は先ず第一には意味的性格の現象である（これに対して統語構造はそこから導き出されるものである）と解釈しており、また能格構文に独自の亜類型別を提起しており、さらにまた、いくつかの研究に見受けられる、何等正当性がない、形式的アプローチへの譲歩にも注意を喚起している[137]。

ワグナー（H. Wagner）は、主格構造の概念と並んで能格構造や活格構造の概念も認めており、能格性は包含事象の面では能格構文の範囲をはるかに越えた広範囲に及ぶ類型的組織である、と見なしている。ただし、彼の考えでは、能格性は本質的には意味的原理ではなく統語的原理を有するもので、構造的に定形動詞複合体の中に主体人称範疇（category of subjective person）を欠くことから能格性が発生したのであって、そのためこの複合体は他の諸言語の動詞派生名詞を想起させる、という[138]。

この点で本質的に異なった考え方をとるのはアメリカの論者等で、彼らの大半はヨーロッパで行われている内容類型学的諸研究からひどく隔絶された状態で活動しており、先行の伝統との接点がまるで感じられない。全体と

---

[136] *Catford J.C.* Ergativity in Caucasian languages. — In: Papers from the Sixth meeting of the North Eastern Linguistic Society. Montreal Working Papers in Linguistics, 1976, v. 6.

[137] *Collinge N.E.* Restructuring of noun-cases in syntax, why 'anti-' will not do. — In: Studies in language companion series, v. 1. Valence, semantic case and grammatical relations. Amsterdam, 1978.

[138] *Wagner H.* The typological background of the ergative construction. — Proceedings of the Royal Irish Academy. Section C-Archaeology, Celtic Studies, History, Linguistics, Literature, 1978, v. 78, C, N 3.

して、彼らには、経験的観点の一般化傾向、そして純理論的問題群の提起における視野の狭さ、という特徴がある。このため、彼らの研究には、言語類型と言語の類型種の本質とか、諸言語のあれこれの構造的諸現象の類型的関与性とか、検討される値の機能的特性とか、類型学的再構の諸原理等多数の問題に関する何らかの見解に出会すことは難しいのである。大多数の場合、ここでの検討対象は、主格諸言語と能格諸言語の構造的諸特徴の相関関係の議論に尽きる。はるかに稀なのは、活格構造の概念の利用である[139]。

アメリカの研究者達は、主格構造は全一的な言語類型と見なすのに対して、他の諸組織体系は言語の個々のレヴェル——実際は形態レヴェルと統語レヴェル——にのみ関わるものと見なすことの方が多い。彼らは、原則として、言語の文法的特性の何がしかの意味的動因子を見ないのであり、これは、恐らく、すでにアメリカの言語学思想の伝統となっている、文法の脱意味的な理解に関連があろうが、そのため、各ケースに応じて別様に組合さる、普遍的な意味役割（すなわち、他動的行為の主体 A、非他動的行為の主体 S、他動的行為の客体 O）の概念を広く使いながらも、同一言語の異なるレヴェルが異なる類型的組織に属する可能性を認める。例えば、特に、現代の能格性一般論に広く行われている、部分的、「分離的」能格組織の概念を、普通、彼らは、言語の能格的形態と主格的統語法から形成されるものと解釈する（より稀には、論者等は、レヴェルの特徴づけにこれとは逆の相関関係の可能性も認める）。同時に目につくのは、アメリカの類型学者等は、原則として、ヨーロッパの研究仲間等の研究が、少なからざる注意をその分析に

---

[139] 活格構造の概念を主格及び能格構造と異なる特別な類型的体系と認めるアメリカ人研究者に、コムリー、アロンソン、フォスター、ヴァリン、そして恐らくはフィルモアの名も挙げることができる。Cf.: *Comrie B.* Рец. на кн.: Г.А. Климов. Очерк общей теории эргативности. M., 1973. — Lingua, 1976, vol. 39; *Aronson H.I.* English as an active language. — Lingua. 1977, vol. 41; *Foster J.F.* Agents, accessories and owners: the cultural base and the rise of ergative structures, with particular reference to Ozark English. — In: Ergativity...; *Van Valin R.* Aspects of Lakhota syntax. Ph. D. Dissertation.Berkeley, 1977; cf. *Fillmore C.J.* The case for case. — In: Universals in linguistic theory. New York, 1968, p. 54.

第 1 章　内容類型学の一般原理　　81

裂くところの、言語類型の語彙的包含事象を見ないことである（特に、アメリカ・インディアン語学やオセアニア語学の分野の多くの研究では、すでにはるか以前から活格性〜状態性特徴による動詞の語彙化原理が明らかになっているにもかかわらず、彼らにあっては、今日に至るも、動詞語彙の、他動詞類と自動詞類への区分が普遍的なものと見なされている）。能格性問題の諸研究において、彼らの多くは、能格構文が主格組織の受動構文に構造的に近いとする、ヨーロッパでは克服済の考え方を持っているが、主格構造のかつての受動構文も能格構文の起源の基礎にあるかも知れないとする見地がここに広がっているのも、このことによって説明される。全体として、内容類型学の分野におけるアメリカの諸研究は、内容類型学分野の研究の中では最も形式主義的な潮流である。

　そこで、例えば、St・アンダーソンの発表諸論はそもそもの原点の設定指針を反映したものであるが、そこで彼は次のように考える。能格組織における形態と統語の相互整合性程度の問題に関連して専門的に検討されて来たオーストラリアのディルバル語（北クイーンズランド）は、言語学者等が異口同音に形態レヴェルにおいても統語レヴェルにおいても能格的だと捉える言語であるが、この言語とは異なって、その他圧倒的多数の形態的に能格諸言語であるものは表層構造面でだけ能格的で統語面では主格的だ、というのである。言語構造の体系性という言語学研究にとっての基本的テーゼに反するこのような結論が、一定の語彙的前提条件にも然るべき形態手段にも特徴規定される統語的文構造の検討に基づかずに（概して、アメリカの論者等の諸研究では、相対する能格構文と絶対構文という概念は見出し難い）、専ら一連の変形テストが示すいわゆる言語のコントロール特性（これについては、原著 p. 86–87〔本書 p. 106–108〕参照）に基づいてなされていること、に注意しておかなければならない。留意しておくべきは、経験的事実にディルバル型の言語がないからといって、それが多少とも全一的な言語類型としての能格構造組織についてのテーゼを揺るがすことにはならない、ことである。全体として、St・アンダーソンの研究はかなりの程度に、現代言語学でいわゆる形態の再発見（повторное открытие морфологии）に先行した類

型学問題群の研究段階を反映したものである、という結論が思い浮かぶ[140]。

　この点で比較的僅かな差異を見せるのは、多数の論文で能格性の基本的問題群を考察するコムリーの視点である。彼は1978年の研究の中で次のように書く：「能格性は、言語のあれこれの統語的ないしは意味的特性との関連性を顕さない純粋に表層的な形態現象であるのか；あるいはまた、能格性はむしろ然るべき格構成組織を備えた諸言語のもっと深層に横たわる類型的特徴であって、それは統語と意味の構造の方へはるかに大きく浸透し、かつまた、ひょっとしてこうした諸言語に対して主体・直接客体を区別する理論的装置全体を作動させているのではないのか、と問うて見ることができよう・・・。その答えは決して簡単（straight-forward）とは言えないが、この問題に答えるために経験的な証拠を引くことができる：すなわち、むしろ形態的能格性をもつ言語は、統語構造へのその能格性の投影のさらなる広がり度に応じて種々異なる、という事実である」[141]。この定式化から分かるように、論者は、結局の所、言語における能格性が広範囲に亘って発現する可能性があるという問題に答えているのであって、能格性を主格的組織体系と同じ性質の類型的組織体系と見なし得るのか、という問題には答えていない。コムリーの研究の実際について言えば、以上にましてそこに感じられるのは、類型論における部分系的なアプローチの傾向、そしてまた、多数の具体的諸問題を形式的に解釈しようとする傾向である（cf. 例えば、主格性と能格性の相関性に対する彼の解釈、いわゆる逆能格〔anti ergative〕構造の仮定、他）。論者は、言語類型というある種の構造体（構成体 конструкт, construct）の検討を拒否するからこそ、同一言語に能格性をベースとして

---

[140] Cf.: *Anderson St.* On the syntax of ergative languages. — Proceedings of the XI-th International Congress of Linguistics, Bologna, 1972, vol. 2, p. 73–77; *Idem*. On the notion of subject in ergative languages. — In: Subject and topic, London, 1976, p. 18.

[141] *Comrie B*. Ergativity. — In: Syntactic typology. Studies in the phenomenology of language. Sussex, 1978, p. 334–335; cf.: *Idem*. The ergative: variations on a theme. — Lingua, 1973, vol. 32; *Idem*. Review of Klimov G.A. Očerk obščej teorii ergativnosti. Moscow, 1973. — Lingua, 1976, vol. 39.

コントロールされる現象と主格性をベースとしてコントロールされる現象があるから、能格言語と主格言語を対置するのは大いなる誤解だ、という結論を下すに至るのである。

同様の考え方を代表する人達はそれぞれ、能格性のメカニズムは各種言語毎に全く各様な前提（例えば、歴史的に先行した主格構造内での受動的文構造、歴史的な動詞構造のいわゆる名詞化〔nominalization〕、純音声学的性格のあらゆる種類の再編、等）をもち得る、という意味での発言を行っている。彼らにあっては、この過程が稀ならず能格構文の必然的相関項である絶対構文の並行的な生成を伴わない能格構文の形成に帰せられる、という事情も、彼らの全体的な設定目標に符合するのである[142]。

しかし、内容類型学の具体的な諸問題についてのアメリカの言語学者達の考え方の多様性も軽視する訳にはいかない。この点に関しては、特に、ヴァリン（R. van Valin）、フォリー（W.A. Foley）、そしてまた、恐らくヒース（J. Heath）の研究が代表する、いわゆる役割と指示の文法（Role and Reference Grammar）内での、類型学研究の潮流全体がもつ言語資料に対する明らかな機能的アプローチに触れておく必要がある[143]。この潮流がその基本課題の一つと考えているのは、説明理論面での、言語における機能と形式間の相関性の研究である。この場合、深層構造レヴェルでは、世界の言語全てが行為者（Actor）と行為の受け手（Undergoer）の対立を示すのに対して、基本的役割対立は本質的に言語毎に偏差があることが前提とされる。ヴァリンは、主格性、能格性、活格性を、語彙的に規定された文構

---

[142] Cf.: *Anderson St*. On mechanisms by which languages become ergatives. — In: Mechanisms of syntactic change. Austin–London, 1977; *Comrie B*. Ergativity, p. 368–379（詳細は本書第3章参照）

[143] Cf.: *Heath J*. Antipassivezation: a functional typology. — BLS, 1976, 2; *Van Valin R*. Aspects of Lakhota syntax. University of California. Ph. D. Diss. Berkeley, 1977; *Idem*. Ergativity and universality of subjects. In: Chicago Linguistic Society. Papers 13, 1977; *Van Valin R., Foley W*. Role and reference grammar. — In: Syntax and Semantics, v. 13. Current approaches to syntax. New York, 1980; *Van Valin R*. On the distribution of passive and antipassive construction in universal grammar. — Lingua, 1980, 50.

造（lexically determined clause patterns）の特徴をもち結局は意味原理を有する、広い形態統語的メカニズムと見なす考えに傾いている。彼の考えによれば、言語の全一的な類型的特徴づけを行うためには、形態の証例を厳密に考慮する必要がある（格マーキングの背後に、主語と補語の弁別機能は勿論、独自の意味的役務を認定するに際して）。同時に、彼は、言語の統語構造の類型的認定に当たって、「主語繰り上げ（subject raising）」とか再帰代名詞化（reflexivization）とか同一名詞句削除（equi Np deletion）のようなコントロール変形の役割の過大評価が非常に外国の専門書に広がっていることに対して警告を発しており、特に、バスク語においてこの役割の適用が英語と同じような結果を与えたとしても、その結果をバスク語の文法構造全体を特徴づけるものとして一般化する訳には行かない、ことを示している。ヴァリンは、また、形態的に能格諸言語のより多数が統語的に主格的だとする多数の論者達の見解は、決して検討された諸言語全ての証例によって裏付けられるものではないことも示しており、これら諸言語における主体の概念が英語におけると同様だとする見解は誤りだ、と結論づけている。

　結びとして残るのは、ヴァリンの次のような正当な発言を引くことだけである：「多くの点で、今日の言語学における『風変り（exotic）』諸言語の統語分析の分野における状況は、初めて重要な研究対象となったアメリカ・インディアン諸語やその他非印欧諸語の形態分析に対する20世紀初頭の状況を彷彿とさせるものがある。ボアズ（F. Boas）やその後継者達は、印欧諸語の研究から継承した、文法範疇の分析的構造体や組織体系が、北米原住民の諸言語の分析には全く適用不能であることを示した。同じようにして、諸構造体や統語分析の諸範疇は、最初は英語や他の印欧諸語の研究の途上で検討されてきたのであるが、それらをアメリカ・インディアンやオーストラリアやパプアの諸言語の分析に広げることは（例えほんの少数の言語に限ってみても）、多くの点で問題がある。本論文は、こうした諸問題のいくつかを例証したものである。ここでは、新しい諸範疇や分析的諸構造体を、統語分析や

類型比較を受ける諸資料の範囲をさらに広げて適用すべく検討する」[144]。

アロンソンは、主格性、能格性、活格性を、多レヴェル呼応諸特徴の全一的な類型組織体系と認定している[145]。ポスタル（P.N. Postal）は、主格的組織体系がそれに固有の主体原理と客体原理の二分法をもつのと違って、能格的組織体系は能格原理と絶対格原理という対立原理を基にしている、という意味の発言を行っている[146]。言語類型の語彙的な諸特徴の解明の試みを含むアメリカの諸研究も、確かに興味深い（とりわけ、能格性の語形成的な相関要素の探求[147]）。最後に、ニコルス（J. Nichols）は、文構造がそれを構成する動詞の語彙的性質に直接的に規定されると明言している[148]。

検討中の諸問題に関してラテン・アメリカの刊行物の中で注意を引くのは、ブラジルの女性研究者セキの研究であるが、彼女は主格組織体系と活格組織体系を一定の意味的原理を有する多レヴェル呼応特徴集合総体として比較している[149]。

全体として、ヨーロッパの諸構想により近いのは、オーストラリアの言語学者等の考え方であるが、彼らは、オーストラリア、ニューギニア、オセアニアの非主格諸言語の興味深い資料に自分達が身近であることをうまく利用している（これら諸語の諸特徴についての全体像は、オーストラリア諸語の文法範疇の分野での最近刊行された大きな研究論文集の諸節が与えてくれる[150]）。彼らの諸研究でヨーロッパの伝統との接点がより目立つのは、主格

---

[144] *Van Valin R.D.* Grammatical relations in ergative languages, p. 46.
[145] *Aronson H.I.* English as an active language. — Lingua, 1977, 41.
[146] *Postal P.M.* Antipassive in French. — Proceedings of the X-th Annual Meeting of North-Eastern Linguistic Society, 1977, 7.
[147] *Moravcsik E.A.* On the distribution of ergative and accusative pattern. — Lingua, 1978, v. 45, N 3–4; *Comrie B.* Ergativity..., p. 337.
[148] *Nichols J.* Verbal semantics and sentence construction. — Proceedings of the First Annual Meeting of the Berkeley Linguistic Society, Berkeley, 1975.
[149] *Seki L.* O Kamaiurá: lingua de estrutura ativa. — Lingua e literatura A. 5, Sao Paulo, 1976, N 5.
[150] Grammatical categories in Australian languages. Australian Institute of Aborigenal Studies. Linguistic Series, N 22. New Jersey, 1976.

構造と能格構造の相関性の研究においてであり、そのための豊かな資料は分布圏「混合」類型の多数の言語が提供している。それら諸研究には、言語類型なかんずく能格類型の、構造諸特徴の機能的分析に対する関心も窺われるが、これは、例えば、言語学会の一つが議題として、オーストラリア諸語の能格と具格と所格の相関性に関する問題を特に提起していることが証明している。オーストラリアの言語学者等の諸刊行物には、能格性問題の研究の初期段階に検討された、能格構文受動性説に対する冷静な態度が支配的である（オーストラリアの能格諸言語は全て、歴史的には、他動詞の受動変形規則が何らかの理由で義務的となった主格言語に遡るものだ、とする彼らの研究仲間のヘイル〔K.L. Hale〕の見解に対して彼らが特に懐疑的な態度を取っていることも、以上の帰結である[151]）。いくつかのオーストラリアの研究には、ソヴィエトの諸研究と同じように、言語における主格性と能格性の特徴の分布法則は言語に作用する動詞語彙の構造組織化原理に直接関連がある、とする見解が注意を引く[152]。同時に、オーストラリアにおける内容類型学研究の今後の進歩に影響する一つの主体的な状況も存在するが、それは結局、オーストラリアの言語学者等がヨーロッパ大陸の諸言語で発表される現代の専門文献に対する馴染み度が低い、という点に尽きる。

　然るべきヨーロッパの伝統との明確な結びつきを見せるのは、例えばブレイク（B.J. Blake）の研究であるが、そこでは、能格諸言語の「他」動詞が態（залог, voice）の上で未分化であるとする立場、能格組織体系の諸要素が一定の階層的相関性をもつとするテーゼが主張されており、また、能格構造と主格構造間の通時的相関性の問題についての関心も窺える。例えば、多数のアメリカの研究者が能格諸言語における統語と形態の相関性に関して形式主義的色彩の濃い見解を示すのとは違って、ブレイクは、能格性諸特徴をもつ

---

[151] *Hale K.L.* The passive and ergative in language change: the Australian case. In: Pacific linguistic studies in honour of Authur Capell. Pacific Linguistics. C. 13, Canverra, 1974.

[152] Cf.: ex.: *Bani E., Klokeid T.J.* Ergative switching in Kala Lagau Langgus. — In: Languages of Cape York. Canberra, 1976, p. 282.

オーストラリア諸語の資料に基づいて、「統語的基盤をもたない格マーキング（能格的性格の――クリモフ）を発達させるような言語など想像もつかない。はるかに蓋然性が高いのは、能格マーキングがかつて機能した能格的統語組織の痕跡である場合である」、とする結論に到達している[153]。恐らく大多数のオーストラリアの論者等と同じように、彼は、オーストラリア諸語の、能格性から主格性への類型的再編過程構想を持っているのであろう[154]。

主格的諸要素や能格的諸要素をもつオーストラリア諸語の資料に基づいて、名詞語彙と代名詞語彙の各種構成単位を、主格構造ないしは能格構造の規範に合わせて形式化しようとする潜在素性の大小程度を反映した、一定の意味特徴目盛りが存在するとする構想の研究は、シルヴァースティーン（M. Silverstein）が行ったものである。その構想図式では、左部分と右部分は、主格的形式化に引かれるものと能格的形式化に引かれるものとして階層的に対置される[155]：

指示代名詞	固有名詞	普通名詞
1人称、2人称、3人称	―人間―	有生―無生

さらに詳説すべきは、多数の有力な諸研究（二つのオーストラリア諸語のモノグラフを含む）が記述するオーストラリアの著名な研究者ディクソン（R.M. Dixon）の類型学構想である[156]。彼の刊行書には、アメリカの論者

---

[153] *Blake B.J.* Degrees of ergativity in Australia. — In: Ergativity..., p. 303; cf.: *Idem.* On ergativity and the notion of subject. Some Australian cases. — Lingua, 1976, 39.

[154] *Blake B.J.* Degrees..., p. 302–304.

[155] *Silverstein M.* Hierarchy of features and ergativity. — In: Grammatical categories in Australian Languages. Australian Institute of Aborigenal Studies. Linguistic Series, New Jersey, N 22, 1966, p. 112–171; *Dixon R.M.W.* Op. cit., p. 85–89.

[156] *Dixon R.M.* The Dyirbal language of North Queensland. — Cambridge Studies in Linguistics, 1972, 9; *Idem.* A grammar of Yidiɲ. — Cambridge Studies in

以上にはっきりと言語類型の体系的理解への傾向が感触される。とりわけ、彼は、ディルバル語がかなり一貫した能格構造の代表言語に属することを論証している[157]。ディクソンは決して、内容類型学的分類に仮定される言語諸類型のメカニズムを実現させる意味的動因子に専門的に立ち入っている訳ではないけれども、彼は、同時に、多数の言語に現れる部分的能格性現象の機能化の正に意味的原理を見出す（同現象は動詞述語の意味、その時制形式、あるいはまた文の基本的名詞成分の性格に直接的に依存関係をもつとする[158]）。彼は言外に、動詞語彙素の他動詞類と自動詞類への区分は普遍的な性格をもつものという観点に立っているが、それにもかかわらず、このような区分は、様々な言語に応じて鮮明度に差があることを強調している[159]。形式主義的なアプローチに譲歩する傾きのある多数の国外の類型学者達とは違って、ディクソンは、統語レヴェルと形態レヴェルでの言語類型の実現に一定の体系的な依存関係を認めている。例えば、彼の定式化によると、「統語的に能格的であるどの言語も、形態的能格性程度も顕す」[160]。別の研究において、彼は別の研究で次のように書く：「しかし、形態と統語間の不一致が大きすぎるということは、決して度々起る訳ではない。別言すれば、その格組織体系が徹底してS（非他動的行為の主体）とA（他動的行為の主体）とを同一化する一方で、その統語的規則や制限の方は常にSとO（他動的行為の客体）を統合してしまうような言語、あるいはまたその逆になるような言語は知られていない。しかも、我々は、このような言語には決して出会すことはない、と予言してもよい」[161]。同時に、「多数の言語は、能格的統語

Linguistics, 1977, 19; *Idem*. The syntactic development of Australian languages. — In: Mechanisms of syntactic change. Austin–London, 1977; *Idem*. Ergativity. — Language, 1979, v. 55, N 1.

[157] *Dixon R.M.W.* The Dyirbal language of North Queensland. p. 128–140.
[158] *Dixon R.M.W.* Ergativity. p. 79–86.
[159] Ibid., p. 68–69; *Idem*. The Dyirbal language of North Queensland, p. 128–129.
[160] *Dixon R.M.W.* Ergativity, p. 133.
[161] *Dixon R.M.W.* The syntactic development of Australian languages. — In: Mechanisms of syntactic change. Austin–London, 1977, p. 389.

第1章　内容類型学の一般原理　　89

法を示さずに、形態レヴェルで何らかのやり方でSとOを結び付けている、とする彼の立場も正当である[162]。この定式化は、言語の構造進化過程において形態が言語のそれ以外の内容レヴェルに比してより保守的であることを例証するような、諸言語でのいわゆる分離能格性の機能化の特徴的なケースを反映したものである（この点に関しては、原著 p. 160, 174〔本書 p. 200, 216〕を参照）。ディルバル語における人称代名詞の形態は主格組織特有のコード化技法を示しているけれども、これらの代名詞をもつ文構造のいわゆるコントロール特性はむしろその能格的性格を裏付けている、という事実の提示も、言語類型を体系的に構想するこの研究者の傾向を証明している[163]。論者は、上に挙げたシルヴァースティーンの意味特徴目盛りを採用してそれを発展させている。最後に、内容類型学の通時的問題群の面で確かな関心を呼ぶのは、歴史的に能格的なオーストラリア諸語が主格化過程を示すという彼の結論である[164]。

　多少とも内容類型学研究に比べられる現代の類型学研究の唯一の潮流は、言語の有意成分（значимые элементы）の語順の類型学であり、その第一歩はグリンバーグの周知の研究に関係がある[165]。この潮流内では、文の統語構造の然るべき法則性（主語・補語・述語成分、限定成分他のような文成分の線条化規則）は、語の形態構造の同様の原則（語形における形態素の配列規則、また、補助語と自立語の結合規則）と直結される。同時に留意すべきは、ここで度々含意的普遍性（implicational universal）として定式化される、有意成分間の基本的な構造的依存関係が、普通は質的分析によらず統計的基盤に基づいて導き出される故に、それは諸言語毎にひどく大量の例外を伴うのが観察されることであり、そのことがある事実と別の事実の構造

---

[162] *Dixon R.M.W.* Ergativity, p. 133.
[163] *Dixon R.M.W.* The Dyirbal language of North Queensland, p. 130–132.
[164] *Dixon R.M.W.* The syntactic development of Australian languages, p. 393–408.
[165] *Гринберг Дж.* Некоторые грамматические универсалии, преимущественно касающиеся порядка значимых элементов. — В кн.: Новое в лингвистике, вып. V. Языковые универсалии. М., 1970; cf. quoque: Word order and word order change. Austin–London, 1975.

的因果関係の解明を著しく困難にしている。例えば、象徴的のは、「言語において、動詞が名詞主語と名詞補語に後置され、そのような語順が支配的であるならば、言語はほとんど常に格の体系を有する」[166]、というグリンバーグが提起した普遍 41 に対して活格構造組織全体が矛盾すことであって、活格構造の代表言語は SOV の語順特徴をもちながら、原則として格パラダイムをもたないのである（同じことは、タカナ・パノ、アルゴンキン語族の多数の成員やアブハズ語、アバザ語他を含めて、能格言語多数についてもいわなければならない）。この事情を考慮すべきは、文におけるかつての語順を再構する場合に確率的性格の相関性に過度に直線的に頼る通時的研究の場合も同じである。例えばランドン（M. Langdon）はこの点に関して正しい指摘を行っている：「ユマ諸語に現れる非 SOV 語順特徴とりわけかなり古い発達した接頭辞組織は、これら諸語が SOV 構造式に従わず、またひょっとして SVO 型あるいは動詞先頭位置型でさえあったかもしれないもっと早い時期を示したものだ…」と考えるのは魅力的だ。「私は、これらの結論は間違いであり、ユマ諸語の具体的構造が全く認めないことを証明しようと思う。私は、上に指摘された逸脱らしきものそれ自体は SOV の語順の当然の結果であること、また、それは、最も一般化している分類の枠内で起源的に同系であると認められていない同じような多数の北米諸言語が現に共有し合うものであること、を実際に提示しようと思う」[167]。

　内容類型学と言語の有意成分の語順の類型学のいくつかの通時的観察の間には、興味深い一致がある。Cf. 例えば、活格組織と能格組織（これらにとって典型的なのは SOV の語線条化構造式）から主格組織（広く知られた、SOV 構造式例の接触的解釈に対して、SVO 語順が決定的に優勢である）への歴史的再編の可能性について本研究が支持している仮説と、SOV ＞（VSO）＞ SVO の過程に従う世界の諸言語の自然的語順推移（natural word order drift）に関してギヴォン（T. Givón）が定式化するテーゼを、あるい

---

[166] *Гринберг Дж.* Op. cit., c. 141.
[167] *Langdon M.* Syntactic change and SOV structure: the Yuman case. — In: Mechanisms of syntactic change. p. 257–258.

第1章 内容類型学の一般原理　　91

はまた SOV > SVO (> VSO > VOS) の一方向的な再編過程に関するデジェの主張を、比較対照[168]。しかし、語順分野での研究の理論と実際の現状は、これら問題群の要の問題の解決に極めて大きな違いを見せており (cf. 言語に優勢な線条化構造式の確定の周知の困難さを取ってみても)、両研究分野の証例の相互間一致を引き出せていない。

　内容類型学の証明と、諸言語の構造的諸要素を文の主語・述語的構造化に定位させるかテーマ・レーマ的構造化に定位させるかという違いに基づいて構築される諸言語の構造的研究の証明、との間にも、何ら目立った一致は期待する訳に行かない。周知の如く、リー (Ch.N. Li) やトンプソン (S.A. Thompson) は、ある言語は主語の概念を基礎にした方が、またある言語では同じくテーマの概念に支点を置く方が、より深い洞察を込めた (insightfully) 記述ができる、とするテーゼを定式化している。論者達は、得られる世界の諸言語分類もそのアプローチ枠内では全く別様に見える、ことを示しており (cf. 最終的には言語の四種類区分——Subject-prominent languages, Topic-promonent languages, Subject-prominent and Topic-promonent languages, Neither Subject-prominent nor Topic-prominent languages)、その分類では、例えば、主格諸言語が異なる種類に区分されることになる[169]。

---

[168] *Givón T.* The drift from VSO to SVO in biblical Hebrew: the pragmatics of tense aspect. — In: Mechanisms of Syntactic Change, p. 242–243; cf.: *Miller D.G.* Indo-european: VSO, SOV, SVO, or all three. — Lingua, 1975, v. 37; *Dezsö L.* Grammatical typology and protolanguages. — In: Amsterdam Studies in the Theory and History of Linguistic Science, IV. Current Issues in Linguistic Theory, vol. 19. Linguistic Reconstruction and Indo-european Syntax. Amsterdam, 1980, p. 21–22.

[169] *Li Ch.N., Thompson S.A.* Subject and topic: a new typology of language. — In: Subject and topic. New York–San Francisco–London, 1976, p. 457.

第2章　内容類型学的言語分類の問題

　恐らく、世界の諸言語の様々な分類が研究を組立てる上で現代言語学に演じている巨大な役割は、強調するまでもなかろう。これら諸分類は、科学が解明した、世界の諸言語間の多数の内的連関性の簡潔な記録を意味するだけでなく、それら諸言語の今後に続く研究上の一定の指針でもある。それら研究を一層進めることが焦眉の課題であることは、現在何ら重大な疑念を引き起すものではない。研究対象の周到な分類法の構築は然るべき科学分野の成熟度の明らかな証明だという考えが通念化していることを考えれば、このことは当然のことである。同時に、言語学者等が分類問題に変らぬ関心を示すのは、言語学の進歩につれて、言語学的分類法の本質そのものも、その分類構想の基になっている手順の性格も、ますます鮮明に姿を現しつつある、ということによって説明される。
　内容に定位した類型学研究の分類法的側面の検討に移るに当って、先ず初めに、類型学一般における分類の役割について簡単に触れておく必要があると思われる。
　周知のごとく、伝統的な類型学説は、普通、世界の周知のほとんど全ての諸言語を包括した然るべき分類図式の構築に極めて密接に関るものであった。こうした事情の最も顕著な例証の一つになり得るのは、A. シュレーゲル、Fr. シュレーゲル、フンボルト、シュライヒャー、シュタインタール、そ

の他多数の論者等の諸研究に提起されたいわゆる形態的分類の類いである。過去の（比較的最近のものですら！）多くの言語学入門書では、言語の形態的分類を扱った節が実質上唯一の節を構成し、それが本来的な類型学的問題群の研究であると自負して来た。ところが、現在では類型学的問題群の範囲が絶えず拡大しているために、類型学はその専門領域を言語資料の分類だけに限定している訳ではない。それにもかかわらず、類型学の理論、方法、その実際と分類との関連は、類型学研究の現段階にとっても特徴的である。ウスペンスキーは次のように書いている：「類型学と構造諸特徴面での諸言語分類は互いに直接的な関連がある：一方が、他方を暗示するのである。実際、類型学的分類の目的は、世界の諸言語の構造に関する情報の最も効率的なコード化法を作り出すことである。この場合、異なる諸言語が同一の記号で記述される：このようにして、多様な諸言語の同型性（isomorphism）が現れてくる。類型学に基づく諸言語分類は未知の諸言語の研究に役立つことを目標にしている」[1]。ロジェストヴェンスキーは、次のように指摘している：「言語の類型的諸事実の性質に関する問題の提起が先ず必要とするのは、これら諸事実の分類である。こうした予備的作業がなければ、言語の類型構造に関する如何なる仮説も立てることができない。したがって、言語学史の上で、類型学は類型分類より始まる。この場合、言語学者は常に、類型分類が類型学の目的ではなく、別のもっと一般的な知識の獲得手段にすぎない、ことをはっきり理解していた・・・。周知のごとく、すでに類型学の始まりからして、諸言語の類型分類に対して提起されたのは、多くは言語学の範囲を越えるような極めて広い課題であった。しかし、これらの言語外的な課題以外に、類型分類には類型学理論の構築という言語学本来の独自課題がある」[2]。

それと同時に、20世紀の中頃からは、いわゆる分類類型学に対置して非分類的な類型学の構築の可能性という考えも、公然と述べられるようになっ

---

[1] *Успенский Б.А.* Структурная типология языков. М., 1965, с. 17.
[2] *Рождественский Ю.В.* Типология слова, М., 1969, с. 42.

た。その例としては、特にサピア（周知の保留条件を付けて）、メンツェラト（P. Menzerath）のアプローチ、グリンバーグ他若干の人たちの量的アプローチが挙げられる。例えば、グリンバーグの考えでは、「類型学分野に仮定ないしは前提とされる、不必要だと思われる別の一般的な制限があるが、それは、類型学は分類的であるべきだ、という見解である。ここでいう分類とは、少なくとも理想として各対象が一つないしは一つの類にだけ相関するように諸対象をいくつかの個別の類に相関させることである。そして、このケースは、言語類型学の実際において支配的である。ところが、こうした実際に一致しない先例、これに基づいて類型学的と認めることを何人も決して否定しないような先例、がある」[3]。分類は、類型化される言語資料の多少とも原始的な整理法であって、言語学の現発展段階ではもっと先進的な研究方法によって置き換える必要があるかにいう極端な見解さえ定式化されたが、分類類型学（классификационная типология）が尺度と整理の類型学（типология меры или упорядочения）によって置換すべきだという提案がなされたのは、そのためである（分類類型学の最近の最も重要な成果は20世紀初頭に属するフィンクの研究に関連がある、という考えも、恐らくこうした理解を基にしていよう）。

　しかし、多くの者にとっては、こうした考えは、説得力がないと思われるであろう。先ず想起すべきは、サピア自身が、言語の類型分類の可能性を懐疑的に見ていた研究者等と論争して特に次のように書いたことである：「分類が困難だからといって、それは無用だ、という証明になるだろうか？私はそうは思わない。建設的な思索の負担を投げ出して、各言語は個別の歴史をもち、したがって個別の構造をもつ、という立場をとるのは、あまりにも安易であろう」[4]。サピアが意識的に、次のように想定する諸言語の類型分類の

---

[3] *Greenberg J.H.* Language typology: a historical and analytic overview. The Hauge–Paris, 1974, p. 15.

[4] *Сэпир Э.* Язык. Введение в изучение речи. М.–Л., 1934, с. 95. — [訳者] サピア著（泉井久之助訳）「言語」, 紀伊国屋書店, 1964, p. 121; 同（安藤貞雄訳）, 1998, 岩波文庫, p. 209.

構築を課題としていたことは疑う余地がない：

I. 純粋関係言語	A.	単純
	B.	複雑
II. 混成関係言語	C.	単純
	D.	複雑

この場合、サピアにとって、それぞれの文字記号（A, B, C, D）は、彼がいくつかの言語によって例証する各言語の類型を示す記号であることを強調しておく必要がある[5]。後に続く言語学者等が原則として、彼が提案した分類図式を単にそれだけのものとしか見ていなかったことも疑いない[6]。

周知の如く、メンツェラトとグリンバーグは自分たちが採る構造的基準の類型学的関連性の問題を提起しなかったが、彼らの図式に関して言うならば、その図式を類型学の領域に入れる可能性そのものは、専門的な論証が必要である。言語学文献が再三、類型学にとってグリンバーグの図式構想の発展性に重大な疑問を投げかけて来たのも、その論証が欠けるからであり、それは彼にとって恐らく不明のままであったろう[7]。

上述のことに照らして、分類的類型学と非分類的類型学の対置ないしは区別の考え自体は、決して類型学研究の重要な成果がもたらしたものではなく、むしろ既存の分類構想に対する不満感がどうしても言語学者の念頭から去らなかったことによるものだ、という印象を受ける。したがって、言語類

---

[5] Op. cit., c. 107–113. — cf. [訳者] 泉井訳, 同, p. 135; 安藤訳, p. 239.

[6] Cf., ex.: *Lehmann W.P.* Historical linguistics: an introduction. New York, 1962, p. 52, 58; *Бенвенист Э.* Классификация языков — В кн.: Новое в лигвистике, вып. III, М., 1963, с. 51–54; *Реформатский А.А.* Введение в языкознание. М., 1967, с. 461; *Рождественский Ю.В.* Op. cit., c. 48.

[7] Cf.: *Скаличка В.* О современном состоянии типологии. — В кн.: Новое в лингвистике, вып. III, с. 19.; *Жирмунский В.М.* О целесообразности применения в языкознании математических методов. — В кн.: Лингвистическая типология и восточные языки. М., 1965, с. 108.

型学の内容は決してある言語分類法に帰することはできない（cf. 同じように起源的研究や地域的研究を世界の言語の系統的分類や地域的分類に帰することができないことも）、とするほとんど一般化した主張に完全に同意しつつも、結局その資料の分類段階にも達し切れていない類型学研究に価値があるとは認め難い。つまるところ、類型学においてこのように分類レヴェルの重要性を軽視することは、我々の考えでは、見受けられるような、類型学にとっての言語類型——これの背後には常に諸言語の一定の類型種が存在する——の概念の役割の軽視に関連がある。したがって、特に、起源言語学が実践する、諸言語の相互間の同系性程度の測定が、世界の諸言語の満足すべき系統的分類を構築するという課題を研究日程から外すことができないのと同じように、いくつかの現代の潮流に行われる尺度の類型学が分類手続きの段階を排除できないことは、十分に明らかだと思われる。言い換えれば、いわゆる分類類型学と非分類類型学を対置しようとする試みが無益であることを間接的に示すものは、方法論的にはるかに進歩してきた起源言語学に同じような実践がないことにも見て取ることができる。

　形式類型学的分類と内容に定位した類型学の分類が本質的に異なった目的をもつから、それらの直接的な比較は多くの点で困難であるけれども、恐らく、後者の方がはるかに大きな説明力を有するのであり、それは後者の自然的な性格に発するものだ、と言わざるを得ない。特に、後者の自然的という属性からすれば、当然後者からは的確な歴史的解釈が得られる、と期待してよい。この点に関連して想起すべきことは、まだ形式類型学的構想が絶対的に支配的であった時期に、ソシュール（F. de Saussere）が、「諸言語（歴史的に知られている言語も学的に再構される言語も）の文法的タイプ」の究明と「思考表現のために諸言語が使う方法に」従った諸言語の分類に関心をもち続けて、それを探究してきたこと[8]、また、いわゆるサピアの概念的分類が、「精神においてまるで異なる言語をある外面的な形式が類似するとい

---

[8] *Соссюр Ф.Де.* Курс общей лингвистики. — В кн.: *Соссюр Ф.де.* Труды по языкознанию. М., 1977, с. 265.

う理由だけで」一括化してしまう形式類型学の限界を具体的に克服して行こうという試みをもったものであったこと[9]、である。留意しておくべきことは、すでに最近、ソ連邦における内容類型学的諸研究の衰退以後の時期に、レフォルマツキー（А.А. Реформацкий）が、様々な言語における「物と形式」の括り方はそれを基に諸言語の分類法を構築するにはあまりにも表面的な基準でありすぎる、というベートリンク（O.N. Böhtlingk）の見解の真実性に反論して、「もし『物と形式』の相関関係の『密接度』あるいは『非密接度』のことを言っているのであれば、恐らく、それが表面的すぎるということはなかろう；それはむしろ、傾向として言語構造全体を貫くものである」、とあらためて強調したことである[10]。

原理的に示差化された、言語の多レヴェル呼応諸特徴のいくつかの組合せがそれぞれ固有のやり方で現実の主体・客体関係を伝達している、とする仮定に基づいて、現在少なくとも四つの（また五つかもしれない）統一的な言語類型——類別型（классный тип, class type）、活格型（активный т., active t.）、能格型（эргативный т., ergative t.）、主格型（номинативный т., nominative t.）——を相互に画定しかつ構造的に特徴づけることが可能である。これらの類型は、恐らく、世界の言語地図に現れる内容類型学的な組織体系の集合総体全部を汲み尽す訳ではないかもしれないが、現代の諸言語の大多数はこれら諸類型の弁別諸特徴によって記述することができる。同時に、何らかの事情の故に（例えば、言語の前進的運動の事実の故に）歴史的に実証された諸言語に実現されていないような言語類型が存在するかもしれない、という仮説は当然あり得る。特に、以前筆者がもう少し確信をもって仮定したいわゆる中立型は[11]、類型学研究史の同様の実際がこれについてすでに再三証明したように、実は現代の人類の諸言語に実際に現れるものと

---

[9] *Сапир* Э. Op. cit., с. 99. — [訳者] 泉井訳, 同, p. 126; 安藤訳, p. 219.

[10] *Реформацлий* А.А. Агглютинация и фузия как две тенденции грамматического строения слова. В кн.: Морфологическая типология и проблема классификации языков. М.–Л., 1965, с. 68.

[11] See: *Климов* Г.А. Вопросы контенсивно-типологического описания языков. — В кн.: Принципы описания языков мира. М., 1976, с. 129 et seq.

いうよりむしろ再構したものである可能性が強い。筆者は、然るべき基準を概ね逸脱することすらない中立型諸言語が、現在西アフリカに知られており、どうやら未確認のまま、この類型的組織体系はそこに、例えばマンデ語族の代表言語（cf. マリンゲ、バンバラ、コランケ、ディウラ、ソニンケ他の諸語）に例証できる、という印象をもっていたのである。このような印象の主たる前提の一つは、形式類型学的特徴面でいうこれら孤立型諸言語が、主体・客体関係の表現が専ら語彙の分野だけに限られているという点で、内容類型学的分類内で区別される残余の諸言語とはかなりはっきりと分離されるように見える、という事情である（とりわけ、これら諸言語は、内容に規定される名詞類別が欠如する点で、類別構造の代表言語とは対照的な差異を見せる）。しかし、これら諸言語の実質的に完全な内容類型学的な研究がなされていないため、現在その構造的諸特徴の内容的動因子を見出すことができず、中立型に関する問題は未解決のままにしておかざるを得ない。こうした事情は、以前にも、上に挙げた他の諸類型の内容的に具体化された用語表現と比べると明らかに対照的な「中立型」«нейтральный тип» (neutral type) という用語そのものに非常にはっきり反映されていた。今日筆者には、マンデ諸語の構造を以前に仮定した言語諸類型の一つとしてうまく収められる、という点で確信がない。

　類別型類型は、ある程度中央アフリカの諸言語に示される。大規模なバントゥー語族の構成言語（スワヒリ、ズールー、コンゴ、ソト、ショナ、シャンバラ、他多数諸言語）は、後期類別状態の代表言語と認定することができる。なお多くの点でその文法構造の特徴を決定する名詞の多類別法の上に、ここですでに、活格構造諸言語に特徴的な活性原理と不活性原理の対立に最大限の接近を示す有生原理と無生原理の二項的対立原理が重なっているからである。恐らく、いくつかのバントゥー系諸言語の構造的パラメーターは、より厳密な基準の類別型類型に対応するかもしれない。同時に、強調しておくべきは、逆に、ナフ・ダゲスタン諸語型あるいはブルシャスキ語型の「類別」言語はここに算入することはできない。何故ならば、これら諸言語における名詞分類は、潜在的な性格を有するだけでなく、決してこれら諸語の構造の

類型的特徴を決定している訳ではなく、その特徴は明らかに能格性特徴を示すからである（したがって、ナフ・ダゲスタン諸語もブルシャスキ語も類別言語に数えるマインホフ [C. Meinhof] の定式化は、本来的に類型学的な定式化とは認め難い[12]）。

　現在活格型類型の言語が最も広がるのは、恐らく北米であろう。ここでの活格言語は、サピアのナ・デネ「大語族」（ハイダ、トリンギット、イーヤックの諸語、多数のアサバスカ諸語）、スー語群（ダコタ、アシニボイン、カトーバ、ポンカ、トゥテロの諸言語、他）およびマスコギないしはガルフ語群（マスコギ、ヒチティ、コアサティ、チョクトーの諸言語）である。これらの内第一群はカナダ北西部とアメリカ合衆国隣接地帯（アラスカ）に密集した塊をなし、また合衆国太平洋岸とロッキー山脈南嶺に点在しており、第二群は合衆国中央地帯に、第三群は合衆国南部および南東部に現れている。活格言語の代表言語は南米にも立証されるが、そこでこれに算入すべきは、多数のトゥピ・（グ）ワラニ語族の構成員（トゥピナンバないしは「古トゥピ」、（グ）ワラニ、シリオノ、カマユラ、アウェティ、他）の言語である。文献に見受けられる断片情報から判断して、いくつかの他の諸地域（フィリピン[13]、一部はオーストラリア）でもこの類型に近い個々の言語の存在は排除できない。今日では死語となってしまっている近西アジアの古代文字言語の中で活格言語に非常に近いのは、早期のエラム語――いわゆる古代エラム語――の構造である[14]。同様の状態は、アナトリアのヒッタイト語を特徴づけた可能性もある。この類型は、基本的には合衆国の五大湖の東部および南東部に位置するイロクォイ・カッド諸語にも、著しく主格構造要素を組合せた形で現れている。

---

[12] *Meinhof S.* Grundezüge einer vergleichenden Grammatik der Bantusprachen. Hamburg, 1948, S. 22.

[13] *Constantino E.* The sentence patterns of twenty six Philippine languages. — Lingua, 1965, v. 15, N 1, p. 79, 85–86; *Forster J., Barnard M.L.* A classification of Dibabawon active verbs. — Lingua, 1968, v. 20, N 3, p. 265.

[14] 16*Дунаевская И.М.* О работе А. Камменхубер «Хеттский язык». — В кн.: Древние языки Малой Азии. М., 1980, с. 14–15.

第 2 章　内容類型学的言語分類の問題　　*101*

　現代の世界の言語地図にとりわけ広範囲に現れるのは、能格組織体系ないしは主格組織体系の点で一貫した図式で記述することを必要とする諸言語の拡大地域である。多数の言語は、主格性と能格性の諸特徴を様々な割合で併せもっている。

　ヨーロッパ大陸に現れる諸言語の中で能格言語に数え入れるべきは、バスク語、アブハズ・アディゲ諸語、およびナフ・ダゲスタン諸語である（最初と最後の言語には、主格性に向けての一定の逸脱が見られる）。エトルリア語の能格性特徴に関する仮説が存在する[15]。近西アジアの古代語のいくつか——フルリ・ウラルトゥ諸語、シュメール語——は、恐らくは、能格ないしは活格言語を基礎としていたであろう（死語の的確な類型学的特徴づけが難しいことは、これの原文資料が限られていること、実験遂行不能であること、によって説明される）。中央アジアの能格性拡大分布圏には、起源的に孤立したブルシャスキ語（主格的要素を伴う）、また同じくシナ・チベット諸語のチベット・ビルマ語派の多数の代表言語を入れることができる（本来のチベット語には強い主格的要素が明白で、死語のタングート語では主格的要素の優勢性さえ推定できる）。大多数のパプア諸語およびオーストラリア諸語は、恐らく、能格性をその基礎としていよう。チュクチ・カムチャツカ諸語でも（イテリメン語を除いて[16]）、能格構造が輪郭特徴を顕している。エスキモー・アリュート諸語では、優勢的な能格的要素が主格的ないしは活格的要素を併せもっている（ここでの従たる類型的要素の的確な認定が不確かであるのは、これら諸言語の記述の基本方針が一定しないからである）。最も頻繁に一貫した能格言語と認定されるのはニウエ語だけであるが、ポリネシア諸語の一部は基本的には能格言語と認定されている。少なからざる能格言語がアメリカに記録されている。北米諸語の中で普通、能格言語に数えら

---

[15] *Гордезиани Р.В.* К вопросу об эргативе в этрусском языке. — В кн.: Арнольд Степановичу Чикобава (цборник, посвященный 80-летию со дня рождения). Тбилиси, 1979, с. 62–67 (на груз. яз.); ejusdem. Этрусский и картвельский. Тбилиси, 1980, с. 32–40 (на груз. яз.)

[16] See: *Володин В.П.* К вопросу об эргативной конструкции предложения (на материале ительменского яызка). — ВЯ, 1974, № 1, с. 14–22

れるのはチヌーク・ツィムシアン語族とアルゴンキン・リトワ語族、中米諸語ではユート・アステックおよびマヤ・キチェ語族（この両者には主格性の特徴も目立つ）の言語である。南米での能格言語はタカナ・パノ諸語の多数の代表言語である[17]。

最後に、現代語の最大多数は主格型類型の代表言語に属する。その代表言語に属するのは、印欧諸語（以前は度々その構造が主格・能格混合構造と見なされていたインド・イラン諸語の一部は、新しい資料に照らして見れば、その基本は主格言語と認定すべきである）、アフロ・アジア諸語（セム・ハム、クシト、チャド、他の諸言語[18]）、ドラヴィダ諸語、ウラル諸語、チュルク諸語、モンゴル諸語、ツングース・満州諸語、日本語、朝鮮語、多数のシナ・チベット諸語（中国語を含む）、タイ諸語、ミャオ・ヤオ諸語、多数のオーストロ・アジア諸語、ニューギニアのパプア諸語の一部、恐らくはいくつかの北米諸語（例えばセイリッシュ、フパの諸言語）、また南米のケチュマラ語族である。また同じく主格言語と考えられるものには、オーストラリア諸語の一語族パマ・ニュンガの代表諸言語若干があり、それらの一つはウェルスリ島とカーペンター湾の隣接沿岸地帯に、もう一つはオーストラリアの北西部に位置する（これらの内前者は時に遠い同系関係にあるそれ以外のオーストラリア諸語と認定されるのに対して、後者は起源的にはオーストラリアの隣接の能格諸言語にかなり近い）[19]。カルトヴェリ諸語、エニセイ諸語、そして恐らくはいくつかの北米諸語は、著しく活格構造の特徴をもつ主格言語に算入すべきである。

---

[17] Cf.: *Shell O.* Cashibo, II: Grammatic analysis of transitive and intransitive verb patterns. IJAL, 1957, v. 23, N 3, p. 179–218; Idem. Signaling of transitive and intransitive in Chacobo (Pano). IJAL, 1962, v. 28, N 2, p. 108–118

[18] 古代エジプト語やその他一連のアフロ・アジア諸語には、活格的要素も見受けられる。cf. *Коростовцев М.А.* Категория переходности непереходности глаголов в египетском языке. — Вестн. древ. истории, 1968, № 4

[19] Cf.: *Hale K.* The passive and ergative in language change: the Australian case. — In: Pacific linguistic studies in honour of Arthur Capell, Canberra, 1974, p. 757.

内容類型学の範囲内に仮定される個々の言語諸類型の構造的特徴づけに移る前に、諸類型の構造組成と意味的原理について簡単に触れておく必要がある。語彙構造のレヴェルにおいてここで関与的であるのは、名詞語彙と動詞語彙のいくつかの一般的および個別的構造化原理である。この場合、一般的原理に属するのは、輪郭特徴（プロファイル）を象る（したがって、それに特徴的な統語的、形態的、そして必ず形態音素的な射影を引き起こす）名詞と動詞の分類法、品詞目録の特徴（cf. 例えば、形容詞や分詞が普遍性をもたないこと）であり、個別的原理に属するのは、品詞に属する語類（cf. 所有代名詞、再帰代名詞、その他いくつかの代名詞、所有動詞、等が普遍性をもたないこと）の様々な特徴である。統語構造の分野で言語類型の診断的差異が現れるのは、その類型に機能する構文の特徴や補語のような二次成分の構成においてである。形態の分野でこれらの差異が現れるのは、動詞活用中にある人称指標や名詞曲用中にある位置格（позиционные падежи, positional cases ── [訳者] カツネリソンの用語で、主体格や直接客体格の類の基軸格 основные [basic], первичные [primary] падежи [cases] のこと）の機能においてである。さらに続く特徴づけとしては、言語類型の形態音素論的（morphonological）な特徴がある。それら諸特徴の組合せは、実際上その構成要素の面では違いがなくすべての類型に繰り返されるのであって、その組合わせは各類型毎にその基本的な内容的動因子を反映するという課題に従う、という点だけが異なるにすぎない。

　形態的特徴は、最近のいくつかの研究で広く一般化している形態の表層的な性格という論点に関連して軽視されるが、これを言語類型の束に含めることについては簡単な解説が必要である。こうした、形態の証例軽視は、実は言語の体系的構造化という現代言語学の基本テーゼに矛盾する。ブルィギナは当然のことながら、多数の言語に、あるいはまた──それが体系的な性格を見せる場合は──一言語に、反復される表層的な形態的類似性は、偶然の類似性として無視してはならない、という見解に同調して、次のように強調している：「表層性がより高い（つまり音への定立度が高い）言表の方が、例えば意味的あるいは統語的描出に比べて"具体"性が高いという

のは、より表層的な言表の方が発話の外面からの離反（"抽象"）度が小さい、という意味においてだけである。ところが、この言表の方がより"深層的な"（意味に定立した）描出に比べて"抽象"度が高いのである。この言表の方が意味をより高い程度で捨象しているからである。したがって、例えば、"対格"（あるいは"対格性"[accusativeness]）、"過去時制"（"過去性"[preteritness]）、"複数"（"複数性"[plurality]）のような概念は、"行為を受ける客体"（あるいは"被行為主"[Patiens]）、"発話時以前"あるいはまた"分割多数性"・・・の概念に比べてはるかに抽象度が高いのである。形態の"表層性"の認定は、形態的単位と本来の意味的単位との関連性の極めて間接的な性格という理解だけを反映したものである・・・」[20]。勿論、言語の統語構造の的確な理解のためには、形態資料だけでは不十分であるかもしれない（このことは内容類型学的研究の見地だけからして真であるというのではない）。しかしながら、形態手段の表層的な性格を引き合いに出す皮相な論究が見受けられるにもかかわらず、言語状態の特徴を内容類型学的に余す所なく特徴づけるために形態の証例が重い意味をもつこと、またそれ以上に、それを考慮する必要があることについては、実際が証明している。

　言語類型を構成する構造的諸特徴を内容面から特徴づけることによって、言語類型の内的動因子（внутренний стимул, inner stimulus）——意味的決定因子（семантическая детерминанта, semantic determinant）——の特徴を判定することができる。正に言語類型の意味的原理こそ、言語構造の様々なレヴェル上にその原理の特徴的な投影の存在を規定するものである。

　上述の諸特徴の大部分は、関係文法の分野の西欧の文献でコード化特性（coding properties）として知られる諸特徴の総和を構成し、それに対置していわゆるコントロール特性（control properties）の諸特徴が示される。言語類型のコード化手法を構成する諸要素の一定の内的階層性を示す原則がある。この場合、ここで構造的支配要素の役割を以て任ずるのは、その類型に特徴的な、語彙の構造化原理である。少なくとも最も研究が進んだ言語類

---

[20] Булыгина Т.В. Проблемы теории морфологических моделей, М., 1977, с. 26.

型——主格型、能格型、活格型類型——の研究の実際は、そうした主導的役割を担うのはこれら諸類型に機能する動詞語の語彙化原理である、ことを証明している。例えば、この種の観察は、恐らく 1930 年代の初めのビホフスカヤ（С.Л. Быховская）が最初であろうが、彼女は、能格構造の代表言語の事実を基礎として、文の統語法と文成分の形態形成の類型的特徴が動詞述語の性質に規定されるという考えに傾いて行った[21]。能格諸言語の文構造における動詞語彙素の規定的役割という、その後のソヴィエトの諸研究にとっても特徴的なテーゼを、チコバヴァ（А.С. Чикобава）は次のように定式化している：「能格構文において特有なのは、真の主体の格（印欧諸語の主格に代る能格）、真の直近客体の格（対格に代る主格）である。名詞形の特性には、他動詞の特性が現れる。したがって、能格構文の問題は、結局は、それら諸言語の他動詞の問題に帰着する。能格構文論は他動詞論であり、他動詞の特徴の理論である。能格の本質の解釈は、他動詞の性質のあれこれの理解に結び付くはずである」[22]。以上に劣らずはっきりと動詞述語の語彙的性質と構文と文成分の然るべき形態形成の間の同様の構造的依存関係が現れるのは、活格型類型の代表諸言語においてである[23]。上述のことは、言語学研究の中に能格型や活格型類型諸言語の諸事実をより広く組み込んだことで、正に「動詞の性質こそが残余の文成分の性格を規定する。何故なら、動詞の性質は、如何なる名詞が動詞に付随し、これらの名詞の動詞に対する関係は

---

[21] See: *Быховская С.Л.* К вопросу о трансформации языка. — Докл. АН СССР. Сер. В., 1931, № 1, с. 6; *ejusdem.* «Пассивная» конструкция в яфетических языках. — В кн.: Языки и мышление, вып. II. Л., 1934, с. 70–72; *Бокарев А.А.* О «пассивном» характере аварского переходного глагола. Канд. дис. (рукопись). Л., 1934, с. 41–42.

[22] *Чикобава А.С.* Проблема эргативной конструкции в иберийско-кавказских языках (основные вопросы ее истории и описательного анализа). — В кн.: Эргативная конструкция предложения в языках различных типов. Л., 1967, с. 12; cf. quoque.: Nichols J. Verbal semantics and sentence construction. BLS, 1975, 1

[23] *Климов Г.А.* Типология языков активного строя. 1977, с. 80-130. Изд. 2. М. Книжсый дом «ЛИБРОКОМ»/URSS, 2009 — [訳者] クリモフ著（拙訳）「新しい言語類型学——活格構造言語とは何か」、三省堂、1999, p. 65, 107.

如何なるものか、またこれらの名詞の類型は如何なるものか、を規定するからである」[24]、という、すでに久しく主格諸言語の経験的事実に基づいて吟味されて来たいわゆる動詞中心的文構造説が一層強化された、という意味でのみ理解する必要がある。言語の様々な構造レヴェル間の階層的依存関係性の同じ様の傾向が内容類型学構想の範囲内で析出できる他の言語諸類型をも特徴づけることは、明らかである。ところが、特に動詞の語彙化原理の研究が今日に至るも実質的に未完の類別諸言語の研究においては、相変らずその文法構造にとっての名詞の語彙化原理（独特の名詞分類法）の基幹的有意義性が強調されている。

　本書で検討対象としている各言語諸類型の弁別特徴の束は、各類型に相関する諸言語の、主体・客体関係の表現面での基本的構造特徴だけを示すにすぎない。この束はこの他の多数の内容表現面（cf. 定性～不定性関係、空間関係、他）に関するものではないが、全てのことから判断して、実はこの束は決して以前に予期したほど小規模ではなく、今後さらに更に広く諸特徴を収集していけば恐らくその束は拡大して行くことになろう。したがって、サピアの言葉を借りるならば、構想中の「分類は、各言語の精神、手法、錯雑程度の、最も根本的かつ一般化された特徴にだけ関るものにすぎない。しかも、多数のケースにおいて、我々が同一の種類に入れる言語がこの分類図式に想定されていないような多くの細部や構造上の諸特徴の点でも独特の並行関係を示すという、すこぶる示唆に富んだ注目に値する事実を観察することができる」[25]。

　言語類型の諸特徴の第二群を構成するのは、類型のいわゆるコントロール特性（control properties）であり、それは類型に実現される変形諸規則の総体として現れる。その内研究の実際において最も広く知られるのは、同一名詞句削除（equi NP deletion）、主語「繰り上げ」（subject-rasing）、再帰

---

[24] *Москальская О.П.* Проблемы семантического моделирования в синтаксисе. — ВЯ, 1973, № 6, c. 37.
[25] *Sapir* Э. Op. cit., c. 112–113. — [訳者] 泉井訳, 同, p. 140; 安藤訳, p. 243, 246.

代名詞化（reflexivization）、他若干の統語テストである[26]。すでにこれらの判定から明らかなように、これらの直接的な任務は、言語のコード化特性の証例が何らかの理由で不完全である場合あるいは両義的である場合に類型学的結論を検証することである。このようなアプローチの例証は、例えばダゲスタン諸語の類型に関するキブリクの諸研究に見られる[27]。

　同時に、内容類型学的研究の実際には、特にコントロール・テストに照準を絞る一方で明らかにコード化諸特性の証例を軽視する場合も見受けられ、その結果、例えば、あれこれの言語の能格性程度を検討する場合に、それの軽視のために、周知の如く決して形態レヴェルの証拠だけでは確定されない、その言語の能格構文と絶対構文の機能事実が、時に陰に隠れてしまうことがある。ディクソンは当然のことながら、この点に関連して次のように書く：「チャン（S. Chung）は、ほとんど、その主語は補語節の主語に一致させなければならない少数の動詞——"can"、"begin"、"must"——を基礎として、これらの動詞にだけ適用可能な『繰り上げ規則』を発動し、ポリネシア諸語の対格的（すなわち、主格的——クリモフ）統語法を論証する・・・。これはポリネシア諸語の統語法を類型学的に特徴づけるには不十分な基準である」[28]。同時に、実際上上記テストのいくつかは類型学的結論にとって非関与的であることさえ専門書においてすでに再三指摘されているのであるから、そのテストの適用手法そのものは、これは今後もっと完全化していく必要があると思われる。例えば、トンガ語と英語の主語「繰り上げ」証例の対応関係に関する St. アンダーソンの主張を批判して、ヴァリンは次のように指摘する：「再帰代名詞化に帰結するアンダーソンの論拠は、正に同じよ

---

[26] See: *Keenan E.L.* The functional principle: generalizing the notion of subject of. — Papers from the Tenth Regional Meeting. Chicago Linguistic Society. Chicago, 1974; Idem. Towards a universal definition of «subject». — In: Subject and Topic. London, 1976.

[27] *Кибрик А.Е.* Материалы к типологии эргативности. — В кн.: Проблемная группа по экспериментальной и прикладной лингвистике. Предварительные публикации. вып. 126–130, М., 1979–1980.

[28] *Dixon R.M.W.* Ergativity. — Language, 1979, v. 55, N1, p. 116.

うな理由によって（ディクソンが解明した、主語『繰り上げ』テストの弱点について述べたもの——クリモフ）崩れる：世界の圧倒的多数の言語では、A（すなわち他動的行為の主体——クリモフ）が再帰代名詞化の、唯一専らのとは言わずとも、主たる検証指標であって、それは構文の生得的意味に負うものである。したがって、再帰構文は、言語が統語的に対格言語か能格言語かという問題に光を当てることにはならない」[29]。

考えられる中立構造の代表言語の内容類型学的研究が事実上全く未完であるため、同構造の仮定の確度そのものが、重大な疑念を招くのである。過去に本書の筆者がこれを特別の類型的組織として分離したのは、該当諸言語の諸特徴がここで採っている残余の言語類型の何れかの枠の中にも収まりそうにない、というほとんど専ら消極的な事情によるものであった。したがって、中立型の基準として恐らくは形態の欠如を推定すべきであったから（同類型を仮に例証する諸言語の現有の形式類型学的な記述では、それらは孤立型構造の代表言語として特徴づけられている）、現実の主体・客体関係は、ここでは主として語彙レヴェルの手段によって表現され得るであろうし、それは個々の言語に実際に認められる、動詞として機能する語彙素の意味的具体性（したがってまた、非常に確定的な指示的相関度）の極めて高い程度によって確保されるはずである。しかし、該当諸言語における動詞語彙と名詞語彙の構造化原理のような、内容類型学研究にとって基本的な問題が未解決であるため、現在のところ、これら諸言語の何がしかの特徴的な意味的動因子も見出せないし、まして、これら諸言語の、本書で検討中の残余の諸類型との何がしかの相関性も確認できない。

（下表中、[作因動詞〜叙実動詞] は原著の агентивные глаголы[agentive verbs]〜фактитивные глаголы[facti(ti)ve verbs] の訳語。以下では、時に応じて、能格動詞 [agent. v.]〜絶対動詞 [fact. v.] の訳語を用いる——訳者）

---

[29] Van Valin R.D. Grammatical relations in ergative languages (preprint, 1980), p. 9.

第1表

		類別型	活格型	能格型	主格型
語彙	名詞	多数事物類	活性類〜不活性類	∅	∅
語彙	動詞	(?)	活格動詞〜状態動詞	作因動詞〜叙実動詞（能格動詞〜絶対動詞）	他動詞〜自動詞
統語	構文	?	活格構文〜不活格構文	能格構文〜絶対構文	主格構文
統語	補語	?	近い補語〜遠い補語	「直接」補語〜「間接」補語	直接補語〜間接補語
形態	名詞曲用	∅	活格〜不活格	能格〜絶対格	主格〜対格
形態	動詞活用	多類別・人称接辞	活格系列〜不活格系列人称接辞	能格系列〜絶対格系列人称接辞	主体系列〜[客体]系列人称接辞

　現在までにもう少し明確になっているのは、類別構造の類型学的特徴である。すでに1931年マインホフは、内容に規定される名詞の類（クラス）をもった特別の言語類型の存在を仮定したけれども[30]、内容類型学的分類内でこの析出へ向けて実際に第一歩を踏み出したのはスカリチカであり、彼は、類別型の代表言語には、膠着構造の諸言語に共通した多数の形式特徴と並んで、他の膠着型諸言語には全く無縁の重要な現象が少なからず存在することを強調したのであった（なかんずく、常に研究者達の特別な注意を引きつけた、その文法構造に輪郭特徴[プロファイル]を象る名詞分類のことを述べている）。興味深いことは、このスカリチカは姿を見せていた言語類型の

---

[30] See: *Мейнхоф К.* Африканские языки с именными классами и их значение для истории языка. — В кн.: Африканское языкознание. М., 1963, с. 6

特徴が決して名詞分類に尽きる訳ではないことを、はっきりと見て取っていたことである[31]。しかしながら、何がしかの程度で類別組織を例証する、当時あまり知られていなかった言語資料の比較であること、また研究方法の完成度が明らかに不十分であったこと（何といっても形式に定位した視点と内容に定位した視点の分界が不分明であったこと）が、この組織の診断的特徴の輪郭を捉えようとする点でスカリチカやメッシャニーノフをして大きな困難に直面させたのであった。

例えば、メッシャニーノフは、一方では、同組織が自分の分類図式に現れる言語諸類型に明らかに一致しないことに気付いていた。ところが一方では、伝統の重みに押されて、同組織の検討に当って、それ以前に明らかになっていた組織の記述のメタ言語を使わざるを得なかった。メッシャニーノフがバントゥー諸語の文法構造を分析して特に強調したのは、次の点であった。これら諸言語には「未だ主語主格をもつ主格的文構造の明確な分離がないが、形式化そのものに能動的主語（активнное подлежащее, active subject）と受動的主語（пассивное под., passive sub.）の対立もない（絶対格に対立する能動格がない）。ところが、動詞形は自身と主体、客体との関係を表す上でそれほど厳密な区別を設けていない。主体・客体的な活用構造は存在するが、それと単純な主体活用構造との違いは、二系列の人称指標組織ではなく、類別指標を兼ね備えた一系列組織に帰するものである。動詞形には、他動詞の基本構造全体の本質的な変更なしに、該当の人称代名詞（接頭辞――クリモフ）と行為対象の類別指標が組込まれる。変化はこれら指標の組合せにのみ帰せられるのであって、それが行為の他動性と非他動性の程度を反映する。主語は・・・格変化を行わず、動詞自身がそれ自身の形式化に二種類の代名詞指標と類別指標を用いる（他動的意味と非他動的意味の動詞のことを述べている――クリモフ）」[32]。さらに、彼は、「我々が考えた原理に従って組立てた、バントゥー諸語の態（залог, voice）の区別の

---

[31] *Скаличка В.* О типологии языка банту. — Op. cit., с. 145–146
[32] *Мещанинов И.И.* Глагол. М.-Л., 1948, с. 148

構図は追跡できない」、と強調したのであった[33]。

ところが、後続のこれら諸言語の研究期全体がこれら諸言語の内容類型学的な特徴の理解のために与えたものは、極めて僅かであった。恐らく、この点で最も重要な観察は、現代バントゥー諸語の状態は類別組織の基準から目立って遠ざかりつつある（cf. 特に後述の動詞「客体」系列人称指標の諸例）ことが、かなり明確になった点に尽きるだろう。残念ながら、類別構造の代表言語の資料の類型化は、専門家による最近の総括的諸研究にさえ見受けられることはない[34]。

類別組織における名詞語彙と動詞語彙の構造化原理は、明らかな特徴をもつ（両語彙群は形態面でも互いに独立したものである：動詞が本来的な形態範疇の何がしかの組合せを具有するのに対して、名詞においては形態が語形成から分離していない）。実名詞（субстантив, substantive）の語彙全体が、ここでは内容に規定される一定多数群——普通に明白な性格の類（クラス）（cf. 例えば、人、動物、植物、長いもの、丸いもの、平らなもの、等の類；ここでの最も抽象的な名詞区分としてあり得るのは、恐らく有生性〜無生性特徴による二項区分）——に応じて区分される。明らかに、類別組織における名詞類別の物質的基礎「であったのは、実際的現実に存在する諸関係である。マインホフは、名詞の類別組織は取り囲む世界の諸事物の実際的分類を反映したものであって、文法的類別範疇に動機性があることは疑いない、ことを示したのであった」[35]。（当然のことながら、この類型種の具体的な代表諸言語で、名詞の類別原理には本質的に差異があり得る）。逆に、記述諸研究で「他動詞」と「自動詞」に分けて描かれる動詞語彙のここでの構造化手法に関して何らかのイメージを得るのは非常に難しい（特にこうした事態が起るのは、専門書において日常的に動詞語彙素とそれの具体的語形の

---

[33] Op. cit., c. 149

[34] Cf.: *Welmers Wm.E.* African language structures. London, 1973

[35] *Жуков А.А.* О некотрых грамматических категориях имени существительного в языках Банту. — Africana. Культура и языки народов Африки. VI. М.–Л., 1966, c. 151

概念の区別がないことが原因である)。類別組織における文類型の特徴が不分明であるのも、このことから生じる。ここで動詞形態の分野で注意を引くのは、二つの基本特徴である。第一に、動詞形態組織における類別・人称指標系列が物質的に単一系列でありながら、同時に主体・客体的相関性の観点からして機能的に未分化拡散的（диффузный, diffuse）な系列であることであり、この系列は活格、能格、主格組織の該当の諸系列によっては捉えられず、そのため、時に、主体・客体関係は動詞語形中でのこれらの系列の配列の性格によって伝達されることになる。Cf. 例えばスワヒリ語の以下のような物質的に単一系列の類別・人称指標（第二表参照、特に同表から、人称範疇内にさらに類別的下位分類が認められる他の類別組織とは違って、ここでは人称範疇がより一般的な類別範疇下に従属することを示している、と見るべきである)。第二に、類別諸言語にあって多数の動詞が非態的なディアテシス（相）の機能化を見せるが、そのディアテシスの意義は十分には明らかになっていないことである。注意を引くのは、経験に頼る諸研究において通常、態（voice）と認定される形態手段は、実際はその意味からして主格組織にあるような能動と受動の区別の域を大きく外れる、ことである：すなわち、一つは、ここでは態の概念に再帰性（refrexivity）範疇、相互性（reciprocality）範疇、各種のヴァージョン（相 версия, version）範疇が含まれること、二つは、動詞の能動形と受動形の区別が然るべき変形関係を示さない構造中に見出されること（cf. 三項「能動構文」の一方で二項「受動構文」)[36]、さらに三つは、意味的な自動詞に「受動」形の形成の可能性さえも指摘されること、である。名詞曲用は――恐らくそれは安定的な類別群による名詞語彙素の配置によって暗示されるのであろうが――欠落するため、類別組織にこれに固有の位置格の特徴を証する訳には行かない（筆者は、格範疇の理解において、言語に位置格が欠ける場合にはそこに格パラダイムの存在を認めない、という観点を持している[37]）。

---

[36] Cf.: *Громова Н.В.* Части речи в языках банту и принципы их разграничения. М., 1966, с. 89–91

[37] See: *Кацнельсон С.Д.* Типология языка и речевое мышление. Л., 1972, с. 46.

第 2 章　内容類型学的言語分類の問題　　*113*

第 2 表

類	接辞	類	接辞	類	接辞
1	1 人称　ni- 2 人称　u-(ku-)[38] 3 人称　a-(m-)	6	ya-	11	u-
2	1 人称　tu- 2 人称　m-(wa-) 3 人称　wa-	7	ki-	15	ku-
3	u-	8	vi-	16	pa-
4	i-	9	i-	17	ku-
5	li-	10	zi-	18	mu-

　活格構造の呼応諸特徴の組合せは、現在次のように現れる。

　語彙レヴェルでここに見られるのは、二つの特徴的な語彙の構造化原理である。第一には、名詞はことごとく二つの語彙群に区分される：すなわち、a) 人間、動物、植物を表す活性 активный, active（「有生」одушевлённый, animate）名詞類と、b) 残余の全ての指示対象（денотат, Denotat）を表す不活性 инактивный, inactive（「無生」неодушевлённый, inanimate）名詞類である。第二に、動詞語彙素も幾分類似した区分特徴を示す。動詞語彙における区別は、次のようである：a) 行為、運動、その他の生命的機能活動を表す活格動詞（активные глаголы, active verbs）類（cf. 例えば次のような意味の語彙素：「生む、生まれる」、「育つ、育てる」、「死ぬ」、「食べる」、「飲む」、「切る」、「折る、壊す」、「集める」、「走る」、「跳ぶ」、「(歩

Изд. 4. М., Книжный дом «ЛИБРОКОМ»/URSS, 2009.

[38] ku-, m-, wa-の「客体」指標を選択的に形成するケースが見られるのは、バントゥー諸語が厳密に一貫した類別構造の代表言語には属し得ないことによって説明される。この点に関しては、cf. *Топорова И.Н.* К типологии местоимений в языках банту. — В кн.: Морфонология и морфология классов слов в языках Африки. Имя. Местоимение. М., 1979, с. 216–223.

いて)行く」、「踊る」、「飛ぶ」、「歌う」、「叫ぶ」、「吠える」、「咬む、咬む癖がある」、他)と b) 性質、特質、状態、等を表す状態動詞（стативные гл., stative v.）類（cf. 次のような意味の語彙素：「横たわっている」、「掛っている」、「転がっている」、「突き出ている」、「(花が)咲いている」、「転がって行く」、「(音が)響く、鳴る」、「病む、痛い」、「揺れる」、「(風が)吹く」、「むず痒い」、「長い」、「暖かい」、「緑色だ」、他)。行為の他動性～非他動性（自動性）特徴は活格組織内では構造的に関与的な特徴ではないから、その代表諸言語では、主格構造組織の観点からすると「未分化拡散的な」(diffuse) 意味の、「死ぬ～殺す」、「燃える～燃やす」、「乾く～乾かす」、「横たわる～横たえて置く」、「目覚める～目覚めさせる」、「倒れる～倒す」、「(歩いて) 行く～(運んで) 行く」、「駆ける～駆り立てる」、「立ち上がる～立てる」、「這って行く～引きづり行く」、等のタイプの単一の動詞語彙素——これらは当然のことながら、活格動詞に属する——が頻繁に機能していることは、驚くに足らない（活格組織の動詞分類は能格諸言語の動詞分類に匹敵するというカール・シュミットの見解は、恐らく抽象的な動詞語彙素とそれの具体的語形という、類型学研究にとって原理的に重要な概念を彼が区別していないことに基づくものであろう[39]）。

活格動詞の大多数は「有生」動詞として、また状態動詞の大多数は「無生」動詞と解することができる点に注目するならば、活格組織の上述の名詞語彙素類と動詞語彙素類の間に存する類似性は、一層明確になるであろう。その名詞語類と動詞語類の間で相当高い確度で実現される一定の語彙的呼応性の事実も、以上の帰結である：すなわち、活格動詞述語は圧倒的多数の場合にその主語として活性類名詞を予定し、一方、状態動詞述語は主として不活性

---

[39] See: *Schmidt K.H.* Ergativkonstruktion und Aspect — В кн.: Езиковедски проучвания в чест на акад. В.И. Георгиев. София, 1980, c. 165. 論者が引くアディゲ語の形 щыт「彼が立っている（он стоит）」と щэты「彼が立ち通す（он простаивает）」は、単一の自動詞（より正確に言えば、叙実動詞 facti[ti]ve v.[能格言語に機能する絶対動詞——訳者] の静態 (static) 形と動態 (dynamic) 形であって、状態動詞ないしは活格動詞（ыщытын「立っている、立ち通す」）の形ではない。このことは、両者が惹起する構文が単一の絶対構文であることも証明している。

類名詞が表す主語と結合する（以下の記述では、この種の一貫した語彙的呼応性は期待する訳には行かなかったことが明らかになるであろう）。

　統語法のレヴェルにおいては、活格動詞はそれ特有の文類型を特徴とし、そこで主導的な地位を占めるのは活格構文（активная конструкция предложения, active sentence construction）と不活格構文（инактивная конструкция предложения, inactive sentence construction）の対立である（その内、前者を指定するのは活格動詞であり、後者を指定するのは状態動詞である）。同時に、上述の名詞の分類原理に注意を払うならば、両構文は次の面での一致（конгруэнтность, congruency）を示す：すなわち、活性類名詞が表す主語は活格動詞が伝達する述語と結合し、逆に、不活性類名詞が表す主語は普通、状態動詞が表す述語と結合する。構成上独特の、不随意的な行為・状態を表す動詞の語彙群によって構造化される情緒構文（аффективная конструкция предложения, affective sentence construction）も活格構造の特徴を構成するものと、と考えるべき根拠がある（同構文はひどく縮小した形ではいくつかの能格諸言語や主格諸言語にも見受けられるが、それら諸言語では同構文は構造的動機性をもたない）。この類型の代表諸言語における文成分目録の特徴は、いわゆる近い補語（ближайшее дополнение, the nearest complement）と遠い補語（дальнейшее дополнение, distant complement）の対立である。この内前者が活格動詞の下においてのみ可能であるのに対して、後者は状態動詞が表す述語の下でも現れる。アメリカ学研究者等の諸研究から考えられるように、文における抱合（incorporation）のような語の統語的結合法は何と言っても活格構造組織に相関するのであり、抱合の結合法の陰には、一つは活格動詞述語と近い補語との間に、もう一つは状態動詞述語と主語との間に、観察される緊密な統語的一体性の関係が存在するのである。経験的資料が実証するように、この現象は能格諸言語や主格諸言語の一部にも見られるけれども、そこではそれは極めて不徹底に行われており（cf. 例えば、この現象が任意の性格をもつチュクチ・カムチャツカ諸語の事実）、過去の遺物という印象を与える。この点に関して留意しておくべきは、「統語的任務が融合した

形式は能格諸言語で優勢的に、あるいはひょっとして専用的に、用いられるのかもしれない」というメッシャニーノフの見解は[40]、活格構造が未だ能格構造から類型学的に分離されていなかった時期のものであることである。

形態レヴェルで特に強調すべきは、活格性の次の二つの包含事象（импликация, implication）である。第一に、ここで挙げるべきは、二系列——活格系列と不活格系列——の動詞人称接辞の対立である。前者は活格動詞の主体の表現に用い、後者は状態動詞の主体と活格動詞に起り得る客体の表現に用いる（したがって、ここでは全体として活用がある意味で類別・人称的な性格を帯びる）。Cf., 例えば、次表の(グ)ワラニ語（トゥピ・(グ)ワラニ語族）における相異なる二系列の動詞人称接辞[41]。

第 3 表

人称	単数		複数	
	活格	不活格	活格	不活格
1	a-	še-	ja-, ro-	jane-, oro-
2	re-	ne-	pe-	pene-
3	o-	i-, ∅	o-	i-, ∅

第二に、稀に見受けられる二つの基軸格（位置格）——活格（активный падеж, avtive case）と不活格（инактивный падеж, inactive case）——の対立を指摘することができる。前者は活格動詞の下での主語を形成し、後者は状態動詞の下での主語を、また同じくそれ以外の名詞文成分を形成する。

---

[40] *Мещанинов И.И.* Эргативная конструкция в языках различных типов. Л., 1967, c. 31; cf. コムリーの近年の諸研究に見られる同様の定式化も：*Comrie D.* Ergativity. — In: Syntactic typology. Studies in the Phenomenology of Language. Sussex, 1978, p. 346.

[41] See: *Gregores E., Suárez J.A.* Description of colloquial Guarani. The Hague–Paris, 1967, p. 131–132.

ただし、付言しておくべきは、この対立は機能的に類似した二系列の動詞人称指標の対立の弱化に対するある種の代償措置である可能性である（各種類型諸言語における動詞型、混合型、名詞型構文の通時的相関性については原著 p. 176 [本訳書 p. 218–219]）。

活格構造の形態構造のいくつかの別の特徴も注意を引く。例えば、その中で最も特徴的なものの一つは、活格動詞が遠心相（центробежная версия, centrifugal version）と非遠心相（нецентробежная версия, noncentrifugal version）を対置する非態的なディアテシスを有することである（遠心相の形は行為が行為の担い手の範囲を越えて広がり行くことを、非遠心相の形は逆に行為が行為の担い手の中に閉じこもることを表す）。もう一つの特徴は、ここに名詞に所有（物主）性形態範疇が機能することであり、それは有機的所有（非分離所有）органическая принадлежность, organic possession（неотчуждаемая принадлежность, inalieble possession）と非有機的所有（分離所有）неорганическая принадлежность, inorganic possession（отчуждаемая принадлежность, alienable possession）の形を区別する、という点に尽きる：この特徴は、活格型類型に非常に特徴的な有生、無生範疇の対立の多様な現象化の一つである（周知の如く、二種類の所有性の区別は活性類名詞にのみ可能である）。さらにもう一つの形態特徴は、動作態（способ действия, Aktionsart）範疇が時制（время, tense）の形態範疇の地位に完全に取って代る動詞語形変化に関するものである。

以上の活格構造の特徴は、カマユラ語（南米トゥピ・（グ）ワラニ語族）の文によって例証できる：1) wararawijawa moja o-uʔu「犬が・蛇を・咬んだ」、2) wəra o-wewe「鳥が・飛ぶ」、3) ita i-powəj「石が・重い」、4) i-ʔajura i-haku「彼の・首が・長い」[42]。初めの二つの文に現れる活格構文は、活格動詞「咬む」と「飛ぶ」によって指定されたものである。両者の場合とも、動詞語形は3人称活格系列接辞 o- を含む。第一文には近い補語「蛇」がある。

---

[42] See: *Seki L.* O Kamaiurá: língua de estrutura ativa. — Língua e literatura, 1976, A. 5, Sao Paulo, p. 217–227, N 5.

後の二つの不活格構文は、そこに状態動詞述語「重い」と「長い」があることによる。動詞の語形には3人称不活格系列指標 i- が現れている。第四文では、「首」という主語が有機的所有の所有形を有している[43]。

　各レヴェルの構造的呼応諸特徴の異なった組合せは、能格構造組織に現れる。

　能格組織には、それ特有の語彙の構造化原理がある。ここでは実名詞は類型的に意味をもつ類（クラス）の区別は行われていない。たとえて言えば、ここでは名詞は（主格諸言語における場と同じく）、主体と客体という二類の純粋に場による名詞区分である。これらの言語のいくつか（cf. 例えば、大多数のナフ・ダゲスタン諸語、ブルシャスキ語、いくつかのオーストラリア諸語、一部の北米諸語の状況）に見受けられる安定した名詞分類は、実は多少とも形式化してしまっている、すなわち、明確な意味基盤をもたず、それら名詞の、他のいくつかの文成分との一致（согласование, agreement）の性格を決定し得るにすぎない。逆に、動詞語彙素は、輪郭特徴（プロファイル）を象る次の二グループにはっきりと分れる：a) 主体から客体へ広がり及んで客体を改変させる行為を表す作因動詞（агентивные глаголы, agentive verbs[以下では、必要な場合以外はこれに「能格動詞」という用語を充てる——訳者]）類（cf.「折る、砕く」、「切る」、「摘み取る、もぎ取る」、「殺す」、「切る、伐採する」、「乾かす」、「捕まえる、捕獲する」、「耕す」、「掘る」、「播種する」、「焚く」、他の意味の動詞、b) 主体の状態ないしは主体の、客体に対する影響作用が表面的なことを表す叙実動詞（фактитивные гл., facti[ti]ve v. [以下では、必要な場合以外はこれに「絶対動詞」という用語を充てる——訳者]）（cf.「育つ、生えている」、「（歩いて）行く」、「横たわっている」、「走る」、「くしゃみをする」、「（泣き）叫ぶ」、「歌う」、「踊る」、「押す、突く」、「打つ、叩く」、「つねる」、「引っ掻く」、「咬みつく」、「接吻する」、「引っ張る」、「待つ」、「頼む」、「追いつく」、「罵る」、「呼ぶ」、他の意味の動詞）。

---

[43] 活格型類型の構造については see: *Климов Г.А.* К характеристике языков активного строя. — ВЯ, 1972, № 4; ejusdem. Типология языков активного строя. — [訳者] クリモフ著、同、三省堂、p. 96, 102 他。

第 2 章　内容類型学的言語分類の問題　　119

　伝統的な能格理論においては、両動詞語彙素類に対して普通、他動詞と自動詞という不正確な資格付けが与えられている（筆者も、過去において伝統に圧せられるままに同様の用語法を用いて来た[44]）。ところが、現在までの類型学研究の実際には、能格諸言語の輪郭特徴（プロファイル）を象る動詞語の構造化（語彙化）原理が他動性〜自動性特徴による対立であるとする理解の妥当性について重大な疑念を引き起す相当量の論拠集合が蓄積して来ており、またそれらの論拠は恐らくは、この原理の通常の特徴規定は、類型学が未だになお能格構造組織を主格構造の諸範疇のプリズムを通して眺めるという傾向を克服し切っていないことを反映する証拠であろう。能格組織における動詞の語彙化原理に関する問題の解決に向けた伝統的なアプローチの直接的な結果として現れて来るのが、他動詞述語と自動詞述語の対立に起因する様々な構造諸特徴を示すいくつかの主格言語が一定の能格性特徴をもつと結論づける多数の誤解である。例えば、英語の他動詞述語文（Columbus discovered America）と自動詞述語文（The dog barks）の名詞句変形（The discovery of America by Columbus と The barking of the dog）では、変形文の主体がそれぞれ by と of で表されるが、時としてこの変形構造の違いに英語における能格性の発現があると見なされる。しかし、こうした違いは能格構造の代表諸言語に知られている訳ではなく、能格性原理に何の根拠もないばかりか、逆に、主格組織内の他動詞文と自動詞文を特徴づける構造的差異に首尾よく収まるものである。

　一方、能格諸言語において多数の意味的に他動的な動詞と非他動的な動詞が主格構造組織に比べて本質的に異なる振る舞い方をすることは、正に伝統的に形成されて来た認識を克服する立場に立ってこそ説明することができる。経験的資料に基づいて容易に提示することができるが、意味的な他動詞、自動詞と、構造的「他動詞」、「自動詞」類（すなわち異なる統語的ポテンシャルと異なる形態構造を有する動詞類）との不一致は、これら諸言語で

---

[44] Cf.: *Климов Г.А.* Очерк общей теории эргативности. М., 1973. ただし、両類が幾分特殊な内容をもつという感触は常に筆者の中にあった (see: op. cit., c. 68-69). Изд. 2. М.: Книжный дом «ЛИБРОКОМ»/URSS, 2009.

は、主格型類型の代表諸言語に観察できる以上にはるかに明確な形で現れるのである。こうした不一致は、多数の諸関係に姿を顕している。

周知の如く、第一に、多数の意味的な他動詞が、ここでは実は構造的な他動詞類ではなく、可変動詞 лабильные глаголы, labile verbs（別の用語では、拡散動詞 диффузные гл., diffuse v.、他動・自動詞 транзитивно-интранзитивные гл., transitive-intransitive v.）、情緒動詞 аффективные гл., affective v.（より正確には、不随意行為・状態の動詞 гл. непроизвольного дейчствия и состоягия, verbs of involuntary actions and states）、そしてまた時に、所有動詞 посессивные гл., possessive v.、という独特の動詞類に含まれる。そこで、例えば、ここに挙げた動詞類は全て、配分程度に差はあれ、アブハズ・アディゲ諸語やナフ・ダゲスタン諸語に現れている。とりわけ、アディゲ諸語においては、著しく古語である語彙素は勿論のこと、多数の派生的な語彙素も可変動詞類に属している（語形成接頭辞 yы- をもつ少なからざる動詞は、他動性〜自動性特徴の点で中立的であり、能格構文も絶対構文も同様に指定する[45]）。この動詞類に関しては、興味深いことに、すでに А. ボカリョフが、「主体と客体の区分が不明確であるのは、このような状態（アヴァール語のさらに古期の状態のこと——クリモフ）の必然的な特質に違いない」[46]、と書いている。

第二に、こうした点でさらに象徴的と思われることは、量的な面で差異を見せる意味的な他動詞のグループ（稀ならず構成的に極めて多数である）が、能格構造の代表諸言語においてはむしろ自動詞と解されていることであり、これらの動詞の統語的ポテンシャルも形態構造もこのことを見事に証明している。なかんずく、このグループの一つは「打つ」、「叩く」、「突く」、「つかむ」、「引っ張る」、「つねる」、「引っ掻く」、「咬みつく」、「接吻する」、「なめ

---

[45] Cf. *Кумахов М.А.* Морфология адыгских языков. Синхронно-диахронная характеристика. 1, М. –Нальчик, 1964, с. 158

[46] *Бокарев А.А.* Синтаксис аварского языка. М.–Л., 1949, с. 49. この定式化は「言語的思考（речевое мышкение）のレヴェルにおいて」という説明を補う必要があると思われる。

る」の意味の語彙素、もう一つは「頼む」、「待つ」、「呼ぶ」、「追いつく」、「見送る」、「罵る」の意味の語彙素である。それと同時に、ここでは通常、その構造的解釈からすれば他動詞を思わせるような意味的自動詞も若干見受けられる（cf. これらの動詞によって、いわゆる能格式構文 эргативообразная конструкция предложения [ergative-style sentence construction] が指定されること）。これら両グループの動詞は、特にアブハズ・アディゲ諸語やナフ・ダゲスタン諸語に記録されている。例えば、カバルダ語で次のような動詞が絶対動詞（facti[ti]ve v.）に属している：一つは「打つ」、「叩く」、「突く」、「つかむ」、「角で突く」、「引っ張る」、「触れる」、「（襟首を）つかむ」、「つねる」、「触って調べる」、「しきりに引っ張る、むしる」、「なめる」、「吸う」、「接吻する」、「（においを）かぐ」、「（痒いところを）掻く」、「引っ掻く」、「削る」、「咬みつく」、「かじる」、「掘り下げる」、他の動詞であり、もう一つは「頼む」、「問う、尋ねる」、「非難する、叱責する」、「罵る」、「呪う」、「侮辱する、怒らせる」、「嫉妬する」、「悲しませる」、「裏切る」、「盗む」、「聴く」、「訪ねる」、「呼ぶ」、「凌ぐ」、「（病いを）まじないで治す」、「待つ」、他の動詞である（cf. 主語を絶対格形に、「直接」補語を能格形におく次の構文：ар абы йодзакъэ「彼が・彼に・咬みつく」あるいは ар абы йеджы「彼が・彼を・呼ぶ」）。逆に、文に「直接」補語がないのに主語を能格形におくことを特徴とする能格式構文を指定するのは、хитхьэлыхьым「沈む」、къэжыхьым「走る」、къэкIухьын「歩く」（後の二つの動詞は能格構文もつくることができる）、他のような動詞である[47]。ツァフル語では、ыIхаIс

---

[47] Cf. Шагиров А.К. Сравнительная характеристика системы склонения в адыгских языках. — В кн.: Вопросы изучения иберийско-кавказских языков. М., 1961, с. 52 — [訳者] cf. 能格式構文とは、形態的形式化の面で表面上能格構文に近いが、厳密には能格構文ではなく絶対構文。上のツァフル語、レズギン語等の例の他、例えば、基本的にはすでに主格構造への再編を示すが、能格段階と活格段階を残すとされるグルジア語：(1)「母が (erg)・泣いた」、「赤子が (erg)・這い回った」のように、自動詞述語に能格主語をもつ二項文；(2)「ゴールキーパーが (erg)・ボールに (dat)・追いついた (自動詞 [絶対動詞])」のように、主語は能格だが、補語は主格（絶対格）でなく斜格の一（ここでは与格）をとるような三項文。これは能格構文の規範（能格主語＋主格 [絶対格] 補語＋能格動詞）に合致していない。すなわち、形態上主語は能格

「打つ」、ацIакIванас「咬みつく」、уба гъас「接吻する」、акьарас「追いつく」、他、のような意味的な他動詞が絶対動詞（facti[ti]ve v.）に属している。これらの動詞の機能についてのイメージを与えてくれるのは、ツァフル語のдак дух-аилхъа а̄ркъырна「父が・息子に・追いついた」のフレーズであるが、ここでは、絶対格形の主語に対して客体名詞は向格（allative）で登場している。一方、cf. レズギン語の多数の絶対動詞（facti[ti]ve v.）の下での能格式構文：ада хкадарна「彼が・跳んだ」、ада зверна「彼が・走った」、ада чукурна「彼が・疾走した」（主語は能格形）。

　上に指摘した二点の事情によって、能格諸言語における能格動詞（agentive v.）類は、主格構造諸言語の他動詞類と比べるとはるかに小規模である。

　最後の点として、第三に、能格型類型の代表諸言語で注意を引くのは、他動詞から作られる使役動詞（каузативные гл., causative v.）の側からの名詞支配の一つの特徴である。その特徴は、使役対象の名詞が原則としてこれら諸言語では、主格言語に普通あるような「直接補語」の地位を占めず間接補語の地位を占める、という点に帰結するものである：アディゲ語лыжъы-м кIалэ-м чэмы-р регъащэ「老人が・若者を（逐語的には、若者に）・牛を・連れてこさせる」、アヴァール語ди-ца дос-да тIехъ цIализабуна「私が・彼を（逐語的には、彼に対して）・本を・読ませた」、ラック語бутт-ал арсна-хъ ччат ласун бунни「父が・息子を（逐語的には、息子に）・パンを・持ってこさせた」（能格諸言語ではどうやら使役 causative の意味は普通、許可・許容 permissive の意味から分化していないことにも留意しておく必要がある）。

　能格組織と主格組織における動詞の語彙化原理の一定の違いには、実質上類型学研究の初動段階ですでに気づいていた点は、強調しておく必要がある。このことを確認するには、すでに 19 世紀の中葉に定式化されていた、能格諸言語における「他動」詞の受動性説を引き合いに出せば十分である（cf. とりわけ、1860 年代にウスラル [П.К. Услар] が検討した同説の古典的

であるが、能格構文ではない（能格主語＋与格補語＋絶対動詞）。歴史的には活格構造から能格構造への再編過程で現れた過渡的な構文と思われる→ cf. *Климов Г.А.* Очерк общей теории эргативности. с. 51–52.

タイプ)。

　能格諸言語の輪郭特徴(プロファイル)を象る二つの動詞類を表すのに「他動詞」と「自動詞」という用語を使うことが不正確であることも、多くの言語学者の諸研究に再三指摘されてきた。すでに 1930 年代の初めに、デュメジル(G. Dumézil)は、カフカース諸語の他動詞を印欧諸語のそれと同列におくことは難しいのであって、「他動詞」«transitif»と「自動詞」«intransitif»という用語の使用は仮のものである、と述べたのであった[48]。この伝統は、デュメジルのカフカース学派内であれ[49] その学派外であれ、現代フランスの能格性問題関連文献にも継承されている。したがって、例えば、ラフォンはバスク語動詞の語彙化原理に関する研究の一つで次のように書いたのであった:「バスク語動詞は、能動格(能格——クリモフ)形の名詞を伴い得るか否かによって、あるいはまた——これら二つの点は互いに関連するが——それら動詞が組込み得る人称指標の数と形次第で、二類に分れる。望むならば、それら動詞はそれぞれ他動詞と自動詞と呼ぶことはできよう。しかしながら、これら二つの語は、例えばラテン語やフランス語あるいはスペイン語においてそれらがもつ意味とは極めて異なった意味をともつだろうから、明らかに、それらは第 1 類動詞と第 2 類動詞と呼ぶ方がよかろう」[50]。パリ(C. Paris)は、アディゲ語に関する研究において、先にデュメジルの諸労作で検討された動詞の分類原理に従っている。チェーホヴァは、トンガ語文法において他動詞と自動詞の概念を用いると、そこに能格性メカニズムが働くことを的確に記述できないことを示し(このため、彼女は別の

---

[48] *Dumézil G.* Études comparatives sur les langues caucasiennes du Nord-Ouest (Morphologie). Paris, 1932, p. 49, 156

[49] *Dumézil G.* Le verbe oubykh. Études descriptives et comparatives. — Mémoires de l'Académie des inscriptions et belles lettres. NS1, Paris, 1975; *Paris C.* Indices personelles intra-verbaux et syntaxe de la phrase minimale dans les langues de Caucase du Nord-Ouest. — BSLP, 1969, T. 64, fasc. 1; *Tchekhoff C.* Aux fondements de la syntaxe: l'ergatif, Paris, 1978

[50] *Lafon R.I.* L'expression de l'auteur de l'action en basque. — BSLP, 1960, t. 55, fasc. 1, p. 189

研究では、いわゆる分離能格性の特徴をもつ言語を扱った諸節においてのみこれら二つの概念を用いる)、また後には、能格性を、動詞語彙に他動性〜自動性の対立を欠く組織という特徴づけを与えている[51]。アヴァール語文法において同様の立場を持しているのは、シャラシゼ (G. Charachidzé) である[52]。

最後に、能格諸言語の記述に際して他動詞と自動詞という概念を条件的にのみ使うフランスの研究者について言うならば、マルティネの名を挙げない訳には行かない。彼は、これら諸言語での態範疇の区別の不在は、ここでは動詞が行為の参与項に対する(したがって、行為主体と客体に対する)何らかの定位性を欠くことを表す、という考えに立っている[53]。

チェルニー (V. Černý) もまた、アヴァール語に行われる動詞の語彙化原理を検討して、ここには「他動性特徴による動詞分類の基準が欠如している。原則として、大多数の動詞は、同一条件下で他動詞文にも自動詞文にも登場することができる、すなわち、他言語へのこれら動詞の翻訳は専らその文に実現される共演項 (Aktant) の数と性格に拠る。伝統文法に構築された範疇はその言語用に確定した文法構造を反映したものであるから、それをアヴァール語に適用するのは不適当である。アヴァール語は異なる構造特徴をもち、別の統語特徴を有するのである。それは、完全に文法的事実に則って確定され、表記し得るものである」、という結論に到達している[54]。

---

[51] *Tchekhoff C.* La construction ergative en avar, langue de Caucase, et tongien, langue polynésienne. Paris, 1978, p. 3, 6–7; Idem. Aux fondements de la syntaxe: l'ergatif. Paris, 1978, p. 133 et seq.; Idem. Autour de l'ergatif: réflextions méthodologiques. BSLP, 1980, t. LXXV, fasc. 1

[52] *Charachidzé G.* Grammaire de la langue avare (Caucase). Documents de linguistique quantitative, 38. Paris, 1980, p. 143–159

[53] *Martinet A*. La construction ergative et les structures élémentaires de l'éconcé. — Journal de psychologie normale et pathologique, 1958, N3, p. 377–392(同論文は論文集にも再録: La linguistique synchronique. Études et recherches. Paris, 1968, p. 206–222); Idem. Le sujet comme function linguistique et l'analyse syntaxique du basque. — BSLP, 1962, t. 57, fasc. 1, p. 73–82

[54] *Černý V.* Some remarks on syntax and morphology of verb in Avar. — Archiv Orientální, 1971, v. 39, 1, p. 55–56

その他の国外の諸論者の中で、能格諸言語における動詞の他動性と自動性特徴の独自性について指摘したのは、西独の言語学者ベハートである[55]。

能格構造の代表諸言語における動詞を他動詞と自動詞へ区分する特徴、またその途上で発生する困難については、ソヴィエトの論者等の諸研究が再三注意を向けて来ている。すでにヤコヴレフのアディグ諸語に関する研究においては、動詞に対する「他動的」と「自動的」という用語が「生産的」«продуктивный» (productive) と「非生産的」«непродуктивный» (unproductive) という用語と重なっている[56]。チコバヴァ（А.С. Чикобава）は、能格諸言語における他動詞の構造特徴が主格諸言語におけるその類似のものとは異なることを再三強調したが、彼は、その特徴を他動詞語基の態の面での非弁別性にあると見なしたのであった（このことに拠って、論者は能格組織に直接補語を仮定することが不的確であることも指摘している）[57]。マゴメドベコヴァ（З.М. Магомедбекова）は、この点に関して、例えばアヴァール・アンディ・ツェズ諸語においては、「同一の動詞形が他動的（能動的）意味でも自動的意味でも使用できる。例えば、アヴァール語では:

vacas(少年が erg) istakan(コップ abs) b-ekana(割った)

「少年がコップを割った」

istakan(コップ abs) b-ekana(割れた)

「コップが割れた」（単語註——訳者）

---

[55] See: *Bechert J.* Zu den Teilen des einfachen Satzes im Avarischen. — Zeitschrift für vergleichende Sprachforschung, 1971, Bd. 85, H. 1

[56] Cf.: *Яковлев Н.Ф., Ашхамаф Д.А.* Грамматика адыгейского литературного языка. М.–Л., 1941, с. 315–318

[57] *Чикобава А.С.* Несколько замечаний об эргативной конструкции (к постановке проблемы). — В кн.: Эргативная конструкция предложения. М., 1950, с. 6–7; ejusdem. Проблема эргативной конструкции в иберийско-кавказских языках. II. Теория сущности эргативной конструкции. Тбилиси, 1961, с. 167–168; ejusdem. Проблема эргативной конструкции в иберийско-кавказских языках (основные вопросы ее истории и описательного анализа). с. 23 et seq.

この事情は、あれこれの動詞に他動詞とか自動詞とかの資格付けを行うことを一定程度困難にする。多くは全て文脈次第だからである：このケースでは動詞がどんな意義で使われているのか、つまり、能格の RS（真の主体の名詞——クリモフ）があるのか主格（絶対格——クリモフ）の補語があるのか、という点が文脈次第。上述の例では、b-ekana という動詞形は、文脈を外せば、"割った"（他動詞、能動動詞）とも"割れた"（自動詞）とも翻訳できる」、と書いている[58]。しかし、この点に関して、能格構文に対格や態が欠けることに注目し、この構文を構成する動詞が一体如何なる根拠で他動詞と見なせるか、という問題に取組んだスニク（О.П. Суник）の見解は特に断言的であった。論者は次のように書いている：「能格構文の他動詞は、専門家等の結論に従えば、能動性〜受動性特徴を欠いており、それは態の弁別において中立的ないしは無関与である。この結論は、周知の如く、検討中の能格構文理論において基本となるものである。能格構文の多数の研究者が指摘するように、能格構文の動詞が多分に動詞的でなく名詞的なものを包摂していることを、上記のことに付け加えるならば、このような"動詞"の特色とかそれの"他動性"の特色とかは、我々には極めて異常な視点に映る。この場合、少しでも一貫性を通して、能格構文の動詞形を他動性〜自動性範疇の点で中立的であると認定すべきではないのか？ところが、検討中の能格構文理論の同調者等にそれをさせないのは、恐らく、能格構文をもつ全ての言語に述語として自動詞をもつ主格構文（別様には、絶対構文）も存在するからであろう。このような動詞を自動詞と呼ぶならば、能格構文の動詞は、対格も態も存在しないのに、他動詞と呼ばなければならなくなるだろう」[59]。

本書の筆者は、過去に、「能格言語の動詞にとって他動性〜自動性は動詞の語彙素自身に表示されるいわゆる"顕在"範疇である（cf. 例えば、能格諸言語で他動詞と自動詞の語形の形態構造を区別すること）のに対して、主

---

[58] *Магомедбекова З.М.* Каузатив в аварско-андийских языках. — ИКЯ, XX. Тбилиси, 1978, с. 244–245

[59] *Суник О.П.* К вопросу о «неноминативном» строе предложения. — ЭКПЯРТ. Л., 1967. с. 49

第 2 章　内容類型学的言語分類の問題　　*127*

格言語の動詞にとっては他動性～自動性は原則として動詞の語形を越えて現れる"非顕在"ないしは"潜在"範疇である」という点に、両類型組織の他動詞の違いがあると見ていた[60]。その後になって、筆者には、他動性はここではせいぜい一定の形態範疇（例えば人称範疇）の表示と絡み合っているのだから、能格言語の他動詞の形態構造に専用的な他動性表示があるとことを証することは事実上無理である、ことが明らかになった。能格構造を主格組織と区別する、上記の「他動」詞と「自動」詞の独特の分布特徴から、また同じく、能格組織の他の構成成分が主体・客体的な定位性をもたないことから、本書では、それら動詞の語彙化原理の特徴を強調しようとするという気持ちを込めて、それぞれ«агентивный глагол» (agentive verbs)「作因動詞」と «фактитивный гл.» (facti[ti]ve v.)「叙実動詞」という用語を用いることにしたが、これはキブリクが初めて提起したものである[61]（以前にチェルニーの研究の一つが«фактитив» [factitiv] という用語を使ったことがあるが、それはダゲスタンのアヴァール語の「定常自動詞」«постоянно интранзитивные гл.» [constantly intransitive v.] を表すものであった[62]）。

　統語レヴェルでは、能格構造は能格構文と絶対構文の対立を形成する独特の文類型を特徴とする。この内能格構文を指定するのは能格動詞（agent. v.）述語であり、絶対構文を指定するのは絶対動詞（fact. v.）述語である。文成分目録の特徴を構成するのは、二種類の補語の区別であるが、それらに対しては、非常に条件的にのみ「直接」補語と「間接」補語という資格付けを行うことができる（このことは、ここでの動詞語の語彙化原理が主格組織における他動詞と自動詞の区分とは異なったものであることからの論理的帰結である）。時に専門書において、能格諸言語の独特の文モデルとしていわゆる逆受身（antipassive）構文が指摘される。この場合、多数の能格

---

[60] *Климов Г.А.* О месте активного строя в контенсивно-типологической классификации языков. — В кн.: Теория языка, англистика, кельтология. М., 1976, с. 65–66

[61] *Кибрик А.Е.* Структурное описание арчинского языка методами полевой лингвистики, Автореф. докт. дис., М., 1976, pp. 34–35.

[62] *Černý V.* Op. cit., p. 51

言語において、能格構文と並行して、通時的にのみ動機性をもつ随伴事象（фреквенталия, frequentalia 多発事象）として現れる、非生産的な拡散動詞類ないしは「可変」動詞類が形成する正に絶対構文（同構文が含み得るのは間接補語だけ）のことを想定しているのであるから、このようなアプローチは、能格性を特徴づける本質を訳もなく増幅させることになる（このことはすでに 1940 年代のカフカース学者等が熟知していたことである[63]）。

　形態の分野で目につくのは、能格性の独特の二つの包含事象（импликация, implication）であり、この二つの内一方が欠けるともう一方の存在がこれを代償するのである。一つは、動詞活用における二系列——能格系列（эргативная серии, ergative series）と絶対格系列（авсолютная c., absolute s.）——の人称接辞の対立である。能格系列は能格動詞（agent. v.）の主体に、そしてまた「間接」客体（とりわけ具格補語）に、相関する。絶対格系列は絶対動詞（fact. v.）の主体に、また「直接」客体に、相関する。このような相関性の例証になり得るのは、パプアのカヌム語の二系列の人称動詞語尾である[64]（以下の第 4 表）。

第 4 表

人称	単数		複数	
	絶対格系列	能格系列	絶対格系列	能格系列
1	-nggo	-nggai	-ni	-ninta
2	-mpo	-mpai	-mpu	-mpunta
3	-pi	-pèèngku	-pi	-pinta

---

[63] Cf., ex.: *Бокарев А.А.* Синтаксис аварского языка. с. 39–50
[64] *Boelaars J.H.C.* The linguistic position of South-western New-Guinea. Leiden, 1950, p. 37

もう一つは、能格組織の名詞曲用に登場する二つの位置格——能格（эргативный падеж, ergative case）と絶対格（абсолютный п., absolute c.）——であり、これらは上と全く同様の機能的任務を担う。両格が主体・客体的な意義を融合していることは、今日では如何なる疑念も引き起こすことはないはずである：すなわち、能格は能格動詞（agent. v.）の下で主語と「間接」補語を形成し、絶対格は絶対動詞（fact. v.）の下での主語と能格動詞の下での「直接」補語を形成する。ただし、注意しておくべきであるが、絶対格が主体・客体的なものを融合していることは、はるか以前から専門書で一般に認められている（特に、このことによって克服されたのが、主体機能と客体機能を兼務する形が全く非文法的であるとするシュタインタール説である[65]）のに対して、ユレンベックやメッシャニーノフの諸論に示される、能格にも同様の融合性があるとする主張は（周知の如く、能格の正に間接客体的な、また特に具格的機能こそ、原始人の思考の神話的性格とやらに能格構文の内的動因子を探究するという根拠の一つになった）、一つの類型的組織に二つの値が属することを証明するものであるが、これは最近になってようやく認知されたものである。こうして、この主張は、例えば能格性の基準に近いアブハズ・アディゲ諸語の資料に基づいて以前から一貫した経験的裏付けを得ていたのであるが、これは比較的最近になってナフ・ダゲスタン諸語の証例によっても確認された（例えば、トプリア [Г.В. Топуриа] は、能格の意味にとって間接客体的な意義は本質的なものであることを特に強調している[66]）：cf. アディゲ語 хьакIэ-м（客が erg）кIалэ-м（若者に erg）

---

[65] *Steinthal H.* Charakteristik der Hauptsächlichsten Typen des Spracchbaues. Berlin, 1860, S. 186

[66] Cf.: *Dumézil G.* Études comparative sur les langues caucasiennes du Nord-Ouest (Morphologie), p. 43–49; *Мещанинов И.И.* Новое учение о языке. Стадиальная типология. Л., 1936, с. 169–186; *Савченко А.Н.* К вопросу о происхождении эргативной конструкции предложения. — ИКЯ, XVIII, 1973, с. 137; *Рогава Г.В.* К вопросу о функции эргатива в адыгских языках. — ВССИКЯ. Нальчик, 1977, с. 22–27; *Топуриа Г.В.* Эргатив самостоятельный и ергатив совмещающий, их функции в иберийско-кавказских языках. — Op. cit., с. 28–33; *Климов Г.А., Алексеев М.Е.*

шыр(馬を abs) ритыгъ「客が若者に馬を渡した」、バツビ語 done-w(牧人が erg) ḳoḳe-w(足で erg) laḥ(蛇を abs) bʔewiⁿ「牧人が足で蛇を殺した」(単語註——訳者);ここでは、能格は能格動詞 (agen.v.) 述語の下での主語も「間接」補語も形成する。同時に、多数の言語での、主体機能だけを有するいわゆる非兼務能格 (несовмещающий эргатив, uncombinable ergative 専用能格) は、同じメッシャニーノフが、少なからざる根拠を以て確認したように、能格から主格へ向う再編過程の本質的に重要な一歩を表している[67] (cf. 能格と主格の間の「中間的な」格を表すべく彼のいくつかの研究が使っている「能動格」«активный падеж» [active case] という用語)。さらに加えて、他の諸言語の研究の伝統が、原則として、今なお能格の主たる機能が主体機能だとするテーゼに従っていることを考えるならば、ここに述べたことは、能格性一般論の研究への体系的観点の浸透が極めて鈍重なテンポであることを見事に証明するかもしれない。

能格組織の形態のそれ以外の固有特徴の中で注意を引くのは、能格動詞 (agent. v.) に態 (voice) 的ディアテシスが欠如することであり、このことは、恐らく、この動詞と主格諸言語の他動詞とを同等視することができないことを、間接的に証明するものと見なすことができよう。したがって、能格性を基礎とするいくつかの言語の記述文法に動詞の態の対立を据えるのは、如何なる形態的 (まして統語的) 原理によるものか、全く不明のままである。そこで、例えばバスク語で、このような対立が、その対立にとって当然の構造的環境においてではなく (言い換えれば、主格構文の能動文と受動文という組成においてではなく)、能格と絶対格の名詞成分をもつ能格構文の組成の中に据えられる。例えば、ラフィット (P. Lafitte) はバスク語の、能格指標 -ek と絶対格指標 -∅ をもつ Pierres-ek egin-a d-a etche-a-∅ 「ピエールが・建てた・家を」という構造を受動構造 (「ピエールによって・建てられた・家が」) と認定する (cf. [訳者]—— egin-a =[作る] 過去分詞 (第 1 分詞)——定

Типология кавказских языков, М., 1980, с. 35–39

[67] Мещанинов И.И. Новое учение о языке..., с. 190–194; cf., but: Рогава Г.В. Op. cit., с. 23, 26.

性指標 a；d-a=be/3/sg[d-=3/sg 指標]；egin-a da は合成述語；etche-a=[家]-定性指標　a）。それ故、他の多くのバスク語学者がバスク語の受動文を別様に想像していてもおかしくはない。例えば、ラフォンの論文の一つは、この構文が変則的構文、避けるべき構文と認定しており、同構文が能格の名詞とは結合しない「ある、いる」とか「なる」という助動詞をもつ構文の中にある点を見て取っている。この構文を例証するために彼が引くのは ikusten d-a の構造（逐語的には「彼は視界・視野の中にある」он есть в виду）であるが、これは「彼(それ)が見える он виден」ないしは「彼(それ)が見えている(鏡の中、等に) он видится (в зеркале и т.п.)」とも訳せるもので、真の主体の名詞との結合を避ける構造である（cf. [訳者]—— ikusten [見ることの中に、視界の中に] = ikusi [見る] の動名詞 ikuste に内格 inessive 指標 -n を付加したもの；d-a[be/3/sg]=he is）。論者は次のように書く：「バスク語は、行為者を表さなければならない場合受動文の使用を好まない。換言すれば、バスク語は、『医者が彼を治した』という文の倒置とそれの受動変換を嫌う。・・・ただし、それを行う場合は、行為主補語は能格形ではなく具格形ないしは奪格形で登場する」[68]。さらにラフォンは、実験訳のためにキケロのラテン語文 a(< ab+abl 〜から) nullo(m/sg/abl 誰からも〜ない) videbatur(3/sg/pass.impf 彼は見られていなかった), ipse(m/sg/nom 彼自身は) autem(しかし) omnia(n/pl/acc 全てを) videbat(3/sg/impf 彼は見ていた)「彼は誰にも見えなかったが、彼自身は全てが見えていた」（он был никому не виден, а сам видел все）（単語註——訳者）の文を提示したところ、彼のインフォーマントは様々なやり方で受動構文の使用を避けた、と述べている[69]。然るべき「能動」文の正常な変換ではない構造を受動文とする解釈が条件つきのものであることは、恐らく特別な証明を必要としないであろう。

　能格性メカニズムの働きの一般的な例証として、次のバスク語の構造を

---

[68] *Lafon R*. Ergatif et passif en basque et en géorgien. — Bulletin de la société de linguistique de Paris, 1971, t. 66, f. 1, p. 336

[69] Op. cit., p. 336–337

参照：cf. 1. Ni-k([私]-k=erg) gizon-a-∅([人] — a 定性指標 — ∅ =abs) da-kusa-t(3/sg 接辞 — 語根[見る] — 1/sg 接辞[私])「私が・人を・見る」, 2. Ni(abs[私]) na-bil(1/sg[私] — [歩く])「私が・歩く」（単語註——訳者）。以上の内の第一文に実現される能格構文は、能格動詞（agent. v.）述語「見る」があることで指定されたものである。この動詞述語の語形には、3人称客体接辞（絶対格系列）da- と 1人称主体接辞（能格系列）-t が含まれる。主語は -k 指標をもつ能格形で、「直接」補語は -∅ 指標の絶対格形で現れている。第二文の絶対構文は絶対動詞（fact. v.）「歩く」の存在が指定するものである。この動詞述語の語形には1人称主体接辞（絶対格系列）na- が含まれている。この場合、主語は絶対格の形をもつ。

　主格型類型の原理の専門的な総括的研究はないけれども、この類型を象る輪郭特徴（プロファイル）は、伝統文法が何よりも主格言語の経験を基にして構築されてきたという事実からしてもすでに明確だと思われる。

　ここでの語彙組織の構造化原理の面では二つの重要な点を指摘しておくべきである。第一に、主格組織内では、名詞に内容に規定される類（クラス）による区分はなく（いくつかの主格諸言語に見受けられる、性による名詞の形式的分類は、主格性の包含事象に属するものではなく、したがって、通時的理由によるものである）[70]、この点では能格組織と近接している。第二に、動詞語彙は、ここでは他動詞類と自動詞類に分れる。主格構造内では、能格組織に実現される能格動詞（agent. v.）と絶対動詞（fact. v）の対立とは違って、動詞語彙素の主体的ないしは客体的な意味価（интенция, intention）が（自動詞には主体的な意味価が、他動詞には客体的な意味価が）はるかに鮮明に現れている。このことから、他動性〜自動性特徴による動詞語彙の区分は主格言語構造の、主体と客体という基本的意味機能への全体的定位性と組織体系的な関連がある、とするテーゼを何故多数の類型学研究が採るか、という理由には納得がいくはずである。このようにして、ここに採っている

---

[70] Cf.: *Виноградов В.В.* Русский язык (грамматическое учение о слове), 2-е изд., М., 1972, с. 57

観点は、「そこに対格（直接補語）を用いる他動詞についていうならば、それは意味の観点からは定義できない。他動詞の特徴——他動性——は統語レヴェルの特徴である：名詞は単に動詞に従属しているにすぎず、また対格の語尾は動詞の意味内容に相応するいかなる意義ニュアンスも含むものではない」[71]、とするクリウォヴィッチの観点との違いが明確となる。しかし、動詞の他動性の概念を、名詞補語の動詞への統語的従属性特徴に帰してしまおうとする試みは、恐らく適切なものとは認め難いであろう。内容類型学的な研究が蓄積してきた経験は、補語の役割の名詞がその構造中で他動詞と自動詞の二分法を証する訳ではない他の言語諸類型内（cf. 能格組織や活格組織の状況）でも同様に、動詞に「従属する」ことを非常にはっきりと証明するのである。

統語面では、主格組織は、他動詞によっても自動詞によっても構成される単一の構文が表す独特の文類型をその特徴とする。ここでは、他動詞述語は、二種の主格構文——いわゆる能動文と受動文——を指定することができるが、これは決して主格構造の必然的特徴を成すものではない（恐らく通時的動機付けを被るだけかもしれない）。ここでの文の二次成分目録では、動詞語彙素の他動詞と自動詞への分化に応じて直接補語と間接補語が相互に区分される（このことは、自動詞述語の下では直接補語の位置はあり得ない、ことを示している）。能格構造の代表言語の SOV 語順式とは違って、主格言語にとってより特徴的なのが SVO 構造式であることは、よく知られている。しかし、主格言語のこの特徴は、少なくとも現在のところ、主格組織の他の呼応諸特徴と関連づけることはできていない（cf. 内容類型学的研究の範囲外でこの特徴の解明が行われていること[72]）。

主格構造の形態的包含事象は、特に多数である。注目されるのは、その内の二つ、すなわち動詞活用を特徴づける包含事象と名詞曲用を特徴づける包含事象である（形態による表示が弱い諸言語では、主格性の関係は当然、言

---

[71] *Курилович Е.* Проблема классификации падежей. — В кн.: Курилович Е. Очерки по лингвистике. М., 1962, с. 183–184

[72] Cf.: Word order and word order change. Austin–London, 1975

語構造のより高次のレヴェルにおいて伝達される）。

　第一に、ここでは動詞に単一系列——内容的に主体系列——の人称接辞が機能することが認められる。言語に複人称的活用原理（двухличный принцип спряжения, double-person conjugation）が存在する場合には、二系列——主体系列と客体系列（後者は直接補語に相関する）——の動詞人称接辞が区別される。Cf. 例えばペルシャ語における単一系列の動詞人称語尾：

第 5 表

人称	単数	複数
1	-am	īm
2	-ī	-īd
3	-ad	-and

　第二は、曲用パラダイム内に二つの特有の位置格——主格と対格——が機能することであり、これはすでに再三強調したように、主体と客体に対する明確な定位性を顕したものである[73]。

　主格組織にとって特徴的なそれ以外の動詞形態範疇が主体と客体の概念に相関することは、容易に確認できる。例えば、主格組織にとって特徴的であるのは、普通一般的に認められているように、態（залог, voice）範疇であり（能動形と受動形の対立のこと）、同範疇は多数の主格構造の代表言語に見受けられ、またその定義そのものに主体・客体的二分法を反映するものである。同時に、相（версия, version）の動詞形態範疇を知る主格諸言語で

---

[73] Cf. *Уленбек Х.К.* Идентифицирующий характер поссесивной флексии в языках Северной Америки. — В кн.: Эргативная конструкция предложения (сост. Е. А. Бокарев). М., 1950, с. 202; *Мещанинов И.И.* Новое учение о языке..., с. 245 et seq.; *Sapir E., Swadesh M.* American Indian grammatical categories. — Word, 1946, v. 2, N2, p. 105

は、この相もまた同様に明確な主体的あるいは客体的意味内容をもつ。例えばカルトヴェリ諸語の状況が正にこれであり、ここでは主体相、客体相、中立相が区別される（カルトヴェリ学の決まりでは、これは、直接客体が行為主体ないしは行為の間接客体の所有であること、あるいはそれが行為主体ないしは間接客体のためのものであることを想定すること、を表す範疇である[74]）。同様の範疇は、周知の如く、古代印欧諸語のいくつかに姿を顕していたものである（cf. とりわけ古代インドの文法家等が ātmanepada［為自言・反射態 middle］と parasmaipada［為他言・能動態 active］なる用語で表す動詞語形の区別[75]）。最近、この範疇は南米のケチュア語にも記録された[76]。恐らく、それはチュルク諸語にも現れていよう（cf. žazyp al-「自分のために書く」と žazyp ber-「他人のために書く」のタイプのキプチャク諸語の形）。逆に、この形態範疇を知る能格構造の代表諸言語においては、恐らく相（version）対立の主体と客体への定位性を示すことはできないであろう（cf. アブハズ・アディゲ諸語の記述諸研究に見られる、機能的に融合的な主体・客体的相 version 概念[77]）。

先行記述において指摘したように、主格組織における名詞曲用パラダイムの特徴は主格と対格の対立に尽きる訳ではない。例えば、属格は主格と対

---

[74] *Шанидзе А.Г.* Основы граммарики грузинского языка. 1. Морфология. Тбилиси, 1973, с. 323 (на груз. яз.). — [訳者] cf. 例えばグルジア語 mezobel-i(隣人 nom) saxl-s(家 dat) a-šen-eb-s(建てる 3/sg)「隣人が家を建てる」の文は、「誰のために」家を建てるか、を表示しないから中立相。この文の動詞部分を i-šen-eb-s に替えれば、「～が自分のために家を建てる」から主体相（i- =「自分自身」を表す間接客体マーカー）。さらに u-šen-eb-s に替えれば、「～が彼のために家を建てる」から客体相（u- =3 人称間接客体マーカー）：例 mezobel-i saxl-s u-šen-eb-s jma-s(兄弟 dat)「隣人が兄弟の(ために)家を建てる」。ただし、グルジア語文法では文成分としての直接補語「家」も間接補語「彼/兄弟」も「与格」である（「対格」がない）。

[75] [訳者] cf. 例えばサンスクリット語 pacati(3/sg)「彼が(他人のために)料理する」～ pacate(3/sg)「彼が(自分のために)料理する」；yajati～yajate「祀る」等々は active～middle の区別。

[76] *Пестов В.С.* Об отражении субъектно-объектных отношений в глаголе кечуа. — ВЯ, 1980, № 4, с. 130.

[77] Cf. *Климов Г.А., Алексеев М.Е.* Op. cit., p. 33–34, 98–99.

格の一種の転置（transposition）である（cf. genitivus subjectivus［主体の属格］と genitivus objectivus［客体の属格］という属格にとっての基本的機能対立）、とするクリウォヴィッチやバンヴェニストの周知の立場の正当性を承認するならば、何故完成した属格は主格構造言語だけを特徴づけて、活格構造や能格構造の代表諸言語には見られないか、という理由に納得がいく[78]。実際、属格の形成に出くわすのは、その構造の活発な主格化過程を経つつある非常に僅かな数の能格諸言語だけである（こうした言語に挙げるべきものとしてはナフ・ダゲスタン諸語があるが、そこでは、周知のように、genitivus objectivus が欠ける一方で genitivus subjevtivus の使用も程度に差はあれ限られたものである）。クリウォヴィッチによれば、「主体の属格と客体の属格は、属格の他の全ての名詞付接的使用のつまり部分属格や所有属格（二次的機能）の基礎であり、これらは歴史的観点からすれば比較的遅い層を形成する具体的用法である（例えば、印欧諸語において、所有性は主として形容詞が表したことは、周知のところである）。この場合、極めて重要なことは、あらゆる言語において所有属格はこの属格の派生的性格の故に主体と客体の属格を基にし続けている、ことである。行為名詞＋客体属格あるいは主体属格の語群は、常に人称動詞＋主語あるいは直接補語の語群から発生するからである」[79]。

　活格構造内にも能格構造内にも構造的動機付けをもたない与格や具格は、主格組織の格パラダイムに類型的に適合すると見なすべき有力な論拠が存在する。能格組織では、対格の機能は絶対格の意味の中に有機的に含まれるから対格を必要としないのと同様に、そこでは与格や具格の機能は能格の意味の中に有機的に組込まれているのだから、これら両格にも収まるべき位置はない（cf. 主体機能と融合した能格の間接客体的機能）。逆に、主格組織において特に両格を分離させるのは、ここでは直接客体の意味機能も間接客体の

---

[78] Cf. *Курилович Е.* Op. cit., c. 195–196; Бенвенист Э. К анализу падежных функций: латинский генитив. — В кн.: Э. Венбенист. Общая лингвистика. М., 1974, c. 162–164.

[79] *Курилович Е.* Op. cit., c. 196.

意味機能も主体機能とは構造的に分離されるからである。

　したがって、属格的関係の本質と同様、与格的関係もまた、恐らくは、それと主体や客体との相関性によって決定すべきであろう。換言すれば、当然予測できることだが、ある格を属格と認定するためには、それの限定的機能だけでは不十分であるのと同じように、もう一方のある格を与格と認定するためには、それの副詞的（方向的あるいは場所的）機能だけではなお不十分である。与格の生成過程は dativus adverbialis［副詞的与格］と並行して dativus objectivus［客体の与格］や dativus subjevtivus［主体の与格］が形成される、言語の構造的再編段階にして初めて確認できるのである。ここに記述した理論的見地は、完全に発達した与格は主格構造の代表言語にのみ立証されるものであり、またこれらの形成の事実は、例えばバスク語やナフ・ダゲスタン諸語にあるように、確実に主格化過程に立ち上った能格言語（そして活格言語？）にのみ特に観察される、という言語的経験事実によっても裏付けることができる（能格がその間接客体的機能を喪失するという基盤に立って与格が生成されていく過程は、特にナフ・ダゲスタン諸語の資料に基づいて示すことができる）。

　一方の極で間接客体的な機能を基盤として与格を分離していくということは、その対極でこの同一の基盤に立って具格を分離していくことを前提とする。このようにして、この過程も同様に、言語構造のより大きな全般的主格化過程を映し出したものである。メッシャニーノフは、カルトヴェリ諸語の格パラダイムの主格化過程を正にこのように想定したのであった。彼はすでに 1936 年次のように書いている：「カフカースのヤペテ諸語においては、能格に定着しているのは、専ら行為主の意味である・・・、つまり能格が完全に行為主格にすぎなくなっている。したがって、ここでも、能動化（すなわち主格化——クリモフ）過程は、能格が一般原則として未だに具格と融合している北カフカースの諸言語と比べて、著しく前進を遂げている」[80]。

---

[80] Cf.: Мещанинов И.И. Новое учение о языке..., с. 190; *Ibid.* Общее языкознание. К проблеме стадиальности в развитии слова и предложения. Л., 1940, с. 199–201.

以上の記述に特徴づけた各言語類型の構造的諸要素の極めて一様な内容的定位性は、言語の一定の意味的動因子——意味的決定因子（семантическая детерминанта, semantic determinant）（したがって、同用語はその外延からすれば、ビルンバウムの研究に採用される「類型学的深層構造」という用語に相応する[81]）——によって惹起されたものとして発現している可能性がある。言語学は、主格組織の様々なレヴェルの系列関係（парадигматика, paradigmatics）が顕在的であれ非顕在的であれ主体と客体の意味役割間の関係の表現に定位することは、すでにはるか以前に確認済みである。Cf. 主格と対格をそれぞれ主体格と客体格と見なすこと、動詞の態（voice）の形態範疇の通常の定義、動詞人称語尾の主体的性格と客体的性格、等。他動詞と自動詞、主格構文、直接補語と間接補語、主格と対格、能動態と受動態、他若干のような言語の構造諸要素が、一つの類型的組織の座標（координаты, coordinates）を構成することも疑念を引き起すものではない。

内容類型学の研究史が証明するように、能格構造の意味的決定因子の確定は、実ははるかに複雑な問題で、科学においては、これの多くの構造諸要素は、長い間主体・客体的組織体系の用語によって記述されてきた（現在でもなお完全には克服し切れていないこうした事態の前提にあったのは、能格組織と主格組織の構造的近似性のマクシマムであった）。しかしながら、主体と客体の概念がこの組織の深層的な動因子の特徴づけにとって非関与的であるというテーゼは、今日までかなり広く周知されてきており、このテーゼは能格組織の位置格——能格と絶対格——あるいはまた機能的に同様の動詞人称指標系列——能格系列と絶対系列——の主体機能と客体機能の伝達が融合的である、というすでによく知られた事実からだけでも例証されるのである。したがって、ここでの他動詞と自動詞の区分ではないいわゆる作因動詞（agent. v. 能格動詞）と叙実動詞（fact. v. 絶対動詞）の区分、大ざっぱ

---

[81] See: *Birnbaum H.* Problems of typological and genetic linguistics, viewed in a generative framework. Janua Linguarum (Series Minor, 106). The Hague–Paris, 1970, p. 26; Idem. Genetische, typologische und universale Linguistik. — Folia Linguistica, 1975, t. VII, 3/4, S. 225–226

にのみ「直接」補語と「間接」補語という認定を下し得る独特の補語の構成、能格構文と絶対構文の対立を顕す特有の文類型、態の形態範疇の欠如、名詞曲用パラダイムにおける特有の格単位と動詞活用における人称指標系列、また他若干の特徴も、総体として単一の類型的組織体系を構成するものであって、この組織体系は、ここでキブリクに次いで作因項（agentive）と叙実項（facti[ti]ve）と定義される独特の意味役割の反映に定位したもの、と考えるべき十分な論拠が存在するのである。

　この場合、作因項（agentive）の概念は、研究の現段階では、改変的行為（преобразующее действие, transforming action）の何らかの状況ないしは条件（行為の実現者、行為の手段、行為の受信者 [адресат, addressee]）として説明することができる。例えば、能格のような能格組織の格パラダイムの特徴の背後には、主体機能も間接客体的（具格的、所格的）機能も存在する。同時に、叙実項（facti[ti]ve）（この用語は内容的にはフィルモアが使う同語とは異なる）の概念は、行為の直接的な担ぎ手を包括するものである。この概念を特徴づけて、キブリクは次のように指摘する：「両方の場合とも（この概念の二つの機能を述べたもの——クリモフ）、場の最も近接する参与者（партиципант, participant）——場に直接的に参与する共演項（Актант, actant）——のことである。このような意味機能が存在することは、多くの研究者が指摘してきたところである。cf. 例えばチャーチウォード[C.M. Churchward]の次のような指摘：『どうやらトンガ語的思考にとってはこれら二つの（我々にはそう思われる）機能は二つではなく一つである』。チャーチウォードは、この場合我々が proximative（近接項）という用語を使うよう提案している。ベハートは Patient^{GR} という類似の概念を導入している。ウィルバー（T.H. Wilbur）は・・・objective role という用語を使っている」[82]。上述の論者等に、能格組織に「能格」原理と「絶対格」原

---

[82] *Кибрик А.Е.* Canonical ergativity and Daghestan languages. — Ergativity..., p. 66; cf. quoque: *Кибрик А.Е.* Структурное описание арчинского языка методами полевой лингвистики, с. 6. — [訳者] キブリクは別の著書でも上のチャーチウォード、ウィルバー、ベハートの同じ提起を紹介し、キーナンを引用して、

理の二分法を認めるポスタル（P.N. Postal）の名も加えることができる[83]。

したがって、非他動的行為の主体が他動詞の客体と同様に解釈されるのに対して、他動的行為の主体は何か別様に解釈されるような組織体系とする、多くの記述研究や理論研究に広く行き渡っている能格組織体系そのものの定義は正確さを欠くばかりでなく（行為の他動性と自動性を援用している以上）、不完全である、と認定しなければならない。この定義は、ここに存在する、他動的行為の主体と間接客体の解釈の重なりを考慮していないからである。勿論、こうした不完全さは、すでに伝統的な内容類型学構想を出発点とする類型学者等の諸研究の中に見ると幾分意外に思われよう（特に本書の筆者も、過去において、能格的文類型の定義を定式化しようとして、この不完全さを免れることができなかった[84]）。まして、変形成分における様々な操作の基礎になる主体、客体、間接客体の概念に立脚することをその方法論的特徴とする関係文法の軌道上で活動する研究者等の諸刊行書の中でこのような不完全さを見ると、なおさら意外に思われる。

一方、ここに提示する補足説明は、能格性一般論にとって原理的な意義をもつと思われるのであって、これを無視すれば、具体的な言語の類型状態の

「能格的な共演項の結合技法は意味に動機性があり、共演項の役割的な一体性に定位している。・・・この種の一体化の基礎にあるのは Agens と Patiens という基礎的なタイプ役割と並行してハイパーロール（гиперроли, hyperroles 融合的意味役割）ともいうべきもの———定の基礎的役割の複合体（конгломерации, conglomerations）で、それは単一的な総合的意味役割に融合したもの———も存在する、という推定である。能格構造におけるこのようなハイパーロールを叙実項（фактитив, facti[ti]ve）と呼んでおく。これは、"場の直接的で最も近接かつ最も影響を受ける参与者を表す共演項"（E.L. Keenan）の意義である」、と解説している [Кибрик А.Е. Очерки по общим и прикладным вопросам языкознания. Изд. Мос. ун-та, 1992, с. 191–192; Keenan E.L. Semantic correlates of the ergative/absolutive distinction — Linguistics 22(1984), p. 197–223].

[83] *Postal P.M.* Antipassiv in French. — Proceedings of the X-th Annual Meeting of the North Eastern Linguistic Society, 1977, 7.

[84] Cf.: *Климов Г.А.* Очерк общей теории эргативности. с. 48–61; Ibid. К опеделению эргативной конструкции предложения. — В кн.: Philologica. Исследования по языку и литературе. Памяти академика Виктора Максимовича Жирмунского. Л., 1973, с. 202–203

共時的状況だけでなくその通時的見通しの歪曲をも引き起しかねないからである。例えば、この補足説明に照らして初めて、他動的行為の主体と間接客体（とりわけ手段と受信者）の表現の相互間の構造的分離が、言語構造の主格化過程へ向けた重要な一歩を証するものであること、したがって、上の能格組織の定義は能格組織そのものの特徴づけからは排除すべきであること、が明らかになる、と指摘すれば十分である（すでに 1930 年代中頃に、メッシャニーノフは、いわゆる兼務能格 совмещающий эргатив [combinable ergative] を非兼務能格 несовмещающий эргатив [uncombinable erg.] へ、すなわち純主体的能格へ再編していく過程が、能格組織体系の曲用パラダイムを主格的曲用パラダイムへ変換していく重要なシフトを表したものであることを、はっきり見抜いていた[85]）。

　上述の見地から、関係文法の多くの研究が採用している、個々の言語諸類型諸言語の普遍的意味要素ないしはいわゆる意味的素因子（семантические примитивы, semantic primes）の分類の記述法は、若干の解説を必要とする。

　周知の如く、主格構造を特徴づける、これら諸要素の配列は、通常 A（他動的行為の主体）と S（非他動的行為の主体）の記号を統合する一方で O（他動的行為の客体）は分離する、という点に帰せられ、この配列は、原則として S と O の記号を統合して A は分離する、対応の能格性構造式に対置される。主格組織体系と能格組織体系（ただし、活格組織体系も同じく）に特徴的なさらに正確な意味関係像を得るためには、ここに登場する O 記号を他動的行為の客体 O といわゆる間接客体 O_1 の二つの記号に分ける必要がある。こうすれば、先ず第一に、主格組織体系の構成成分中のこの二つの単位の分離性を反映させる可能性が出て来る。第二に、能格組織体系の叙実項（fact.）の役割での S と O の主体・客体的融合性を反映させるとともに、作因項（agent.）役割での A と O の同様の融合性も反映させるべきであるか

---

[85] See: *Мещанинов И.И.* Язык ванской клинописи (Die Van-Sprache). II. Структура речи. Л., 1935, с. 250–251; Ibid. Новое учение о языке..., с. 188–194, 255–257.

ら、このことは必要である。強調しておくべきは、このような融合性を無視すれば、我々はもはや一貫した能格組織体系を特徴づける関係の記号化ではなく、純主体的な意義の分離を特徴とする主格構造側へのシフトを明確に顕す組織を特徴づける関係を記号化することになる、ことである。このようにして、能格組織体系の内容的な関係のより的確な記号化を行えば、次のようになる：

$$A + O_1 \qquad S + O$$
作因性原理　　叙実性原理
(agent. principle)　(fact. pr.)

同時に、経験的な研究が示すように、絶対動詞（叙実動詞 fact. v.）類（その統語的かつ形態的ポテンシャル全てを込めた）には、能格構造諸言語毎にそれぞれ規模に差はあれ他動的意味の動詞——客体に表面的な作用を及ぼす動詞——も含まれているのであるから、叙実項（fact.）役割中のSとOの結合をある種のA要素によっても補うべきではないか、という問題が生ずる。

上述の補足説明を考慮して、ディクソン[86]が以前提起した、主格組織体系と能格組織体系の基軸格間の主体・客体機能の配分における原理的な差異を表すための構造式は、次のように書き込むことができる：

$$\begin{array}{r} 与格、具格 \\ 主格 \\ 対格 \end{array} \left\{ \begin{array}{l} O_1 \\ A \\ S \\ O \end{array} \right\} \begin{array}{l} 能格 \\ \\ 絶対格 \end{array}$$

---

[86] *Dixon R.M.W.* Ergativity, p. 61. —— [訳者] ディクソン図式には O_1 部分がない。

第 2 章　内容類型学的言語分類の問題　　143

　活格組織体系の構造的諸特徴の著しい独自性を規定する基本的な意味役割を示すことは、何ら難しいことではない。研究の視野に入る、活格構造の構造的包含事象の集合全体が、構造諸要素の内容的特徴から判断して、この構造の基礎にあるのは、主体と客体の原理あるいはまた作因性（agent. 能格）と叙実性（fact. 絶対格）の原理の対立ではなく、活性原理（активное начало, active principle）と不活性原理（инактивное н., inactive pr.）の対立という二項原理であることを証明する。実際、活性（「有生」）名詞と不活性（「無生」）名詞への名詞区分とか、活格動詞と状態動詞への動詞区分とか、また活格構文と不活格構文という輪郭特徴（プロファイル）的相関性と近い補語と遠い補語の区別そして名詞形態と動詞形態の然るべき特徴を伴う文類型、といった諸現象の組織体系全体は、正にこのような意味的決定因子にこそ帰属すると見なすのが最も自然である。活格構造の諸要素の内容的諸関係の配列を記号化すれば次のように表すことができる：

$$A + S \qquad S + O + O_1$$
　　　活性原理　　　不活性原理

　S の要素を、活格組織を決定する二つの意味役割の中に含めているのは、非他動的行為が、ある場合には活性的行為であり、またある場合には不活性的行為であり得る、という上述の事情による（この要素はそれぞれ S_1 と S_2 に分解すべきであろう）。
　現在のところ、その記述の鮮明度がはるかに劣るのは、類型学研究が辛うじて言及する類別構造の意味的決定因子である。類別組織の目立った診断指標の特徴、なかんずく名詞語彙の、内容的な特徴づけを受けるグループ別配分、またそれに対応する動詞形態中の類別接辞目録は、当然考えられるように、この組織の基礎に量的に変動する——一定集合の極めて具体的な事物的役割から有生と無生の二項対立に至るまでの——指示対象の対立の組合せがあることを示している。この安定した対立と、活格、能格、主格の各組織体

系が基礎とする性質上不安定な対立との根本的な違いを強調しておくことが重要である（ここに何らかの動詞語彙素の固有の分類原理が行われているか否かは依然として不明のままである）。

まして、このコンテクストで中立構造の内的な意味的動因子の性格について示す訳には行かないのであって、この構造は、その構造特徴が明らかに内容類型学構想内に仮定される残余の全ての組織図の特徴づけには適合しない、という消極的特徴によってのみ特に条件的に想定される構造である。

話し手の言語的思考（речевое мышление）中に言語類型の一定の意味的動因子があることを承認しつつも、各類型の構造的特質の背後に言語の担い手達の何らかの独特の思考方法があるとするとするヴント（W. Wundt）説の流れを汲む現代のネオ・フンボルト主義の代表者等の見解には同調できないのであって、この見解に根拠がないことは、すでに1920-40年代の我が国の幾人かの類型学者等（cf. 例えばショール、メッシャニーノフ、ハロドーヴィチ [А.А. Холодович]、他[87]）が 明察したところである。したがって、「我々が所有的、能格的、主格的文構造について述べるとき、正にそのことによって想定しているのは、世界観の何らかの表明形式である論理的な観念型式である」、とするホルツ（H.H. Holz）の定式化は、実際には宣言倒れに終っている[88]。まして、言語構造の背後には一貫した哲学があるとかいうカインツ（F. Kainz）の周知の観点は、未だ何ら具体的な論証を得ないままである[89]。言語類型の意味的決定因子は、客観的に実現されている主体・客体関係の知覚の的確性には全く影響がない、言語的思考の一定レヴェルとし

---

[87] *Шор Р.О.* Кризис современной лингвистики. — Яфетический сборник. V. Л., 1927, с. 62–63; *Мещанинов И.И.* Проблема стадиальности в развитии языка. — Изв. АН СССР, ОЛЯ, т. 6, вып. 3, 1947, с. 18; Обсуждение проблемы стадиальности. — Изв. АН СССР, ОЛЯ, т. 6, вып. 3, 1947, с. 262

[88] *Holz H.H.* Sprache und Welt. Probleme der Sprachephilosephie. Frankfurt/a, M., 1953, S. 112; cf.: *Schulte-Herbrüggen H.* El lenguaje y la visión del mundo. Santiago, 1963, p. 132–137; *Höpp G.* Evolution der Sprache und Vernunft. Berlin–Heidelberg–New York, 1970, S. 93–146

[89] *Kainz F.* Philosophische Etymologie und historische Semantik. Wien, 1969.

第 2 章　内容類型学的言語分類の問題　　145

てのみ現れるのであって、この主体・客体関係は、ここに仮定されるあらゆる類型組織の言語において話者には全く同じように映ずるものである（むしろ逆に、これらの関係を日常的に知覚することが言語類型の意味的決定因子の性格に変化を生じさせるのである）。

　ましてこのコンテクストで、いくつかの言語類型の構造、とりわけ能格類型にはいわゆる原始論理的思考とか前論理的思考が反映されるとする、明らかに陳腐な見解については、もはや触れるまでもない。言語構造にはこれに対する如何なる実際的根拠も存在しないことが、専門書にすでに再三指摘されて来ている。しかも、この観点の源が主格組織体系のメタ言語のプリズムを通した非主格諸言語の諸事実の誤った捉え方に発するものである、ことを想起しておくべきである。

　いくつかの言語類型に「共通」と思えるらしき文法範疇も、それらにおいては極めて重要な機能的差異を見せる。例えば、少なくとも三類型——主格、能格、活格類型——の代表諸言語に見受けられる動詞ディアテシスの機能的内容は全く明確な特徴をもつ（その意味が不分明なままである類別言語の動詞ディアテシスは別として）。主格類型の代表諸言語では、ディアテシスは他動詞にのみ機能するものであって、それは能動態と受動態の形を区別する：cf. завод（工場が）строит（建てる）цех（作業場を）～цех（作業場が）строится（建てられる）заводом（工場によって）の内容におけるディアテシスの意味。能格諸言語ではディアテシスは能格動詞（agent. v.）と絶対動詞（fact. v.）という輪郭特徴（プロファイル）を象る類ではなく、いわゆる拡散（すなわち可変）動詞という非生産的動詞類にのみ登場し得るのであり、この場合逆能動（antiactive）と逆受動（逆受身 antipassive）の形を対置する（«antiactive»という用語は、体系的な分析の必要から、1968 年頃に能格性一般論に導入された«antipassive»という非常に不適切な用語への対置用語）。Cf. крестьянин (peasant) занимается (engaged himself) жжением (in burning) дров (firewood)＝「農夫が薪を燃やしている」～дрова (firewood) горит (burn), сжигается (is burned)＝「薪が燃える」の内容におけるディアテシスの意味（英訳註——訳者）。ディクソ

ンが指摘するように、受動が「深層の名詞 O を表層の位置 S に」置き、「深層の名詞 A を斜格にする」のに対して、逆受動（逆受身）は「深層の名詞 A を表層の位置 S に」置き、「深層の名詞 O を斜格にするのであり、また深層の名詞 O は省くこともある」[90]。最後に、活格構造の代表諸言語では、ディアテシスを知るのは活格動詞だけであり、活格動詞のディアテシスは遠心相（центробежная версия, centrifugal version）と非遠心相（求心相 нецентробежная версия, centripetal version）を相互区分している：cf. мать（母が）сушит（乾かす）（листья, плоды и т. д. 木の葉、果実等を）～листья（листья, плоды и т. д. 木の葉、果実等が）сохнут（乾く）の内容における二つの相（version）の意味的対立。動詞ディアテシスの地位自体も言語類型毎に異なる——活格諸言語だけはディアテシスは構造的に動機性をもつ包含事象として登場するが、それ以外の諸言語では概して無縁であることが稀ではない。

　恐らく、活格、能格、主格諸言語の格組織体系の目録の違いも示すことができよう。例えば、一貫した活格構造の代表諸言語にとっては格パラダイムの欠如が特徴的である——活格と不活格の対立は、ここでは活性（「有生」）名詞と不活性（「無生」）名詞の対立の弱化を代償するものとして、後期の活格状態に現れる。能格組織の格パラダイムの基本構成分子は能格と絶対格の対立とそれを補う諸所格の集合に尽きる。最後に、主格構造の格組織は主格と対格の対立によって特徴づけられるが、この対立は属格、与格、具格によって、また所格系列によって補われることがある[91]。

　上に簡単に特徴づけた全ての類型組織の構造的包含事象を比べてみれば、その相互的近似性の程度（言い換えれば、現実の主体・客体関係の伝達への適応度）に応じて、それらは必然的に次のように一列に並ぶ：すなわち類別型——活格型——能格型——主格型のように。つまりこのような論理的な一貫性は、これら諸類型組織の主体・客体関係の表出に対する定位性の強～弱

---

[90] See: *Dixon R.M.W.* Ergativity, p. 119
[91] 詳細は see: *Климов Г.А.* К типологии падежных систем. — Изв. АН СССР, ОЛЯ, 1981, № 2

度によって規定されるのである。とりわけ注意を引くのは、類別組織から主格組織へ向うに従ってこの関係の伝達手段の規模そのものが増大して行く、という興味深い法則性が見られることである：類別組織内ではこれがまだ多くの点で語彙であるであるのに対して、以後、他のあらゆる言語構造レヴェルをこの関係の表現域に引き込むことによって、この伝達手段はますます増大して行くことになる。Cf. 他動詞と自動詞という相互の語彙的特徴に現れる、主格構造内での動詞語彙素のかなり一義的な主体あるいは客体の意味価（интенция, intention）（cf.「燃やす」、「連れて行く」、「投げる」、「引きずる」、「目覚めさせる」、等の動詞語彙素と「燃える」、「行く」、「落ちる」、「這う」、「目覚める」、等の動詞語彙素）に対して、能格組織に特徴的な動詞群の主体および客体の意味価の不鮮明さ（cf. 能格動詞 agent v. と絶対動詞 fact.v. を他動詞と自動詞と同等視することができないこと、また「拡散」動詞と情緒動詞という特殊な動詞類も）、そしてまた活格型類型の諸言語における活格動詞と状態動詞の主体・客体的意味価の非常に明白な拡散性（диффузность, diffuseness）（cf. 活格動詞の同一語彙素内部での「燃やす//燃える」、「連れて行く//行く」、「投下する//落下する」、「引きずる//這う」、「目覚めさせる//目覚める」、等の意味）。

　この点では、他の一連の状況も興味深い。例えば、類別型言語には動詞の類別・人称活用が現れるが、その活用の接辞は主体と客体の形を区別していない。活格構造は、活格系列と不活格系列という二系列の動詞人称接辞の特徴をもつが、これらの系列は主体系列や客体系列とは全く異なるものである。主体・客体的な相関性にさらに接近を見せるのは、能格諸言語の動詞形態であり、それの二系列の人称接辞——能格系列と絶対格系列——は、度々主体系列と客体系列として不正確な資格付けを受けることがあるが、原則的には、主体機能と客体機能を融合的に兼務するものと認定されなければならない（ただし、直接客体的な意味と間接客体的な意味がここではすでに分化している点は、興味深い）。最後に、主格構造の代表諸言語にあっては、通常、単一主体系列が存在する（いくつかの主格構造言語に見られる二系列の動詞人称接辞は、それぞれかなり一義的な主体的定位性と客体的定位性を

顕す）。仮定されている言語諸類型の名詞形態の基本特徴も、構造特徴の同様の段階位相を示している。類別型言語では、格パラダイムは一般に欠如している。活格構造言語において、非常に稀に初歩的な名詞曲用が現れる場合（それは後期の活格状態を表す）、曲用の基本構成成分――活格と不活格――は、主体的および客体的相関性を欠いている。能格型諸言語の能格と絶対格は、主体的および客体的機能を独自のやり方で配分、兼務させることを特徴とする。そして最後に、主格組織の主格と対格は、現実の主体・客体関係の伝達への定位性をかなり明確に顕しており、したがって、多くの言語学者は、主格の主体的定位性と対格の客体的定位性の性格を強調している。

　この唯一論理的に立証した（すなわち、そこに働く主体・客体関係の伝達原理面での言語諸類型間の相互的近似性程度に応じて導出した）連続性は、諸類型内でのより個別的な面の諸特徴全体の分布と一定の呼応関係にあることが判る。このことは、例えば、仮定される言語諸類型に特徴的な、動詞活用の人称接辞の特徴が証明する。例えば、類別型は、類別・人称活用を知っており、その活用接辞は機能的に対置される系列形式をもたない（興味深いことに、具体的な諸ケースでは、それを独立した代名詞でなく接辞と認定することに異論が唱えられる）。活格構造は、活格系列と不活格系列の機能的に異なる二系列の動詞人称接辞を特徴とするが、これらは決して主体系列とか客体系列に合致するものではなく、「行為主体」系列とか「状態主体」系列という比喩的認定を許容するにすぎない。主体機能と客体機能との相関性に向けてさらに接近を見せるのは、能格組織における二系列――能格系列と絶対格系列――の動詞人称接辞である（これらは、記述的分野の諸研究において、しばしば主体系列と客体系列という不正確な認定を受けるが、実のところは、主体・客体機能はこれら二系列の中で融合的に表される）。最後に、主格構造内に普通現れるのは、単一の――機能的に主体的な――系列の動詞人称接辞である。主格諸言語に見受けられる二系列の動詞人称指標は、一義的に主体と客体の意味を有する。

　概略した、内容的言語諸類型の相関的な位置関係は、一連の別レヴェルからの補強も得ている。とりわけ、この関係を証明するのは、類別構造の代表

第 2 章 内容類型学的言語分類の問題 149

言語では主体・客体関係の伝達において語彙が最大限の機能的負担を担うのに対して、主格言語では逆に語彙の然るべき機能が実質的に最小である（cf. 主格言語にあっては、内容的に規定される名詞分類が存在しないこと、動詞語彙素の他動詞類と自動詞類への分類には高い抽象度があること）、という点である。同じことは、類別組織では形態が語形成から一部分離していないのに対して、主格構造内では形態が可能な限り最大限の発達を示す、という事実が証明している。

　上述に従って、仮定される言語諸類型の内容的動因子自体にも同様の相関性を推定して当然であって、結局のところ、その相関性が諸類型の構造的諸特徴の独特の分布を惹起するのである。類別構造と主格構造の意味的決定因子の相互的乖離度は最大であると推定できる。類別組織内に輪郭特徴（プロファイル）を象る安定的な類別役割の対立とりわけその最も抽象的な形での有生と無生の対立は、活格構造内の動因子への接近（共時的な意味で）と見なすことができるが、その活格構造の活性と不活性というハイパーロール（гиперроли, hyperroles 融合的意味役割）的相関項は性格的には不安定であるとはいえ、有生と無生の区別との一定の接点も見せている。能格組織の基礎になっている作因性原理（agent. pr. 能格原理）と叙実性原理（fact. pr. 絶対格原理）の不安定な対立は、活格組織内の活性原理と不活性原理の対立との明らかな連関性（科学の歴史に発生した、長期にわたる両組織の相互間混同も、このことに関連する）を見せながら、同時に、主格構造の主体・客体的な意味的決定因子への一定の接近性を顕すのである。

　ここに特徴づけた類型諸組織はそれぞれ勝れて固有の構造的特性をもつのであるが、それにもかかわらず注意を引くのは、活格、能格、主格組織間に存在する一定の構造的類似性である。なかんずく、これら諸組織に共通するのは、その意味的決定因子が性格的に不安定な対立の基礎の上に成立している、という重要な事実である：容易に見て取れるように、活性原理と不活性原理、作因性原理（能格原理）と叙実性原理（絶対格原理）、さらに主体原理と客体原理の対立は、類別組織に特有の性格的に安定した類別的対立とは違って、不安定な性質を有するのである。同時に、これら諸類型においては、

言語構造全体にとっての動詞語の語彙化原理の基幹的な重要性が鮮明に浮上している（このことは、通時面では、これら三組織の歴史はある程度動詞の語彙化原理の再編に従って提示できる、ことを意味する）。他の組織には存在しない名詞形態（特に、格パラダイム、所有性範疇の）の可能性も、これら三組織全てに共通である（類別構造内では、名詞形態は、周知の如く、語形成から分離していない）。曖昧ながら、これら三組織の相互的な接点については、過去の類型学諸研究においても指摘されたことがある。Cf. 例えば、活格組織（論者によれば、「理想的能格」組織）にとってかくも特徴的な有生性～無生性特徴の対立は、主格組織に反映される、他動性～自動性の概念の対立に一定の近似性を示す、というライオンズの指摘[92]。三組織の一定の相互近似性は、これら組織の一つが優勢である一方で第二、第三の組織のいくつかの特徴を示す言語が経験的に実証される、という点にも現れている。例えば、カフカース言語圏では、アブハズ・アディゲ諸語は能格性の基準に接近しているにもかかわらず活格構造の個々の特徴を顕すのであり、ナフ・ダゲスタン諸語は明らかに能格構造が優勢であるにもかかわらず主格化傾向を見せるのに対して、カルトヴェリ諸語は基本は主格言語でありながら活格構造の多数の残滓的諸現象を保存する言語という認定を下すべきである。

　構想した分類内での活格組織の、多くの点で要となる位置が注目される。活格組織が名詞の活性類と不活性類の特徴的な対立によってある程度性質的に安定した有生類と無生類の対立（cf. 類別組織における名詞の安定した分類）に近接しているとすれば、この対立の背後には、多少とも大ざっぱな接近性ではあるが、主格構造にはっきりと登場してくる、主体と客体という不安定な対立、場における対立が控えているのである[93]。

　能格組織体系とは類型的に異なる組織体系としての活格構造という概

---

[92] *Lyons J.* Introduction to theoretical linguistics. Cambridge, 1971, p. 357–359
[93] See: *Климов Г.А.* О месте активного строя в контенсивно-типологической классификации языков. В кн.: Теория языка, англистика, кельтология. М., 1976; *Klimov G.A.* On the position of the ergative type in typological classification. — In: Ergativity..., p. 327–332

念は、1960年代末から1970年代初めにかけて初めて定式化されたものであったが、現在では専門書に広く採用されている。活格構造という概念の分離は、多くのソヴィエトの刊行物に支持されており、ブダゴフ（P.A. Будагов）、ガムクレリゼ（Т.В. Гамкрелидзе）、グフマン、ヴェルネル、ヂヤコノフ、ヴァチェスラフ・イヴァノフ、キブリク、パルマイティス、ペレリムーテル（И.А. Перельмутер）、サフチェンコ、ハイダコフ（С.М. Хайдаков）、チハイゼ（М.П. Чхаидзе）、エーデルマン他の論者等の諸研究に見られる。国外の言語学においては、こうした概念の分離はさらに広く行われている。Cf. アロンソン（H.I. Aronson）、ベハート、ベーダー、ボッソン（G. Bossong）、ヴァリン、ジョンソン（D. Johnson）、ディクソン、デジェ、イトコネン（T. Itkonen）、コムリー、コリジン、キャットフォード、ライオンズ、ミンコヴァ、ニコルス、プランク、ロムポルトル、セキ、トラスク（R. Trask）、フィルモア、フォリー、フォスター（J. Foster）、ヘーゲル（K. Hegel）、シュミット（K.H. Schmidt）他多数の研究（アメリカの論者等の中には、active language という用語と並んで、これと同義的な active/stative languages という用語も使う者がある）[94]。

同時に、最近専門書では、活格組織を主格組織や能格組織と同次元の値として対比することに充分な妥当性があるのか、という点に疑念が表明されている。この場合、活格性は、その構造に、恐らく他動詞の主語、自動詞の主語そして直接補語のような「真の文法関係」ではなくむしろある種の「純意味的な関係」を前提としたものだ、という点の指摘がなされる[95]。しかし、明らかに主体・客体的な二分法ではなく固有の意味基準に定位した能格組織の特徴づけにとっても、ここに挙げられる「真の文法関係」が十分に的確な手段であるかは、大いに疑わしいのである。しかし、何れにせよ、内

---

[94] Cf. *Nichols J.* Verbal semantics and sentence construction, p. 347–348; *Foley W.A.* On the viability of the notion of subject in universal grammar. — BLS, 1977, 3, p. 298

[95] Cf. *Plank F.* Ergativity, syntactic typology and universal grammar: some past and present viewpoints. — In: Ergativity: towards a theory of grammatical relations, London, 1979, p. 29.

容類型学にとって決定的な意義をもつのは、活格諸言語の構造的パラメーターが、能格性の観念にも収まらずに独自の活格組織を仮定せしめる明確な特質を示す、という点である。この点に関連して、次の点を指摘しておく必要がある。すなわち、類型学的問題群の研究の一定段階において、一時期筆者は、活格構造とも主格構造とも一定の接点を見せる能格構造の「内的矛盾」とは全く異なって、活格構造と主格構造の二つは、より大きな根拠を以て、互いに明確に区別される意味的決定因子に規定された構造内的完結性を自任し得るもの、という印象をもったことがある[96]。ところが、筆者がこうした印象をもったのは、何よりも先ず能格性の意味的原理の性格について当時の内容類型学の認識段階が未熟であったことの結果によるものである。最近数年間の諸研究（とりわけキブリクの諸研究）によって初めて、能格性の内的な内容的動因子の的確な理解に到達する可能性を得たのであって、現在では、能格性の構造要素の、主体・客体的あるいは活性・不活性的な二分法への定位性を示すことはできない。

　内容類型学的な構造図式内に仮定される言語諸類型の上述の相関的位置付けは、恐らく、具体的な諸言語において異なる類型組織の構造諸特徴が混在するという性格そのものに裏付けを得るのである。その性格は、混合的類型の諸言語が多少とも明確に顕すのは順列面で隣接する類型の特徴だけだ、という点に見ることができる。例えば、アブハズ・アディゲ諸語やエスキモー・アリュート諸語は、活格構造の諸要素を伴う能格言語という認定を下すべきである。ナフ・ダゲスタン諸語は、能格特有の輪郭特徴（プロファイル）を象る要素と並行して、主格構造要素の著しい特徴を示す。北米のナ・デネ大語族の諸言語は、幾分類別構造の特徴を伴う活格言語と認定される。アフリカのバントゥー語族の代表諸言語は、著しく活格型寄りにシフトした特徴を伴う類別型類型を顕している。唯一保留条件を付けなければならないのは、恐らく主格型の位置付けに関してだけであろう。主格型の代表諸言語には、能格型類型の構造特徴の重なりが予想されると同時に、活格型類型の

---

[96] *Климов Г.А.* Очерк общей теории эргативности, с. 246–247.

特徴が重なる事例も立証されるからである（この可能性を最も明白に例証するのは、カルトヴェリ諸語やエニセイ諸語のような言語の構造的な姿である）。検討中の分類的問題群に最も直接的な関係をもつのは、言語類型の類型的隔たり（типологическое расстояние, typological distance）という概念である。このかなり重要な概念は、すでに形式類型学的問題群関係の専門書に用いられているのであるから[97]、概ね類型学にとって新しいものではないが、内容類型学にとっても実は大いに有効である。

　ここに仮定される言語諸類型の比較検討から、これら諸類型の、構造面での相互近接度は同じではない、という結論に達することができる。例えば、主格組織と活格組織間に存在する深い隔たりは、十分に明らかである。逆に、能格構造と主格構造の分界線は現在でも明確さを欠いたままである（cf. 例えば両構造における動詞語の語彙化原理の問題でも）。同時に、能格組織は活格組織との間に非常に明確な接点を見せている。この二つの状況は、周知の如く、類型学研究の歴史にもくっきりと反映している：より初期の研究段階では長い間、能格構造が活格構造と区別されなかったのに対して、現在では多くの論者等が十分な根拠を以て能格構造と主格構造の著しい相互近接性を指摘している。なおのこと、主格組織と類別組織の間に存在する構造的な違いはさらに深いと思われ、それはこれら類型に特徴的な語彙範疇や文法範疇の著しく異なる組合せに反映している。同時に、専門書ではすでに、類別組織と活格組織の一定の接点に注意が向けられて来ている。こうした具体的な相関関係を基にして、内容類型学的な組織体系をそれら相互間の構造的近接度に従って一定の整理をする可能性が出て来る。当然のことながら、類型的に最大限の隔たりを示すのは、類別構造と主格構造である（この点に関しては、例えば、前者の構造では主体・客体関係の表現の重心が語彙的手段にあるのに対して、後者の構造では逆にその重心はむしろ文法的手段にある、ことを注意すれば十分である）。

---

[97] Cf., ex.: *Altmann G., Lehfeldt W.* Allgemeine Sprachtypologie. Prinzipien und Meßverfahren. München, 1973, S. 39–44.

すでに再三指摘したように、通常具体的な言語が一定の類型種に含められるからといって、そのことは、経験的実際に異類型の構造特徴の組合せを見せる多数の言語がよく知られることといささかも矛盾するものではない。個々のケースでは第三の類型の特徴も十分に感触される場合は排除できないが、原則として、ここで考えているのは、二つの言語類型の特徴が重なる事例である。例えば、ナフ・ダゲスタン諸語では、能格特有の輪郭特徴（プロファイル）を象る要素とそれに隷属する形で主格的要素がある一方で、活格構造の個々の要素も追跡されると考えられている。類型的諸要素の多様な組合せの可能性全ての中で、専門書が最もよく記述するのは、一方では主格型類型の特徴を混在させる事例、もう一方で能格型ないしは活格型類型の特徴を混在する事例である。この場合、多数の現代の諸研究に強調されているところでは、言語構造のある構成部分はある類型組織の規範を実現しようとする性向を見せ、またある部分は別の類型組織の規範を実現しようとする性向を顕す[98]。

　世界の諸言語に最も広がる異類型諸特徴の混在のあり方には、いくつかの手法がある。

　例えば、動詞述語の時制形の違いに応じて文構造を特徴づける類型的相互分裂のいくつかの事実は、すでに当該問題群の初期の研究者等の視野に入っていた。典型的なのは、動詞述語が過去形――過去時制（preterit）形ないしはアオリスト形――をもつ文モデルでは能格組織のメカニズムを示すのに、現在時制形をもつ文モデルではむしろ主格組織の機能化を示す、という場合である。類型的要素のこうした相関関係の例証は、ブルシャスキ語、いくつかのインド・イラン諸語（例えばパシュトゥ語、ヒンディー語、ラジャスタニ語）、チベット・ビルマ諸語の一部（何れにせよ古典チベット語）、サモア語、ユカテク語（マイヤ語）のような諸言語に認められ、またバスク語では部分的に動詞述語の未完了過去（imperfect）形をもつ構文で主格化側への

---

[98] Cf. *Bechert J.* Das Nominativ-Ergativ-Kontinuum und die pragmatische Fundierung grammatischer Kategorien. Linguistic Agency University of Trier, 1978, Series A, Paper 47.

ずれが見られる。同様の関係はナフ・ダゲスタン諸語にも現れるが、そこでは継続相的（durative aspect）な動詞述語形をもつ文は主格組織の特徴を示す[99]。類型論的な諸特徴の同様の分布は、グルジア語やスヴァン語のようなカルトヴェリ諸語でも再三確認されてきたところである。ここでのその分布特徴は、動詞の現在時制形をもつ構文では主格組織が機能するのに対して、そのアオリスト形をもつ構文ではかつての活格構造の特徴が顕著である、という点に尽きる。

一つの言語組織の諸断片が類型的に分裂するというもう一つの事例は、能格性（agentiveness）目盛上での名詞指示物（референты, referents）のポテンシャルの違いによる名詞解釈の違いに基づくものである。最近のオーストラリア諸語の資料を基に研究された図式によると、名詞はそのポテンシャルを反映する階層性を有し、それは階層性の頂点に立つ人称代名詞から固有名詞を経て普通名詞に至り、さらに普通名詞内では人、有生、無生名詞の標示に階層性がある、というものである。主格的要素と能格的要素を混在させる言語では、この階層性はその左辺項へ行くほど主格性規範に応じた構成確率が高くなり、右辺に行くほど能格性規範による構成確率が高くなる点に現れている（cf. 原著 p. 71[本訳書 p. 87]）。この種の具体例が最も頻繁に観察されるのは、多数のオーストラリア諸語であるが、そこでは、主格性規範解釈の人称代名詞（とりわけ 1, 2 人称）に、残余の名詞の能格性規範による形式化が対立している。これらの変種は、例えばディルバル語やアラバナ語のようなオーストラリア諸語に、また南米のカシナヤ語（パノ語族）にも認められる[100]。例えばディルバル語では、A, S, O の役割の通常のコード化原理の一方で、1、2 人称代名詞では A と S の機能はゼロ接辞によって、O の役割は特別な-na 表徴によって表現する。ただし、普通行われるように、この-na 表徴を対応の主格のゼロ指標に対して対格指標と見なすことができる

---

[99] *Хайдаков С.М.* Дюративное действие и эргативная конструкция (на материале дагестанских языков). — ВЯ, 1980, № 5.
[100] See: *Blake B.J.* On Ergativity and the notion of subject: some Australian cases. — Lingua, 1976, 39, p. 282; *Dixon R.M.W.* Ergativity, p. 85–90.

のか（→ [訳者] 以下のディルバル語の (1) 曲用表と (2) 例文とそれに続くクリモフのディクソン批判を参照）、という疑問が生ずるのである。

　最後に、異なる言語類型（この場合、主格性と能格性に関してのこと）の構造特徴を混在させる第三の事例は、文の名詞成分と動詞成分の構造の然るべき差異に現れる。ブィホフスカヤはすでに 1931 年に初めてバスク語資料を基にしてこの第三の事例を確認し、ここでは名詞成分が能格的形式化を特徴とするのに対して、動詞成分は主格的形式化を行うことを立証したのであった。概ね同様の類型学的特徴の相関関係は、ディクソンがオーストラリアのムリンバダ語に観察している。それは、いくつかのナフ・ダゲスタン諸語（例えばウディン語）にも見ることができる。同時に、この場合稀ならず能格性の発現が欠如することも、指摘しておく必要がある。この混在種を例証する言語では、能格は通常その間接客体的機能を欠くからである。

　きわめて象徴的なのは、専門書には、以上に特徴づけた混在種全てに何らかの意味的解釈が提起されることであり、特に初めの二つの事例においてそうである。

　最近、専門書に相当の広がりを見せるのは、種々の類型的要素が同一言語の異なるレヴェル毎に分裂する可能性がある、という考えである。同時に、諸研究が繰り返すのは、あれこれの言語が主格的統語法をもつ一方で能格的形態法を有する、という定式化である。例えば、コムリーがその刊行書の一つで次の点を確認する；すなわち、「恐らく形態的能格性（名詞型、動詞型、またその両型の）を示す大多数の言語を研究して行く過程で明らかになって行くだろうことは、主格・対格原理よりはむしろ能格・絶対格原理に基づく機能化に常に傾きがちな抱合（incorporation）のような少数の統語的過程を計算に入れなければ、圧倒的多数の統語現象は能格・絶対格原理よりはむしろ主格・対格原理に則って作用することである。換言すれば、形態的に能格的である大多数の言語は、統語的には能格的ではない；少なくとも形態と統語に関する限りは、大多数の言語では、能格性は相対的に表層的な現象であ

ると思われる」[101]、と。このテーゼは、同じようにイギリスの言語学者トラスクが定式化している：「恐らく、能格性を示す全ての言語は・・・形態的能格性を顕しており、そのうち非常に少数の言語が統語的能格性を証明している」[102]。

　こうして、コムリーによれば、特にカフカースのレズギン諸語の一つ——ヒナルグ語——は、「形態レヴェルでは能格言語でありながら、統語的にはすでに主格的な言語と認定さるべきである」[103]。彼の考えによると、チュクチ語は、名詞と動詞の形態に関する限り、完全という訳には行かないが高度に能格的であるが、その統語法は主として主格的で、能格的な要素はそれよりはるかに控えめな地位を占める[104]。ブレイクも同じく、全てのことから判断して、オーストラリア諸語の類型的諸要素の相関関係を然るべく総括して、その大多数の言語では（ここではクイーンスランドの一連の言語には一定の例外があるが）、能格性は形態レヴェルに発現して（普通、これは格パラダイムの組織である）、統語レヴェルでは欠如する、という考えに傾いている[105]。

　このような諸見解は、全体として、形態と統語レヴェルで言語の類型的諸要素が分裂することを正確に反映したものである。ただし同時に、これら諸見解は、検討中の諸言語のコード化特性を捨象して、それのいわゆるコントロール特性の証例に完全に立脚しているという意味で、幾分直線的であることに気付くのであるが。統語レヴェルでのコード特性には、普通この場合に圏外に置かれている文類型も加えるべきであり、このことは、言語類型の語彙的包含事象も勘案すれば、なおさら必要なことである、と思われよう（このような定式化は、能格構文と絶対構文の相関性に注意を向けておらず、ま

---

[101] *Comrie B*. Ergativity, p. 346
[102] *Trask R*. On the origing of ergativity. — In: Ergativity..., p. 385; cf. quoque: *Dixon R.M.W*. Ergativity.
[103] *Comrie B*. Op. cit., p. 355
[104] *Comrie B*. Degrees of ergativity: some Chukchee evidence. — Ergativity..., p. 220, 227.
[105] *Blake B.J*. Degrees of ergativity in Australia. In: Ergativity..., p. 301–303.

たこうした諸条件の中で、大雑把であるが「直接」補語と「間接」補語としての認定を許容する独自の補語成分の機能化も見落としているのである)。関係文法の分野の研究の実際においては、概して、言語の能格的形態の一方で、主格的統語法を確認するという直線的な定式化が頻繁に行われていることから、ここで行った注意はなおさら必要だと思われる。周知の如く、すでに数年前、アンダーソンは1940年代に初めてクリウォヴィッチが予見した極端な見地[106]、つまり主格性と能格性の間の違いは完全に純形態的な面の表層的な違いに帰するものである、とする考えに到達したのである[107](形態は、一般に、「能格諸言語における統語機能の方向性転換 (disorienting) 指標である」、とする彼の周知の定式化も、実はこうした理解と符合する)[108]。

　勿論、こうした視点は明らかに誤解であり、この誤解の原因は、言語構造一般に対する非体系的なアプローチや、とりわけ能格構造原理に対する不完全な理解、に根がある。ところが、言語はその体系的性質の故に、如何なる発展段階においても類型的に異なる諸成分を機械的に混在させることはない、ことを忘れてはならない。第一に、すでに原著 p. 121[本書 p. 152] に指摘したように、普通は、言語に実現される一方の類型が輪郭特徴（プロファイル）を象る性格をもち他方が隷属的な地位にある、ことは確定できる。第二に、言語における輪郭特徴（プロファイル）的な要素は、隷属的な要素をより鮮明に示す構成部分にも様々なやり方で姿を顕す。最後に、輪郭特徴（プロファイル）的な類型的要素の優勢域にさえ普通何がしかの隷属的な要素も見出せる。同時に、統語は、形態から不浸透的な障壁によって仕切られておらず、むしろ逆に形態の一定の特徴を規定するものであることを考慮するならば、上述のことは、能格構造と主格構造の構造的諸特徴を文法構造に混在させる言語においては二様の局面があり得る、ことを意味する。ある

---

[106] *Курилович Е.* Эргативность и стадиальность в языке. — Изв. АН СССР, ОЛЯ, 1946, т. 5, № 5.

[107] *Anderson St.R.* On the syntax of ergative languages. — Proceedings of the XI-th International Congress of Linguists. Bologna, 1974.

[108] *Anderson St.R.* On the notion of subject in ergative languages. — In: Subject and topic. New York, 1976, p. 11.

第 2 章　内容類型学的言語分類の問題　*159*

場合には、能格性の要素が形態レヴェルだけではなく、ある程度統語レヴェルにも姿を顕す（この状況は、能格構文と絶対構文の概念を用いることを否定しない研究者等には、特に鮮明に現れる）。もう一つの場合は、言語の統語構造が事実上主格的な性格を基本とする場合、その形態レヴェルに能格性規範の一貫した実現性を過大視してはならない。これらの理解は、実は現代の理論言語学がいわゆる形態の再発見以後「表層的な」諸現象に注意を集中することと符合しており、類型学もそこからその結論を引き出すことになる、と思われる。概ね、言語における活格的な類型的要素と主格的（あるいは能格的）な類型的要素の相関関係も同じ様に構想されている。しかし、この点に関連して、それにもまして強調しておくことが重要なのは、St. アンダーソンが、S と O の意味役割を A と切り離す一方で S と O の意味役割を統合するという、広く流布している能格性の「作業」定義を指針としている点である[109]。ところが、すでに先行記述で示したように、この図式は不完全であり、厳密には不的確である。この図式は決して能格性の基準的な状態（この基準に相当するのは $S+O〜A+O_1$ の構造式であり、この場合の O_1 は間接客体の記号）を反映したものではなく、明確な主格的要素の特徴をもった能格状態を反映したものである。したがって、当然明らかなはずであるが、すでに能格性の定義自体に主格性の一定特徴を含んでいるのであれば、その定義を基にして構築した研究からは言語資料への体系的アプローチの原理の実現は期待する訳には行かないのである。

　上述の考えは、言語的経験観察の然るべき資料によっても容易に確認することができる。例えば、特に、カルトヴェリ諸語の類型学分野での最近の研究は、カルトヴェリ諸語の現代の状態が活格（あるいは、普通考えられるように、能格）構造の特徴以上に主格構造の特徴が著しく優勢であることを示している。同時に、ここで指摘しておくべきは、普通、活格的（//能格的）要素の機能化が定着している諸断片においても——動詞述語がアオリスト形の構造において——ここに主格性の諸要素が相当はっきりと識別できるこ

---

[109] Ibid., p. 3–4

と（cf. 例えば、他動詞形の態が区別できること、他動詞述語の下でも自動詞述語の下でも主語が単一の格形をとること、等）である。逆に、これらの言語では、活格類型的要素のいくつかの特徴（cf. 例えば、主格組織にはない、直接補語と間接補語の単一の格形成手段――[訳者] 例えばグルジア語は対格がなく「与格」が両機能を果す）は、明らかに主格構造の特徴が優勢である分野――現在時制系列の語形をもつ構文――においてさえ容易に見て取ることができる。全体として、カルトヴェリ諸語における類型的に関与的な諸事実の相関関係は、その統語組織での（語彙組織ではなおさら）より一貫した主格性規範の順守がある一方で、これらの規範はその形態分野においてもはっきりと感触される、という点に尽きる[110]。

　研究が言語の様々な下部組織のコントロール特性やそのコード化特性を考慮に入れる別の場合にも、かなりに類似した光景が現れる。こうした状況は、特にオーストラリアのディルバル語の1、2人称代名詞の振る舞い方の分野で確認できる。ディクソンが証明しているように、ここでは「代名詞は形式的には主格・対格的モデル化を示すが、機能的にはそれは名詞と全く同様能格・絶対格的モデル化を示す。代名詞はS（他動的行為の主体――クリモフ）とO（他動的行為の客体――クリモフ）の役割で異なる形を有するが、しかしこれらは統語的にはこれと同じ役割での名詞（同一形をもつ）と全く同様に扱われる。代名詞はSとA（他動詞の主体）の役割で、ディルバル語およびマヌ語の方言において同一形をとるが、しかし単純には同一扱いされ得ないのであって、それは名詞がSとA（異なる形式化を行う）の役割で単純には同一扱いされないのと全く同様である」[111]。こうしたアプローチの実行は、論者をして、当該言語が統一的な能格構造をもつ、という重要な結論に至らしめる。タングート語では統語も形態も能格組織と主格組織の諸要素の混在を示す、というケピング（K.B. Kepping）の定式化も同様の気

---

[110] *Климов Г.А., Алексеев М.Е.* Оп. цит., п. 78–169.
[111] *Dixon R.M.W.* The Dyirbal language of North Queensland. — Cambridge Studies in Linguistics, 1972, 9, p. 129–132.

風に貫かれている¹¹²。Cf. この点に関しては、以前述べられた、バスク語の能格性の純形態的な性格という観点に反して、「能格と絶対格の区別はバスク語の統語組織に対して関与的な特徴を構成する」、というブレットシュナイダー（G. Brettschneider）の結論も¹¹³。

一つの言語構造中に主格組織と能格組織の特徴を混合する場合主格性は統語法の方に、能格性は形態の方により鮮明に現れる、とする内容類型学に広く一般化している考えを確認した上で、統語レヴェルと形態レヴェルの諸要素の相関関係を逆に解釈する、筆者が知る唯一の事例に特に触れておかなければならないが、この逆解釈はオーストラリア諸語の諸研究に見受けられる¹¹⁴。この場合先ず想定しているのは、例えば、ディルバル語の統語構造が一貫して能格的な性格を有する一方で、形態では主格性の側への逸脱が現れる、という観察である。その逸脱とは、ここでの１人称と２人称の人称代名詞の曲用パラダイムでは能格と絶対格ではなく主格と対格の対立があるのに、これ以外の代名詞や名詞の曲用パラダイムでは言語の統語構造に合致した能格と絶対格の対立がある、という点に尽きる。下に掲げた図式 (1) によると、-na 指標はここでは対格の具現形（exponent）と見なされ、これとの関連でこれに対置される -∅（ゼロ）指標は主格形と見なすことになる（同様に、能格の曲用サブシステムとして -ŋgu 指標の能格に対して -∅ 絶対格がある）:

$$
\begin{array}{lllll}
A & -\emptyset & -\text{ŋgu} & -\text{ŋgu} & -\text{ŋgu} \\
S & -\emptyset & -\emptyset & -\emptyset & -\emptyset \quad (1) \\
O & -\text{na} & -\emptyset & -\emptyset & -\emptyset \\
\end{array}
$$

---

[112] *Kepping K.B.* Elements of ergativity and nominativity in Tangut. — In: Ergativity, p. 274

[113] *Brettschneider G.* Typological characteristics of Basque. — In: Ibid., p. 379

[114] See: *Dixon R.M.W.* The Dyirbal language of North Queensland, p. 128–136; *Idem.* A grammar of Yidiɲ. Cambridge Studies in Linguistics, 1977, 19, p. 167–176; *Idem.* Ergativity, p. 86–89.

資料のこのような現れ方により、ディルバル語では、1.「我々が父を見た」、2.「父が我々を見た」、の構文の名詞要素や代名詞要素は次のような形態特徴をとることになる：

1. nana「我々」—主格　　numa「父」—絶対格　　bura-n「見る」+ 過去
2. nana-na「我々」—対格　numa-ŋgu「父」+ 能格　bura-n「見る」+ 過去[115]　(2)

しかし、他の多数のオーストラリア諸語に一定の類似性を見出すこれらの諸事実にさらに体系的アプローチを広げると、それらに別の形態的解釈したがって別の類型的認定を提起する可能性が出て来る、と考えられる。第一に、体系的な考量からは、類型的に異なる組織体系の基本的形態諸特徴を両構造に明白に機械的に重ね合せることは受け容れられない（少し上で指摘したように、例えば、能格性と主格性の特徴を結合する諸言語の過去時制ないしはアオリスト時制の動詞述語形をもつ構造において、能格形主語と絶対格補語の名詞あるいは代名詞が類型的に正しい結合を示す場合でさえ、その結合をそれら諸言語で全体として優勢である類型的要素から切り離して観察してはならない）。第二に（第3章参照）、能格言語における主格化傾向の増大は、名詞形態ではなく先ずは動詞形態における然るべき構造的再編を前提とする。第三に、ディルバル語の統語法における能格性原理の一貫した実現は、ここに主格性規範に定位した曲用パラダイムの何らかの断片が機能するための何がしかの統語的前提が欠如している、ことを証明しており、このことは、概して、引用した諸事実の共時的動機性の追跡を許容せず、通時的起因性について予想させるのである。同時に、興味深いことに、ディクソン他多数の論者等の諸研究には、すでに共通オーストラリア語の状態が能格状態であったはずだということがかなり確信的に示されているのであるから、この面でも恐らく、サブシステムに働く -∅ 指標と -na 指標という対立

---

[115] *Dixon R.M.W.* Ergativity, p. 112

に主格構造の残滓を見出す根拠は存在しないであろう。ここに述べた考察に照らして見れば、ディルバル語の1、2人称代名詞の曲用パラダイムにおける -∅ 指標と -na 指標の対立を、恐らくははるかにもっと広範なオーストラリア諸語の類似の対立の機能的特徴によって裏付けられるような別の説明の可能性の方がもっと興味深いと思われる。すなわち、両指標の対立が諸言語毎に非常に大きな機能的変異性をもつことを考慮しておくことが有効である。ある場合には、この対立の意味は原則としてディルバル語と同様であるが、別の場合には、-na//-ɲa の指標が絶対格の接辞であり、また別の場合には、この指標がある別の機能も担っている[116]。したがって、むしろ統一的解釈を必要とするのは、オーストラリア諸語の、ある点では類似するが決して一様ではない諸ファクターの集合全体である。このことに鑑みれば、-na 指標は、オーストラリアの他の多数の諸言語とりわけアランタ語の同一の接辞と対比することができるのであって、そこではこの指標は特に有生客体の不活性性を表すのであり、本来的に格語尾ではない[117]。そこで、ディルバル語やその他のいくつかの言語では、この指標が人称代名詞に優勢的に固定されることは、-∅ 指標と -na 指標が実は正に人称代名詞分野においてこそ活格と不活格のあるいはまた能格（agentive）と絶対格（facti[ti]ve）の役割を形式的に区別する唯一の手段である（1、2人称代名詞が格変化を欠く性質は、能格諸言語では珍しくない現象）、ということによって説明されるのである。ここでは動詞の形態構造が主体・客体関係を伝達しないからである。歴史的にさらに広範に利用されてきた -∅ と -na の接辞の対立は、今日においてもなおオーストラリア諸語の一部、ディルバル語やこれに類似の諸言語に保存されているが、それは実質上その機能域を縮小してしまっている。も

---

[116] Cf., ex.: *Dixon R.M.W.* Proto-Australian faminals. — Oceanis Linguistics, 1970, 9, p. 79–103.

[117] Cf. *Capell A.* A new approach to Australian linguistics. Sydney, 1956, p. 22–23, 53–54; *Holmer N.M.* On the history and structure of the Australian languages. — In: Australian essays and studies, III. Lund, 1963, p. 60; *Кацнельсон С.Д.* К происхождению эргативной конструкции. — В кн.: Эргативная конструкция предложения в языках различных типов. М., 1967, с. 40–41.

し提起している比較考察が正しいとすれば、ここに検討しているディルバル語の特徴は、性格的には主格構造ではなく活格構造寄りに傾く形態的古体（archaism）と見なすことができよう（オーストラリア諸語の一部では、-na 接辞の直接客体機能が間接客体機能から分化していない、という点も、恐らくこうした解釈を裏付けることになろう[118]）。当然のことながら、この場合、形態と統語間の類型的諸要素の上掲の一般的分布法則は不動である。同時に、正に代名詞組織こそが通常古体保存の分野である、というよく知られた、代名詞と名詞の語形変化の相関性のもう一つの一般法則も揺らぐことはなかろう（筆者は、オーストラリア学者ではないから、筆者が行う具体的論証の完璧を主張することはできない；筆者の主たる課題は、検討対象とする問題の解決に当って主格構造組織に頼ることでは理論的な展望が見えてこないことを示すことであった）。

*　　　*　　　*

関係文法の一部研究分野では、実証された言語組織体系ではなく論理的に仮定される構造特徴集合に基づいた、いくつかの別諸類型の仮定も見受けられる。そうした諸類型としては、「逆能格」«антиэргативный» (antiergative) 型、「逆対格」«антиаккузативный» (antiaccusative) 型（すなわち「逆主格」«антиноминативный» (antinominative) 型）、「三分」«трехчастный» (tripartite) 型、さらに「ゼロ」«нулевой» (zero) 型を挙げることができる。強調してかなければならないことは、これら諸類型は全て統一的言語組織体系として例証されるのではなくて、言語構造の限られた諸断片によってのみ例証され得るにすぎないことである。さらに重要なことは、以下に行う簡単な特徴づけから容易に見て取ることができるように、実

---

[118] Cf. *Wurm S.A.* Accustive marking in Duungidjawu (Waga-Waga). — In: Grammatical categories in Australian languages. Canberra, 1976, p. 108.

際にこれら諸類型の析出のモチーフになっているのは、内容類型学研究領域では当然期待すべき内容的基準ではなく、本質的には形式的基準である、という点である。このため、これらの「言語内類型」«типы в языке»（types in language）は、明らかに、先行記述において特徴づけた諸類型と同列に置くことはできない。しかも、これら諸類型は実際に現代の研究に慣行化したものとは認め難いものである。

　まず最初に挙げるべきは、コムリーがいくつかの研究で逆能格型（antiergative type）と認定している独特の類型の仮定である。この場合、同研究者は、同類型では直接補語を含む文に主語も存在する場合にだけ直接補語をマークする専用の指標があり（したがって、それ以外の場合には、主語と直接補語は特別の指標をもたない、という条件下で）、その結果、あたかも能格組織の鏡像的反射を成すが如き言語類型を実現する可能性がある、という仮説から出発する。論者が逆能格言語の例として挙げるのは、次のような種類の文モデルが機能するフィンランド語である：Maija（マイヤが）tuli（やって来た）（主語格はここでは主格ではなく絶対格と認定される）；Maija（マイヤが）söi（食べた）kala-n（魚を）（ここでは主語の形は同様に解釈されるが、直接補語格は対格ではなく逆能格と見なされている）；そしてさらに、Syö（食べよ）kala（魚を）!（ここでは直接補語の形は絶対格と認定される）[119]。

　恐らく容易に気づくところであろうが、このような類型の確認が可能になるのは、当該問題の解決にとってより以上に関与的な、具体的言語の他の多数の構造特徴の組織体系全体を考慮しない場合、また仮定されている構造の機能的特徴の研究がなされていない場合、また内容に定位した類型学研究に形成されてきた用語法を非常に特殊に解釈する場合、だけである。したがって、第一に、フィンランド語が主格言語に属することを証するところの、他動性〜自動性特徴による動詞語の語彙化原理、他動詞の語形の、態の分化（能動と受動の区別）、またこのことに発する、主格と対格のような対

---

[119] See: *Comrie B.* The antiergative: Finland's Answer to Basque. — Papers from the 11-th Meeting of the Chicago Linguistic Society. Chicago, 1975, p. 111–121; *Idem.* Ergativity, p. 380–383.

応の格単位の機能的性質、等のようなフィンランド語の明確な特徴を無視することは、恐らく不適切であろう。第二に、論者の記述からは、格としての逆能格の機能的特徴を捉えることはできない（例えば、これが直接補語の専用格であるならば、それが主格組織の対格と類型的にどの程度異なるのか、という疑問が起ってくる）。さらに第三の問題として、論者は、類型学諸研究が一般に採用する研究の実際とは異なって、他動詞述語の下でも主語格を絶対格と認定することである。

　逆能格という概念に対して批判的な態度をとるディクソンは、この点に関して次のように書く：「フィンランド語の対格が"逆能格"として（私の考えでは、間違って）定義されている。・・・コムリーは、殊に主語がある（文の構成中に――クリモフ）場合にだけ補語の語尾を表すために"逆能格"を使っている；それは、補語が存在する場合にだけ（すなわち他動詞文においてだけ）生ずる主語語尾としての能格の鏡像的反射と見なされる。しかも、他動詞文モデルと自動詞文モデルの間の原理的な違いが考慮されておらず、AとSの機能が混同されている。しかし、私は、本論文において、我々がもし能格性研究で、また格マーキング一般的論において何がしかの進歩に到達することを望むのであれば、AとSは峻別すべきことを、示そうと思う」[120]。この同じ概念を分析して、コリンジは、逆能格構文は能格構文の鏡像的反射ではないと考えており、この概念は依然として不明確でありかつ不確定のままである、という結論に到達している[121]。

　上述の点に関連して、イトコネンが最近の研究で、主格構造を基本とするフィンランド語では周辺的な構造断片だけがいくつかの点で能格組織あるいは活格組織を思わせる形式的コード化手法をもつにすぎない、としている点を指摘しておくことは、恐らく無駄ではあるまい[122]。恐らく今検討

---

[120] *Dixon R.M.W.* Ergativity, p. 76.

[121] *Collinge N.E.* Restructurings of noun-cases in syntax: why 'anti-' will not do. — In: Studies in language companion series. v. I. Valence, Semantic Case and Grammatical Relations. Amsterdam, 1978, p. 621–627.

[122] See: *Itkonen T.* Ergatiivisutta suomessa. I. Virittäjä, 1974, I. 379–398; II. — Virittäjä, 1975, I. 31–65; *Idem.* Subject and object marking in Finish: An

したばかりの組織体系に一定の類似性を示すものとして、いわゆる逆対格 antiaccusative（すなわち逆主格 antinominative——クリモフ）なる類型が立論されるが、この概念はヤコブセン（W.H. Jacobsen）に見受けられる。論者に拠れば、「この類型は、対格類型（主格類型——クリモフ）の鏡像的反射を成し、この類型では特徴表示された形は客体よりはむしろ主体のために用いられよう」[123] が、通時的には能格型類型から引き出し得ると考えられている。彼が提起した定義からしてすでに十分に明らかなように、この類型にとっても関与的な指標は有徴性という形式的特徴であり、そのことからも、この類型を内容類型学が採用する類型目録と対比することはできない。またこの場合に目につくのは、論者によれば、この類型が二つの言語の文法構造の一部断片にのみ実現される、という点である（加えて、彼の例の一つはメグレル語のアオリスト時制形の構文に見つけたもので、不正確である。専門の研究者等が指摘するところでは、その構文は主格組織に通例である規範に則って形式化されるからである[124]）。

時に専門書には第三の類型が指摘されるが、それは非他動的行為の主体（S）や他動的行為の主体（A）のみならず他動的行為の客体（P）に別々のコード化法を採ることを特徴とすることから、これには「三分」«трехчастный» («tripartite») 型という形式的呼称が通用している。しかし、これに帰属する関係はせいぜい言語構造の狭い断片——文の名詞成分の形式化——に表示されるものであるから、この類型も恐らく本書が採る言語諸類型とは対比し得ない。このメカニズムの例証として普通ニューギニアのオーストロネシアのモトゥ語の例が引かれるが、それは S に na、A に ese、P に ∅ の指標を付けた構文である。cf. : Mero na e ginimu「少年が・立っている」に対する

---

inverted ergative system and an "ideal" ergative sub-system. In: Ergativity: towards a theory of grammatical relations. London. 1979.

[123] *Jacobsen W.H.* Why does Washo lack a passive? — In: Ergativity: towards a thoery of grammatical relations, London, 1979, p. 158.

[124] Cf. *Климов Г.А., Алексеев М.Е.* Op. cit., c. 111–113; *Boeder W.* Ergative syntax and morphology in language change: the South Caucasian languages. — In: Ergativity, p. 439–441.

Mero ese aniani e benigu「少年が・食べ物を・私にくれた」。

それと同時に、現在のところ、この言語の輪郭特徴（プロファイル）を象る動詞語彙の構造化原理の研究がなされていないため、恐らく同言語の的確な類型学的資格付けを行うことはできないであろう（引用した例から容易に気づくところであるが、動詞「活用」はここでは主格構造の規範に合せて機能しており、そのことは、他動的意味の動詞述語の場合も非他動的動詞述語の場合も代名詞的要素の e があることが、証明している）。しかも、ここで指摘されるように、「Agens の後置詞 ese は実際上任意である一方、Subject の後置詞 na の使用条件はもっと複雑であり（かつ方言毎に変異し）、したがって、多くの場合に、Subject にも何らはっきりした指標がない」[125]。Cf. また、モトゥ語の小辞 ese を能格小辞と認定する方向へ向かいつつあるディクソンの考えも[126]。

同様にして、文の名詞成分の同一形式化（とりわけゼロ型）を特徴とするもう一つの特別なコード化手法も独自の言語類型の地位を主張し得るものではない。時にこの類型の例証として挙げられるのは、英語の John came とか John kissed Mary といったタイプの文である[127]。ところが、名詞の同様の形式化は、能格諸言語や活格諸言語の中にもよく知られている（特に固有名詞ないしは 1、2 人称の人称代名詞をもつ構文で）。容易に気づくところであるが、この類型の仮定は、当該の動詞述語の類型学的特徴づけが完全に無視されているのであるから、言語の全一的類型特徴に関するものではない。例えば、上に引いた英語の例では、接辞の -ed の明らかに主体的な機能がはっきりと文構造の主格的性格を示すのである。

このコンテクストでは、1930-40 年代の我が国のいくつかの刊行書に登場しながら時の試練に耐え得なかったいわゆる所有構造の概念に触れておくことが妥当である。所有構造の診断的諸特徴は、能格組織の諸特徴に帰すこと

---

[125] *Comrie B.* Ergativity. 1978, p. 333, 334; cf.: *Capell A.* A surwey of New Guinea languages. Sydney, 1969, p. 36, 43, 54.
[126] *Dixon R.M.W.* Ergativity, p. 73.
[127] *Comrie B.* Ergativity, p. 331–332.

ができる[128]（これら諸特徴の別の部分はむしろ活格構造組織に現れる）ことが判った時点で、同概念は破棄することが決せられた。

　最後に、内容類型学的な言語分類法と諸種の形式類型学的な言語分類法の間の分類項目の相互関係に触れておかなければならない。これらの分類は原理的に実際上異なる基準を基に構築されるものであり、しかも、それらの基準原理では、前者は自然分類に属するのに対して、それ以外の分類は明らかに人工的な分類に属するのであるから、両分類組織体系に仮定される言語諸類型は、原則として具体的な諸言語の中で交差し合うものである、ことは容易に気づくところである。実際、内容面では主格言語、能格言語等の種類に属する言語が、形式面では屈折言語でも膠着言語でもあるいは孤立言語でもあり得る。例えば、主格言語の類型種に属するものとして、屈折型のアフロ・アジア諸語、膠着型のウラル諸語、孤立型の中国語がある。類別型は、形式面で膠着的なバントゥー諸語に現れる。アブハズ・アディゲ諸語は、極めて能格構造の基準型に近いが、同時に膠着言語である。特に、推定的には形態の欠如に帰結すると思われる中立組織の構造特徴の確認に成功すれば、その代表言語だけが同時に孤立型言語種に相関することが判明しよう。

　したがって、内容定位の次元と形式的次元の基準を混ぜ合せることによって諸言語類型種を取り出そうとする試みを時に見かけるが、それは恐らく無益だろう、と思われる。とりわけ、「能格性と分析性の組合せは、恐らく、空言語種 (пустой класс языков [empty language class]) をもたらすにちがいない」[129]、とするロムテフの見解は、言語がいわゆる非屈折形態法をとることがある、したがって、能格性の規範を専ら語彙的手段と統語的手段によって伝達することができる、ことを考慮していない（どうやら一部の南米諸語は、こうした状況へ向けて一定の接近様相を呈するらしい[130]）。

---

[128] この点については、see: *Мещанинов И.И.* Эргативная конструкция в языках различных типов, с. 111–112.

[129] Cf. *Ломтев Т.И.* Типология языков как учение о классах и типах языков. — В кн.: Лингвистическая типология и восточные языки. М., 1965, с. 46.

[130] Cf. *Tessman G.* Die Tschama-Sprache. — Anthropos. Revue International d'Ethnologie et de Linguistique, Wien, 1929, Bd. XXXV, H. 1–2, S. 253, 261–

現代の類型学諸研究は、孤立型構造の代表言語でも、その語彙構造と統語構造が他動的行為の主体の取り扱いとは区別して非他動的行為の主体を他動的行為の客体と同様に取り扱っておれば、そこに形態が欠如していようとも、それを能格言語種に入れることができる、という正しい指摘を行っている[131]。この点で極めて象徴的なのは、専門書に、現代中国語を、いくらか能格性の残滓現象を伴う主格構造の代表言語とする認定が存在することである。周知のように、現代中国語の多数の文法的表現手段は非義務的であるにもかかわらず、それらの内容的諸特徴は（cf. 他動性〜非他動性特徴による動詞語の語彙化、他動詞における能動態と受動態の形の対立、動詞の特徴的な主体「活用」原理、その他若干の諸特徴）、この言語の系列（paradigmatic）関係の諸要素が主格諸言語に特有の、主体・客体関係の伝達法の輪郭特徴（プロファイル）を象る定位性を示している。同時に、中国語に機能するある独特な文モデル――補助語 бей (bej) を伴う主語をもつ構造――は、一部の中国学者をしてこの言語の能格的過去を想定せしめている[132]（ただし、この考えは一般に認知されているとは見なし難い）。

　グリンバーグは、言語の三基本分類――起源的分類、類型的分類、地域的分類――の中で第一の分類だけが同時的に、非恣意的（non-arbitrary）で、網羅的（exhaustive）で、「唯一の」（unique）分類と見る。この場合、非恣意性とは同じように正しい結果をもたらす諸基準間の選択がないことを、網羅性とは全ての言語の分類が可能であることを、さらに「唯一性」とはどの言語も一つ以上の類には含め得ないことを、含意する。論者は、類型学的な分

262.

[131] Cf. *Li Y.C., Yip M.* The Ba-construction and ergativity in Chinese. — In: Ergativity..., p. 103.

[132] See: *Frei H.* The ergative construction in Chinese: theory of Pekinese PA₃, — Gengo Kenkū (言語研究) 31, p. 22–50; 32, p. 93–115; *Солнцева Н.В.* Строй глагольного предложения в китайском языке. — В кн.: Языки Китая и Юго-Восточной Азии. Проблемы синтаксиса, М., 1971; *Kung-Yi Kao.* Objective case and agentive case in classical Chinese. — In: Linguistic studies offered to Joseph Greenberg. vol. III. Syntax. Saratoga, 1976.

類基準が恣意的であることを前提とする自分のアプローチに従って、類型学的分類が非恣意性の特徴に適っていない、と考えるのである。類型学的な分類は必然たる歴史的な含意性（implications）をもたない、とする彼の定式化も、恐らくは、このことに関係しよう[133]。しかしながら、内容類型学的な分類は，彼が挙げる全ての性質に適っていることは、容易に気づくところである。当然明らかなように、これらの性質は全て、内容類型学的な分類の、あるもっと全体的な性質——それが自然的分類に属するという性質——に根ざすのである。この分類の歴史的な含意性に関する問題も、全く別のやり方で解決できることは明らかである。

　結びとして、再度強調しておくべきは、本章で示した内容類型学的言語分類は自然分類であるという基本特徴を有しており、したがって、これは少なくとも大多数の形式類型学的分類とは区別されるものであることである[134]。第一に、言語のそれぞれの構造的諸パラメーターは、内容類型学的分類においてはそれらが伝達する内容と直接的に相関する。第二に、内容類型学的分類が用いる基準は、恣意的な基準とは見なし得ない（このことは、客観的に存在する言語群を順次明らかにして来た、この分類の歴史も証明している）。第三に、内容類型学的分類は、言語を統一的な組織体系として捉えようとするものである。この点で、形式類型学的分類は恐らく全てのケースで部分的分類と見なすべきであるのに対して、内容類型学的分類は一種の全体的分類という資格付けを得るのである。

　以上述べたことから、この分類の存在論（オントロギー）的な有意義性、なかんずくその説明力は、様々な形式類型学的分類の然るべき可能性を本質的に凌駕する、と思われる。上述のことが正しいとすれば、類型学において内容類型学的な分類を精査するに従って、科学の発展の論理が鋭く提起した課題は、すなわち周知の如く予備的な性格をもつ形式的分類が不可避的にもつ限界を克服していくという課題は、解決を見るであろう。上述の理由に

---

[133] *Greenberg J.H.* Essays in linguistics. Chicago, 1957, p. 66–67.
[134] 言語学における自然的図式と人工的図式の相関性については、cf., ex.: *Bechert J.* Die Natürlichkeit linguistischer Teorien. — Linguistische Berichte, 1971, 13.

よって内容類型学的な分類の存在論的な価値が諸言語の起源的分類やまた恐らくは地域的分類の然るべきポテンシャルに完全に比肩し得る分類である、ことにも注意を向けておくことが大切である。一方今度はこのことが、内容類型学的な諸研究の歴史的問題群を考察することの合法則性を証明することになる。

第3章　内容類型学研究の歴史的側面

　先行章で検討した内容類型学研究の理論的側面と分類的側面の研究に続いては、当然のことながら、この研究領域に属する資料の歴史的解釈のあり得べき展望（perspective）という問題に取り掛からなければならない。類型学は専ら言語の共時面を取り扱うかの如き主張が、現実に最近まで言語学文献に見受けられるのであるが[1]、この主張は現在では言語学史の通過済み段階の所産だ、といっても過言ではなかろう。言語学の発展論理が確実に示したことは、言語の本質の解明にとってそれ以上に重要かつ必要なことはその通時的側面だ、という点である。類型学が結局、起源（比較・歴史）言語学や地域言語学と並んで、それと同等の言語学研究の側面の一であるという認定を広く獲得している現今では、この認定に発するあらゆる結論を引き出して然るべきである。特に、通時類型学の分野に属する諸問題全体は軽視できないばかりか、逆に正にここにこそ最も注意を凝らすべきことは、当然明

---

[1] Cf. ex.: *Марузо Ж.* Словарь лингвистических терминов. М., 1960, с. 310; *Гринверг Дж.* Квантитативный подход к морфологискоой типологии языков. — В кн.: Новое в лингвистике, вып. III. М., 1963, с. 62; *Milewski T.* Językoznawstwo. Warszawa, 1967, s. 207; *Базелл Ч.Е.* Лингвистическая типология. — В кн.: Принципы типологического анализа языков различного строя, М., 1972, с. 15. Книга Ж. Марузо переиздана в URSS, 2009.

らかになるはずである[2]。

しかしながら、強調しておくべきは、言語資料への純形式的アプローチの要求に甘んじているいくらかの現代の類型学潮流の実際が見事に証明しているように、通時類型学の構築の正当性を認定したからといっても、それは未だ通時類型学の歴史原則に関する考えの受容を意味する訳ではないことである。例えば、言語類型の変異性の事実、類型がある構造状態から別の構造状態へ再編される可能性があるという事実が、類型学者の間に広く認知されているからといっても、そのことは決して必ずしも一定の歴史的見通しに立った研究を引き出している訳ではない。

一方、変化と発展という概念間の原理的な違いは、恐らく、社会的諸現象のどの研究者にとっても、またとりわけ言語学者にとっては、議論の余地がないはずである。この点に関連して、グフマンは次のように書く：「言語の比較的大きなセグメント（分節要素）の改新を含めて言語のあらゆる変化が…当該言語にとっての前進運動を表す訳ではない。例えば、この点では、多数の印欧諸語における語のアクセント構造の変化の起源を例に採ることができるが、これはこれら諸言語の語形変化タイプの改新ファクターの一であることは勿論、そこから媒介的に統語レヴェルの変化をも引き起したものである；しかしながら、語のアクセント構造の改新そのものは、恐らく言語の完成化とは無関係であろう。語形変化パラダイムの類型的再編を特徴づける、言語技法の変化も、言語が低次状態から高次状態へ発展したという指標にはならない。…言語の発展が最も明確かつ一貫して現れるのは、言語の社会的諸機能の拡大と複雑化に起因する変化においてである。より低次の社会的発展段階においては、社会構造そのもの、交信交流形式、文化水準が、言語の使用範囲と言語の内容的ポテンシャルに制限を加える。新しい交流交信域の参入、文化の発達、文字の創造、…科学的知識の深化が、言語に対して新しい課題を提起し、新しい語彙層の形成、引き継いできた文法的諸範疇の再解

---

[2] Cf. *Гухман М.М.* Историческая типология и проблема диахронических констант. М., 1981, с. 14 et seq.

第 3 章 内容類型学研究の歴史的側面 175

釈、新しい範疇の形成を促すのである。…こうした変化が言語の発展と完成化の指標である」[3]。この引用から明らかなように、論者は、言語の発展という概念を、言語の外面的（機能的）状態においてだけでなくその類型における不可逆的な性格の過程全体に結び付けている。そしてここで、科学の発展の先行経験全体が、形式類型学的研究と内容類型学研究それぞれの側の展望を厳密に画定してかかることが如何に重要であるかを、証明するのである。

無形性、膠着性、屈折性とかあるいは分析と総合といった原理の交替に帰される、語の形態構造の通時的変化は、多数の言語に立証される特徴的な再編路線を成す。しかしながら、このことは再三様々な資料に基づいて示したように、通常循環的に行われるこうした運動は、言語の発展や言語が体験する真の歴史を証明し得るものではない。したがって、例えば、フランス語や英語の類型的発達面が孤立型に接近する傾向をもつと認定できる[4]、あるいはまた、あれこれの言語の法則的な音変移が発展諸原理に見合っている[5]、という場合、ここにいう「発展」という用語は「変化」という用語と同義的に使われていることは、当然明らかなはずである。如何なる通時的研究であれ歴史分野に踏み出せるのは、言語構造の発達という理念から出発する場合だけである点を忘れなければ、類型学が直面する多数の未解決課題が明確になるであろう。

こうした課題のスケールの大きさをイメージするためには、この内の二点を定式化すれば十分であるが、これらは本質的には一つの史的・類型学的研究の異なる側面を示すものである：すなわち、第一には、言語の語彙範疇と

---

[3] *Гухман М.М.* К вопросу о разграничении процессов изменения и развития языка. — II Всесоюзн. научн. конф. по теоретическим вопросам языкознания. «Диалектика развития языка». Тезисы докладов. М., 1980, с. 31–32.

[4] Cf.: *Skalička V.* Sprachtypologie und Sprachentwicklung. — In: To honor Roman Jacobson, vol. III. The Hague–Paris, 1967, p. 1830.

[5] Cf.: *Sommerfelt A.* Le point de vue historique en linguistique. — In: Sommerfelt A. Diachronic and synchronic aspects of language. s'-Gravehage, 1962, p. 72; *Chmielewski J.* The typological evolution of Chinese language. — Rocznik Orientalistyczny, t. XV, 1939–1940; *Kiparsky P.* Historical linguistics. — In: New horizons in linguistics. Harmondsworth, 1977.

文法範疇の歴史的性格というテーゼを論証すること、第二に、納得のいく進化仮説を構築すること、である。このことから今度は、言語の発展そのものを提示することは、現在でも時に予想されるように起源（比較・歴史）言語学の問題というより、むしろ類型学の問題だという予測を述べることができる。

　勿論、この問題群に連なる幅広い諸問題全体が言語学において検討されてこなかった、といえば大きな間違いだろう。むしろ逆に、それは絶えず各時代の大言語学者等を興奮させて来たことは、認めなければならない。A.シュレーゲル、フンボルト、シュライヒャー、フォン・ガーベレンツ、ミューラー、ポテブニャ、マールと数え上げてみても、この問題群全体の解決に様々な貢献をなした過去の言語学者等の名前の完全列挙までは程遠い（cf. 例えば「相互に如何なる歴史的［起源的――クリモフ］関係も示さない諸言語や語族でも、それらの形成を同一過程の異なる段階と見ることができる。もしそうであれば、表面上互いに不統一である諸現象のこの連関性は、創造的な力の発展だけを共通とする内的因子に求めるべきである」、とするフンボルトの周知の定式化[6]）。

　同時に、どの場合にも、時代を特徴づけた実際的知識の水準が上に言及した諸問題の解釈の仕方に不可避的に制限を加えた、ことも確かである。こうした条件下で、過去の世代の言語学者等の創造的な遺産に含まれる業績や誤算を正しく評価するためには、当時の科学の進歩の実際的な可能性を理解しておくこと、ましてこの遺産の客観的な内容を歪曲しないことが、とりわけ重要である。例えば、サピアは類型理論の評価の局面と進化の局面を全く放棄してしまった、とかいう、専門書に見受けられる見解（彼の一般言語学入門書での諸言語の形態分類の歴史的アプローチ批判に基づくもの）に反して、実際にはこの件（くだり）は彼が細心の注意を込めて記述したものである。例えば、サピアは、「特定の、精神の集団的特質」が特定の形態的言語類

---

[6] *Гумбольдт В.О.* О различии строения человеческих языков и его влиянии на духовное развитие человеческого рода. — В кн.: *Звегинцев В.А.* История языкознания XIX–XX веков в очерках и извлечениях. ч. 1, М., 1960, с. 69.

型の固有の発展を規定したとは考えられないか、という問題を自らに提起して、次のように書いた：「このような問題に明快に答えられるほど、歴史的過程の性質を、また言語と文化の発展を規定する究極的な心理的要因を、我々が十分明確に理解し切っているかどうかは疑わしい。私は自分の考えを非常に大まかに提起し得るにすぎない…」、と書いたのであった[7]。彼の入門書からの次のような引用も、彼が言語類型形成の歴史的原理に関する問題に対して出来合いの答えをもっていなかったことを証明する：「世界の異なる諸地域隅々で、相異なる歴史的来歴から、類似の社会的、経済的、また宗教的な制度ができあがって来たのと同じように、言語もまた相異なる道を通りながら、類似の形に合一しようとする傾向を見せて来ている。しかも、言語の歴史的研究が確実に我々に証明したことは、言語は連続的に変化して行くだけではなく、それは一つの型から別の型へと無意識の内に動いて行くこと、また、その動きが類似の方向性をもつことは、地球上の遠く隔たった隅々にまで観察されることである。これはつまり、同系関係をもたない諸言語が、絶えずそれぞれ独自に、概ね類似の形態組織に収斂していく、ということになる。したがって、比較可能な類型の存在を認めるとき、我々は決して個々の歴史的過程の独自性を否定しているのではない；我々は、ただ、歴史の外面的な動きの背後には、他の社会生活が作り出すものと同様、言語を一定のモデルへ、言い換えれば、類型へ、方向づける強力な駆流（drift）が働いている、と主張しているにすぎない…。一体何故に、相似た類型が形成されるのか、また、それを作り出しそして崩す力の性質とは如何なるものか、問うに易く答えるに難き問題である。あるいは、未来の心理学者は、言語類型形成の究極的原因を解明することができるかもしれない」[8]。サピアの類型的分類は歴史的諸問題そのものを検討した訳ではないけれども、言語を歴史的産

---

[7] Сапир Э. Язык. Введение в изучение речи. М.–Л., 1934, с. 170. ——[訳者]cf. 泉井久之助訳「言語」，紀伊国屋書店，1964, p.219; cf. 安藤貞雄訳「言語」，岩波文庫，p. 375.

[8] Op. cit., c. 95. ——[訳者] 上はロシア語からの重訳；cf. 泉井久之助訳, 同, p. 121-122.; cf. 安藤貞雄訳「言語」，同, 209-210; cf. クリモフ著(拙訳)「新しい言語類型学——活格構造言語とは何か」，三省堂,1999, p. 221.

物と見なした彼の一体化した言語学説は[9]、世界の諸言語に観察される構造的類似性を歴史的に解釈する可能性をともかくも完全に考慮したものであった、と見なすべき根拠はある。

まして逆説的に映るのは、1930-1940年代の我が国の多数の刊行物が言語の歴史的発展段階を論証しようとする最も真剣な試みを行ったその直後から史的・類型学的問題群への関心を失って、それに続く科学史のほとんど全期間が正に歴史的問題群を忌避した通時的類型論の絶対的支配を特徴としたことである。ただし、このことは、当時の類型学者等の考えの完全な一致を意味するものでなかった（cf.「何れにせよ、我々は、恐らく、任意の言語構造が別の任意の言語構造から発展し得るという前提、言語諸類型の発展過程の複雑さ全体は歴史的な音法則作用や類推にのみ帰結するものだとする前提、には同意しかねる」、とするジルコフ [Л.И. Жирков] の見解[10]）。

一方、過去の類型学研究が言語学にとって有意義的であったことを客観的に評価するためには、一つのかなり重要でありながら、通常視野から抜け落ちている事実を強調しておくことが大切である。勿論、研究の方法論的基盤が未熟で、また度々その一次記述の基盤が不完全であったことから、結果的に、当時構築された進化仮説が一つの場合として十分厳密な論証に耐え得るものではなく、したがって、何らかの裏付けのあるものとは見なし得なかったことは、否定し難い。同時に、以上にもまして明らかだと思われるのは、言語の類型学的な発展の全体的な時代区分（periodization）の試みの失敗が目立つからといって、そのことは決して、類型的進化における一定の順次性の存在を暗黙の裡に否定する択一的な観点に立つ言語学者等の考えに論拠があることを意味するものではないことである。しかも、言語学におけるいわゆる段階説は何がしかの研究活動の伝統を有しているのであるから、ある意味では、明らかに反段階説に対してより有利な位置に立っているのに対して、これと反対の観点は科学において何ら論拠をもたないばかりか、周知

---

[9] Op. cit., c. 150 et seq.

[10] *Жирков Л.И.* Всегда ли случайно типологическое сходство языков. (К вопросу о строе языка кучуа.) — ВЯ, 1959, № 1, c. 54.

の如く、一般的には具体的な仮説の形で定式化されたことさえない（このコンテクストで注意しておくべきは、段階的解釈の拒否宣言は今日でもなお多数の研究に共通の位置を占めるが、1950 年の言語学論争以後に続く全期間にわたって、内容類型学的な言語進化の非段階的性格の証明を扱った研究は、結局一つも現れていないことである）。したがって、現代の類型学諸説を指して最近再三述べられる、それらが歴史的展望を欠くという批判は、全く正当であると思われる[11]。

最近まで、普通 ad hoc に引き出される諸原理を指針として来た通時類型学の「永遠の」諸問題を的確に解決するためには、恐らく通時類型学の理論的・方法論的装置を真剣に完成させていくこと以外にないであろう。明らかに、先ずは方法の欠如、そしてまた経験的な研究基盤が著しく貧弱であることが、かつての幅広い研究領域の実効性の相対的な低さの原因となり、また結局は、通常提起された進化構想が説得力を欠く原因となった。そして、類型学研究に導入される言語資料が次第に拡大して行くことは確実であるのに対して、史的・類型学的研究の理論と方法論の検討は、今日でも言語学の関心の最周辺部に置かれたままである（こうした事態の見事な証拠の一つは、科学が今なお、主格構造を反映した文法的伝統の用語法で異類型諸言語を記述しようとする傾向を全く克服し切っていないことである）。

過去の史的・類型学的研究の成功と失敗を分析していくと、然るべき理論と方法論の完成は、歴史的に発展していく如何なる対象を研究する場合であれ不可欠である二つの原理――一つは体系的アプローチの原理、もう一つは歴史主義の原理――を、先ず遂行中の研究の中に取り入れて行く、という条件の下で達成できる、という確信が生まれて来る。二つのファクターの相互作用の内前者は恐らくは後者の前提条件であろうが、この相互作用が言語

---

[11] Cf.; *Будагов Р.А.* Проблемы развития языка. М., 1965, с. 55-59; *Hjelmslev L.* Le langage. Paris, 1966, p. 128-129; *Шарадзенидзе Т.С.* Типология языков (синхрония и диахрония). — В кн.: Вопросы современного общего и математического языкознания. III. М., 1971; *Greenberg J.H.* The typological method. — Current trends in linguistics, 11. Diachronic, areal and typological linguistics. The Hague–Paris, 1973, p. 184–186.

学史の様々な段階において言語学に実りをもたらしたことは、よく知られるところである。起源（比較・歴史）言語学が達成した一般に認められる成果は、正にこれらの相互作用に負うものである。そして当然のことながら、類型学自身の最も顕著な発展段階は正にこのことに関連したものであった。

具体的な史的・類型学的諸問題の解決において広がっている、両原理の最も重要な建設的役割を軽視する例は、多数諸例に基づいて容易に示すことができる。しかしながら、ここでは、恐らくこの種の例を唯二つに絞って挙げるだけで十分であろう。そのうちの一つは、ミレウスキのような現代の優れた類型学者の業績から借用して来たものであるため特に教訓的であろう、と思われる。同研究者はいろいろな言語起源論の中でアヴァール語の нилъ「我々（君［達］を含む）」、ниж「我々（君［達］を含まない）」といったタイプの内包的 (inclusive) 意味と排外的 (exclusive) 意味の複数 1 人称の代名詞語彙素の機能法則を特徴づけて、「発展は、より広い、より一般的な指示方法の形成方向へ向って進む。原始的な、非常に遅れた文化をもつ民族の言語だけが inclusivus（内包形）と exclusivus（排外形）を区別するのに対して、その他のあらゆる言語で機能するのは共通の複数 1 人称形である」、という結論に到達したのであった[12]。この短い定式化の中に、現代類型学が克服し切っていない非歴史的傾向が鏡面に映るように反映されていることに、気づかざるを得ない。アメリカ学者の口をついて出た全く意外なこの定式化が事実上不適切であることについては、もはやいうまでもないが（内包形と排外形の対立がユート・アステック諸語やケチュマラ語のような高度に発達した文明の諸言語に立証される一方で、逆に発達の弱い南米の多数の種族群の諸言語に欠如していることは、よく知られている）、検討対象とする現象を然るべき社会の文化水準に直接結び付ける一方で、同現象にとって特徴的な、様々な言語レヴェルの構造環境に相関させることすらしない、論者の著しく

---

[12] See: *Милевский Т.* Предпосылки типологического языкознания. — В кн.: Исследования по структурной типологии. М., 1963, c. 23. 同様の観点は、see: *Schmidt P.W.* Sprachfamilien und Sprachenkreise der Erde. Heidelberg, 1926, S. 530 — [訳者]cf. クリモフ著「新しい言語類型学」、三省堂, p. 216–217.

非体系的なアプローチが目につく。

ところが、この場合にも我々が扱っているのは、一定のやり方で類型学的に定着している歴史的性格の範疇であり、それはある程度世界の異類型諸言語でのこの範疇の機能の経験的様相そのものが示唆している、と考えるべき一定の根拠が存在している。活格型、能格型またとりわけ主格型の諸言語において、内包的語彙素と排外的語彙素の区別は、事実上ほとんど専ら複数1人称代名詞だけを特徴づけるある種の構造的変則として登場するのに対して、現代の類別型の代表言語においては、例えばグリンバーグのニジェール・コンゴ連合の多数の言語（バントゥー、バントゥー系諸語、等若干）においては、この区別は他の全人称にも相関するいわゆる相互人称代名詞（cf.「君＋彼」、「君たち＋彼」、「彼ら＋彼」、等の意味）が形成する、活発に機能する語彙対立のはるかに大きな組織中に有機的に組込まれている[13]。こうした関係から推定できることは、類型学的にこの内包的代名詞と排外的代名詞が類別組織に相関するものであること、これら代名詞が活格、能格、主格型諸言語において残滓的に用いられることであり、またそこではその代名詞が同様に区別される動詞人称指標の形で動詞形態面へ転置することが頻繁に観察される（正にこのことから、筆者の先行研究の一つで、両代名詞の区別の構造的根拠を類別組織に最も近接する活格組織内に求めようとしたことは、破棄せざるを得ない[14]）。相互関係の伝達において複数1人称代名詞がとりわけ根強いことの根底には、恐らく、イェスペルセンが強調している、対話の相手の包含か排除かという観点からの「我々」のいう語には二義性があるのであろう[15]。上述のことに照らして見れば、当然結論は、発展方向はある

---

[13] Cf. *Forchheimer P.* The category of person in language. Berlin, 1953, p. 132–135; see quoque: *Топорова И.Н.* К типологии местоимений в языках банту. — В кн.: Морфонология и морфонология классов слов в языках Африки (Имя. Местоимение). М., 1979, с. 126.

[14] See; *Климов Г.А.* Типологоя языков активного строя. М., 1977, с. 109–111. Изд. 2. М.: Книжый дом «ЛИБРОКОМ»/URSS, 2009. — [訳者] cf. クリモフ著, 三省堂, p.88–90.

[15] *Есперсен О.* Философия грамматики. М., 1958, с. 221. Изд. 3. М.: Комкнига/

先行段階ではより具体的な指示方法の形成に向かうという逆方向を採ったに違いない、ということになる。さらに、あれこれの構造的現象がある全一的な呼応特徴集合の中に含まれるという事実を抜きにしては、恐らく一般的には、当該現象が類型的に関与的な構造特徴に属することを論証することはできないだろう、というすでに上に指摘した事情も考慮しない訳には行かない。

現代類型学の反歴史主義的な傾向の第二の例証に関して言えば、「起源的分類でないままに言語史の資料を基にする如何なる諸言語分類であれ、それは不可避的に恣意的な一般化に至る」、と書いたイサチェンコのあからさまな反歴史主義的見解がその例となり得る[16]。如何なる論証の裏付けもないこの主張は当然、一定の歴史的根拠をもつ科学的な類型学的分類を認めないものと解せるもので、これはせいぜい言語の系統（genealogical）分類だけが科学的であるとされていた時代の考えに遡るアナクロニズムだと見てよい。

稀ならず個々の言語諸現象間の共時的な類型的相関関係が明らかでないと、そのことから、構造的再編法則を一般化する現有の試みでの非体系的なアプローチが一層目立つことになる。例えば、次のような諸原則の認定、すなわち、名詞の性分類に関してこれは内容的に規定された名詞分類に第一次的基礎があること、名詞曲用パラダイムの歴史的未発達性、複数形に比べた場合の双数形や三数形の古態性、他動詞と自動詞の原初的未分化性、動詞の形態的時制範疇（動作態範疇による「代替」）の、また態（voice）範疇の、過去における未発達性、等々の認定は、非常に多様な諸言語に関する諸研究でかなり共通の領域となっている。ところが、列挙した諸事実をともかくも総括する少数の研究においてさえ、これら諸事実が完全に原子論的な観念の支配下におかれたままで、ある一つの組織体系内でのそれらの類型的適合性あるいは非適合性の観点から観察されないのである。こうした実際によっては、恐らくこれら諸事実の中に然るべき類型的再編の何らかの全体像の存在

URSS, 2006

[16] *Исаченко А.В.* Опыт типологического анализа славянских языков. — В кн.: Новое в лингвистике, вып. III, М., 1963, с. 107.

の片鱗さえ見出し得ないであろう。

　同時に、多くの言語学の具体的諸分野において（現代印欧語学は少数の例外の一つであるが）益々一般化しているのは、歴史的に立証される状態——原則として、発達した主格状態あるいは能格状態——を、法則的に予想される、言語の形態構造の漸次的形成段階（とりわけ、語形成からの形態形成の分化とか、動詞語形変化の生成とか、名詞形態の発生、等のような段階）を通り越して、アフリカの西スーダン諸語に現れているような、ある無形的（amorphous）状態から直接引き出そうとする伝統である。かなり明白であると思われるのは、このような伝統が、現代諸言語に存在する語形変化目録は決して必ずしも原初的なものと解せないものであること、また最も一般的なケースでその変化目録に先行する何らかの別の変化目録があったはずであること、を無視していることである。過去においてこの重要な点を他の多くの論者以上に明確に強調したのはブレアル（M. Breal）であるが、彼は特に、時制の形態範疇が言語の文法構造の比較的後世の獲得物であり、また動詞は、それが動詞（Zeitwort 時間語）になるはるか以前に語形変化手段の一定集合を具有していたに違いない、と指摘したのであった[17]。

　通時類型学研究への体系的アプローチの導入に結び付けて、同研究をさらに徹底して言語類型の概念——言語の多レヴェルの呼応諸特徴の最大限集合を包括すべきものとしての——に立脚させていくべきである。類型化の基準の選択における恣意性を認めれば自動的に言語のあらゆる種類の構造分析を類型学研究と同等視してしまうことになるが、こうした立脚性はこの恣意性の広がりを克服して行く上で最も重要な保障となるであろう[18]。すでに先行記述（原著 p. 45[本訳書 p. 54-55]）において指摘したように、最近の 15 年間に、言語構造の体系性問題の検討は、言語諸事実間の包含事象的依存関

---

[17] See: *Breal M.* Essai de semantique. Science des signification. Paris, 1924, p. 353. — [訳者] cf. クリモフ著, 三省堂, p. 248

[18] これについては See: *Солнцев В.М.* Установкение подобия как метод типологического исследования. — В кн.: Лингвистическая типология и восточные языки. М., 1965, с. 114-115.

係を解明する諸研究の流れ全体の側から特に重要な刺激を受けて来ている。容易に見て取ることができるように、このような諸事実の因果的相関性の解明によって類型的変化の然るべき定式化を行うことが可能となる。この点に関して、スカリチカが正しく指摘するように、「諸現象の依存関係を仮定して初めて、諸変化の依存関係を説明することができる。諸変化の依存関係を排除すれば、発展も諸現象の無秩序な寄せ集めとして以外に解せないであろう」[19]。

内容類型学分野の通時的研究に歴史主義の原理を広げて行くことは、その必須条件として、進歩して行く思考に資すべき任務を負った、言語の前進運動という考えを採ることを前提としている。このコンテクストでは当然、言語学全体における歴史主義原理の役割について若干の注意を行っておかなければならない。

本書の筆者は、歴史主義とは歴史的に発展していく諸現象への独自のアプローチの仕方を、したがって一定の方法論的武器を、規定するある種の統一的世界観である、というテーゼを基本としている。当然明らかなように、言語のように歴史的に発展していく対象の研究は、それに対する歴史的なアプローチなしには不可能である。このことの論理的帰結として、言語学者は如何に専門化した言語研究――起源的研究であれ、類型学的研究であれ、地域言語学的研究であれ――に従事していようと、歴史的に発展していく現象としての言語を取り扱うという点では変りがない、ということになる。

周知の如く、19世紀末～20世紀初頭の言語学において全面的に支配的であったのは、歴史主義という属性を起源的（比較・歴史的）研究の専有物と見なす傾向であった。しかし、すでに青年文法学派内でも、とりわけパウル（H. Paul）の労作において、また後にはボードゥアン・ド・クルトネの諸研究において、言語資料に対する歴史的アプローチの原理の一層深い理解が進路を切り拓き始めた。後続した20世紀前半の地域言語学の急激な発展に

---

[19] Скаличка В.О. О современном состоянии типологии. —В кн.: Новое в лингвистике, вып. III, с. 34.

伴って、地域言語学の歴史的原理は益々鮮明に現れるに至った[20]（cf. 特に一連多数の言語諸事実が非常に特徴的な地域的広がりを見せること、このことは「簡単には払いのけられないこと」、またこのことの背後には何らかの歴史的必然性があるはずだ、というサピアの見解も[21]）。現在、言語連合形成の諸問題が最も興味深いこれの因果的側面とともに、地域言語学の他の諸問題の中で中心的な位置を占めることは当然のことである。しかも、諸研究の進展につれて地域的研究の基礎にある言語の集約（convergence）過程が歴史的に一定程度社会発展の比較的遅い時期に該当するものだ、という言語学者等の確信は、強くなりつつある（cf. 最も研究の進んだ言語連合成立の絶対的年代配列がかなり遅い時期に該当すること）。実際、この過程の必要な言語外的前提――接触する母集団のかなりの高密度性――は、発達した、特に農耕文明の存在時期になって初めて可能となるのである。

　予想できたように、類型学研究にも歴史主義の原理を導入して行くことには、以上に全く劣らない根拠が存在する。したがって、世界の言語地図に立証される、人工的ではなく自然的な分類である諸言語の内容類型学的な分類は、言語の並行的な歴史的発展の法則的結果であり、性格の全く異なる諸因子の相互作用が惹起する偶然のいたずらの結果ではない。

　すでに同様の観点をその諸研究中で厳正に堅持してきたのは、初期ソヴィエト期の研究者等であったが、彼らは世界の諸言語の類型的差異に言語起源論（glottogony）的な同一進行過程の例証さえ見ていたのである。例えばメッシャニーノフの諸労作の中では、一貫して言語は歴史の産物であり、研究者はそれのあれこれの発展段階を研究している、と解された。彼は、言語の共時的研究と通時的研究の相関関係を観察して、次のように書いた：「それらの違いは、遂行中の研究の目標設定に現れている。前者の共時的文法は

---

[20] Cf.: *Hamp E.P.* On some questions of areal linguistics. — BLS, 1977, 3, p. 279–281; *Десницкая А.В.* «Языковой союз» как категория исторического языкознания. — II Всесоюзн. науч. конф. по теоретическим вопросам языкознания. «Диалектика развития языка». Тезисы докладов. М., 1980, с. 136–149.

[21] See: *Сэпир Э.* Op. cit., с. 160.

歴史的完成済みの総体としての言語の現構造について論ずるのに対して、後者の通時的文法は現在の状態に至るまでの言語の歴史的発展過程を提示してみせる。普通、通時的文法だけが歴史文法と命名されるが、一方が言語の一歴史的発展段階に関するものであるのに対して、もう一方はその言語が通過してきた歴史段階全てを研究するものであることを考えれば、本質的には両文法とも歴史文法と呼んで差支えなかろう」[22]。

正にこの史的・類型学的（この用語の文字通りの意味での）研究に属すべきものに 1920–40 年代の多数のソヴィエトの刊行物があるが、その内のモノグラフ数点を挙げることができる[23]。1950–60 年代初めの著しい衰退期の後、それに続く時期はこの問題群の研究が目に見えてテンポを増した時期で、特に具体的な言語資料を基に構築されたいくつかの巨大な研究が世に出たことで特筆すべき時期であった[24]。

その後一層この分野での研究の活発化に特段の刺激を与えたのは、史的・類型学的研究の理論的側面を扱った、近年におけるグフマンのモノグラフ研究の発表である[25]。通時類型論の理論と実践の専門研究のこの初の試みでは、二つの問題群の検討が行われている：1) 史的類型論の一般理論と

---

[22] *Мещанинов И.И.* Общее языкознание. К проблеме стадиальности в развитии слова и предложения. Л., 1940, с. 19.

[23] Cf.: *Кацнельсон С.Д.* К генезису номинативного предложения. М.—Л., 1936; *Мещанинов И.И.* Новое учение о языке. Стадиальная типология. Л., 1936; *Ibid.* Общее языкознания. К проблеме стадиальности в развитии слова и предложения; *Гухман М.М.* Происхождение строя готского глагола. М.-Л., 1940; *Чикобава А.С.* Проблема эргативной конструкции в иберийско-кавказских языках. I. Историческое взаимоотношение номинативной и эргативной конструкций по данным древнегрузинского литературного языка. Тбилиси, 1948 (на груз. яз.)

[24] *Гухман М.М.* Развитие залоговых противопоставлений в германских языках. Опыт историко-типологического исследования родственных языков. М., 1964; Опыт историко-типологического исследования иранских языков, т. I–II. М., 1975; Историко-типологическая морфология германских языков, т. I–III. М., 1977–1978.

[25] *Гухман М.М.* Историческая типология и проблема даихронических констант.

方法の諸問題、2) 類型学的に認められる、言語構造の変化過程の特徴、内容、運動メカニズムの解明と分析。論者による、言語の変化と発展という概念の峻別に関連して、当然、論者の注意の核心は不可逆的構造変化に置かれた。同時に、史的類型論の概念装置として、その基本となる通時的定数（диахроническая константа, diachronic constant）という概念が導入されたが、それは一定の頻度と習慣性をもち、起源的ないしは地域的に相互無関係な諸言語に発生して来る同一方向的変化と定義されるものである。史的類型論の研究の問題範囲と方向性を定めようとする試みは、それと歴史的普遍（исторические универсалии, historical universals）の問題群との区別をもたらした。この著書には、長い間研究者等の関心の周辺に留まっていた広範な諸問題全体（cf. とりわけ、類型的再構の検討）にわたって重要な洞察が含まれている。同時に、重要なことは、同著には形式類型学と内容に定位した類型学の分野における一定の歴史的展望の違いも指摘されていることである。

　類型学の歴史的基礎という理解は、現在では国外のいくらかの言語学者にも無縁でないことにも触れない訳には行かない。これら言語学者としてコセリウ（E. Coseriu）が挙げられるが、彼が特に強調したことは、「大方の考えに反して、言語類型学も、言語類型の実現が歴史の中でなされるものである以上、その基本は歴史主義的である。言語類型に相応する諸事実は、同時に出現するものではなく、時間の中で漸次発生して行くものである」、であった[26]。

　形式類型学的研究の分野では世界の諸言語に見受けられる厖大な構造変化に明白な循環性を想定せざるを得ないのに対して、内容類型学分野への歴史主義導入による展望は一層期待して然るべきものと思われる。このことに加えて、内容類型学内で構築される理論が特段の説明力をもつという性質、内容類型学が不可逆的な性格の構造的再編の研究に特別な関心を寄せること、

---

[26] *Coesriu E.* Humboldt und die moderne Sprachwissenschaft. — In: Арнольду Степановичу Чикобава (сборник, посвященный 80-летию со дня рождения). Тбилиси, 1980, с. 29.

また内容類型学に採用される再構の時間的深度が格段の深さをもつこと、といった諸ファクターがある。内容類型学は、その歴史的基盤の故に、また同じく言語の内容面との関連の故に、言語起源論（glottogony）の問題群の研究にも重要な貢献をなし得る、と予想される。

勿論、バンヴェニストの言を借りるならば、先行章に特徴づけた「全ての言語諸類型は、等しく人間言語を代表する権利を有する。過去の歴史における何物も現代の如何なる言語形式も"原初の"ものと見なすことはできない。立証された最古の諸言語の研究が示すことは、それらが現代諸言語と同程度に完成されたものであり、またそれ以上に複雑だ、ということである；いわゆる未開諸言語の分析は、それらが高度に分化した整然とした構造化を有することを示している」[27]。同時に、世界の言語地図に立証された言語諸類型が同程度の発展段階を反映しているかのような主張を、まじめに論証する可能性はなかろう。それどころか、言語が人間の他の行動要素全体の中に有機的に含まれるものであることに注意を払えば、このような主張の反歴史主義を疑って当然である。このことからも、諸言語の最も重要な構造的差異に依拠しつつ、仮定された言語諸類型集合に何がしかの歴史的解釈を与えるという魅力的な構想が生まれて来る。

すでに1930–40年代のソヴィエトの研究者等は、諸言語の類型的発展の証明は質的な性格のものであるという考えを再三定式化したのであった。例えば、言語構造の発展性の内容的解釈へ向けた非常に明白な傾向は、よく知られたメッシャーニーノフの次の見解に現れている：「…観念形態（イデオロギー）の範疇の文法的形式の完成は、勿論原初のものではない。このことから結論できることであるが、言語における文法範疇の出現は、言語の無形性（amorphness）を打ち破るような観念形態の集積を証明するものである。ここから引き出せる結論は、文法構造の形式的諸特徴は、言語の歴史的発展過

---

[27] Бенвенист Э. Новые тенденции в общей лингвистике. — В кн.: Бенвенист Э. Общая лингвистика. М., 1974, с. 35. Изд. 3. М.: Книжный дом «ЛИБРОКОМ»/URSS, 2009. — [訳者] cf. É. バンヴェニスト著（岸本通夫監訳）「一般言語学の諸問題」、みすず書房、1992, p. 6.

程段階のかなりの前進を証明し得るものだ、ということになる。しかし、一方では、中国語における形態発達が弱いからといって、それは決して極東の言語の観念形態（すなわち、内容）面の未発達性を示すことにはならない。中国語においては、すでに上述したように、観念形態範疇は、別の外面的形式化にも現れているが、著しく発達したものである」[28]。ただし、ここに示した引用から容易に気付くことは、言語の発達性問題の解決に純形式的アプローチ（例えば形態組織の分岐性の程度に頼るような）を行うことが不的確であるという理解だけではない。この引用からそれ以上に見えるのは、当時の言語学が、形式的に孤立言語である中国語をその内容的特徴によって完全に主格型代表言語として確定させる点での具体的論証には未熟であった、という点である。

　言語の歴史的動きは伝達される内容の変化とは無関係に形式的表現手段の変化だけに関するものだという、サピアの断定的な発言（恐らく、その暗黙の前提として、人間の不変的思考レヴェルというテーゼを仮定する発言）以来、内容類型学的な諸研究には豊かな経験が蓄積されている。しかし、その経験は、多数の場合に、言語の前進運動は形式面だけではなく内容面にも姿を顕すこと（cf. 例えば、再三専門書に引かれるが、様々な言語の語彙構成の歴史や文法範疇目録に反映される、抽象化思考能力の不断の向上を証する指標）を証明している[29]。しかも、現代の言語学書では、あれこれの構造の歴史的前進性の客観的基準を、その語彙的手段や文法的手段の内容面の特徴に求めようとする傾向が益々鮮明になりつつある。すでに現在、言語学者の中にはその研究途上でむしろ反対の結論に到達している者があり、「文法的諸現象の表現面のみならず内容面も、語彙的諸現象の内容面の歴史あるいは文法の表現面の歴史に劣らない関心を引きつける複雑な発展過程を辿る。しかも、文法的諸現象の進化の内容面こそそれら諸現象の発達の本質である」、

---

[28] *Мещанинов И.И.* Проблема классификации языков в свете нового учения о языке. Л.–М., 1935, с. 60–61.

[29] Cf.: *Будагов Р.А.* Проблемы развития языка, с. 41–69; *Idem.* Что такое развитие и совершенствование языка? М., 1977, с. 35–132.

としている³⁰。言語諸現象の古体性（архаичность, archaicness）の基準を今最も真剣に求める動きも、正にこの方向に沿って展開されていると思われるが、現代の多くの研究者は特に文法的抽象化のより浅い形がその基準の一つであると認定している。セレーブレンニコフ（Б.А. Серебренников）は、次のように書く：「抽象化能力は古代期の人々も有していた。各単語や各々の文法形式は抽象概念の基礎の上にこそ発生し得るものであるから、この能力がなければ一般に言語はあり得ないだろう。ただし、古代期の人々は、より複雑なタイプの抽象概念はもたなかった、と考えられる。…様々な言語の研究は、我々が古代に奥深く踏み込めば踏み込むほど、より複雑なタイプの抽象的概念の範疇には出くわすことが少なくなる、という事実を相当な確度で裏付ける」³¹。パンフィーロフは、「いくつかの類型的差異は、抽象的一般化能力の様々な側面の発達程度の違いに起因する。とりわけ、複文の…発達程度と判断や推理のような思考形式の発達程度の間の関連性は疑いなきものと思われる」、と直言している³²。

* * *

内容類型学的問題群の歴史的側面の検討は、類型学的再構（типологическая реконструкция, typological reconstruction）問題の専門的検討がなければ不完全なものになるであろうし、全体として言語の今後の発展方向も過去の言語史から引き出せることに鑑みてもすでに、この再構問題の重要性を

---

[30] *Супрун А.Е.* Типологический аспект сравнительно-исторических исследований. — Всесоюз. науч. конф. по теоретическим вопросам языкознания. Тезисы докладов и сообщений пленарных заседаний. М., 1974, с. 6.

[31] *Серебренников Б.А.* Развитие человеческого мышления и структура языка. — В кн.: Ленинизм и теоретические проблемы языкознания. М., 1970, с. 341.

[32] *Панфилов В.З.* О задачах типологических исследований и критериях типологической классификации языков. — ВЯ, 1969, № 4, с. 15.

軽視すべきではない[33]。ところが、起源（比較・歴史）言語学の同様の問題とは異なって、類型学における補外法（экстраполяция, extrapolation）の問題は、周知のように、今日まで研究の関心の周辺部に留まっている。したがって、これの多少とも明示的な問題提起は少なくとも20世紀の第一・三半期に属するけれども、圧倒的多数の場合最近に至るまで類型学者等がad hoc（場当たり的）な再構方法に甘んじ続けている、という事実を逆説的だと見なす訳にはいかない。考えられることは、言語学諸研究の実際において類型学的再構と起源的再構の一定の違いについて、決して必ずしも明確な自覚が存在する訳ではないことである。同時に、研究がもはや本質的に何らかの言語外的抽象の解明につながるかもしれないような類型学的再構論についても触れない訳にはいかない。

勿論、如何なる原型（архетип, archetype）も結局はいくつかの言語資料をあらゆる方向から検討して構築するのであるから、一定の一般化レヴェルで一つの言語学的再構を示すだけの理由は十分にある。しかしながら、研究対象とする現象の検討の起源的側面を考慮して比較・歴史的な再構を示すことが正当であるのと同程度に、同現象の類型学的側面を考慮して類型学的な再構を行うことも正当である。当然明らかはずであるが、前者の再構が原型の物的側面の構築にとって必要であるのと同程度に、後者の再構はそれの機能的内実を解明するために必要である（例えば、ある言語資料の客観的事実の比較・歴史的再構が印欧祖語の格の具現形 [exponent] *-s//∅ を引き出すのに対して、主格、能格、活格の意味の間の選定を前提とする、同要素の機能的特徴づけは類型学的レヴェル本来の判断なしには不可能である）。まして、言語起源論（glottogony）的構想への貢献の可能性に鑑みれば、類型学的再構を示すことは、なおのこと正当である。

類型学的次元の判断が最も頻繁に現れるのは、実際、再構途上で比較言語学を基本とする研究内でのある補助的な手段の役割においてだけだ、といっても過言ではなかろう（cf. 特に今日根強い支持を受けるのは、得られた原

---

[33] Cf.: *Сэпир Э.* Op. cit., c. 122.

型と言語的事実に実現される類型学的法則性を対比することによって、比較歴史的な再構の検証を行う手法であること[34]）。長期に亘って類型学的補外法そのものの研究を押し留めて来た要因について言えば、ここで先ず第一に挙げるべきは、非常に近過去のことであるが、言語に対する類型学的アプローチと任意の構造的研究、とりわけ対照的研究、性格学的研究、言語普遍論的研究、等との同一視が蔓延していることである。したがって、当然のことながら、類型学を完全に自立的な言語学分野として確立すること、なかんずく言語学の通時的分野として認知することによって初めて、言語学本来の再構「手順」«алгоритмы» (algorithm) の完成という課題にしっかりと向き合うことになる。

現代の言語科学が類型学的再構の問題に注意を向ける必要性を感じて来なかった、という訳ではない。例えば、ビルンバウムは、「…言語学的再構は単に起源言語学の中心課題の一つであるばかりでなく、より広い意味では、これはまた言語類型学の観点からも取り扱わなければならない対象である」、と強調している[35]。理論言語学においてはすでに類型学的再構の通時的相関現象（диахронический коррелят, diachronic correlate）――類型的再編の予測性――の問題も定式化されている、というかなり重要な状況を背景にして、このことは一層明らかになりつつある[36]。現代諸言語がかつて辿って来た構造状態の仮説的再建は、言語起源論的系統の問題の解明に一定の役

---

[34] Cf.: *Jakobson R.* Typological studies and their contribution to historical comparative linguistics. — In: Jakobson R. Selected writings, I. 's-Gravenhage, 1962; *Szemerényi O.* The new look of Indo-European. Reconstruction and typology. — Phonetica, 1967, 17, 2.

[35] *Birnbaum H.* Linguistic reconstruction: its potentials and limitations in new perspective. — Journal of Indo-European Studies, 1976, 2, p. 20; cf.: *Шмидт К.-Х.* Проблемы генетической и типологической реконструкции кавказских языков. — ВЯ, 1972, № 4, с. 19.

[36] *Birnbaum H.* On reconstruction and predication. Two correlates of diachrony in genetic and typological linguistics. — Folia linguistica, 1969, II, 1–2; cf. quoque: *Altmann G., Lehfeldt W.* Allgemeine Sprachtypologie. Prinzipien und Meißverfahren. München, 1973, S. 54–55.

割を演じ得るという理由だけからしても、然るべき手順を吟味検討する重要性はいくら高く評価してもしすぎることはないのであって、それは類型学研究の枠内で到達できる原型の大きな時間的深度如何にかかっているのである。

ところが、類型学的再構の方法は、実質的には未だ専門的な検討の対象になっていない。周知の如く、言語学的再構の問題の検討は、最近に至るまで自然の成り行きで専ら起源（比較・歴史）言語学の方法論の問題域にだけ関係するものであった[37]。類型学の分野の一番最近の刊行物においてさえ、この方法論は依然として研究圏外に置かれたままである。

このような状況には、勿論、一定の客観的理由がある。その理由の一つは、恐らく、類型学における再構手順の足場を言語の物的資料に置くという一面的な限界性に見出すことができよう。この点に関しては、起源的再構が同時に音声学的言語事実も意味的言語事実も拠り所とするのに対して、類型学的再構は原則として、個々別々に前者だけを（音韻レヴェルの原型を構想する場合）、あるいはまた、後者だけを（内容レヴェルの原型を構想する場合）基礎とする、ことを想起すれば十分である。

多数の諸研究に適用されて来た方法論が不完全であることの論理的結果として、過去の大多数の史的・類型学的構想が説得力を欠くことになる。そこで、いくつかの場合、採用される再構に何ら明確な史的展望がないことが目につく。研究者等は多数の言語の歴史に、類型的に多様で稀ならず共存不能な諸特徴を、例えば多類別の名詞区分、行為動詞と状態動詞の対立、他動詞における態（voice）の対立形式の未完成、動詞の時制的形態範疇の未発達、名詞の双数、三数形の機能化等のような諸特徴を、これら諸言語を分け隔てる、ときに極めて顕著な類型的隔たりにはお構いなく、古体（アーカイック）現象と認定する。その他多数の場合に、多少とも顕著な傾向は、歴

---

[37] Cf., ex.: *Hoenigswald H.M.* Language change and linguistic reconstruction. Chicago–London, 1965; *Lyons J.* Introduction to theoretical linguistics. Cambridge, 1971, p. 31–33; *Jucquois G.* La reconstruction linguistique. Appocation à l'Indo-européen. Louvain, 1976.

史的に立証された言語状態を、ある無形的（amorphous）状態（西アフリカのいくつかの語族に現れるような状態）ないしはいわゆる前動詞状態からさえも直接的に引き出そうとする傾向がある[38]。しかしながら、この状態が、原則として、発達した能格ないしは主格状態であることを考えれば、正にそのことで言語の文法構造の形式化段階の予期される順次性を無視したものであることが明らかになる。さらにまた、論者等が歴史言語学的な展望を遵守しようとしている諸研究でさえ、再構手順の未熟さの故に、真の成果を得られていない。例えば、1930–40年代のソヴィエト言語学の内容類型学的分類の中で仮定された言語諸類型の総目録の中で、現代の科学に一般化したのは、世界の言語地図に生きた言語として現れている主格型と能格型だけであり、逆に、程度の差こそあれ再構された抱合型、所有型、他は時の試練に耐え得なかったことは極めて象徴的だと思われる。

多くの点で直観的であった過去の類型学的再構は、一体どこへ帰着したであろうか？この問題に答えるために注意しておかなければならないのは、多くの場合、類型学は概して何らかの独自の再構手順を避けて、実質上直接的に既成の比較・歴史的研究の采配下にあった原型（archetpe）を拠り所として来た、という点である。往時のギンネケン（J.van Ginneken）は、こうしたアプローチのある種の極端を行った人であったが、彼は当時様々な語族の比較文法の証例を比較することによって、言語のいわゆる先史的な構造タイプを再構するだけでなく、彼の見解によれば、これらタイプの歴史的順次性での極めて深い類似法則を解明しようとしたのであった[39]。しかしながら、この場合当然のこととして不可避的に、類型学的に関与的な諸現象の選別という複雑な問題が持ち上がって来たのであって、この問題の解決なくしては研究はあれやこれやの比較分析の類になりがちであった（ただし、ギン

---

[38] Cf.: *Danişmend I.H.* Étude sur le langage mimée de l'homme primitif et sur les verbes sans conjugaison. Istanbul, 1936; *Entwistle W.* Pre-grammar? — Archivum linguisticum, 1949, 1–2.

[39] *Ginneken J. van* La reconstruction typologique des langues archaiques de l'Hnumanité. Amsterdam, 1939, cf. quoque: Velten H.V. Sur l'évolution du genre, des cas et des parties du discours. — BSLP, 1932, v. 33, f. 2.

ネケンのモノグラフでは特に、比較文法が恐らくは十分にその解決に向けて光を当て得ないような言語起源論的問題が検討されている点にも留意しておかなければならない)。しかも、言語諸類型の既定の分類図式が未熟である条件下では、類型学的再構の方法論が包括するのは、原則として、諸言語の然るべき類型種全体の事実ではなく（比較・歴史的再構と起源的語族全体の祖語モデルとの通常の相関性から推して、このことを期待して当然であろうが)、一部諸言語の資料だけであって、その資料はそこに輪郭特徴（プロファイル）を象る類型の特徴に並んで、類型的に異なる構造要素の諸特徴を含むものであった。後に定式化されたいくつかの類型学分野の仮説も、実質的には比較・歴史言語学の資料に基づいたものである[40]。

　類型学を基礎とする再構手順の最も初期の例の一つは、有名なユレンベックの発表した著作に見受けられるものであるが、彼は初めて（ポット [A.F. Pott] の個々の推定を別にすれば)、印欧諸語の過去にある種の前主格状態を投影して見せたのであった[41]。この際、彼はその定式化によれば、「起源的には無縁の諸言語」との類推に従って、印欧語に活格型諸言語に特徴的な構造的相関性（cf. 動詞語彙の、行為動詞類と状態動詞類への区分、名詞曲用パラダイムにおける能動格と「受動」格の対立）を再構したのであった。決して然るべき再構の証明にはならずとも印欧語比較文法内の観点でこれの再構への内的動機付けとなったのは、名詞形態の分野に追跡される周知の形態的相関性（中性名詞の主、対格形と男性、女性名詞の対格形との一致）だけであった。ただし、この形態的相関性からはなおユレンベックが提起した再構を採用する必要性にまでは至らなかった。

　やはりまだ完全に明示的ではないが、はるかに本格的に類型学的再構問題の解決を提起しかつ試みた例は、1930–40 年代の多数のソヴィエトの言語学

---

[40] Cf., ex.: *Клычков Г.С.* Типологическая гипотеза реконструкции индоевропейского праязыка. — ВЯ, 1963, № 5.

[41] *Uhlenbeck C.C.* Agens und Patiens im Casussystem der indogermanischen Sprachen. — IF, 1901, XII; Idem. Zur Casuslehr. — Zeitschrift für vergleichende Sprachwissenschaft, 1906, XXXIX.

者等の諸研究に見ることができる、と思われる。それら諸研究に最も広く行われていた手順を簡単に特徴づけるとすれば、それは具体的言語の先行状態の一種の内的再構と定義すべきものであって、それは当該言語に輪郭特徴（プロファイル）を象る構造タイプの観点からすれば非体系的である諸現象の一定の集合全体の分析を基にしてなされた再構であり、その再構の結果は言語のその類型種全体にとって代表的であると認定された。周知の如く、メッシャニーノフは、正にこのようにして今日基本的には能格言語であるアブハズ語とアリュート語のいわゆる所有段階位相を再構したのであった[42]。同時期、同様のやり方で登場してきたのが、ソヴィエトのゲルマニストであり、彼らはゴート語や古代アイスランド語のようなゲルマン諸語に追跡されるいくつかの残滓的諸現象の資料に基づいて最古の印欧祖語の状態の前主格的（当時の推定では、能格的）特徴を明らかにしようとしたのであった[43]。1967年にカツネリソンが使った、オーストラリアのアランタ語の歴史における前能格段階位相の再構手順も、内容的には同様のものである[44]。

同時に、後には、比較的再構と認定して然るべき類型学的再構法に頼る先例も現れて来たが、この比較的再構法は各構造的現象を再構する途上で諸言語の一定集合総体の証例を勘案するやり方で、一定の類型種に属する一連諸言語の交差的な証例に立脚する方法を採るものであった。正にこの方法を適用したのが、特に本書の筆者による、能格構造と活格構造の起源に関する作

---

[42] See: Мещанинов И.И. Новое учение о языке. Стадиальная типология, с. 62–74, 165–168; Idem. Общее языкознание. К проблеме стадиальности в развитии слова и предложения, с. 127–134, 144–152; Idem. Притяжательное спряжение в унаганском (алеутском) и абхазском языках. — В кн.: Язык и мышление, IX, 1940.

[43] Cf.: Гухман М.М. Происхождение строя готского глагола, с. 132–153; Кацнельсон С.Д. Op. cit., с. 93–103; Idem. Историко-грамматические исследования. I. Из истории атрибутивных отношений. М.–Л., 1949.

[44] Кацнельсон С.Д. К происхождению эргативной конструкции. — В кн.: Эргативная конструкция предложения в языках различных типов. Л., 1967, с. 33–41.

業仮説を定式化しようとする試みである[45]。

にもかかわらず、恐らく、最近に至るまで通時言語学はなお起源的再構と類型学的再構の相互の分界を定める問題を完全には明らかにしていないであろう。その結果、原理的に同一の手順が時に様々な論者毎に別様に認定される。起源的レヴェルと類型学的レヴェルの判断が相互に絡み合うとなおさら複雑な状況が発生して来る。見受けられる、再構の性格の的確な認定の難しさ（しかも、これは得られる原型 archetype の起源的確度と類型学的確度の間の不一致が頻繁であることに起因する）を例証するためには、次のような例を引くだけで十分である。共通印欧語の子音組織のモデルを見直したガムクレリゼとヴャチェスラフ・イヴァノフの一連の研究において、類型学レヴェルの基準が、その組織図の検証に利用されているだけでなく論者等が提起する択一的問題解決の直接の基礎になっている（ただし、確度がより低いとはいえ、比較言語学の観点からもこうした結論が可能であることから判断が複雑化している）[46]。

研究者が再構の何れを採るか、という問題の解決は、利用される手順の本質そのものに掛っている、と考えられる。恐らく、検討される具体的ケースにおいて原型（archetype）を得る上での決定的な役割が一定の類型学的法則性に割り当てられるならば、今後それを比較文法内で考えようが外で考えようが、再構は類型学的な性格を帯びよう。また逆に、当該の具体的ケースで、比較言語学的レヴェルの判断が決定的であるならば、我々は起源論的再構に関ることになる。こうした実際がより鮮明に現れるのは印欧語比較言語学であるが、その代表者等は度々、彼らが得る原型（archetype）の類型学的根拠を強調している。例えば、正に類型学に定位した手順によってプロト

---

[45] Cf.: *Климов Г.А.* Очерк общей теории эргативности. М., 1973, с. 204–258; Типология языков активного строя, с. 264–303. 両者とも再版（URSS, 2009） ― [訳者] cf. クリモフ著、三省堂、第5章（p. 221–252）．

[46] Cf.: *Гамкрелидзе Т.В.* Лингвистическая типология и индоевропейская реконструкция. ― Изв. АН СССР, ОЛЯ, 1977, № 3. ― [訳者] cf. いわゆる「声門説」(glottal theory) のこと。日本語で読めるものとしては、山口巖著「類型学序説――ロシア・ソヴィエト言語研究の貢献」、京都大学学術出版会、1995、第4部 1, 2.

キン（В.Я. Плоткин）は、最古の印欧祖語の状態が孤立型類型に属する、という周知の観点から出発して、南東アジアに立証された原孤立的構造の現存諸言語の音韻組織の証例に立脚しつつ、印欧語の音韻組織の仮説的な動態図を再構している[47]。同じ頃、ウォトキンス（C. Watkins）は、印欧諸語における動詞の語形変化パラダイムの歴史的形成問題に触れた際、「注目に値する唯一の仮説は、恐らく純類型学的な考察に基づくものとなろう」、と主張している[48]。

考えられるように、言語学における、類型学的補外法（typological extrapolation）の未熟さを克服していく上で最も一般的な前提は、ある構造的現象が別の構造的現象に階層的な依存関係をもつことを考慮しながら、史的・類型学的研究の実際に言語に対する体系的アプローチの原理を一層深く導入して行くことに見出すべきである。このような補外法の直接的な基礎となるべきは、世界の諸言語における構造的変化の一般的な傾向と個別的傾向の確定である（類型学的再構を「言語進化方式」とするボンファンテ[G. Bonfante]の認定も恐らくこのことから来ていよう[49]）。ここでも、真っ先に発生して来るのは、類型学における最大幅の通時的定数（diachronic constanat）（グフマンの用語法）の集合を蓄積して行くという課題であり、これはクリウォヴィッチによれば再構問題の解決の重要な鍵となるものである。現在までもすでに、類型的な構造的再編過程の、また同時に恐らく不可逆的な性格を帯びるであろう構造的再編過程の、ある種の総和は明らかになって来ている。Cf. 例えば、動作態（Aktionsart）＞時制（特に：願望法 [desiderative] ＞ 未来時制）、状態動詞 ＞ 完了（perfect）＞ 不定過去（aorist）、類（クラス）＞ 性、相（version）＞ 態（voice）、活格 ＞ 主格、集合性 ＞ 複数性、他のような、クリウォヴィッチが言うところの「汎時代的」

---

[47] See: *Плоткин В.Я.* Типологическая реконструкция динамика индоевропейской фонологической системы. — Изв. АН СССР, ОЛЯ, 1978, № 5.

[48] *Watkins C.* Indogermanische Grammatik. III. Formenlehre. I. Geschichte der indogermanischen Verbalflexion. Heidelberg, 1969, S. 117.

[49] See: *Bonfante G.* On reconstruction and linguistic method, I. — Word, 1945, I, N 1, p. 85.

«панхронические» (panchronic) 再編[50]。しかしながら、文献に現れてくるこうした過程全体を、仮定される不可逆性の観点から専門的に研究する必要がある。グフマンは次のように指摘する：「これらの仮定的定数の多くは、その言語ベースが狭すぎることが多いから、各種諸言語の資料を基にした補足的検証を必要とする。これらの内のいくらかは、明らかに演繹的立論を基にしたものであるため、検証時に必然性を欠く。これら定数の組合せに関して言えば、それは相当程度偶発的である。何がしかの程度に、ここには言語普遍論分野の研究におけると同じ欠陥が認められる。恐らく、通時的定数の析出に向けた体系的アプローチは将来の仕事であろうが、それだけが構造的な史的類型学の強固な基礎を与えよう」[51]。この発言が比較言語学と類型学の分野においてすでに広く認められている体系的再構の考えの宣布を表すことは、容易に気付くところである。

これらの諸条件下では当然のことであるが、類型的再構がこうした法則性に依拠する場合の信頼度を上げるためには、まだ少なからずなし遂げなければならないことがある。この点に関しては、ここで動作態（Aktionsart）の形態的範疇の、時制範疇への再編、あるいはまた活格動詞の遠心相と非遠心相の対立の、他動詞の能動態と受動態の形の対立への変換、といったような非常に広く立証済みの過程に問いかけることすら、決して全てのケースで同程度に信頼できるという訳には行かないかもしれない（この場合時に地域的なレヴェルのファクターを考慮すべきことがあるかもしれない）、点に注意しておけば十分である。

したがって、言語構造の多レヴェルの諸事実間に存在する連係包含的な諸関係（импликативные отношения, implicational relations）を最大漏らさず明らかにすることが、特に重要だと思われる。言語類型の概念に普通積

---

[50] *Курилович Е.О.* О методах внутренней реконструкции. — В кн.: Новое в лингвистике, вып. IV. М., 1965, с. 432; *Серебренников Б.А.* Вероятностные обоснования в компаративистике. М., 1974, с. 196 et seq.

[51] *Гухман М.М.* О содержании и задачах исторической типологии. — Всесоюз. науч. конф. по теоретическим вопросам языкознания, с. 44.

み重なるこうした依存的諸関係の組合せは、あれやこれやの構造的諸現象の類型的共存性あるいは逆に非共存性を論証し得るものであって、類型的再構はこのことを考慮せずして済ますことはできない。例えば、能格構造特有の構造的集合総体は、現在のところ、動詞語彙の「他動詞」類と「自動詞」類（あるいは、より正確には、作因動詞 [agent. v.] 類と叙実動詞 [fact. v.] 類）、能格構文と絶対構文の統語的相関関係、名詞曲用における能格と絶対格の対立あるいは動詞活用における能格系列と絶対格系列の人称指標の対立、という輪郭特徴（プロファイル）を象る区分構成として表されるとすれば、個々の能格性の残滓を顕す主格諸言語では、高い確度で一定の年代レヴェルに対して能格性の類型的集合全体を再構する可能性が存在しよう。同様にして、活格性のいくつかの残滓的諸現象が残る諸言語の過去に対しても、原理的に別の構造的呼応諸特徴集合を示す活格状態を再構する可能性がある。

　類型学的再構の的確性は、言語の多レヴェルの諸事実を特徴づける階層的諸関係を厳密に考慮せずしては、到達不能の理想に留まるであろう。留意しておくべきは、ある構造的諸現象の、別の構造的諸現象への論理的依存関係は、恐らくそれら諸現象間の歴史的派生関係をも意味するはずだ、という点である。ここで研究の実際が指針とすべき最も一般的な原理は、語彙的なものの、文法的なものに対する一次性という、以前から強調してきたテーゼ（こうした相関関係は、言語における語彙的抽象と文法的抽象の深さに原理的な差異があることを法則的に反映するもの）と、また同じく、統語に対する形態の従属的地位という、特に上で検討したテーゼ（cf. 原著 p. 125–131[本訳書 p. 156–164]）、を承認することに尽きる。

　内容類型学的研究が獲得したいくつかの新しい成果に照らして見れば、再構の立つべきさらなる支点が明らかになる。特に、統語レヴェル、わけても語彙レヴェルに対する形態レヴェルの諸現象がより大きな保守性をもつことが明らかになって以後（cf. 現代言語学に、形態手段を語彙的手段と統語的手段のある種の転置 [transposition] とする解釈が広く行われていることは、先行記述に指摘した通り）、過去となった類型状態の反映を求めることができるのは、先ずは、言語構造のより高次のレヴェルにすでに明確に実現され

ている類型的規範に矛盾する、言語の形態組織の諸現象の分野である可能性が出て来る（周知の如く、この事情は、現代の比較言語学における再構の実際がかなり広く考慮していることである）。言語史において他の諸要素の均等化を引き起す、言語の個々のレヴェル内での誘導的諸要素を明らかにすることも、的確な類型学的再構にとって非常に重要な役割を演ずる。

　すでにはるか以前に起源言語学に実現されているのと同様、類型学において最終的に、具体的諸言語における構造的改新と古体性（archaism）が絶対的な性格でなくて相対的な性格のものであることが明確に自覚されるようになれば、類型学的再構の信頼度は著しく向上することになる。この点に関連して想起して然るべきは、すでに1920年代の我が国の刊行物が、言語の古文献の外的な年代順（chronology）がその内的年代順に一致しないこと、したがって、古文献の証例の方が類型学的に現代語以上に前進的事実を反映するかもしれないこと、を強調していたことである。マールはその研究の一つで次のように書いた：「歴史的な日付は、あれやこれやの言語形式や現象の起源的時期を確定するのに全く何の役にも立たない。我々は皆、あれこれの語族の言語の原初的同系性について語り、また勿論条件的な原初性であるにもかかわらず同時に現存諸言語中のこの原初的同系性の特徴的遺物について語る。しかし、これら最古の遺物は、我々が利用可能な最古の、文献だけの言語は勿論、現代の、多くの場合今日でも全くの無文字言語においても、見出す。同時に、例として…より古い形、したがって最古の遺物は度々現代の生きた諸言語に現れることがある一方で、より古い、最古の文字言語にさえその古形や遺物が見出されないことは、何度でも示すことができる」[52]（さらに論者が引く例が証明するように、彼はここで起源面と類型面の奥深い古体[archaism]が現代語に保存される事実を想定している）。言語科学にとって特に重要なのは絶対的年代ではなくて相対的年代である、というより一般的な原則に合致するこの観察から、当然のはずであるが、ある構造的脈絡で改

---

[52] *Марр Н.Я.* Об яфетической теории. — В кн.: Марр Н.Я. По этапам развития яфетической теории. М.–Л., 1926, с. 202; cf. quoque: *Мещанинов И.И.* Новое учение о языке, с. 11.

新である要素は別の構造的脈絡では古体（archaism）であるかもしれない。例えば、代名詞組織の発達は常に1人称複数の内包代名詞と排外代名詞の現有の対立の中和化の方向に向う、という主張には、恐らく同意しかねよう[53]。言語進化の一定段階では、逆に、この対立が全体的な標示法をベースにして形成されるはずだからである（経験的に明らかになっているように、こうした対立は活格構造の代表言語にとって最も特徴的である）。多数の言語から周知の、名詞の二項的語彙・文法的な分類は全ての場合に古体（archaism）と見なすべきである、とする少なくともヴントに遡る見解も採用し難い[54]。Cf. また類別型のいくつかの言語（例えばバントゥー諸語[55]）では、有生〜無生の深層的な対立が表層・形態的に現れる比重が増大するのに対して、活格言語やとりわけ能格言語や主格言語においてはこの比重が減少して行くこと。しかも、同系諸言語の比較・類型学的な研究さえも、段階的に同種の現象が、それら諸言語において異なる時代に形成される可能性があること（とりわけ、ゴート語では早くも4世紀に、フリジア語では16世紀、アイスランド語では19–20世紀になって初めて姿を見せる諸事実[56]）、を示している。勿論、多数の言語史に再三確認される、同一現象らしきもののいわゆる再生化のケースがあるために、類型学的再構の途上で直面するいくつかの困難について考慮しておく必要がある（ただし、それら諸現象の研究が極めて表面的なものである間は、恐らく再生化ケースの役割を過大評価することはできないだろう）。

[53] *Милевский Т.* Op. cit., с. 23.

[54] *Wundt W.* Völkerpsychologie. Eine Untersuchung der Entwicklungsgesetze von Sprache, Mythus und Sitte. Bd. I. Die Sprache. T. 2. 2 Aufl. Leipzig, 1904, S. 18 et seq.

[55] See: *Кузнецов П.С.* Об именной классификации и системе согласований в языке суахили. — Языки зарубежного Востока, I, М., 1935, № 1, с. 63; *Ольдерогге Д.А.* Определение времени и пространства в языках банту (локативные классы). — В кн.: Памяти В.Г. Богораза (1865–1936). М., 1937, с. 368.

[56] See: Историко-типологическая морфология германских языков: Фономорфология, парадигматика, категория имени. М., 1977, с. 6.

具体的な諸言語の構造的タイプを背景としたあれやこれやの現象の古体性あるいは改新性を確定する基準自体の問題に転ずれば、その基準は量的な性格ではなく質的な性格をおびるはずであることを、強調しておく必要がある。例えば、動詞と名詞の語形変化の類型学的に関与的な諸特徴を再構する場合、原則的に重要なのは、それぞれの形態諸範疇の内容面、つまりそれの数ではなくて、それが言語の一定の意味的決定因子に定位していることである。同時に、起源言語学と類型学における古体（archaism）と改新（innovation）の概念の論理的に必要な特徴に注意を向けるべきは当然のことである：すなわち、起源言語学では、それらの概念は再構される祖語を起点として確定されるのに対して、類型学ではそれらは再構される言語類型の基準との関係で定められる。

　同時に、全体として、起源的再構と類型学的再構の方法論の間には、一見して考えられるよりはるかに深い手順上の類似性が存在する、という印象を受ける。少なくとも以前指摘されたこれらの間の違いのいくつかは、恐らく錯覚だと見なさなければならない。例えば、特に、起源的再構が原則的に「祖語崩壊」期の面に限られているのに対して、類型学的再構は原則的には言語的時間軸上無限だ、という見解が述べられたことがある。しかしながら、類型学研究がいくつかの構造的に同型の言語の歴史に多数の類型的に異なる層形成を追跡できるのと同じように、起源的研究は異なる年代レヴェルの祖語モデルを追跡する（例えば、ロマンス諸語の最小限単位として、共通ロマンス語、共通イタリア語、共通印欧語といったような祖語的平面を挙げることができる）、ことを考慮しておく必要がある。両再構手順のこうした類似性（parallelism）は、結局のところ、起源的分類と類型学的分類の原則的に未解決の性格に関するものであり、そのため、その分類には何がしかの新しい比較単位を導入して、得られる原型（archetype）を然るべく修正することを余儀なくされている。何れの場合とも、検討に導入された具体的言語資料だけが、言語史において明確な層形成の最大値を見つけ出す可能性に制限を加える。正にこの点で、史的・類型学的研究にとっても正当であると思われるのは、ad infinitum（無限に）に再構することは不可能であり、歴史

的現実そのものにともかくも隣接した状態の再構だけに甘んずべきだ、とするクリウォヴィッチの周知のテーゼである[57]（時に強調されるように、さもなくば、実際に立証された言語諸事実の説明を導くことを使命とする再構手順の認識論的本質そのものを無視することになろう[58]）。

このコンテクストでは、現代の二種類の類型学研究——内容類型学的研究と形式類型学的研究——の間に存在する再構の見通し自体の重要な違いについて触れない訳には行かない。

現在では、類型学的再構がより大きな成果を達成し得るのは内容類型学研究の分野においてであることについては、疑うまでもない。勿論、この事情は、内容類型学研究の軌道上で得られた原型（archetype）の時間的深度が非常に奥深いものだ、ということだけで説明される訳ではない、そしてそれは、言語構造の内容類型学的な再編テンポが大多数の形式類型学的再編テンポに比して極めて緩慢であることが原因である（この点に関しては、例えば、関係する言語学文献には再三指摘されていることだが、比較的短期間に諸言語史に発生した、諸言語の形態構造全体の急速な再編の先例を挙げておけば十分である）。同時に、それ以上に考慮すべき重要なことは、科学にすでによく知られているように、形式類型学的図式内に仮定される、少なくとも若干の構造状態の交替での循環性が、恐らく概してその打開方法の見通しもつかないような困難さを再構途上に作り出すことである。反対に、本書の筆者が上に示そうとしたように、正に内容に定位した類型学こそが、一定の言語外的動因子によって機能化される多レヴェルの——語彙的、統語的、形態的、形態音素的——広い呼応諸特徴集合を利用するのである。別言すれば、主として内容類型学の分野においてこそ、構造変化の多少とも同一方向性特徴を示す相関的なしたがって相互制御的な過程の大きな一連（блок, block）という概念が適用されるのである。したがって、全く当然のことながら、この類型学の分野においてこそ、研究が高次レヴェルから低次レヴェルへの整然

---

[57] *Kuriłowicz J.* The inflectional categories of Indo-European. Heidelberg, 1964, p. 58.

[58] Cf.: *Макаев Э.А.* Общая теория срвнительного языкознания. М., 1977, с. 88.

とした階層的連続性の下で発生した再編に出くわすのである。

　現代の史的・類型学的研究は、具体的な諸言語の歴史に発生する類型的シフトの方向性を明らかにできる重要な標識を有している。想定しているのは、言語構造の諸要素の自然的な階層性は高次レヴェルの現象から低次レヴェルの現象の論理的派生性だけでなく歴史的派生性を反映する、すなわち語彙から統語へそしてさらに形態と形態音素へと進む一定の下降的従属関係を反映する、という、内容類型学にとっての基本的テーゼから出て来る論拠のことである。言語的諸手段の転置（transposition）という現象の通時的本質の広い解釈は、周知の如く、類型学の枠外で形成されたものである。ヴィノグラードフ（В.В. Виноградов）は次のように指摘している：「形態上の形はすなわち沈殿した統語形式である。形態には、統語や語彙に存在しない、また以前存在しなかったものは何も存在しない。形態要素と形態範疇の歴史は、すなわち統語的境界線の転移（シフト）の歴史であり、統語階層から形態階層への変換の歴史である。この転移は不断である。形態範疇は、統語範疇と不可分一体である。形態範疇には、相関関係の絶えざる変化が起っており、これらの再編への刺激、揺さ振りは統語に発するものである。統語は、文法の構造上の核心である。生きた言語に内在する文法は、常に建設途上にあり、機械的な区分や切断には堪え得ない。それは、語の文法的な形や意義は、語彙的な意味と密接に連関しているからである」[59]。

　すでに言語学の伝統となっている、文法的なものに対する語彙的なものの一次性を承認する原則は、内容類型学の分野の理解からすれば、語彙の構造化原理に始まる構造的転移（シフト）は言語の統語構造の然るべき再編を引き起すということになる。特に、活格構造組織における活格動詞と状態動詞の対立をもつ動詞の語彙化原理を能格動詞（agent. v.）と絶対動詞（fact. v.）の対立に、あるいはまた他動詞と自動詞の対立に再編して行くことは、必然的に文類型をそれぞれ能格的文類型ないしは主格的文類型に変換させる

---

[59] *Виноградов В.В.* Русский язык. Грамматическое учение о слове. М.–Л., 1947, с. 29; cf.: *Жирмунский В.М.* Теоретические проблемы советского языкознания. — Вестн. АН СССР, 1963, № 7, с. 46.

結果をもたらす。また、文法分野に確認される、形態に対する統語の先行性（priority）に従って、今度は統語的再編が統語に資する形態組織の類型的変換をもたらすのである。さらに、形態は、形態音素規則の然るべき仕切り直し（переориентация, reorientation）を惹起するのである[60]。

ここで実質上問題にしているのは、ある言語諸要素が別の言語諸要素へ連続的に転置して行く過程についてである。語彙的手段の、統語的手段への転置の問題の検討は、今日に至るも不十分であるのに対して、形態手段を語彙的手段と統語的手段の一種の転置とする観点は、かなり広い経験的な資料に基づいて裏付けられるだけでなく、一定の理論的一般化もなされている。統語手段の形態手段への転置もまた恐らく、結局は言語的抽象の深化過程の直接的反映であろう（したがって、こうした条件下では恐らく、元々高次の構造レヴェルに相関していたかつての現象の再生だという訳には行くまい）。この過程の不断の作用にはその論理的な結果――言語の形態組織が総じて語彙的および統語的組織に比して保守的だという、言語理論には熟知のテーゼ――も関連している（すでにメイエは、言語変化の最も一般的な定式を検討して、「形態は残滓が保存される分野である。一定タイプの社会の人々の心的傾向によって説明される各文法範疇は、その心的傾向に起った変化の後も長期に亘って保存される」[61]、という結論に到達している）。勿論、すでに過去に通過して来た類型的状態の再構の多数の経験が、あれやこれやの言語

---

[60] 言語手段のレヴェル間転置の問題に関しては、see: *Skalička V.* Über die Transposition. — Acta Universitatis Carolinae. — Slavica Pragensia, 1949, I; *Ibid.* Типология и тождественность языков. — В кн.: Исследования по структурной типологии. М., 1963, с. 34; *Leška O.* K otázce tzv. transpozice. — In: Rusko-české studie. Praha, 1960; *Givon T.* Historical syntax and synchronic morphology: An archeologist's field trip. — In: Papers from the Seventh Regional Meeting. Chicago Linguistic Society. Chicago, 1971; *Lehmann W.P.* A stuructual principle of language and its implications. — Language, 1973, v. 49, N 1, p. 57; *Jordan J.* Les aspects dialectiques de linguistique. — Revue roumaine de linguistique, t. 20, 1975, N 4, p. 363–365.

[61] *Мейе А.* Сравнительный метод в историческом языкознании. М., 1954, с. 78. Изд. 2. М.: URSS, 2004. — [訳者] cf. 泉井久之助訳「史的言語学における比較の方法」、みすず書房、1977, p. 154.

の正に形態的諸特徴を基にして来たし今もそれを基にしていることは、偶然ではない[62]。

　こうして、アブハズ・アディゲ諸語やカルトヴェリ諸語が過去に活格状態を体験してきた、とする仮説は、特に語彙レヴェルのかつての特徴が形態レヴェルへ転置する若干の過程を参照したものである。Cf. 例えば、両言語群の歴史にとって極めて蓋然性の高いこととして、動詞語彙素の動態性（dynamicness）〜静態性（staticness）（すなわち、活格性 activeness〜状態性 stativeness）特徴による対立が一つの動詞語彙素の動態形と静態形という語形区別のレヴェルにシフトしたこと：cf. 現代アディゲ語には、一つの不定詞 ущытын「立っている、立ち通す」(стоять, простаивать) に対して、щеты「彼は立ち通す」он простаивает という語形と щыт「彼は立っている」он стоит の語形が存在すること。同様の例として、歴史的な情緒動詞類の崩壊によって「行為」の語彙的な情緒性特徴が形態面へ転換された例があり、その場合語彙的な情緒性特徴は不随意性範疇に反映されている（とりわけ、カルトヴェリ諸語では、行為と状態の不随意性は、カルトヴェリ語動詞の相対的受動 relative passive の指標として定着している[63]）。同様の過程は、恐らくは、カルトヴェリ諸語の複数 1 人称の内包的指標と排外的指標の対立の表現分野でも実現されていよう。スヴァン語動詞における複数 1 人称の内包的指標と排外的指標の機能化は、5–9 世紀の古代グルジア語諸文献の言語に残滓的な類似物を見出すのであるが、これは共通カルトヴェリ語の状態に対して再構される、人称代名詞分野のその語彙的対立の、不安定さに関連して起ったのかもしれない（cf. グルジア・ザン語の *čwen(a) とス

---

[62] Cf.: *Ingram D.* A note on word order in Proto-Salish. — International Journal of American Linguistics, Baltimore, 1975, v. 41, N 2; *Li C.N., Lang R.* The syntactic irrelevance of an ergative case in Enga and other Papuan languages. — In: Ergativity...

[63] Шанидзе А.Г. Основы грузинской грамматики. I. Морфология. Тбилиси, 1973, с. 291–292 (на груз. яз.); *Поцхишвили А.П.* Категория непроизвольности в грузинском глаголе. — В кн.: Тбилисский университет Георгию Ахвледиани. Тбилиси, 1969, с. 152–155 (на груз. яз.).

ヴァン祖語の *na の語源的異種性[64]）。

言語構造に発生する内容類型学的な再編テンポが、形式類型学的な性格の変化速度に比べてはるかに緩慢であることを強調しておく必要があるが、内容類型学分野で実行される再構の時間的深度が大きいのは、本来このことに起因する。形式的な種類の類型学は、様々な言語の特徴が数世紀全体の間に根本的な変化を受けた少なからざる例を知っている。とりわけ、この種のよく知られた例の一つは、屈折構造から分析構造への移行を比較的短期間に成し遂げた英語史である。こうした面での明白なもう一つの例はインド諸語の歴史に見出されるのが一般的だが、そこでは二千年強の年代の間に原初的な屈折型から分析型へ移行し、さらにその分析型を新しい屈折型へ回帰させる、という循環過程が実現された。

本書の筆者は、すでに再三カルトヴェリ諸語の資料に基づいて、内容的言語類型の再編過程が長期に亘ることについて指摘することがあった[65]。これについて具体的イメージを与えてくれるのは、はっきりと観察される（ただし、現在までもなお未完のままの）歴史的に活格的なカルトヴェリ諸語の主格化過程が、紀元前 3000–4000 年期に推定できる共通カルトヴェリ語の状態に恐らくすでに姿を現していたであろう、という点である。例えば、このことを証するのは、すでに共通カルトヴェリ諸語期に対して名詞語尾 *-is$_1$ と *-s を再構することができ、それが歴史的に立証されるカルトヴェリ諸語において、論理的に主格組織の曲用パラダイムに相関する属格と与格の指標として存続していることである。この点でさらに象徴的なのは、その同じ時代に対して 3 人称形に登場する客体相の動詞接頭辞 *u- を再建できることであり、これが間接客体関係を直接客体関係から分立させるのである

---

[64] *Гамкрелидзе Т.Б.* Сибилянтные соответствия и некоторые вопросы древнейшей структуры картвельских языков. Тбилиси, 1959, с. 11, 47–49 (на груз. яз.). — [訳者] cf. クリモフ著, 三省堂, p. 182.

[65] Cf., ex.: *Климов Г.А.* Аномалии эргативности в лазском (чанском) языке. — В кн.: Восточная филология. IV. Тбилиси, 1976, с. 150–159; *Idem*. О дономинативном компоненте картвельской языковой структуры. — В кн.: Лингвистический сборник. Тбилиси, 1979, с. 130–145.

(cf. グルジア語 unda, ラズ語 unon「彼(にとって)はそれがしたい(要る)」[ему хочется то])、スヴァン語 xonda「彼(にとって)はそれがしたかった」[ему хотелось то])。アメリカのカルトヴェリ学者アロンソンが正しく結論づけるように、すでに 6–11 世紀の文献に現れる古代グルジア語は、主格的特徴の比重が前主格的特徴を明らかに凌駕することを示しており、この面で、相対的に現代グルジア語との差異は小さい[66]。実際、古代グルジア語には、主格性の語彙的および統語的包含事象だけでなく、形態的包含事象が多数立証されている (cf. 名詞曲用と動詞活用のパラダイムの特徴的な構造)。

類型的再編の同様のテンポは、印欧諸語の歴史にも認められるが、それの最古の代表言語 (cf. 紀元前 3000 年期末から記録される、印欧語アナトリア語群の代表言語の構造) は、原則として、すでに主格構造の特徴をもっていた (ある程度同じことは、再構される後期共通印欧語の曲用パラダイムも証明しているが、それは主格と対格だけでなく、主格と対格をベースにした他の格単位若干も含んでいる)。

同時に、当然のこととして、本書に採用している言語諸類型の集合は専ら homo sapiens の存在の周知の年代枠内にのみ相関すべきものであって、記録されている種類の言語現象もそれにだけ相関させることができる、ことを前提とする (古人類学研究が明らかにしている、地表への現代型の人種の出現とその分布は旧石器時代後期に当る)。別言すれば、言語そのものの生成は、恐らくは、実質上現代から 35000–40000 年以上深く離れた時期にまで押しやることはできないだろうことを基礎とすべきであろう[67]。正にこの年代的枠組みこそ、特にオーストラリア大陸やアメリカ大陸の開拓によって特

---

[66] Cf.: *Aronson H.I.* Grammatical subject in Old Georgian. — Bedi Kartlisa (Revue de kartvélologie), Paris, 1976, XXXIV, p. 220, 229; see quoque: *Климов Г.А., Алексеев М.Е.* Типология кавказских языков. М., 1980, с. 164.

[67] Cf.: *Поршнев Б.Ф.* О начале человеческой истории. М., 1974, с. 370; *Lieberman Ph.* On the origins of language. New York, 1975, p. 174; *Кларк Дж.Д.* Доисторическая Африка. М., 1977, с. 100–116; *Алексеев В.П.* Палеоантропология замного шара и формирование чековеческих рас. Палеолит. М., 1978, с. 13 et seq.; *Придо Т.* Кроманьонский человек. М., 1979, с. 11.

筆されるホモ・サピエンスの発生の、科学が一般に認定する時期と一致するのである。この点で特に関心を呼ぶのは、デベツ（Г.Д. Дебец）の有名な仮説であるが、それによると、最初は僅かばかりの移民群から始まったアメリカ入植は、推定されるところでは、およそ30000–40000年前頃に発生したはずだ、というのである[68]：問題は、現在もなお、北米にも南米にも少なくとも三類型の原住民語——主格言語（ケチュマラ、セイリッシュ、ホカ語）、能格言語（チヌーク・ツィムシアン、マヤ・キチェ、タカナ・パノ語）、活格言語（ナ・デネ、スー、トゥピ・（グ）ワラニ語）——が行われていることである。

換言すれば、当然明らかなはずであるが、言語発生を50万年以上前とする、現代の言語学書に見られる観点は、言語の生成をネアンデルタール人以前に投影して実質上この問題に対するマールの古い見解を繰り返すものであり、これは恐らくは人類発生論の分野における諸研究に無知であるが故の重大な誤りと見なす他ない[69]。70年代の初めに、西ヨーロッパのネアンデルタール人は現代人の言語能力の10%をもつにすぎなかった、とする見解が述べられたことがある[70]）。現在では、非常に広範な諸仮説を論拠とする言語研究においてさえ、言語と意識の、このように不当に乱暴な年代的配置は避けている（例えば、印欧諸語におけるブッシュマン型の言語構造の痕跡に取組んだ研究者は、まだ50000–25000年前の時期には連結言語（связная речь, connected speech）がなく、叫声を伴う身振り言語であったに違いな

---

[68] Cf.: *Дебец Г.А.* Происхождение коренного населения Амереки. — Труды Ин-та этнографии АН СССР, т. 16, 1951; *Диков Н.Д.* Открытие палеолита на Камчатке и проблема первоначального заседания Америки. — Труды Северо-восточного комплексного НИИ СО АН СССР, вып. 17, 1967.

[69] *Гринберг Дж.* Квантитативный подход к морфологической типологии языков, — В кн.: Новое в лингвистике, вып. III. М., 1963, с. 67; cf. *Марр Н.Я.* О происхождении языка. — В кн.: *Марр Н.Я.* По этапам развития яфетической теории. М.–Л., 1926, с. 328.

[70] See: *Lieberman Ph., Crelin E.S.* On the speech of the Neanderthal man. — Linguistic Inquiry, 1971, vol. II, N 2.

い、と考えている[71]）。

　諸言語の内容類型学的分類の歴史的解釈の可能性に関する問題を類型学研究の日程に載せることは、内容類型学的分類が、歴史との関係を欠いた人工的分類とは異なって、「真の自然分類として、諸言語の史的発展の結果形成された、分類諸対象間の正に連関性と相関性を様々な形で反映する」[72] ことからして、当然のことと思われる。

　同時に、過去に再三悪評を買ったこの問題の研究が実質的に始まるのは、ようやく現代の類型学においてであることを確認しておかなければならない。正にこうした事情については、言語学における類型学的再構の専門的な問題提起がつい最近になってからだという点だけでもすでに、このことを非常に雄弁に物語っているはずである[73]。上述のことから、この問題群の理論的検討が焦眉であることだけではなく、この点で幾ばくかの断定的な結論を引き出すことは時期尚早であることも、認めざるを得ない。したがってこのコンテクストでは、ある類型的状態から別の類型的状態への不可逆的な発展の可能性を仮定させる、この面に関与的な若干の一般理論的な見地に限っておくことが適切だろう、と思われる。内容類型学研究が握っているこの種の何がしかの論証集合の中で、真っ先に指摘しておくべきは、原著 p. 87（本訳書 p. 109）に掲げている分類表において、左列の組織体系が右列の組織体系に対して高い説明力を有することであろう。このようにして、確度に

---

[71] *Stopa R*. Structure of Bushman and its traces in Indoeuropean. — Paci Komisij Orientalistycznej, Kraków, 1972, N 10, p. 200 (table I).

[72] *Кредов Б.М*. Классификация наук. 1. Энгельс и его предшественники. М., 1961, с. 16.

[73] *Birnbaum H*. Linguistic reconstruction: its potentials and limitations in new prospective; *Klimov G.A*. Probleme der typologischen Rekonstruktion. — In: Proceesings of the Twelfth International Congress of Linguists, Vienna, August 28–September 2, 1977, Insbruck, 1978, p. 493–496; *Campanile E*. Typologische Rekonstruktion und Indogermanisch. — In: Studies in diachronic, synchronic, and typological linguistics. Festschrift for Oswald Semerényi on the Occasion of his 65-th Birthday, pt 1, Amsterdam. 1979, p. 179–190; *Климов Г.А*., К типологической реконструкции. — ВЯ, 1980, № 1.

大小の違いはあれ、明らかになって来ている活格、能格、主格構造の諸特徴を扱う場合、注目されるのは、第一の構造が第二、第三の構造の代表言語に見られる多数の非体系的な（そして先ずは、形態レヴェルのような、内容類型学の観点からして最も保守的な言語構造レヴェルに観察される）諸現象を解釈する上で著しい構造分解能（разрешающая способность, resolving power）をもつことであり、この能力は類型学研究の歴史においてすでに再三利用されてきたところである。一方、活格諸言語内で同じ様な諸現象を説明しようとする場合、普通研究者の視野に入ってくるのは、類別組織の構造的諸特徴である。

周知の如く、まだ曖昧な形であれ初めてこの分解能を武器として活用したのはユレンベックであり、彼はすでに20世紀の初めに、歴史的に立証された多数の印欧諸語の名詞形態の一定の特徴を基にして、印欧祖語の前主格状態に関する仮説を定式化したのであった[74]（イェスペルセンによると、「このような仮説は、我らの文法性 [gender] の組織体系や格組織体系の一連の特徴の説明に有効である」[75]）。後に続く同分野の多数の試みとして、ビィホフスカヤの研究の一つを挙げることができるが、彼女は、能格諸言語の絶対構文の無補語動詞は他動詞類に転換不能であることを以て、言外に能格構文に比して活格構文の方が古いことを論証した。このことは逆の前提に立てば可能としなければならないだろうが[76]（能格構造の代表言語では、非生産的ないわゆる可変動詞 [diffuse v.] 群は、特に無補語用法では絶対動詞 [fact.

---

[74] See: *Uhlenbeck C.C.* Agens und Patiens im Casussystem der Indogermanischen Sprachen.(ロシア語訳: *Уленбек Х.К.* Agens и Patiens в падежной системе индоевропейских языков. — В кн.: Эргативная конструкция предложения. М., 1950.); *Idem.* Zur Casuslehre. — Zeitschrift für vergleichende Sprachforschung, 1906, XXXIX（ロシア語訳: *Уленбек Х.К.* К учению о падежах. — Op. cit.).

[75] *Есперсен О.* Философия грамматики, с. 190.

[76] See: *Быховская С.Л.* «Пассивная» конструкция в яфетических языках. — В кн. Язык и мышление, II, 1934, с. 72; quoque: *Мещанинов И.И.* Общее языкознание. К проблеме стадиальности в развитии слова и предложения, с. 219. — [訳者] cf. クリモフ著, 三省堂, p. 26–27, 154.

v.]類に転ずる、という本質的に全く別の傾向が現れる）。さらに後には、ライオンズは、能格的文類型と主格的文類型の内的メカニズムを特に通時的に説明するために、活格構造組織（彼の用語では、理想的能格組織）の一般化モデルを構想した[77]。そしてついに、すでに1970年代にソ連においてまた国外で、多数の具体的諸言語の能格組織と主格組織の起源を検討するに際して活格構造全体に問いかけるいくつかの研究が発表された（cf. ヴェルネル、グフマン、ヂヤコノフ、ヴァチェスラフ・イヴァノフ、パルマイティス、サフチェンコ、カール・シュミット、他）。

反対に、能格組織や主格組織が役立つのは、活格型類型の諸言語に見られるあれやこれやの改新の解釈に際してだけである。能格言語やいくつかの活格言語に観察される改新形は、主格構造組織の中に説明を得たのである（例えば、ナフ・ダゲスタン諸語で歴史的に先行した類別活用に代る人称活用の生成は、発生する動詞指標がもはや主格組織に特徴的な主体と客体の意味的役割の対立に定位することを示している）。

最後に、今日多数の主格言語にある古体性（archaism）を解明する上で能格構造組織に問いかける多数の経験例はよく知られている。

正にこのような類型的進化の方向性を裏付ける第二の論証として、中間的な（左列と右列の間にある）言語類型の構造的諸要素の形式と内容の間に存する特徴的な弁証法的相関性を指摘することができる。このことは、例えば能格組織の呼応特徴集合によってかなり明確に示される。形式面では能格組織の呼応特徴集合は活格型類型の構造との多数の接点を顕している——両言語類型が科学の歴史において長い間相互に区別されてこなかったのも、どうやらこのことによって説明されようが——のに対して、内容面ではそれの、主格型類型との連関は明白であり、このことが両者間に現在見受けられる傾向に純粋に表層的な性格の違いだけを見出す何がしかの根拠になっている。特に、表現面で能格構文が多くの点で活格構文の三項文タイプ、つまり

---

[77] *Lyons J.* Introduction to theoretical linguistics, p. 356–357（ロシア語訳: Лайонз Дж. Введение в теоретическую лингвистику. М., 1978, с. 377–378); cf.: *Климов Г.А.* Очерк общей теории эргативности, с. 213–255.

主語と述語以外に近い補語も含む構文タイプに一致することは、容易に気付くところである（cf. 文の名詞成分に対する動詞述語の明確な支配性、通常のSOV語順、構文を構成する諸要素の形態諸特徴全体）。同時にそれ以上に明白なことは、内容面で能格構文の方がすでに多少主体・客体関係の伝達に適合していることであり、またこの関係の表現への定位性が一番高いのは主格構文の構造である（cf. 能格構文では、他動的行為と非他動的行為の主体を、また「直接」補語と「間接」補語を、相互に分離するあり方が実行されていること）。研究がより弱体である活格組織体系の方は、類別構造の組織体系との形式的な接点を見せる（本書の筆者は、以前の研究の一つで、このことに基づいて活格構造の起源仮説を定式化する試みを行っている[78]）一方で、能格ないしは主格組織体系との、内容面でのいくつかの共通性を示している。この点で特に重視すべきことは、三言語類型全ての意味的決定因子が、類別構造の内的動因子とは異なって、それらの基底にあるハイパーロール（гиперроли, hyperroles 融合的意味役割）の不安定な性格において共通点をもつことである。

一般に、言語的質料（языковой материя [matter]）における形式と内容の弁証法的統一の現れは、実に多様であるため、言語構造の内容類型学的再編の不可逆性に関するテーゼを裏付けるその他多数の徴証も見出すことができる、と思われる。その一つは、進化言語学理論の中でよく知られた法則性から導かれるのであるが、それによれば、言語に何がしかの文法範疇が生成して行く際それは機能面での明確さと併せて、その過程に巻き込まれる成語要素（фоматив, formative）が多様であるという特徴をもつのに対して、文法範疇が消滅して行く際には逆に、それの具現形（exponent）成分の極限までの一元化が進行することと並んで、それの機能的任務の不明瞭さが目立つのである（アンドレーエフは、相対する機能段階における文法範疇の内容的特徴の違いを、次のように定式化した：「我々の知っている言語史は、文法

---

[78] *Климов Г.А.* Типология языков активного строя, с. 264–287. — ［訳者］cf. クリモフ著, 三省堂, p. 221–240.

現象が意味との繋がりを弱めれば弱めるほど、文法現象は安定性を失って、ついには言語組織から除去される確率が高くなる、ことを教えている。また逆に、全ての新しい文法現象は、意味的要素の機能化の規則性が敷居を越えてその要素を文法化し始めるその境界線上に発生する」[79]）。このことに照らして注目されるのは、次のような、類型的に相異なる諸要素の相関関係である。能格（ないしは主格）構造の諸特徴と活格構造の諸特徴の混在を見せる言語において、接辞の多様性はその意味の明確さと併せて、活格性ではなく能格性（// 主格性）の要素を析出させる。正にこのような相関関係がカルトヴェリ諸語やアブハズ・アディゲ諸語の多くの事実に追跡される。例えば、カルトヴェリ諸語の比較文法でよく知られているのは、態（voice）（cf. いわゆる無徴受動また接頭辞 i-, -e あるいはまた接尾辞 -d, -n を組み込む受動）のような後発的範疇の多接辞性である。逆に、受動の接頭辞要素が同時に行為の気分、見かけ性、可能性、不随意性の意味表現を併せ担う、という多義性の方は、この共通カルトヴェリ語指標がかつてははるかに同質的な「共通」の意義をもっていたはずであること、またその意義が後に歴史的に記録されたずれの後続発展を可能としたものであること、をはっきりと証明している。アブハズ・アディゲ諸語のアディゲ語群に認められる、能格の多接辞性は、能格の改新的性格の証拠の一つである（同様の別の証拠は、同語群諸言語の外的比較の手続きから導き出される）。逆に、今日アブハズ・アディゲ諸語に観察される、特に動詞の求心形と遠心形を伝達する、共通アブハズ・アディゲ語状態に遡る a～ə の母音交替、の意味のコノテーションの多様性は、明らかに活格構造組織に起因するこれの古体的な性格を示す可能

---

[79] *Андреев Н.Д.* Структурно-вероятностная типология отношений между семантикой слова и его грамматическими категориями. — В кн.: Типология грамматических категорий. Мещаниновские чтения. М., 1975, с. 90. この定式化が明らかに我が国の 1930–40 年代の類型学者の著作に見られる見解と接点をもつことは、容易に見て取ることができる。Cf., ex.: *Абаев В.И.* Язык как идеология и язык как техника. — В кн.: Язык и мышление. II, 1932; *Ibid.* Еще раз о языке как идеологии и как технике. — В кн.: Язык и мышление. VI–VII, 1936.

性が強い。Cf. このことに関連しては、アブハズ・アディゲ諸語の現代の状態は初期能格状態と定義すべきだ、とするカール・シュミットの見解[80]。

　能格性＞主格性、活格性＞主格性というモデルによる類型的再編過程の不可逆性を裏付ける第三の論証として挙げるべきは、それぞれの類型的組織の構造的諸要素が言語類型の混合を特徴とする諸言語の文法レヴェルに独特の分布を示すことである。第一に、いわゆる分離能格性（split ergativity）を示す多数の言語の構造において、形態面では多少とも能格性原理を貫徹する一方で、統語面では主格性の特徴の方が顕著である、という専門書で再三指摘される事実を挙げておかなければならない（先行章において、このような場合に普通我々が取り扱うのは、能格的形態と主格的統語法である、とするもっと直接的な定式化を行った）。逆に、内容類型学的研究の実際は、現在までに、主格性原理が言語の統語面ではなく形態面の方により顕著に現れるような、類型的諸要素の逆方向の相関性を示す多少とも確かな証例を知らない（いくつかのオーストラリア諸語の諸事実のこうした解釈の分析については、原著 p. 128–131[本訳書 p. 160–164]）。

　同様の法則性は活格組織と主格組織の構造的諸要素の重なりを見せる諸言語においても観察される。例えば、特にカルトヴェリ諸語の構造においては、主格的な類型的要素は統語面の方により大きく感じられるのに対して、活格構造の諸特徴が一番はっきりと姿を顕すのは形態構造においてである[81]。

　この種の事実は、統語はこれに資する形態に比して高い位置を占めるため言語の中に迫り来る構造的再編を先んじて受け易いという、言語構造組織内の一定の階層レヴェルに関する言語学の伝統的理解に照らして見ても、また特に、言語の形態手段をかつての語彙的および統語的手段のある種の転置と見る現代言語学にかなり一般化している学説に照らして見ても、明らかに関心を呼ぶものである。主格化された程度がより高い統語レヴェルは、この事

---

[80] See: *Schmidt K.-H.* Probleme der Ergativkonstruktion. — Münchener Studien zur Sprachwissenschaft, 1977, H. 36, S. 102, 111.

[81] Cf.: *Климов Г.А., Алексеев М.Е.* Op. cit., c. 118–169.

情に照らして見れば、当然、言語構造の主格化へ向けた進化だけを表し得るものである。

　検討中の仮説を裏付ける第四の論証となり得るのは、既知資料から判断する限り、能格型（resp. 活格型）類型の言語における主格型類型との重なりと、能格型言語に現れる能格構文あるいは能格式構文の形態タイプとの間には、一つの不動の法則性が存することである。加えて、この法則性は、経験的に観察されるいわゆる分離能格性（split ergativity）のあらゆるケースで、能格構文と能格式構文は動詞型形態タイプではなく、名詞型形態タイプあるいは少なくとも混合型形態タイプに現れる、という極めて象徴的な事実に尽きるのである。このことは、動詞述語の語形の形態構造は、このような場合には、すでに主格構造の規範に合せた形式化を受けているのであって、何か別構造の規範に合せているのではない、ことを意味している。専門書では、こうした事態が極めて多様な言語多数で指摘されている。筆者が知る限りでは、バスク語資料に基づいてこのことに初めて注目したのはブィホフスカヤであったが、彼女は、文の名詞成分の形式は能格性規範に則っているが、すでに他動詞のインパーフェクト（半過去）形で能格接辞の役割でここに登場し始めるのは、歴史的には絶対格接辞である（cf. ne-gien「私はそれをしていた」, ne-kien「私はそれを知っていた」, ne-karren「私はそれを運んでいた」等）、と強調した。特に彼女は次のように書いた：「バスク語では、他動詞は半過去時制において3人称の直接補語がある場合に"受動"構造によらない、つまりヤペテ諸語における自動詞と同様の活用を行う。ところが、この場合、もう一つの特徴を指摘しておく必要がある：動詞は"受動"構造によらないのに、自立的な代名詞ないしは名詞が表す主語は能動格（能格——クリモフ）であって、自動詞の場合と同じように主格（絶対格——クリモフ）ではないから、このためブロークンな構文が得られることになる…」[82]（ここで彼女は、発展の原動力は動詞述語の語彙的な性質の変化にある、と見なし

---

[82] *Быховская С.Л.* К вопросу о трансформации языка. — Докл. АН СССР, сер. В, 1931, № 1, с. 5.

ていた[83]）。ヘイルによると、動詞形態と名詞形態の同様の相関性は、オーストラリアのワルビリ語にとっても特徴的なものである[84]。ヴァフチンは、アジア・エスキモー諸族の言語において類型的に異種の然るべき文モデルに関して、同様の結論に到達している[85]。パプアのエンガ語は、一般に考えられているところでは、他の多数のパプア諸語の統語的・形態的メカニズムの特徴を反映するとされるが、リーとラング（R. Lang）は、そのエンガ語の構造における動詞成分、名詞諸成分の形成に類型的諸特徴の同じような相関性を立証している[86]。他の多数の諸言語の資料によっても裏付けられるこのような観察全体から、能格性一般論の範囲内で次のような一般化原則の定式化が可能となったが、これは St. アンダーソンの研究の一つが初めてであるようだ：「諸言語は、恐らく、動詞の呼応が能格・絶対格的なあるいは主格・対格的な性格を示す一方で能格・絶対格的な格形式化のモデルを示す可能性はあるが、能格・絶対格原理の動詞呼応が主格・対格組織の格形式化と組合さるような言語は恐らく存在しないであろう」[87]（論者は、このような相関性を、いわゆる分離能格性の組織に特有のいくつかの他の興味深い「不均斉現象」«asymmetrism»の中に算入している）。コムリー編の研究では、この一般化を次のように見ている：「…実際、名詞の格形式には能格・絶対格をもち、動詞の呼応には主格・対格組織をもつ言語が多数存在している（逆の相関性は、めったにあるいは一般に存在しない）」[88]。

内容類型学の研究史から周知のテーゼ、すなわち然るべき文構造の純動詞

---

[83] Op. cit., c. 6.
[84] *Hale K.* Person marking in Walbiri. — A Festschrift for Morris Hale. New York, 1975, p. 308–344.
[85] *Vakhtin N.B.* Nominal and verbal ergativity in Asiatic Eskimo-splits in the person and mood paradigms. — In: Ergativity..., p. 279–289.
[86] *Li C.N., Lang R.* The ergatiie case in Enga and other Papuan languages. — In: Ergativity..., p. 309, 310.
[87] *Anderson St.R.* On mechanisms by which languages become ergative. — In: Mechanisms of syntactic change. Austin–London, 1977, p. 329–330.
[88] *Comrie B.* Ergativity. — In: Syntactic typology. Studies in the phenomenology of language. Sussex, 1978, p. 340.

型形態タイプとは異なって、その混合型タイプやとりわけ名詞型タイプは、言語における然るべき構造の機能化のより遅い段階位相を反映したものだというテーゼ、に注意を向けるならば（それは能格型類型の文の構造的核心 [структурная доминанта, structural dominant] ないしは「主座標」«главная координата» [main coordinate] は動詞語彙素であり、それがその語彙素の性質によって具体的な構文——能格構文、絶対構文、他——を指定する、という能格性一般論の研究においてすでに再三定式化されている原則に基づいたものである[89]）、このような相関性は、唯一つのこと——このような場合における、能格（ないしは活格）類型的要素の、主格的要素に対する第一次性——を表し得るにすぎない。主格組織を能格ないしは活格組織へ再編して行く逆向的可能性の存在を示す同様の証拠になり得るものがあるとすれば、それはこのような場合に動詞型の能格（resp. 活格）構文を明らかにすることだけであり、もしそうなればその背後には他動詞を能格動詞（agent. v.）(resp. 活格動詞）に変換して行く事実がなければならないだろう。

　最後に、分類表の左列にある言語類型の深層的動因子への定位性を強めるべく主格構造（また、それに最も近接する能格構造）の意味的決定因子を弱化させていく場合、それは現実の主体・客体関係の、意識分野における反映の上での何がしかの退歩を表すことになるかもしれない、という仮説には何がしかの根拠がない訳ではない。逆に、内容類型学的な言語類型の再編過程が不可逆的だというテーゼを採る強みは、これによって、（類別構造から）活格構造の、（活格構造から）能格構造の、（能格構造ないしは活格構造から）主格構造の、形成過程を、大よそのところ言語構造の諸要素の主体・客体的定位性——それは主格組織内に特に感触されるのであるが——を

---

[89] Cf.: *Чикобава А.С.* Проблема эргативной конструкции в иберийско-кавказских языках (основные вопросы ее истории и описательного анализа). — В кн.: Эргативная конструкция предложения в языках различных типов. Л., 1967, с. 12; *Климов Г.А.* Очерк общей теории эргативности, с. 165 et seq.; *Ibid.* Типология языков активного строя, с. 189–191.

強める一つの連続的過程として提示できる、という点に尽きる。文献に様々に指摘されてきたように、活性（「有生」）原理と不活性（「無生」）原理の意味的対立の、主体と客体の意味的役割との近似性、またそれが類別型の意味的決定因子の内容から著しくかけ離れたものであることは、先行記述においてすでに再三強調してきたところである。一方、能格性の作因・叙実的（agentive-facti[ti]ve）動因子と主格性の主体・客体的動因子の相関関係について言うならば、それらは互いに非常に近似的で、類型学研究史が証明しているように、過去には一般に区別されてこなかったほどである。

何れにせよ、言語史において主格構造の生成が遅いものである、というテーゼを裏付けるもっと個別の構造的証例も多数引くことができる。

例えば、一般に認められているように、動詞不定詞のような遅い発展段階の構造的現象は、主格言語や一部の能格言語にのみ知られるものである。印欧諸語、ウラル諸語、チュルク諸語、モンゴル諸語のような主格言語における不定詞の生成が比較的新しいという諸事実を追跡して、ガビンスキー（М.А. Габинский）は、「様々な言語群における不定詞の発生の多源性を、したがってこの過程に、最低限一定の類型に属する諸言語を特徴づける言語一般の発展傾向の反映を確認するためには」、これらの諸事実だけで「十分である」、という結論に到達している[90]。言語学書には、普通考えられているところでは、専用の所有動詞（verba habebdi）の形成は遅く、それが事実見受けられるのは、いくつかの主格構造の代表言語だけであることは、再三指摘されて来ている（記述的諸研究の観察が示すところでは、活格言語は勿論能格言語においてもこの動詞語彙素類を示すことは難しい[91]）。

多数の研究者（ヴント、カッシーラー、レヴィ・ブリュール [L. Lévi-Bruhl]、ブレアル、他）が非常に多様な言語の多数の証拠に基づいて、すでに20世紀第一・三半期に、動詞時制の形態範疇が言語の文法構造の極めて後発的な

---

[90] *Габинский М.А.* Возникновение инфинитива как вторичуный балканский языковый процесс. Л., с. 35; cf., quoque: *Jeffers J.* Remarks on Indo-European infinitives. — Language, 1975, v. 51, 1.

[91] Cf.: *Климов Г.А.* Очерк общей теории эргативности, с. 72–73.

獲得物である、とするグラッスリー (R. de la Grasserie) の観察を確認したのであった。この結論には、この形態範疇が大多数の主格諸言語において、またかなりの部分の能格諸言語において機能する一方で、活格諸言語では欠如する、という事実を対比することができる。それどころか、活格諸言語に特有の動作態 (Aktionsart) の形態範疇の方が、普通、さらに古い範疇であると見なされる[92]。ホルツは、動作態範疇を時制範疇下に従えていく過程が、能格組織 (論者は、活格構造と能格構造の区別を行っていない——クリモフ) の、主格組織への再編過程の全体的な流れに一致する、ことを特に強調してさえいる[93]。興味深いことに、すでに専門書に指摘されて久しいのであるが、動作態範疇の「客観性」と時制範疇の「主観性」(cf. また、前者の具現形 [exponent] は本質的には動詞語基の意味を具体化するにすぎないのであるから、前者では語彙性要素が文法性要素に対して優勢であること) が、こうした通時的相関性によく符合するのである。

　一般的にはかなり以前から指摘されてきたことであるが、すでに非生産的で通常は古体的 (アーカイック) なものと見なされる、主格言語や能格言語のいくつかの現象は、活格構造内ではその構造の包含事象としてさらに広く機能している。例えば、能格諸言語や主格言語の一部に見受けられる、構成上非常に狭い範囲の、一般的には残滓的なものとされる情緒動詞群は[94]、活格構造の代表言語に広く機能する不随意的な行為や状態の動詞類に非常に大きな近似性を示す。一方、多数の能格諸言語で残滓的現象とされる、量的

---

[92] Cf.: *Куролович Е.* Op. cit., с. 433; *Серебренников Б.А.* Развитие человеческого мышления и структуры языка. — В кн.: Ленинизм и теоретические проблемы языкознания. М., 1970, с. 344–346.

[93] *Holz H.H.* Sprache und Welt. Probleme der Sprachphilosophie. Frankfurt/a, M., 1953, S. 122.

[94] *Чикобава А.С.* Проблема эргативной конструкции в иберийско-кавказских языках. 1, с. 5 (на груз. яз.); *Ломтатидзе К.В.* Категория переходности в абхазском языке. — Изв. ИЯИМК, XII, Тбилиси, 1942, с. 17; *Алексеев М.Е.* Проблема аффективной конструкции предложения. Автореф. канд. дис., М., 1975, с. 15–19; *Silverstein M.* Person, number, gender in Chinook: syntactic rule and morphological analogy. — BLS, 1977, 3, p. 147–148.

に偏差を見せるいわゆる拡散動詞 [diffuse v.]（別言すれば、可変動詞 [labile v.]、他動・自動的動詞 [transitive-intransitive v.]）群は[95]、活格構造内では同構造の輪郭特徴（プロファイル）を象る活格動詞類の一つに含まれている。

この点に関連して興味を掻き立てるのは、今日多くの能格諸言語や主格諸言語に追跡される、遠心的行為と求心的行為の伝達に関連した広母音と狭母音の交替であるが、これは活格動詞の遠心相と非遠心相の形を弁別する、活格言語の音交替に著しい類似性を示すものである。

能格言語のアルゴンキン諸語の資料に基づいて、こうした交替である o〜∅ を初めて指摘したのは、マイケルソン（T. Michelson）とユレンベックであった[96]。とりわけ、ユレンベックは、オジブエ語とブラックフット語における他動詞のいわゆる受動形と能動形にこの母音交替を据えたのである。Cf. オジブエ語の形 — ninwābamig-o「私が見られている」(я виден), kiwābamig-o「君が見られている」(ты виден) に対する ninwābamig「彼が私を見る」(он видит меня), kiwābamig「彼が君を見る」(он видит тебя) ; ブラックフット語の形 — nitáinok-o「私が見られている」(я виден), kitáinok-o「君が見られている」(ты виден) に対する nitáinok「彼が私を見る」(он вилит меня), kitáinok「彼が君を見る」(он видит тебя)。

アブハズ・アディゲ諸語では、動詞の求心形と遠心形、また同じく絶対動詞 [fact. v]（「非他動詞」）と能格動詞 [agent. v.]（「他動詞」）の明確な弁別機能を担っているのは、ヤコヴレフが明らかにした a〜ε(∅) の母音交替である：アディゲ語 къырещэ「こちらへ運び込む」(сюда ввозит), къырещы「こちらへ運び出す」(сюда вывозит), редэ「中へ投げる」(бросает внутрь), редзы「中から投げる」(бросает изнутри)。彼は 1941 年次のように書い

---

[95] Cf.: Проблема эргативной конструкции в кавказских языках; стабильный и лабильный варианты этой конструкции. — Изв. Ин-та языка и истории материальной культуры. XII, Тбилиси, 1942, с. 221–229 (на груз. яз.).

[96] *Michelson T.* Notes on Algonquian grammar. — American Anthropologist, 1913, N 15, p. 694 & 1914, N 16, p. 365; *Уленбек Х.К.* Пассивный характер переходного глагола или глагола действия в языках Северной Америки. — В кн.: Эргативная конструкция предложения. М., 1950, с. 75–77.

た：「両形は、運動を表す動詞語基から作られる。«э» 階梯をもつ同一動詞語基は、あるものの外部から内部へ向う運動方向を表し、そのため、かつて存在した古い『動詞求心形』の名残りと見なすことができる。«ы» 階梯をもつ同一動詞語基から作る対応の形は…逆方向運動を表し、『動詞遠心形』の現代語における歴史的残滓である。これらの形は、現在いくつかの場合だけしか残っておらず、大部分は運動を表す動詞から作られる」[97]。この母音交替が非常に古いものであることは、他のアブハズ・アディゲ諸語におけるそれのかなり顕著な痕跡によって裏付けられる[98]。

　これらの現象と興味深い対応関係を示すのは、他動詞にも一部の自動詞にも特有の、共通カルトヴェリ語の相（version）指標 *i- と *a- の機能の再構である。例えば、カルトヴェリ語の他動詞やまた行為自動詞における i-指標の意味的な共通分母は、現在でも恐らく行為が行為の担い手自身の中に閉じこもること、あるいはまた、何れにせよ行為がその担い手に向けられること、であると認定できる：cf. グルジア語 i-ṭira「彼は泣いた」, da-i-qepa「彼は吠えた」, da-i-bada「彼は生まれた」, ča-i-cera「自分を登録した、書くことに熱中した」。逆に、グルジア語とスヴァン語の相（version）の具現形（exponent）a-（カルトヴェリ語派ザン語では、これに当るのは o-）の意味的不変値（invariant）は、行為が行為の担い手の枠を超えて広がること、と認定すべきである：cf. グルジア語 a-ṭira「彼は（彼を）泣かせた」, da-a-dga「彼は（それを）あるものの上に置いた」, a-cva「彼はあるものの上に横たわっていた」。他動詞と中能動（mediactive）的な自動詞は活性的な行為を

---

[97] *Яковлев Н.Ф., Ашхамаф Д.А.* Грамматика адыгейского литературного языка. М.-Л., 1941, с. 326; *Яковлев Н.Ф.* Грамматика кабардино-черкесского языка. М.-Л., 1948, с. 81–82.

[98] *Ломтатидзе К.В.* К структуре сложносоставных глагольных основ в абхазском языке. — ИКЯ, т. IV, Тбилиси, 1953, с. 90 et seq.; *Kuipers A.H.* The North-West Caucasian languages. — Analecta Slavica I. Amsterdam, 1955, p. 199; *Dumézil G.* Le verbe oubykh. Études descriptives et comparatives. Mémoires de l'Académie des inscriptions et belles-lettres. NS 1, Paris, 1975, p. 30–38.

伝達するのであるから、ここに認められる母音交替は、活格言語における遠心相と非遠心相の指標機能を特にはっきりと想起させる[99]。

パリーブランク（E.G. Pulleyblank）の見解によれば、同様の機能は、歴史的には印欧語の e〜o（彼はむしろə〜a と解釈している）母音交替の対立としても定着したのであるが、それはいくつかの他の形の区別と並行して、ここではバンヴェニストがいうところの、印欧語動詞の基本的範疇たる能動「態」（voice）と中動「態」の区別の役割を果した[100]。この同じパリーブランクは、シナ・チベット語史においても、同じように遠心形と求心形の区別に関係した、閉母音と開母音（close and open）の交替の対立が機能したはずだ、という仮説を定式化している。彼は、古代中国語（cf. dəm [to talk about] 〜dam [to talk]）、カチン語、そして特に古典チベット語、の他動詞と自動詞の対立におけるこの区別の遅い現れを追跡している[101]。

最後に、機能的にはこれに近い母音対立 a〜i//u がセム諸語に追跡されるが、そこでは、この対立は今日でも他動詞にも自動詞にも作用している。この対立を専門的に研究したヤンセン（H.J. Jansen）は、これが単一の動詞語彙素の語形を特徴づける、恐らくは非常に古い現象で、この語彙素の能動形と「中立」（中間）形の弁別機能をもっていたはずである、としている[102]。

現代言語学が周知している資料には、第2章第1表に掲げた表が仮定する内容類型学的な再編の、不可逆性を裏付ける少なからざる経験的な証拠も見出すことができる。

例えば、主格組織ないしは能格組織の何がしかの残滓的特徴を保存するよ

---

[99] *Климов Г.А., Алексеев М.Е.* Op. cit., с. 152–154.

[100] *Pulleyblank E.G.* Indo-European vowel system and qualitative ablaut. Word, 1965, v. 21, N 1, p. 86–101.

[101] *Pullyeblank E.G.* Close/open ablaut in Sino-Tibetan. Lingua, 1965, v. 14, p. 230–240.

[102] See: *Jansen H.J.* Was bedeutet die a:i-Opposition der arabischen, hebräischen und syrischen Qal-Formen? — Norsk Tidsskrift for Sprogvidenskap, 1952, Bd XVI, S. 365–370; cf.: *Гранде Б.М.* Введение в сравнительное изучение семитских языков. М., 1972, с. 209.

うな、活格構造の代表言語は存在しない（この点に関しては、いくつかの研究に見受けられる、活格構造を初期能格構造とする性格付けを挙げておかなければならない）。一般的に言って、恐らく、何れかの活格諸言語に、名詞形態における主格、対格、属格、与格の形、あるいはまた動詞形態における能動態と受動態、時制と数の形、の残滓を求めようとしても、それは徒労に終わるであろう。しかも、特に、名詞形態形成の初期段階は活格状態以前には結びつきえない、と考えるべき重要な根拠がある。したがって、サフチェンコに従って、活格と不活格は、名詞の動詞に対する関係ではなくて、単に名詞の表す事物の能動性と受動性を表すにすぎないのであるから、未だ真の格ではないのであり、またベーダーの見解に従って、活格の何らかの「文法」格への転換の背後には、言語に意味に定位した範疇をより形式的な範疇へ再編して行く傾向が存在することになる[103]（cf. この点に関しては、曲用パラダイムは、「有生〜無生」特徴ないしは「活性〜不活性」特徴による名詞の類別法解除の「代償」として発生したもので、これが後期活格状態の特徴だ、とする、後に多くの他の論者等支持を得た周知のヴント仮説[104]）。したがって、動詞の、他動性〜自動性特徴による語彙化は、後期活格（あるいは後期能格）状態にして初めて芽生えるものだと考えるのが自然である。この点で

---

[103] *Савченко А.Н.* Некоторые общие закономерности формирования падежных систем (на материале иберийско-кавказских и индоевропейских языков). — Падежный состав и система склонения в иберийско-кавказских языках. IX региональная научная сессия. Тезисы докладов. Махачкала, 1981, с. 7; *Boeder W.* Überlegungen zur historisch-vergleichenden Syntax. — In: Philologia Orientalis, IV. Tbilisi, 1976, S. 139.

[104] Cf.: *Wundt W.* Völkerpsycholgie..., S. 65; *Быховская О.Л.* К вопросу о происхождении склонения. — Изв. АН СССР, сер. VII, Отд. гуманитарных наук, 1930, № 4; *Velten H.V.* Op. cit., p. 216 et seq.; *Будрих Д.В.* У истоков склонения (Материалы к вопросу о происхождении склонения). — Сов. языкознание, т. II. Л., 1935; *Meinhof C.* Die Entstehung der flektierenden Sprachen. Berlin, 1936, S. 53, 91; *Десницкая А.В.* Именные классификации и проблема индоевропейского склонения. — Изв. АН СССР, ОЛЯ, 1941, № 3; *Specht F.* Der Ursprung der indogermanischen Deklination. Göttingen, 1944, S. 301–302, 306–307, 385–386, 391 et seq.

は、類別型の代表言語には、名詞曲用や他動詞と自動詞の二分法が完全に欠落しているという事実を、特に強調しておくことが必要である。

　今日のいくつかの能格（あるいは能格優勢）諸言語にかつての主格構造の特徴を追跡しようとする一部の論者等の試みも、恐らく克服し難いような困難に直面することになる。例えば、オーストラリアの諸言語が先行の主格構造をベースにして能格性を発達させた、という見解はオーストラリア言語学では受容されていない。オセアニア言語学での同様の仮説に関する若干のコメントについては、以下を参照。

　活格言語や能格言語を基本とする諸言語に見られる非体系的な諸現象の歴史的解釈へ向けた研究者等の経験的なアプローチも、普通これらの考察に合致している。筆者がよりなじみ深いカフカース言語学の経験は、その実際に関する何がしかの知識を提供することができるのであって、それは、発生する類型的再編の循環説を仮定する根拠を与えない。例えば、アブハズ・アディゲ諸語やナフ・ダゲスタン諸語における動詞の態（voice）の対立の欠如がこれら諸言語の文法構造の二次的性格の現象ではなく古来の特徴である、（それどころか、実質上主格化されたカルトヴェリ諸語では、態的ディアテシスの二次性は明らかである）、と見なされていることは象徴的である。多数の北カフカース諸語に見られる、二つの数の 1、2 人称人称代名詞の能格と絶対格の形の「同音異義性」（homonymy）（cf. アンディ語 din「私は、私を」、min「君は、君を」、あるいはアディゲ語 sa(rə)「私は、私を」、wa(rə)「君は、君を」）は、決して一つの主格形あるいは主・対格形が過去に機能していた痕跡とは見なされていない。それどころか、これらは常にある前能格状態にルーツをもつ現象と解されている（cf. 人称代名詞の不変化形をもつ統語構造は、歴史的には最も古い——いわゆる無規定——構文を反映したものだ、とするチコバヴァの観点[105]）。同様にして、カフカース諸語の起源的な三語群の各々の中に、特にアブハズ語 sʷara「我々」に対してアディゲ

---

[105] See: *Чикобава А.С.* Проблема эргативной конструкции в иберийско-кавказских языках, I, с. 3 (на груз. яз.), с. 130–133.

語 ta//da（アディゲ語とカバルダ語のこの両形は、語源的には一つの原型 archetype に源を有する）に例証される複数 1 人称代名詞の二つの異なる形が存在する場合、このような区別は、主格と対格の補充法（suppletion）の対立の影響という仮説によってではなく、活格構造の代表諸言語に広く知られる内包形と排外形の歴史的相関性によって説明されるはずである（内包的代名詞であれ排外的代名詞であれこうした相関関係が同一言語の一方の方言では保存されるのに別の諸方言では消失するケースは、カフカース学では周知のところである[106]）。ナフ・ダゲスタン諸語のいくつかに立証される、動詞活用の純主体的原理ないしは純主体・客体原理といったような主格組織体系の特徴は、一つとして古体性（archaism）と見なされるケースはないのであって、それどころか逆に、常に改新と解されるものであり、このことは、その動詞人称指標が現在でも機能する代名詞に物質的に近似性をもつことは全く明白であるから疑問の余地はない。属格、与格、具格は、それらが記述文法によって記録される所では、常に、カフカース学において比較的遅い段階の格単位と見なされている：それどころか、ここでは、このような格の消滅を奥深い過去に仮定せしめるような如何なる事実も見られない。研究者等は、カルトヴェリ諸語の他動詞の能動形と受動形の区別も、明らかに改新だと見なしている（この点に関して一般に注意しておく必要があるが、研究がカルトヴェリ諸語の歴史の奥深く入り込めば入り込むほど、そこには他動性〜自動性特徴による動詞対立の場は益々小さくなり、また逆に、動態（dynamic）性〜静態（static）性特徴による動詞分類が益々大きな意義を帯びてくるのであるが、このことは論理的にまたしても研究を活格構造組織へと誘うのである）。

　一方、能格言語や主格言語を基礎としつつ多少とも確からしい活格性諸現象の特徴を残す相当数の諸言語が立証されている（したがって、最近いくつかの研究に見られる、活格構造を初期能格構造とする特徴づけは、恐らく修

---

[106] Cf.: *Саадиев Ш.М.* Опыт исследования крызского языка. Автореф. докт. дис., Баку, 1972, c. 26.

正を必要としよう)。

すでに 1930–40 年代の我が国の科学が表明した、能格組織を主格組織へ再編して行く可能性についての理論構想は、現在では多数の語族の歴史に関する具体的な諸研究に経験的な裏付けを得つつある。このような過程を証明するのは、特にカルトヴェリ諸語の諸事実（例えそれらが、かつてのその活格状態を裏付けなくとも)[107]、ナフ・ダゲスタン諸語[108]、ブルシャスキ語[109]、シナ・チベット諸語（なかんずく、チベット・ビルマ諸語)[110]、オーストラ

---

[107] Cf.: *Мещанинов И.И.* Язык Ванской клинописи (Die Van-Sprache). II, Структура речи. Л., 1935, с. 191–193; *Ibid.* Новое учение о языке. Стадиальная типология. Л., 1936, с. 184–214; *Ibid.* Общее языкознание. К проблеме стадиальности в развитии слова и предложения. Л., 1940, с. 199–221; *Чикобава А.С.* Проблема эргаивной конструкции в иберийско-кавказских языках. I. Историческое взаимоотношение номинативной и эргативной конструкций по данным древнегрузинского литературного языка. Тбилиси, 1948 (на груз. яз.); *Климов Г.А.* О доминативном компоненте картвельской языковой структуры. — В кн.: Лингвистический сборник. Тбилиси, 1979, с. 130–145; *Boeder W.* Ergative syntax and morphology in language change: the South Caucasian languages. — In: Ergativity...; *Чхаидзе М.П.* О двух аспектах исследования грамматики. — ВЯ, 1979, № 2, с. 125.

[108] Cf.: *Мещанинов И.И.* Новое учение о языке. Стадиальная типология. с. 180–184; *Ibid.* Общее языкознание. К проблеме стадиальности в развитии слова и предложения, с. 249–251; *Жирков Л.И.* Табасаранский язык. М.-Л., 1948, с. 128; *Кибрик А.Е.* Canonical ergativity and Daghestan languages — In: Ergativity..., p. 74, *Климов Г.А., Алексеев М.Е.* Op. cit., с. 240–257.

[109] See: *Tiffou E.* L'effacement de l'ergatif en Bourouchaski. — Studia Linguistica, 1977, XXXI, 1; *Meier G.F.* Zu einigen Fragen der Ergativkonstruktion im Gebiet des Himalaya. — В кн.: Арнольду Степановичу Чикобава (сборник, посвященный 80-летию со дня рождения), Тбилиси. 1978, с. 58.

[110] See: *Кеппинг К.Б.* Лексические группы глаголов и субъектно-объектное согласование в тангутском языке. — Письменные памятники и проблемы истории культуры народов Востока. XI годичная научная сессия ЛО ИВАН СССР (краткие сообщения и аннотации). II. М., 1975, с. 63–64; *Kung-Yi Kao.* Objective case and agentive case in classical Chinese. — In: Linguistic Studies offered to Joseph Greenberg, III. Syntax. Saratoga, 1976; *Keeping K.B.* Elements of ergativity and nominativity in Tangut. — In: Ergativity...; cf.: *Baumann J.J.* An historical perspective on ergativity in Tibeto-Burman. — In: Ergativity..., p. 430–431.

リア諸語¹¹¹、そして恐らくは、モンゴル諸語¹¹²、ポリネシア諸語¹¹³、いくつかのアメリカ諸語¹¹⁴、の諸事実である。

この点では、印欧諸語¹¹⁵、アフロ・アジア諸語（セム・ハム諸語）¹¹⁶、ド

---

¹¹¹ See: *Dixon R.M.W.* The syntactic development of Australian languages. — In: Mechanisms of syntactic change; *Blake B.J.* Degrees of ergativity in Australia. — In: Ergativity..., p. 302–304.

¹¹² See: *Бертагаев Т.А.* Следы эргтивности в монгольских языках и к вопросу об эргативной конструкции. — В кн.: Эргативная конструкция предложения в языках различных типов. Л., 1967.

¹¹³ See: *Tchekhoff C.* From ergative to accusative in Tongan. An example of synchronic dynamics. — In: Ergativity...

¹¹⁴ See: *Kuipers A.H.* The Squamish language. Grammar. Texts. Dictionary (1). The Hague–Paris, 1967, p. 410; *Sasse H.J.* Subjekt und Ergativ: Zur pragmatischen Grundlage primärer grammatischer Relationen. — Folia Linguistica, 1978, t. XII, 3/4, p. 148–149.

¹¹⁵ *Савченко А.Н.* Эргативная конструкция предложения в праиндоевропейском языке. — В кн.: Эргативная конструкция предложения в языках различных типов. Л., 1967; *Тронский И.М.* О дономинативном прошлом идоевропейских языков. — Op. cit.; *Климов Г.А.* Типология активного строя и реконструкция протоиндоевропейского. — Изв. АН СССР, СЛЯ, 1973, № 5; *Минкова К.А.* О значении родительного падежа и становлении падежной системы в индоевропейских языках. Афтореф. канд. дис. Велико Тырново, 1976; *Перельмутер И.А.* Общеиндоевропейский и греческий глагол. Л., 1977, с. 201–202; *Палмайтис М.Л.* Индоевропейская апофония и развитие деклинационных моделей в диахронно-типологическом аспекте. Тбилиси, 1979; *Schmidt K.-H.* Reconstructing active and ergative stages of Pre-Indo-European. — In: Ergativity...; *Гамкрелидзе Т.В., Иванов Вяч.Вс.* Активная типология и происхождение праиндоевропейских именных парадигм. — Изв. АН СССР, СЛЯ, 1981, № 2; *Гухман М.М.* Историческая типология и проблема диахронических констант, с. 168.

¹¹⁶ Cf.: *Дьяконов И.М.* Проблема протоафразийской глагольной системы. — В кн.: Конференция по сравнительно-исторической грамматике индоевропейских языков (Предварительные материалы). М., 1972; *Палмайтис М.Л.* Аккузатив и род (установление лингвистической универсалии в связи с проблемой индоевропейской тематизации и историей афразийских форм женского рода). — ВЯ, 1979, № 4, с. 91–92.

ラヴィダ諸語[117]、チュルク諸語[118]、エニセイ諸語[119]、ケチュマラ諸語[120]、アラワック諸語[121] のように今日主格言語であるものに、また死語の中ではフルリ・ウラルトゥ諸語[122]、エラム語[123] に追跡される活格類型の残滓的諸現象も、以上に劣らず示唆的である。この点に関しては、類型的に後期活格言語とも、あるいはすでにその基本は主格言語であるとも認定される北米のガルフ諸語の証例も挙げておくべきである(特に、チョクトー語の格接辞添加で区別される二つのパラダイムでは、その内の一方は活格構造組織に対応し、もう一方は主格構造組織に対応するのであるが、この後者のパラダイムは歴史的には前者のそれから引き出されるものと認定されている[124])。Cf. 現代の能格諸言語あるいは部分的に能格的である諸言語の内若干の言語(アブハズ・アディゲ諸語、ナフ・ダゲスタン諸語、チベット・ビルマ諸語)

---

[117] Cf.: *Гуров Н.В.* Именное склонение в дравидийских языках и микропарадигма протоиндийских текстов (опыт сопоставления). — В кн.: Сообщения об исследовании протоиндийских текстов. 1. Proto-Indica. Л., 1972.

[118] Cf.: *Севортян Э.В.* Аффиксы глаголообразования в азербайджанском языке. М., 1962, с. 93–95.

[119] Cf.: *Вернер Г.К.* Реликтовые признаки активного строя в кетском языке. — ВЯ, 1974, № 1; *Ibid.* Вопросы эволюции общеенисейского языка в свете ностратических реконструкций. — В кн.: Конференция. Ностратические языки и ностратическое языкознание. Тезисы докладов. М., 1977, с. 7–10; *Валл М.И., Вернер Г.К.* Об истоках падежной системы в енисейских языках. — В кн.: Происхождение аборигенов Сибири и их языков. Томск, 1973; *Валл М.Н.* Обусловленность некоторых глагольных форм субъектно-объектным падежом в кетском языке. — В кн.: Склонение в палеоазиацких и самодийских языках. М., 1974.

[120] Cf.: *Климов Г.А.* Типология языков активного строя, с. 238–241; *Пестов В.С.* Об отражении субъектно-объектных отношений в глаголе кечуа. — ВЯ, 1980, № 4, с. 131.

[121] *Matteson E.* Proto-Arawakan. — In: Matteson E. (et all) Comparative studies in Amerindian languages. — Janua Linguarum. Series Practica, 127, The Hague–Paris, 1972, p. 164.

[122] *Хачикян М.Л.* Диалекты хурритского языка. Автореф. канд. дис. М., 1977, с. 8.

[123] Cf.: *Дьяконов И.М.* Языки древнй Передней Азии. М., 1967, с. 96–109.

[124] *Heath J.* Choctaw cases. — BLS., 1977, 3, p. 207–208.

第 3 章 内容類型学研究の歴史的側面　　231

の歴史的過去に対して活格状態の諸特徴を再構する試みがあることも）[125]。

　本書の筆者は、先行研究の一つで、活格構造のいくつかの代表言語に類別組織の残滓的諸現象が存在する、という見解を述べたが、このことはすでにそれ以前の一部の記述的性格の諸研究にも曖昧な形では推定されていた[126]。この点で関与的な論拠の中で挙げられるのは、名詞の活性類と不活性類という不安定な対立がそれの有生類と無生類という安定的な相関関係に一定の近似性をもつこと、活格諸言語に類別的数詞の組織が機能するケースがあること、3 人称の所有形の変化に類別的階層性があること、等である。この点に関連しては、今日の多数の能格あるいは主格を基本とする諸言語に内容的に動機性がある名詞分類の残滓がある、という言語学書に見られる見解にも注意しておくべきである[127]。最後にここで、過去には現在以上に多数の類別

---

[125] Cf.: *Maspero H.* Notes sur la morphologie du Tibéto-Birman et du Munda. — BSLP, 1947–1948, t. 44, fasc. 1. p. 173; *Дешериев Ю.Д.* Некоторые особенности эргативного строя предложения в бацбийском языке. — В кн.: Язык и мышление, вып. XI, 1948, с. 160; *Мельников Г.П., Курбанов А.И.* Логические основания именной классификации в цахурском языке. — В кн.: Вопросы сутуктуры языка. М., 1964; *Назаров В.П.* Разыскания в области исторической морфологии восточнокавказских языков. Махачкала, 1974, с. 33–34; *Савченко А.Н.* К вопросу о развитии эргативной конструкции предложения в абхазо-адыгских и нахско-дагестанских языках. — Изв. АН СССР, ОЛЯ, 1976, № 6; *Климов Г.А., Алексеев М.Е.* Типология кавказских языков, с. 49–77 & 263–279.

[126] *Климов Г.А.* Типология языков активного строя, с. 264–293. — [訳者] cf. クリモフ著, 三省堂, p. 221–245.

[127] Cf.: *Крейнович Е.А.* Гиляцкие числительные. — Труды научно-исследовательской ассоциации Ин-та народов Севера, т. 1, вып. 3, Л., 1932; *Чикобава А.С.* Древнейшая структура именных основ в картвельских языках. Тбилиси, 1942 (на грус. яз.); *Specht F.* Op. cit., S. 301–302, 306–307, 385–386, 391 et seq.; *Рифтин А.П.* Из истории множественного числа. — Учен. зап. ЛГУ. Сер. филол. наук. Вып. 10, Л., 1946, с. 42, 47; *Рогава Г.В.* К вопросу о структуре именных основ в категориях грамматических классов в адыгских (чечесских) языках. Тбилиси, 1956; *Ломтатидзе К.В.* К вопросу об окаменелых экспонентах грамматических классов в именных основах абхазского языка. — Соовщ. АН СССР, т. XXVI, 1961, № 1; *Дьяконов И.М.* Языки древней Передней Азии. с. 210; *Серебренников Б.А.* Существовали

言語が存在した、という、恐らく一定の、史的・類型学的展望に対する自分の観点を反映したものであろう、マインホフの直観的な推定に注意を喚起しておく[128]。

逆に、筆者は、今日機能している、具体的な言語の活格構造ないしは能格構造を、先行した主格構造から引き出してきたような研究は一例も知らない（一部のインド・イラン諸語、ポリネシア諸語、英語のような言語に個々の能格性要素の形成に関する、一部の論者等の見解に対する評価については、若干下を参照）。

諸言語の特徴的な類型的再編過程についての、専門分野の文献資料を簡単に総括することに関連して触れておく必要があるのは、多少とも研究された類別構造の代表言語では顕在的な名詞分類を潜在的な分類へ変換して行く過程が確認されること、それには有生類と無生類という二項対立にまでその類の縮減過程を伴うこと、であり、このことは、活格組織内での語彙の構造化原理を想起させる。周知の如く、こうした過程はすでに20世紀30年代にバントゥー諸語の資料に記録されたことであった[129]。V.A. ヴィノグラードフ（В.А. Виноградов）は、バントゥー系諸語の一つでのこの過程の特徴に関連して、次のように書いている：「様々な言語における類別組織が一様に人間類（I, II類）指標を規範化させつつ有生〜無生対立の発展方向に向って単純化して行く過程は、恐らく偶然ではあり得ないだろう。恐らく、バントゥー語の名詞分類組織は、そこに曖昧な形で存在する対立を明示化させる当該範

ли в протоуральском языке именные классы. — ВЯ, 1969, № 3; *Dulson A.* Eine vorgeschichtliche Sprachgemeinschaft in Zentralasien. — Acta Linguistica Academiae Scientiarum Hungaricae, 1969, t. 19 (1–2), s. 20–21; *Stopa R.* Structure of Bushman and its traces in Indoeuropean, p. 201; *Хайдаков С.М.* Принципы именной классификации в дагестанских языках. М., 1980, с. 214–217; *Вернер Г.К., Живов Г.Т.* К характеристике классной системы в енисейских языках. — ВЯ, 1981, № 5.

[128] *Meinhof C.* Grundzüge einer vergleichenden Grammatik der Bantusprachen. Hamburg, 1948, S. 23.

[129] See: *Кузнецов П.С.* Об именной классификации..., с. 69; *Ольдерогге Д.А.* Определение времени и пространства..., с. 368.

疇の発展ポテンシャルを組み込む形で、構造化されているのであろう。意味的な有生類の基礎を成す人間類（I 類）と動物類（IX 類）の区別は、すでにバントゥー祖語期から一定のやり方で有徴化されていた：数類別接頭辞や呼応接頭辞は、I 類と IX 類を除く全ての類において高音調をもっていた；属格的構造では、連結辞（коннектив, connective）-a は I 類と IX 類に対しては低音調をもち、それ以外の全ての類に対しては高音調をもつ呼応接頭辞を得たのである」[130]。

* * *

　先行章において、筆者は、活格、能格、主格の各構造組織間にある、具体的な接点を提示しようと努めた。この三構造全ての一定の相互近接性を認めるならば、その近接性は今度は、恐らくそれらの歴史的隣接性構想も証することができよう（cf. さらに、一つは北米および南米の、もう一つはカフカースの、原住民諸言語にこれら三類型の要素全てが分布していること）。何れにせよ、活格、能格、主格の各構造の諸言語は、それらにおける動詞語彙素が通時面においても依然として一定の構造的核心である、という非常に重要な事実によって一括化することができる。本書の筆者はかねてより、正に活格構造に特有の活格性〜状態性による動詞の語彙化原理が、ある場合には能格動詞（agent. v.）〜絶対動詞（fact. v.）の対立へ、またある場合には他動詞〜自動詞の対立へと次第に再編されていくことは、正に活格構造の歴史的発展に関連するものである、ことを提示しようとして来た。注目すべきは、現在、多数の能格言語や主格言語に、それらの輪郭特徴（プロファイル）を象る特徴的な動詞語彙素類と並行して、それに絡み合う形で、原理的には活格動詞と状態動詞の対立に極めて近似した、また普通は古来の分類と見な

---

[130] *Виноградов В.А.* Именные классы и местоимения в бамилеке. — В кн.: Морфонология и морфология классов слов в языках Африки. Имя. Местоимение, М., 1979, с. 113.

される、動態動詞（dynamic v.）と静態動詞（static v.）への非生産的な動詞分布が見られることである。同分野の専門書では、これらの言語に見られる、形式化された様々な名詞群が、年代的にはそれに先行する、名詞の有生類と無生類あるいはいわゆる能動類（// 社会的能動類）と受動類（社会的受動類）への分類に起源をもつかもしれない可能性にも再三注意が喚起されて来た[131]。

何れにせよ、これら三類型の歴史的隣接性を証する他の多数の諸事実と総合するならば、上述の諸事実は、現在ではもはや、活格組織が他の二つの組織に比して特段に古体的（アーカイック）であるとする考えを堅持することはできないことを示している（とりわけ、一つの言語構造の中に主格構造と活格構造の諸特徴が混在する諸例が認められることに注目すれば）。まして、能格組織が主格組織に比して著しく古体的だという、明らかに陳腐化した見解に同意すべき根拠はない。Cf. この点に関しては、能格諸言語の構造がひどく古体的だとする考えは、アフリカの諸言語に能格性の欠如が目立つ事実と相容れない、というプランクの見解（この場合、論者は、ここでは今日も採集と狩猟の生活様式を堅持する社会が残っていることを、引き合いに出している）[132]。

世界の圧倒的多数の言語は、主格言語と能格言語の類型種に分類される（加えて、主格的要素と能格的要素を様々な割合で混在させる多数の言語がある）ことを考慮するならば、恐らくすでにこの点一つ取っただけでも、主格言語と能格言語こそが現人類の特徴的な言語であると結論するに十分である。内容類型学的な分類に仮定される残余の類型種の言語の広がりが、現代の世界の言語地図上の限られた分布域に属することも、恐らくさほど偶然

---

[131] Cf., ex.: *Meillet A.* Le genre féminin dans les langues indo-européennes. — In: *Meillet A.* Linguistique historique et linguistique générale, Paris, 1938, p. 24–25; *Feghaly M., Cuny A*. Du genre grammatical en sémitique. Paris, 1924; Жирков Л.И. Табасаранский язык. Грамматика и тексты. М.–Л., 1948, с. 56–58; Дьяконов И.М. Языки древней Передней Азии.

[132] *Plank F*. Ergativity, syntactic typology and universal grammar: some past and present view-points. — In: Ergativity..., p. 21.

的なことと見なすべきではなかろう。

　活格性の諸特徴を、主格組織や能格組織の諸要素に対して歴史的に二次的なものだと見なす、言語の構造的変化の類型学的解釈の試みで、本書の筆者が知っているのは僅か二つだけである。

　アロンソンは、1977年、主格構造と活格構造間の一意的な歴史的相関性に関する仮説に反論する目的で、英語は主格型から活格型への方向性をもった構造的進化を行っている、という見解を発表した[133]。論者の見解によると、古英語の状態は今以上に主格構造のパラメーターに合致していたはずであり、一方、現在の英語はもはや明白な主格構造（unambiguously nominative structure）とは認め難い、というのである。英語の構造が活格構造の側へ向けてシフトしているとする具体的な特徴として、アロンソンが挙げるのは、動詞語彙素の他動性〜自動性対立の無関与性の増大、直接補語と間接補語の形式的対立の中和化傾向、人間（あるいは有生の場合も）〜非・人間（あるいは無生の場合も）特徴によって組織された二項的名詞分類の生成の兆しの可能性、他若干である。同時に、先行の文献で定式化されたように、論者が英語の発達に活格組織の類型的システムからの一連の重要な逸脱の存在も認めている、ことには注意しておく必要がある。そうした逸脱例の中で彼が指摘するのは、動詞語彙を活格動詞類と状態動詞類に区分するような、活格組織の最も重要な特徴を形成する傾向が欠如すること、したがって、活格動詞の遠心相と非遠心相を対置させるような動詞の相（version）の形態範疇の生成傾向、また有機的所有と非有機的所有の形を弁別する、名詞の所有形の形態範疇の生成傾向、が欠如することである。同時に、アロンソンの考えでは、類型学的分類にとって大きな意義をもち得るのは、動詞の類をもつ言語と動詞の類に代えて名詞の類をもつ言語の違いだ、という。

　しかし、以上の点は、英語における活格構造の特徴の増大に関するアロンソン仮説が引きずるいくつかの他の困難性も含めて、看過できない。例えば、ここで挙げられる、他動詞類と自動詞類の対立の中和化傾向は、それと

---

[133] *Aronson H.I.* English as an active language. — Lingua, 1977, 41.

択一的に活格動詞類と状態動詞類への再編可能性を表す訳ではなく、その傾向自体は、論者が想定する、言語構造の類型的シフトを証明することにはなり得ない（例え英語に実際に人間〜非・人間特徴による名詞分類の形成の兆しが観察されることを認めるにせよ、その兆しもまた恐らくこうした変化過程を表すことはできないだろう）。同様にして、言語が直接補語と間接補語の形式的対立を排除する傾向をもつことも、それに代って近い補語と遠い補語の対立が現れて来ない限り、論者のいう類型的シフトの裏付けとはなり得ない。したがって、英語の構造が主格構造から活格構造へ向けてシフトする傾向について証明し得るのは、内容類型学に出来上がっている活格構造についての認識を本質的に変えてしまう場合だけである。当然明らかなはずだが、こうした条件下では、論者が引く実際資料は、言語構造の類型的発展の不可逆方向説を揺がすことはできない。

　ダゲスタン諸語が総じて能格構造の主格化過程をより鮮明にしていく状況下で、その方言の一つ——タバサラン語——の南方言では活格構造へ向けた構造的再編が進んでいる、という推測が、最近一過的に述べられた[134]。この推測は、この方言ではいくつかの絶対動詞（fact. v）（「非他動詞」）が表す行為の随意性あるいは不随意性による動詞語形の区別が周知である、というダゲスタン学の文献に認められる事実を基にしている：cf. kčʼuxura-za「私は滑る（随意的に）」(я катаюсь) に対して、kčʼuxura-zu「私は滑る（不随意的に）」(я скольжу)[135]。しかし、我々の考えでは、恐らく、動詞語形のこのような区別の背後に、活格構造の代表言語に輪郭特徴（プロファイル）を象る活格動詞と状態動詞の二分法の形成傾向を窺うことはできないだろう——それを起点に対応の再編が始まると思えるのかもしれないが——（同時に、指摘される区別は、ここに活格組織にとって特徴的な第三の動詞語彙素類——不随意行為・状態の動詞類——の生成傾向を指し示すものにもなり得

---

[134] Kibrik A.E. Canonical ergativity and Daghestan languages, p. 74–75.

[135] See: Магометов А.А. Табасаранский язык (исследование и тексты). Тбилиси, 1965, с. 198–200; Idem. Местоименная аффиксация в глаголах табасаранского языка. — ИКЯ, т. VII, 1955, с. 363–365.

第3章 内容類型学研究の歴史的側面 237

ない)。しかも、タバサラン語の南方言の他の構造諸特徴はむしろ、主格化過程が同語の北方言によって仕切られないことを証明する、点に留意しておくべきである。Cf. 特に、北方言における純主体的定位ないしは主体・客体的定位の人称活用原理の発生、というような非常に明確な特徴。この言語の南方言にこそ、北方言とは異なって、かつての二項タイプの名詞分類の中和化が起っていることも、かなり示唆的だと思われる。最後に、この点では一般的レヴェルの一つの事実に注目しておく必要がある：内容類型学的再編が深層に規定されることを考慮するならば、同一言語の方言組織の構造的変化の傾向に何がしかの本質的な分裂を想定する訳には行かない（興味深いことに、構造的変化の面でよりダイナミックな資料を扱う、形式に定位した類型学研究内でさえ、同一言語の諸方言に異方向発展の先例は存在しない)。

　類型学的再編の法則性問題を択一的に解決しようとする、筆者が知るこれ以外のケースは、何がしかの言語類型全体の変換ではなくて、統語構造のいくつかの断片——文構造——の変換だけを取り扱うものである。実際、これらのケースでは、主格構文の、能格構文への変換が前提とされている。しかも、この場合普通、主格構文の、絶対構文への並行的な再編の可能性という、それ以上に極めて重要な問題が視野に入っていないこと、このことは択一的な問題解決にとって特徴的な、言語資料の類型化に対する非体系的なアプローチの実際を証明していること、を考えるならば、択一的な問題解決には、全体として発展性があるとは思われないのである。

　このようにして、本書が採用する内容類型学的な分類の歴史的解釈の可能性が全面的に論証されることになれば、統語特徴だけでなく語彙的、形態的特徴やそれ以外の言語諸特徴全ての「段階論」を考慮することを主張するホルツの周知の要求は、なおのこと現実性を帯びることになろう[136]。

　現在では、恐らく、歴史的に主格構造の特徴をもつ言語の能格化の何がしか確かな先例など、唯一例たりとも挙げることはできないだろう。主格的状態から能格的状態への構造的再編の解釈は全て概ね極めて少数ではあるが、

---

[136] *Holz H.H.* Sprache und Welt, S. 123.

これは然るべき分野の諸研究が能格性全体論とのコンタクトを欠くことから来ている、という印象を受ける。同時に、こうした解釈全てがその専門分野の文献の中では特異な（原則として、対極的な）観点をもつものであることも自明である。

　この点では先ず、インド・イラン諸言語の主格構造の能格化過程を反映するとかいう、類型学者等の間にかなり深く根を下ろした幻想に関して、文献的に検証される同諸語の歴史的発展過程に触れておくべきだと思われる。

　先ず何にも増して必要なことは、これら諸語のいくつかがまるで能格言語（まして、時に考えられるように、終始一貫した能格構造をもつ言語）に属するかのような、誤解に基づく考えを破棄することである[137]。このことが必要なのは、特に、全ての時制系列の形で他動詞述語構造に能格式構文を一般化する諸言語（ネパール、グルカリ、シーナー、一部のパハリ方言）でも、主格構文の能動文と受動文にのみ実現される、他動詞の態による語形弁別の体系的実行とか、動詞の主体的（あるいはまた稀に、主体・客体的）活用原理のような明確な主格組織の諸特徴が観察されるからである。インド・イラン語は一つの場合として能格言語とは見なし難いとする、インド・イラン語の「能格性」問題の権威ある研究者の結論に同調するには、恐らくこれらの事実だけで十分であろう[138]。

　これら諸言語の的確な類型学的特徴づけのためには、例えば時に、典型的にないしは「完全に」能格言語と認定されるシーナー語（ヒンディー語やそれ以外の多数のインド・イラン諸語とは異なって、能格式構文はここでは全

---

[137] Cf.: *Abadia P.* Nepali as an ergative language. — Linguistics of the Tibeto-Birman Area, 1, Berkley, 1974; *Anderson St.R.* On mechanisms by which languages become ergative, p. 341–346; *Wagner H.* The typological background of the ergative construction. — Proceedings of the Royal Irish Academy. Section C – Archaeology. Celtic studies, History, Linguistics, Literature, Dublin. 1978, vol. 78, C, N 3, p. 40.

[138] See: *Regamey C.A.* A propos de la «construction ergative» en indo-aryen moderne. — In: Sprachgeschichte und Wortbedeutung. Festschrift Albert Debrunner. Bern, 1954, p. 380–381.

ての時制系列の動詞述語に登場する限りにおいて）の構造でさえも、如何にしても能格組織の枠に収まるものではないことを、考慮しておくことが大切である。特に、このことについては、反対の観点を論証するために過去には逆説的に利用されたこの言語の動詞形態や名詞形態が、極めて一意的に証明している。例えば、シーナー語の動詞語形には、他動詞の態の弁別形の規則的対立、また純主体的な動詞人称接辞といったような、主格構造の諸特徴が登場している[139]。同時に、ここでの名詞曲用の主格と一般斜格の指標の機能の態様からして、後者には能格が有機的にもつ主体機能が欠けているのだから、後者には能格機能を負わせることができないのである。記述文法によれば、主格形に結合され、しかも専ら主体機能をもつとされる、ここに存在している後置詞 -se も能格と認定すべき根拠はない[140]（ここには、属格や与格のような、主格組織の格機能を果たす後置詞も存在することにも留意しておくべきである）。一方、専門書では、シーナー語の動詞を、他動詞と自動詞でなく能格動詞（agent. v.）と絶対動詞（fact. v.）に区分することを証する論拠も引かれていない。最後に、ここでは、言語構造のコントロール特性のテストの適用も、恐らく、主格構造の代表言語に特徴的な証拠を提示するであろう。したがって、上に特徴づけられた構造的環境は、この言語における能格構文と絶対構文の機能化を証明し得ない。

　西のヒンディー語や東のパンジャーブ語と同様、然るべき構文の作動範囲が動詞述語の過去時制形の構文に限られるインド・イラン諸語に能格性の存在を確認する根拠は、さらに小さい。この場合にも、本来の能格が欠如する一方で（後置詞 ne は、ここでは、能格に特徴的な間接客体の機能をもたず、特に具格に対比されるものである）、動詞の形態構造は態の範疇を貫徹して

---

[139] Cf.: *Bailey T.G.* Grammar of the Shina (Sinā) language, consisting of a full grammar with texts nad vocabularies of the main or Gilgiti dialect. London, 1924, p. 30–34, 64–65.

[140] Cf.: Op. cit., с. 11–13; Эдельман Дж.И. К тенденциям типологического изменения (индоиранские языки). — В кн.: Типология как раздел языкознания. М., 1976, с. 180–181; *Edelman D.I.* [Эдельман Дж.И.] The Dardic and Nuristani Languages. Moscow, 1983, p. 55 et seq.

おり（例えば、能格式構文での動詞語形は、能動態に属するものと解されている）、また純粋な客体一致（объектное согласование, objective concord）を示す。加えて、専門書に指摘されるように、パンジャーブ語では、多くの場合、後置詞の ne も脱落することがある。

　このようなインド・イラン諸語に能格組織諸特徴の集合全体がないことが歴然としているのだから、それの「能格性」の特徴が部分的であるばかりでなく、「形態的」なものにすぎないことは、驚くにあたらない（ただし、例えば、斜格形の主語と直格形の直接補語をもち、また動詞述語が真に客体一致 [объектное согласование, objective concord] を行う we ez dīt-im「あなた達が・私を・見た」[вы меня увидели], šiv-ēn hesp dīt-in「牧夫が・馬達を・見た」[пастух лошадей увидел] のようなクルド語の構造が、何故に時に能格形態を示す構造と解釈されるのか、理解し難い）[141]。直格と斜格の形式的対立は、決して必ずしも絶対格と能格の機能的対立に帰し得ないことを、強調しておかなければならない。

　問題の通時的側面も、以上に劣らず、これらの言語の主格状態の安定性を裏付ける、問題の一意的な解決を暗示する。周知の如く、インド・イラン語の能格式構文——それは能格式構文と認定して然るべきであろうが（能格性一般論の進歩にとって重要な能格式構文の概念を科学に日常化したのは、エリザレンコヴァ [Т.Я. Елизаренкова] である[142]）——の起源は、決して

---

[141] See: *Bynon T.* From passive to active in Kurdish via the ergative construction. — In: Papers from the 4th International Conference on Historical Linguistics. Amsterdam Studies in the Theory and History of Linguistic Science, IV, Current Issues in Linguistic Theory, vol. 14, Amsterdam, 1980, p. 151–163. ——[訳者] ここでは過去形で他動詞が人称と数において直接補語と一致呼応することを動詞語形中に指示する。この例文では、-im, -in はそれぞれ「私」「馬達」に一致する直接補語指標；dit-「見る」；we「あなた達」斜格、ez「私」直格（cf. 例えば К.К. Курдоев, Грамматика курдского языка (Курманджи), Фонетика, Морфология, Изв. АН СССР, М.-Л., 1957 は、これを объектное спряжение [=objective conjugation] と解説する）。ただし、直接補語に相関する指標を動詞語形中に組込むこと自体は主格構造言語にも見られる現象である——クリモフが例えば本書第2章で、主格言語の動詞活用として主体活用と共に主体・客体活用があることを記述している。

[142] *Елизаренкова Т.Я.* Эргативная конструкция в новоиндийских языках. —

能格構造の代表言語の然るべき過程が辿り着くような、動詞語彙素の歴史を反映するものではなくて、結局は、-ta 表徴をもつ完了分詞を他動詞の能動形として再解釈したものであって、それは一連の音声学的改新の環境の中で可能となったものである[143]。通時的研究が、現代インド・イラン語の類型的進化の基幹路線が能格式の要素ではなくて主格的な要素の比重の増大に帰するものであることを明らかにしていることも、非常に重要である。この過程の様々な現れは、ピレイコ（Л.А. Пирейко）の専門的モノグラフにおいて解明されている。論者は、特に次のように指摘する：「インド・イラン語の能格構文の最も際立った特徴の一つは、言語構造における同構文の地位の脆弱性であり、それはこの語群の多数の言語でのこの構文の崩壊と、また同語群の残余の諸言語に続いている、能格構文の主格構文との混交過程、を引きずっていることである」[144]。これらの諸条件の下では当然明らかなように、インド・イラン諸語の然るべき諸事実と能格性全体論の基本原則を関連づけるというここで採った簡単な試みは、これら諸言語が主格組織から能格組織への通時的再編の可能性を裏付けるような経験的証拠にはなり得ない、ことを示している。能格構造規範に沿ったインド・イラン諸語の類型的再編は、勿論期待する訳には行かない。

　この点で極めて興味深いのは、ポリネシア諸語における主格型と能格型の歴史的相関関係の問題を取り扱った議論である。一部の専門家（cf. ヘイル、ホヘパ [P.W. Hohepa]、チャン [S. Chung] の研究[145] ）の観点によれば、能

ЭКПЯРТ. М., 1967.

[143] Cf.:*Benveniste E.* La construction passive du parfait transitif. — BSLP, 1952, t. 48, f. 1; *Пирейко Л.А.* Основные вопросы эрагтивности на материале индоиранских языков. М., 1968, с. 9–30; *Cardona G.* The Indo-Iranian construction mana (mama) krtam. — Language, 1970, vol. 46, N 1.

[144] *Пирейко Л.А.* Op. cit., c. 4.: cf., quoque: *Payne J.R.* The decay of ergativity in Pamir languages. — Lingua, 1980, vol. 51, p. 147–186.

[145] Cf.: *Hale K.* Review of Hohepa P.W. A profile generative grammar of Maori. — The Journal of the Polynesian Society, 1968, 77, N 1; *Hohepa P.W.* The accusative-to-ergative drift in Polynesian languages. — The Journal of the Polynesian Society, 1969, 78, N 3; *Chung S.* On the gradual nature of syntactic

格性はここでは二次的な現象だと認定されるのに対して、別の論者等（クラーク [D.R. Clark]、フォリー、チェーホヴァの研究[146]）は、それを歴史的により古い現象と解釈する。この問題の的確な解決は、恐らくは、多くの点で、これら諸言語における接尾辞要素 -Cia（この C はある子音音素の記号）のかつての意味の正しい再構如何によるであろうが、これは今日ではすでに非生産的になっている、ポリネシア語の動詞派生モデルに現れるものである。本書の筆者は、勿論、ポリネシア諸語の資料には非常に疎遠であるため、この議論において何れかの立場を採るというリスクを冒すことはできない。にもかかわらず、ここで、この問題の解決に関与的な若干の見解を引いておくことは必要だと思われる。

　第一に、この議論を行っている論者等は、恐らく、今のところ、接尾辞 -Cia を、他動詞の受動態の形のかつての表徴ではなく、活格動詞の非遠心相の形の古体的（アーカイックな）指標とする歴史的解釈の可能性を検討していない。オセアニア学の分野で現在までに進められて来た通時的研究が不十分である状況が二つの可能性の内の何れかの選択を著しく困難にしているのであるが、この内前者の可能性の選択は、ある程度一部の研究者が、能格構文を主格言語の受動構文に構造的に近いものとする、事実上すでに 1930 年代に能格性一般論が克服済みの考えに回帰することによって暗示を受けたもの、という印象を拭い難い。この回帰は、能格組織を主格組織の範疇的構成成分のプリズムを通して記述しようとする素朴な傾向によって惹起されたものであったが。

---

change. — In: Mechanisms of the syntactic change. Austin–London, 1977.
[146] Cf.: *Clark D.R.* Aspects of Proto-Polynesian syntax. Ph. D. diss. University of California at San Diego, 1973; *Idem.* Transitivity and case in Eastern oceanic languages. — Oceanic Linguistics, 1973, 12; *Foley W.A.* Comparative syntax in Austronesian. University of California dissertation. Berkley. 1976; *Tchekhoff C.* From ergative to accusative in Tongan: an example of synchronic dynamics. — In: Ergativity...; *Idem.* La construction ergative en Avar et en Tongien. — Publications de la Sorbonne. Études Linguistiques, XXIV. Paris, 1979, p. 287–289.

第3章　内容類型学研究の歴史的側面　　243

　第二に、第一の可能性の選択は、実は、その諸研究において、ポリネシア諸語の歴史的にあり得る文構造に一連の改新を仮定する必要性に関連して、そしてとりわけ、それに続けて全ての文構造への一般化のために、受動文がここで語用上能動文を凌駕することになる、極めて異常な事態を仮定する必要性に関連して、生じたことであった。

　最後に、具格あるいはそれの機能的類似物といったような、主格言語の受動文の必須成分の生成仮説は、我々の考えでは最も重要であるが、この仮説それ自体は、能格の主体機能と間接客体的（特に、具格）機能の分裂が主格や具格の形成の基礎を作り出すという、能格組織の類型的再編の進行過程を拠り所にしている点を、見落とす訳には行かない[147]（同時に、具格補語のない構文は対応する能動構文の受動変形とは認められない。この場合には、元の構文の共演項 [actant] の一つを恣意的に落すことになるだろうし、そうなればまた、かつての主格構文を拠り所とする可能性を排除することになるからである）。例えば、予測されている格の発展はナフ・ダゲスタン諸語には追跡されているが、そこでは、その祖語の状態に再構されない専用具格の並行的発展が見られる一方、原能格指標*di- の現代の継承は多数の場合にすでにほとんど具格の機能を失っている（興味深いことに、この専用具格は共通ダゲスタン期だけではなく、年代的にはもっと近い中間期に対しても再構できない[148]）。このような発展は、当然、他のいくつかの言語例えばオーストラリア諸語の格パラダイムに対しても推定できる。

　このコンテクストでは、歴史的に主格言語が能格言語に再編されたとする見解を述べる、具体的な資料の検討を基にした三つの研究に触れておかなけ

---

[147] See: *Мещанинов И.И.* Новое учение о языке. Стадиальная типология, с. 170 et seq., 244, 255–257.

[148] Cf.: *Бокарев Е.А.* К реконструкции падежной системы пралезгинского языка. — В кн.: Вопросы грамматики. Сборник статей к 75-летию академика И.И.Мещанинова. М.–Л., 1960, с. 43–50; *Гигинейшвили Б.К.* Падежная система общедагестанского языка в свете общей теории эргативности. — ВЯ, 1976, № 1. — cf. [訳者] di- については、Климов Г.А. Очерк общей теории эргативности. с. 186–187. も。

ればならない。その内の一つはヘイルの研究で、そこでは、今日能格言語を基本とするオーストラリアの諸言語に主格構造を再構する可能性——他の専門家等は認めていない可能性——を認定している。この場合、論者は、オーストラリア大陸北西部の少数の主格諸言語が近い過去には能格状態を体験したこと、また最古の共通オーストラリア語の主格状態の残滓がウェルスリ島とそれに隣接するカーペンター湾沿岸地帯の諸言語にのみ示すことができる、と明言する。この判断の鍵となる要素は、他動詞のいわゆるL活用を特徴とするオーストラリア諸語の能格構文が見かけ上主格組織の受動文に近似することである。同時に、ヘイルは、この証明の途上で発生したいくつかの困難に注意を向けており（例えば、彼は、歴史的に検証されていない鳴子音ないしは半母音の仮の記号であるLの要素を主格諸言語の形態素L(i)から引き出す可能性を示す資料が極小であることを強調し、また彼が提起する仮説が誤りかもしれない可能性についても述べる）[149]。シルヴァースティーンの論文の一つでは、北米のチヌーク語の動詞人称接辞のより一貫した能格組織が、結局のところは原初的な主格組織を想定した歴史的な「分離」能格組織（かつては3人称分野にだけ機能した）を基礎として形成されたとする結論が定式化されている。ここでのより一貫した能格組織の形成の原動力を、論者は形態的類推現象と考えているが、能格性が純表層的な性格をもつという彼らのテーゼの採用はこの点にあると見られる。彼の判断に従えば、恐らく、チヌーク語の古体的な情緒動詞類（主としていわゆる verba sentiendi）は、明らかに、ここに予定されている主格構造の能格構造への発展に関連して、これらの動詞に統語的に結ぶ文の名詞成分の、歴史的に固有の格枠組みの再編を示すものだ、ということになるのであろう[150]。最後に、ハリデー（M.A.K. Halliday）の研究では、すでに100年以上も前に英

---

[149] *Hale K.* The passive and ergative in language change: the Australian case. — In: Pacific linguistic studies in honour of Arthur Capell. Pacific Linguistics. Series C — N 13. Canberra, 1974.

[150] *Silverstein M.* Person, number, gender in Chinook: syntactic rule and morphological analogy. — BSL, berkley, 1977, 3.

第 3 章　内容類型学研究の歴史的側面　　245

語では主格型と能格型の類型要素が混在していたという考えが述べられているが、それは能格型要素の歴史的二次性を前提とする考えである。論者は、能格組織の本質に関して非常に独特な考え（cf. 行為文モデルに従って形成された任意の文の行為者を、過程の働きかけを受けたものと理解すること）を基礎としているが、それによれば、能格性に特徴的な形態的包含事象も統語や語彙レヴェルにおけるそれの必須的な構造的前提も存在しない言語に能格性を仮定することが可能であるという[151]。この考え方がすでに著名な類型学者の側からの正しい評価を受けているのだから、これは現在では単に歴史的関心を呼ぶにすぎない[152]。

　言語構造の類型的再編問題の解決に対する形式的アプローチの支持者としては、例えば St. アンダーソンがいるが、彼は、全く異なる構造的前提を基礎とする諸言語に能格性が形成される可能性がある、とする考えを支持している（ただし、忘れてはならないが、論者は、自分の能格性の全体構想に合せて、むしろ主格構文の名詞諸成分の能格式形式化の生成という問題を検討しているのであって、主格構造組織全体の能格化の可能性に関する問題を検討しているのではない）。

　St. アンダーソンは、中立的な VSO 語順をもち、また例えば、主格のマーカー -s と対格マーカー -n をもつ何がしかの主格言語が、文末で語末子音が脱落するという純音声学的な法則性が実現される場合に、形態面で（正確には、格の面で）能格マーカー -s と絶対格ゼロ語尾の能格言語に転換する可能性がある、とする仮説を展開している[153]。しかし、問題に対するこれほ

---

[151] *Halliday M.A.K.* Notes on transitivity and theme in English. — Journal of Linguistics, 1967, 3, N 1; *Idem.* Language structure and language function. — In: New horizons in linguistics. Baltimore, 1971, p. 157–158; cf., quoque: *Anderson J.* Ergative nad nominative in English. — Journal of Linguistics, 1968, 4, N 1.

[152] See: *Dixon R.M.W.* The Dyirbal language of North Queensland. — Cambridge Studies in Linguistics, Cambridge, 1972, 9, p. 129; *Гухман М.М.* Лингвистические универсалии и типологические исследования. — ВЯ, 1973, № 4, c. 13–14.

[153] *Anderson St.R.* On mechanisms by which languages become ergative, p. 321–

どはっきりした形式的アプローチによって証明できることは、せいぜいこの表徴の機能化の統語的前提が完全に主格構造の規範に合致したままである以上、能格式の格表徴化の生成だけであって、本来的な能格の表徴化の生成ではない。例えば、上述の音声学的法則の実現が、能格構文に相関する絶対構文の形成をもたらすものでないことは、全く明白である。したがって、結果的に生ずる無客体モデル VS の中のゼロ語尾は、その文の中に他動詞も自動詞も残る以上、相変らず絶対格とは認定し難い：cf.「読む・父が」タイプの構文（これに相関する VSO 構造の三項文の、能格構文とする認定が疑わしいことを示すためには、すでにこのことだけで十分である）。名詞のゼロ語尾は、こうした条件下では、直接補語の対格の表徴と一致する、主格の異形態の一つであることは、明らかである（格異形態の同様の分布は、多数の主格諸言語とりわけ歴史的に立証された印欧諸語によく知られている）。さらに、St. アンダーソンが採用した仮説の場合、最終的な -s 表徴の格単位は、能格が有機的にもつ間接客体的（具格的、受信者的、等の）機能を獲得していない以上、純主体的な定位の格のままであるから、能格に転換し得ない、ことを考慮していない。結果的に生ずる構文の中に、以前通り具格や与格や属格のような格単位も機能するのならば、言語構造に能格型の格表徴化の存在を示すことは全く恣意的になってしまおう。ここでは、勿論、文構造種が主格的な性格であることは、動詞が主格構造に特徴的な主体的活用原理やその態の弁別を引き継いでいる以上、能格的性格の構造種に転換し得ないことは、もはや説明するまでもない。したがって、仮説が冒した誤りの主原因を簡単に定式化すれば、それは、各種諸類型諸言語で様々に主体・客体関係を伝達する、言語構造の構造的諸要素の機能面の無視、と特徴づけなければならない。諸事実の一定の内容的分析を原理的に必要とする問題を形式主義的に解決することからは、何ら豊かな結果を期待する訳には行かないことは、明らかである。再度強調しておくべきは、ここに検討した資料では、

322; cf. quoque: *Dixon R.M.W.* The syntactic development of Australian languages, p. 390.

St. アンダーソンの論文題に挙げられている問題の解明はできない、ということだけである。

　言語における能格性の生成に二つの過程だけを仮定する英国の言語学者トラスクの、この問題に対するアプローチは、はるかに慎重である（論者の文脈から判断する限り、この場合の実質上の話題は、能格構文の形成についてであって、必然的に絶対構文も含む全一的文構造ではない）[154]。論者によれば、能格構文は、ある場合にはあるいくつかの事情のために義務的となった、主格構文の受動構造を基礎として発生する可能性がある（この場合、問題を解決するというよりはむしろ問題が別の面へすり替っていることは、容易に気付くところである）。またある場合には、能格構文は、彼の言葉によれば、名辞化された動詞形（なかんずく、所有構文中の動詞派生状態形容詞）を活用パラダイムに組込むことによる。しかし、関心を呼ぶのは、トラスクが、活格組織を、恐らくは「より普通の」能格組織のある特異な発展（идиосинкразическое развитие, idiosyncractic development）以上のものとは見ていない、すなわち、我々流の正しい理解で言えば、それが同一起源をもつと見ている点である。

　言語における能格性の形成に形式的説明法に傾きがちな論者等の考えを検討することに関連して、再度注意しておくべきは、それらの考えが本質的には能格構文の生成だけに限って説明を行おうとする傾向であり、日常的に絶対構文の生起の問題への注意を欠くことである。ところが、周知の如く、言語において能格構文を絶対構文との対比を無視して語ることができない、という認識は、伝統的な内容類型学的諸研究が言語類型の体系性の理解に進む途上で最も卓越した原則となったのである。したがって、当然極めて明白なはずであるが、言語における能格性の起源を解明する試みの妥当性を自任する如何なる試みであれ、必然的に絶対構文の生成の説明も行うことを前提としている。しかも、この点はすでに1940年代にヤコヴレフがはっきりと自覚していたことであり、彼がその諸研究の中で「生産」（能格）構文と「非生

---

[154] *Trask R.* On the origins of ergativity. — In: Ergativity..., p. 385–404.

産」(絶対)構文の起源を並行して考察した、ことを指摘しておくことも無駄ではあるまい[155]。なおのこと奇異に思われるのは、一部の現代の論者等の中にさえ当該問題の解決を非体系的なアプローチの立場から試みる者があることである。

恐らく、社会的諸現象が歴史的発展法則をもつという考えを堅持するどの言語学者にも、言語の類型的進化に一定の段階性があるとする考えが方法論的に正しいと見なす点に疑念はなかろう (cf. 「如何なる発展も、発展の内容の別なく、互いにある段階が別の段階の否定であるように相関する一連の多段階発展として表すことができる」、とするマルクスの周知のテーゼ[156])。

したがって、現代の多数のソヴィエトの言語学者がこの考えに回帰するのも偶然ではないと思われる。例えば、ステパーノフ (Ю.С. Степанов) は次のように書く:「言語類型は…正に言語の一定の本質的特徴の組合せに他ならないのであって、その特徴のそれぞれが普遍的な進化目盛上の一定段階を表している…。言語類型はある程度、社会・歴史的な発展段階の範疇に比定することができる:現代世界には、様々な発展段階が共存し得るが、それにもかかわらず、各発展段階は人間社会の一つの歴史的発展過程における一定の段階である」[157]。ゴレロフ (И.Н. Горелов) は次のように指摘する:「我々は皆、先史時代の言語発展に関する具体的な資料、また文証されていない比較的最近の言語史の資料をもたなくとも、動物心理学、人類学、古言語学、個体発生資料の助けを借りて得られる間接的な特徴づけをもってその過程を概括的に再構すべきである。この過程は、周知の如く、種のレヴェルでの系統発生的な段階性だけではなく、先行の進化路線の段階性をも示すの

---

[155] Cf.: *Яковлев Н.Ф.*, *Ашхамаф Д.А.* Грамматика адыгейского литературного языка, с. 38–41; *Яковлев Н.Ф.* Грамматика литературного кабардино-черкесского языка, с. 25–28.

[156] *Маркс К.*, *Энгельс Ф.* Соч., т. 4, с. 296.——[訳者] cf. クリモフ著, 三省堂, p. 245

[157] *Степанов Ю.С.* Семиологический принцип описания языка. — В кн.: Принципы описания яызков мира. М., 1976, с. 213. ——[訳者] cf. クリモフ著, 三省堂, p. 245.

第 3 章　内容類型学研究の歴史的側面　　249

である」[158]。ヂヤコノフによれば、「新言語学説の代表者らが提起した、統語構造の交替が法則的連続性をもつという仮説は、単に牽強付会、根拠薄弱の構想であったのではない。それは、どんな学説でもそうであるように、古代東方の言語史の諸事実をも含む経験的諸事実の観察に根拠をもつものであった。実際、類型的発展の同質性、とりわけ無動詞構造から能格構造を経て主格構造へ発展するという同質性は、長期に亘ってかなりの地域の多数の言語群、それも起源が異なる（起源的に──クリモフ）多数諸言語群に現実に観察することができるものである」[159]。トロンスキー（И.М. Тронский）は次のように指摘している：「言語の発展過程に因果関係を認める研究者は、常に、言語史一般における諸現象の繰り返しに、同一法則の作用に、特段の注意を向けることになる。我々は、ある言語の歴史の判断を別の言語の歴史に求めて、場合によっては敢えてこの同一性を細部に亘るまで誇張して、別の言語には存在したがその言語には決してありもしなかった特徴をその言語の歴史に押し付けようとすることがある。しかし、これは、言語がいつの場合にも全く独自の道を辿って発展して行く絶対個別の現象だ、と見なす場合に比べれば、はるかに影響の小さな誤りであろう」[160]。コロストフツェフ（M.A. Коростовцев）の見解によれば、主体ないしは客体の意味価（intention）の観点からして未分化拡散的な動詞類が広範囲にわたって機能すること、形態的な時制範疇の未発達性、意味的な自動詞に具わる「受動」形形成の可能性、その他若干、のような活格構造組織寄りに傾く言語諸特徴は、普遍的な言語発達段階を反映したものである[161]。

　この点に関しては、人類発生論においてことばの発達過程に対して段階的

---

[158] *Горелов И.Н.* Проблема функционального базиса речи. Автореф. докт. дис. М., 1977, с. 7.

[159] *Дьяконов И.М.* Языки древней Передней Азии. с. 10. —[訳者] cf. クリモフ著、三省堂, p. 245–246.

[160] *Тронский И.М.* Общеиндоевропейское языковое состояние (вопросы реконструкции). Л., 1967, с. 87. —[訳者] cf. 同, 三省堂, p. 246.

[161] See: *Коростовцев М.А.* О природе египетского глагола. ВЯ, 1969, № 4, с. 106. —[訳者] cf. 同, p. 246.

アプローチを厳守しているのは、現代ソヴィエトの古人類学であることも想起して然るべきである[162]。それら諸研究を特徴づけて、ゴレロフは、「人類発生論分野における諸研究は、人類進化の段階性を明らかにしており、しかも、生物学的な段階が知的進歩の段階と結びついている」、と指摘している[163]。

多少とも同種の発言は、国外の多数の論者等（イェルムスレウ、ボンファンテ、ホルツ、ミレウスキ、エントヴィスル [W.J. Entwistle]、バンヴェニスト、ヘップ [G. Höpp]、ストパ [R. Stopa]、等）の諸研究にも見受けられる。イェルムスレウが書いているように、「どんな言語の状態にも、先行状態の名残りや微かに見えるにすぎない生成過程の状態の萌芽が存在する。潜在しているいくつかの組織が、実現済みの組織と並んで、言語スクリーンの上に輪郭を顕している…。進化に関する我々の知識あるいは仮説を捨象してしまえば、この潜在的な組織が発生しつつあるものか消え去りゆくものか決定することができない」[164]。彼ははるかに後の研究の中で、類型学だけが、「諸言語の一般的な変化法則と当該諸類型が許容する変化の可能性を我々に理解せしめることができる」、と強調している[165]。ボンファンテによれば、「世界の全ての言語は、一定の傾向を示しており、一定の進化の路線に従っている；それらは、人類が石器時代、青銅器時代、鉄器時代、等を通過するあるいはまた通過して来たのと同じように、一定の発達段階を通過して行く…。いくらかの原始諸族はより発達した諸民族の言語が今日見せているような変化を示さない、多少とも原始的な言語類型を残している」[166]。バンヴェニス

---

[162] *Бунак В.В.* Происхождение речи по данным антропологии. — Труды Ин-та этнографии АН СССР. Новая сер. XVI. М., 1951; *Idem.* Речь и интеллект, стадии их развития в антропогенезе. — Труды Ин-та этнографии АН СССР, 92, М., 1966; *Рогинский Я.Я.* Проблемы антропогенеза, 2-е изд., М., 1977, с. 206–207.

[163] *Горелов И.И.* Op. cit., с. 5.

[164] *Hjelmslev L.* Accent, intonation, quantité. — Studi Baltici, 1937, 6, p. 42–43.

[165] *Hjelmslev L.* Le langage, p. 129.

[166] See: Encyclopaedia of psychology. New York, 1946, p. 844. — [訳者] cf. クリモフ著, 三省堂, p. 169.

第 3 章　内容類型学研究の歴史的側面　　251

トは、「言語学者等は、言語構造の中に記号論理学の合理的図式が当該構造から派生構造へ転じてそれら構造間に恒常的な相関関係を確定せしめるような改新法則を示すことができる、と予想しても何の問題もない」、と指摘したのであった[167]。

　同時に、言語の類型的発展の段階性説が一見考えられるよりはるかに広く国外の言語学に広がっている、ことを強調しておかなければならない。この点に関しては、例えば、能格構造の代表言語が主格言語に比べてひどく古体的（アーカイックな）ものだというそこで極めて根強いものとなった説は、言語進化の同方向性という考えを暗に前提としたものだ、といえば十分である。この説はもう 30 年以上も前に確立したものであったが、現代の諸研究においても（それが如何に逆説的であれ、時には段階的類型構想とは正反対を唱える論者等の研究にさえ）度々繰り返されている[168]。

　言語に発生する類型的変化が段階的な性格を有するという推定は、歴史的な活格組織の発展に二つの——能格化と主格化——傾向が実現される可能性があること、またそれは経験諸事実が裏付けること、に特段の注意を向け

---

[167] *Бенвенист Э.* Классификация языков. — В кн.; Новое в лингвистике, III, M., 1963, c. 59; cf., quoque: *Grenberg J.* The nature and uses of linguistic typologies. — International Journal of American Linguistics, 1957, vol. 23, N 2, p. 77; *Idem.* The typological method, p. 186.

[168] See: *Holmer N.M.* Ibero-Caucasian as a a linguistic type. — Studia Linguistica, 1974, N 1, p. 42–43; *Skalička V.* The structure of languages of the Ancient Orient. — Archiv Orientální, 1950, vol. XVIII, N 1–2, p. 487–488; *Lahovary N.* La diffusion des langues anciennes du Proche-Orient. Bern, 1957, p. 10–11; *Tesnière L.* Elements du syntaxe structurale. Paris, 1959, p. 112; *Lewy E.* On the distribution of the languages in the Old Eurasian region. — In: Lewy E. Kleine Schriften. Berlin, 1961, S. 78–81; *Милевский Т.* Предпосылки типологического языкознания. — В кн.: Исследования по структурной типологии. М., 1963, c. 28–29; *Таули В.О.* О внешних контактах уральских языков. — В кн.: Новое в лингвистике, вып. VI. Языковые контакты. М., 1972, c. 425; *Steiner G.* Intransitiv-passivische und aktivische Verbalauffassung. — Zeitschrift der Deutschen Morgenländischen Gesellschaft. Wiesbaden. 1976, Bd 126, H. 2, S. 273–278; *Wagner H.* The typological background of the ergative construction, p. 39–40.

させる。この可能性は、立証された他のあらゆる内容類型学的な再編の中での活格構造の位置を浮彫にするのであるが、ただし、これは目下のところ予見し難いような内容の論証を必要としている。先行研究の一つで、筆者は、このような構造的二分化がそれぞれ、複人称的な性格の動詞活用によって惹起される可能性と単人称的動詞活用によって惹起される可能性があるという考えを述べたが（cf. 訳者――クリモフ著, 三省堂, p. 259)、これは現象の形式的な特徴に判断を求めるものであるから、内容類型学的な説明の精神そのものに反すると思われる。

この問題の的確な解決は、恐らく、いくつかの種類の後期活格状態の再編の構造環境全体を研究して行く中で初めて達成され得るものであろう。この面では、後期活格状態の二つの進化のいくつかの結果の研究が一定の関心を呼ぶはずである。

そうした諸結果の中で挙げるべきこととして、すでに非常に多様な能格性拡大圏に立証されているような、有機的（非分離）所有と非有機的（分離）所有の形を残滓的に区別する名詞の所有変化の機能を長期に亘って保存し得る能格型の代表言語（cf. いくつかのアブハズ・アディゲ諸語、ブルシャスキ語、ポリネシア諸語、アルゴンキン諸語、タカナ・パノ等の諸言語の事実）とは違って、主格諸言語は――多数の点で活格組織との構造的接点を残す諸言語も含めて（cf. カルトヴェリ、エニセイ、ケチュマラ等諸語）――、原則として、このような区別を知らない、という点がある。この点に関連しては、後期活格構造の多数の代表言語において名詞の所有変化に有機的所有と非有機的所有の形の対立を払拭して行く過程が立証される、ことに触れておく必要がある。とりわけ、その過程は、前者の種類の所有（有機的 [非分離] 所有――訳者）の関係を活格動詞の語形中の非遠心相指標によって伝達する可能性を特徴とするもので、これは北米ヒダツァ語の wakeo ki-aara-ikao-c (ki- ― 非遠心相接頭辞；wakeo「人」; aara「手」)「人が・自分の//自分に対して―手―見た」《человек свою//себе руку увидел》の構造に反映され

ている[169]。逆に、主格諸言語においては、他動詞形の態（voice）の区別が度々現れるのであって、これは当然能格構造の代表諸言語では見られないものである。両現象のこれほどまでに具体的な分布は、結局のところ、活格動詞が能格言語の能格動詞（作因動詞 agent. v.）へ、あるいはまた、主格言語の他動詞へ再編されていく途上での、活格動詞の相（version）的ディアテシスの運命の違いに起因する可能性がある。能格言語に始まる動詞の非態的ディアテシスの完全弱化は、名詞の所有変化における有機的所有と非有機的所有の対立をより長期に亘って保存することを助けるのである。一方、このディアテシスが保存され、漸次態的ディアテシスに転化して行く主格諸言語では（このことは、恐らく印欧諸語にも起ったであろうが）、こうした関係はより長期に亘って動詞語形で伝達され続け、そのことが名詞形態におけるこのような対立の中和化を加速することになる。その際、他動詞の語形の態的区別を知らない主格言語の一部は、能格的状態を歴史的に体験することになった、と推定して当然である。

　同一言語類型内での改新と古体性を明らかにする上で有効な標識の一つとなるのは、動詞形態も名詞形態ももつ類型諸組織（すなわち、活格、能格、主格組織）に反映される、構文の形態タイプの一定の通時的変化法則である。この法則性は、共時面でも通時面でもこれら類型諸組織で構造的核心となるのは、文構造全体を一定のやり方で構造化する動詞語彙素であることの帰結である。この観点からして、文の三つの可能な形態タイプ——いわゆる動詞型（では、当該言語類型に特有の意味的定位は完全に動詞述語の語形の中で表される）、混合型（では、この定位が動詞述語にもそれと統語的に関係する名詞の中でも伝達される）、名詞型（では、その定位が完全に文の名詞成分の語形中に反映される）——の中で歴史的優先性（примат, primacy）を有するのは動詞型である。

　内容類型学的研究とりわけ能格性一般論の分野における研究の実際は、動

---

[169] See: *Matthews G.H.* Hidatsa Syntax. — Papers in Formal Linguistics, The Hague, 1965, N 3, p. 93. — [訳者] cf. クリモフ著, 三省堂, p. 166–167.

詞型こそ、当該言語類型にとって特徴的な、動詞の語彙化原理の主導的役割が最も鮮明に現れることを雄弁に物語っている（すでに1940年代のいくつかの能格性研究が、純粋に直観を基礎として、動詞型が他の二型に比べて最も古体的[アーカイックな]ものだと解釈していたことは、興味深い[170]）。この点に関しては、類別構造の組織は本質的に名詞形態を概して欠くのであるから、そこに知られる構文が動詞型だけである、点に言及しておく必要がある。混合型形態タイプの生成は年代的にはもはや、進化面の状況から動詞の語彙化原理そのものの改新が始まるためこの類型に特徴的な動詞の意味定位がその鮮明度を失い始める、言語類型の機能段階に関係づけられることは、当然のことである。最後に、当該言語類型の中で最も遅い段階位相に属するのは構文の純名詞型形態タイプであり、それは動詞の語彙的性質の再編が奥深く浸透した過程を反映したものである。

　結局のところ、本章で検討した、諸言語の構造的再編法則の底流には、考えられるように、内容類型学内に仮定される言語諸類型の意味的決定因子そのものの交替過程が存在するのである。諸言語全体（とりわけ「混合」型類型の代表言語）の歴史の観察が証明するように、この非常に長い過程は、決してある類型の特徴が別の類型の特徴に何か直線的機械的に取って替る、ということにはならない。むしろこの過程は、劣化衰退する組織体系と発展して行く組織体系の意味的決定因子の対立の弁証法を反映するものである。以前の決定因子は、長期に亘って形成されつつある構造の意味的決定因子と共存しながら、言語構造の一定の連鎖環に著しい影響を及ぼし続けるのである。この場合、この対立を最も典型的に反映するのは、歴史的に先行した構造のあれやこれやの特徴が言語構造の中枢環における支配的な地位を失い、一時的にその構造の周辺部に張り付くような展開である（特に、言語史にかなり多数見られる、あれこれの現象のいわゆる代償的発展の事実は、この事情によって説明される）。正にこの発展モデルにおいて重要な鍵を握るものこそ、上述の、語彙的な現象と統語的現象の、形態的現象への転置過程で

---

[170] Cf., ex.: *Holmer N.M.* Op. cit., p. 24.

ある。

　本章を結ぶに当って、内容類型学的問題群の歴史的側面をさらに深く検討して行くことが極めて焦眉の課題であることを、再度強調しておかなければならない。歴史面の多数の重要諸問題とりわけ再構の問題が未解決であること、また同じく、内容類型学が伝統的に形式類型学から背負されることになったいくつかの不適切な認識の重荷を克服し切っていないことも、多数の主導的な歴史的諸研究になお著しい経験主義的性格を負わせている。一方、類型学に歴史主義の原理を導入することは、必然的に、一般的レヴェルの一連の公理（postulate）を取り入れることを前提とするものである。類型化対象となる言語資料に対する体系的なアプローチという公理は、今日でも依然としてその内の最も重要なものの一つである。

結　語

　内容類型学の一般的な特徴づけは、多数の現代の諸研究になされるように、先ず用語上の解説から始めなければならない。諸研究での「内容類型学」«контенсивная типология»（content typology）という用語は、言語の内容面の類型学（いくつかの最近の諸研究でのこの用語の外延はこれに近いものであるが）という意味ではなくて、言語の形式と内容をかなり直接的に結合する言語類型学の分野という意味を含むものである。さらに明確に述べるならば、内容類型学とは、すでに1930年代の初めから形成されることになったもので、言語の形式面を言語が伝達する内容の観点から考察する類型学の種類であり、それは恐らくは、言語構造を言語に伝達される内容を捨象して研究する形式類型学の種類に対して、ある意味でより高いレヴェルの研究であると解することができよう。したがって、用語上の正確さを期するのであれば、内容類型学とは言語の内容に定位した類型学（содержательно ориентированная типология, content-oriented typology）と呼ぶべきであろう。

　ともかくも言語の内容面を考えようとする試みは、歴史的に先行した形式類型学内では少なくとも20世紀20年代から始まる。この種の最も初期の試みの一つは、周知の如く、サピアの名に関るのであるが、彼が、形式類型学的な構想図式は純粋な形で考えれば、精神面でひどく異なっている諸言語

をある形式的な類似性だけに基づいて同一項目に入れてしまうのだから表面的なものになってしまう、と考えたのは故なしとしない。しかし、サピア自身の類型学構想は、形式的な基準と内容的な基準の幾分機械的な結び付けを基にしており[1]、何ら目立った広がりを見せなかった（後に続く論者の中に、サピアは、言語分類において概念に頼っているように見えはするが、実際に彼が依拠しているのは意味的基準ではなく形式的基準である、とまで言った者がある[2]）。

オーストラリアの言語学者であるカペルのいわゆる概念的優勢（concept-domination）の類型学も、広がりを見せていない。彼の考えによると、世界の諸言語は、二大グループ——いわゆる対象優勢言語（object-dominated languages）（ここで想定されているのは、名詞形態が特に発達した言語のこと）と事象優勢言語（event-dominated languages）（動詞形態がより発達した言語）——に分けられるという。論者の見解によれば、言語に仮定される二つの類型種は、言語の担い手達による世界の概念化（концептуализация, conceptualization）そのものの違いをその内的動因子としている：すなわち、一方は、どうやら話者の、現実の「事物面」への定位が、もう一方はその「事象面」への定位が現れているらしい[3]。しかし、容易に見て取れるが、カペルの構想が指針としているのは、結局は名詞形態と動詞形態の形式的発達程度の特徴である。それにもまして不首尾に終ったのは、様々な文成分（行為主体、行為客体、述語、限定語、被限定語）の機能範囲の異同性を基にして、形式類型学とは異なった統語的類型学を構築して行こうとしたポーランドの言語学者ミレウスキのよく知られた試みの運命であって、これは明らかに、それ以前にソ連邦で始っていた内容類型学研究の気風に煽られたもので

---

[1] See: *Sapir E.* Language. An introduction to the study of speech. New York, 1921, p. 120–146.

[2] Cf. *Greenberg J.H.* A quantitative approach to the morphological typology of language. — International Journal of American Linguistics, 1960, vol. XXVI, N 3, p. 184.

[3] *Capell A.A.* A typology of concept domination. — Lingua, 1965, vol. 15, p. 451–462.

あった[4]。

　したがって、すでに 1930–40 年代に多数のソヴィエトの言語学者等が基礎を築いた類型学構想がすでに十年以上に亘って世界の言語学において歴然たる威信を得て、それが関係文法ないしは関係類型学（いわゆる言語の有意成分の語順の類型学もこれとある種の接点を示すが、ただし、これはむしろ統計的に引き出す法則性に依拠したもの）の名称で知られる国外の研究の方向性に一定のやり方で屈折して現れているのは、恐らく偶然ではあるまい。過去の我が国の言語学における内容類型学的問題群の活発な精査検討は、言語における形式と内容の弁証法的相関関係の研究に立脚した言語学者等の努力の最も顕著な傾向の一つであった（しかも、それは伝統的にロシア言語学が言語の内容面の分析に関心を示して来たことと符合するものであった）。

　現代の内容類型学は、諸言語における、現実の主体・客体関係の伝達法の違いによって区別される、世界の諸言語の形式的構造の諸類型を研究するものである。諸言語における主体・客体関係の表現の異なる性格こそ、固有のやり方で言語資料を類型化させる基準なのである。そうであればこそ、内容類型学は意味から形式へという研究手順の方向を採る言語学分野に属するのである。

　現在主導する諸研究が示すように、経験的に明らかになったこの基準の根幹的な役割の重要性はいくら高く評価しても評価しすぎることはない。この基準に支点をおくことによって、体系に規定される言語の構造的諸特徴のほとんど最大幅の集合全体を解明でき（ただし、恐らく当面、個々の言語諸類型の決して全ての構造的包含事象が明らかになる訳でないことには、留意しておかなければならない）、そしてまた、それらの基になっている深層的（意味的）動因子を解明できるからであり、そのことが今度は付随的に言語と思考の相関関係の問題（また恐らくは、言語起源論的な問題も）の解明を可能にするからである。主体・客体関係の表現のあり方が言語構造内で占める特

---

[4] *Milewski T.* Zalożenia językoznawstwa typologicznego. — Biuletyn. PTJ, z. XXI. — Kraków, 1962, s. 29–31; *Idem.* Językoznawstwo. Warszawa, 1967, s. 238–246.

段の位置を自覚していた多数の言語学者等の定式化の中で、ここでは次の二点に限って触れておけば十分であろう。例えば、サピアが、言語形式においては、「時、所、数、その他多くのあらゆる種類の概念については黙することができるが、誰が誰を殺すのか、という問題を避けることはできない。我々が知る言語のどれ一つとしてこの問題を避けることはできない」、と強調したのは、故あってのことである[5]。一方、ジルムンスキーは、この種類の類型学は、「ひょっとして類型としての言語を丸ごと掴み切れないかもしれないが（恐らく、言語類型の構造的諸特徴の中に音韻レヴェルを含めることに一定の困難さがあることを想定しているのであろう——クリモフ）、その代りに、言語における偶然的なものではなく本質的なものを掴む類型学的考察の例である。主体・客体関係は、言語に人間の思惟の最も普遍的な範疇を表現することに関するものであるから、最も普遍的な言語範疇の一つである」、と考えたのであった[6]。

様々な形式類型学の種類に比して、内容類型学に認められる優位性とは一体如何なるものであるのか。

何よりも先ず、内容に定位した類型学こそが、その分野内で行っている諸研究の本来的な類型学的性格を最も自負し得る権利を有する、と考えるべき根拠がある。このような主張は多数の事実によって説明されるが、その内ここでは次の二点を強調しておくことが大切である。第一に、伝統的に言語類型（языковой тип, linguistic type）の概念を「言語内類型」«тип в языке» (type in language) の概念によってすり替えることを実行してきた、また概して今日時に類型の概念抜きに済ませている、形式類型学の種類（cf. この点に関しては、グリンバーグのような論者のいくつかの発言）とは違って、言語の一定の構造的諸特徴の体系的総体としての言語類型の概念は、内容

---

[5] *Sapir E.* op. cit., p. 94. — [訳者] cf. 泉井訳「言語」、紀伊國屋書店、p. 91. cf. 安藤貞雄訳、同、p. 160.

[6] *Жирмунский В.М.* О целесообразности применения в языкознании мате-ма-ти-ческих методов. — Лингивистическая типология и восточные язы-ки. Материалы сообщения, М., 1965, с. 109.

類型学研究の必然的属性と認められる（この概念は、起源言語学における祖語モデルの概念や地域言語学における、地域的に相関する諸特徴の総体という概念に著しい類似性をもつ）。あれこれ試みて定式化した言語類型の概念であったが、正にこれに研究を立脚させる必要性をはっきり自覚していればこそ、性格的に抽象的な言語類型の概念（それは、論理的に相関する構造諸特徴の総体に基づいて類型学者が構築したある種の構造体[конструкт, construct 構成体]である）と、世界の言語地図に現れる、諸言語それぞれの類型種（типологический класс, typologocal class）という概念（それは起源言語学における語族の概念や地域言語学における言語連合の概念に類似する）を、峻別することが内容類型学において一般化したのである。

　逆に、類型学が言語類型の概念をなおざりにし始めると途端に、類型学を他の種類の構造的研究——対照言語学、言語性格論、言語普遍論——と混同し、そのために何がしか一定の研究の見通しを見失うのに好都合な素地が出来上がることになる。ただし、形式類型学的潮流の代表者等が研究を体系化する言語類型の概念に直接頼る場合でも、この種の論及は決して必ずしも信頼する訳には行かない。その証拠としては、この点で極めて象徴的な次の二つの事例に注意するだけで十分である。かなり広く知られた現代の形式類型学潮流の中で、世界の諸言語は円唇母音の特徴の有無によって二つの類型種——円唇母音言語と非円唇母音言語——に分類される、という説が広がっている（これは特に、グリンバーグの一連の発言に現れている）。ところが、このような手順は選択される特徴が類型的な関与性をもつのか、という問題提起さえ、また何がしかの体系に組込まれない（しかも、恣意的に選択された）個々の特徴が言語類型の概念を構成し得るのか、という問題提起も具えていないにもかかわらず、それがこれらの潮流で類型学的手順だと認定されるのは、奇異に思われる。この種のもう一つの例証となり得るのは、形式類型学において広く用いられる、いわゆる混合類型の概念である。諸類型を体系的に相関する構造諸特徴の集合総体として構想する内容類型学の分野では、類型とは本来必然的に、論理的に完全同質な「純粋」構造組織を成すものである（各種類型の諸特徴の混在を特徴とすることが多い具体的な諸

言語とは違って)。その基準となる如何なる言語であれ一定の割合で異なる異類型の諸要素を合せもつものとして記述できるのであるから、ここで混合類型という概念そのものは無用だと思われる。形式類型学にとって極めて特徴的な、混合類型という概念は、我々の観点からすれば、周知の如く、常に「純粋」類型の仮定を志向してきた、いわゆる諸言語の形態分類の研究史とも、著しく矛盾するものである。このことは、形式類型学内では言語類型という概念そのものへの十分に真剣な関心が欠けていることを反映したものであって、それは結局はこの分野と類型学的でない言語の構造的研究分野との分界線を曖昧にするものである。

　最近に至るまで大多数の場合、形態レヴェルの特徴付だけに集中してきた多数の形式類型学の種類と、内容に定位した類型学とのもっと本質的なもう一つの違いは、内容類型学の方がはるかに総体系的な、つまり言語全般的な性格を自負し得る、という点に尽きる(いわゆる音素類型学の分野の研究は、原則として、閉じた言語範囲の資料を扱うのであり、したがって、むしろ性格学的な研究ジャンルに属することに留意しておくべきである)。伝統的に形成されて来た内容類型学という概念は、今日では、ある一つのレヴェル、例えば形態レヴェルあるいはまた統語レヴェル、の構造諸要素に限られる訳ではなく、各種の言語レヴェル——語彙、統語、形態のレヴェル、そして今思いつく限りでは、音韻レヴェル(何れにせよ、形態音素レヴェル)——の呼応諸特徴総体から成るものである。したがって、内容類型学の分野で実際に問題にするのは、言語類型であって、いわゆる言語内類型ではない。恐らく、内容に定位した類型学こそ、ヴェグリンの whole system typology (総体系類型学)の概念の最高度の実現であろうし、正にこのことによってこそ、これは起源(比較歴史)言語学だけでなく地域言語学にすでにしっかり定着している言語の総体系的理解に直接的な類似性を示すものである。

　同時に、筆者は、類型学における体系的なアプローチの徹底した実現が類型学に歴史主義原理を導入する上での最も重要な前提だ、という見解を持している(言語科学の現発展段階においては、共時的類型学研究の方が深く歴史主義的である一方で、通時的類型学研究の方が逆に全く反歴史主義的であ

る、という点については、説明するまでもない）。ただし、注意しておくべきは、国外の論者等の中に、内容的言語類型の意味的原理に気づかないために、結局は文法の非意味的な理解が広がることにつながり、そこで、類型の語彙的包含事象に注意を向けず、また、同一言語の統語構造と形態構造を異なる類型に所属させることができる、という推定を行う者がいることである。

　上述のコンテクストからして、内容的言語類型のあり得べき音韻的包含事象に関する問題には、特別な注釈が必要である。同事象を音韻組織の連合関係（paradigmatics）に求めることは失敗の運命にあると思われる。逆に、この点で確かな展望を約束するのは、当該言語類型に固有の、主体・客体関係の一定の伝達法に直接的な定位性を見せる、音韻組織の様々な統合関係的（syntagmatic）法則の研究である。第一に、ここで想定しているのは、言語に実現される言語類型は度々言語に作用する音声学的過程に独自の制約を負わせる、という専門書にはよく知られた事情である。第二に、言語に機能する形態音素的な規則すなわち一定の形態素機能の交替を目的とした音素交替音素交替、の組織を参照（多数の現代言語学潮流において、形態音素組織は言語の音韻構造の一部を成すと見なされている）。例えば、アブハズ・アディゲ諸語では、音声学的同化現象が能格性のメカニズムの機能化を担っており（ここでは二つの数の動詞 1、2 人称指標が、能格動詞 [agent. v.] の語基の先頭子音に隣接すると同化するという過程が現れるが、これは同指標が同様の環境で絶対動詞 [fact. v.] の語形に隣接して登場する場合とは異なる）、また、能格性（作因性 agentiveness）〜絶対性（叙実性 facti[ti]veness）特徴による動詞語彙素の弁別に利用される母音交替が存在する。

　特に強調しておく必要があることは、内容類型学が研究を恣意的な原理ではなく、厳密に確定した原理に支点をおこうとしている傾向が顕著であることであり、これは形式類型学の分野では感じられないことである。周知の如く、形式類型学的諸研究内では、仮定される諸類型の組合せそのものが、大きな差異を見せる。例えば、言語構造の極めて本質的な側面に注意を向ける形態論的類型学の分野に限ってみても、それはシュレーゲル兄弟、フンボルト、シュライヒャー、シュタインタール、ラツァルス、ミステリ、ミュー

ラー、フィンク、ミレウスキ、スカリチカ、グリンバーグ、ウスペンスキー、アルトマン（G. Altmann）、レーフェルト（W. Lehfeldt）、他による多様な構想図が現れている。こうした条件下では、全体として。この潮流内での多様な構想図の数は今後とも増え続けていくだろうことは、驚くに足りない。しかも、かなりよく知られた多数の現代の形式類型学において、それが用いる基準の恣意的な性格が公然と認められており、このことに従って、同一言語が同時に、選択される基準如何によって異なる類型種に入れられることがある[7]（明らかに形式類型学的言語分類の認識論的価値が起源学的分類や地域学的分類のそれに及ばないのは、つまるところ正にこの点に根がある）。

　この点では、その原理の恣意性ではなく完全に確定した性格を重視する内容に定位した類型学は、全く異なった展望を開くものである。内容類型学は起源言語学や地域言語学と同じく、現実の主体・客体関係の伝達法に発現する厳密に確定された構造的類似性をもった現実の言語群を出発点とするものである。正にこの原理こそ、類型学者をして、言語の各種レヴェルに及ぶ体系全体を構成する構造的諸現象の大きな最大限集合を掴むことを可能ならしめたのである。内容類型学の軌道上で活動する研究者は全て、本質的には、主格型、能格型、活格型、その他諸類型（専門書には、これらを表す用語法に差異がある）から成る言語諸類型の同一セットを取り扱う、という法則的帰結もこのことに根ざすものである。

　内容類型学の主体・客体原理が恣意的でなく、逆に、厳密に確定した性格を有することについては、内容類型学の基本概念の研究の歴史もはっきりと証明しており、その歴史は、すでに自ずと十分に教訓的であると思われるように、起源（比較歴史）言語学の基本概念の形成の歴史に一定の類似性を見せる。例えば、内容類型学において最も吟味検討されて来た二つの言語類型——主格型と能格型——の概念が初めてその姿を見せ始めたのは、決して、本質的と思われた何がしかの分類特徴を世界の諸言語に当てはめて以後

---

[7] Cf.: *Greenberg J.H.* Op. cit., p. 179; *Altmann G., Lehfeldt W.* Allgemeine Sprachtypologie. Prinzipien und Meßverfahren, München, 1973, S. 18.

のことではなく、19世紀の中葉にヨーロッパの多数の言語（バスク語、カフカース諸語、グリーンランド・エスキモー語）がそれ以外のヨーロッパの諸言語とはっきり区別される一定の構造的類似性をもつことが明らかになった時点であった。さらに、これら諸言語の研究が展開されていく途上で初めて、能格構造と主格構造のさらに大きな構造的特徴集合が解明され、その基にある動因子が輪郭を見せ始めた。最後の第三段階になって、近似性の程度こそ違え能格型と主格型に分れる、世界の圧倒的多数の言語の類型的相関関係を明らかにすることに成功した。同様にして、北米や南米の多数の言語の独特の構造的諸特徴を基にして、活格構造の概念が輪郭を顕し始めたのである。

　内容類型学的構想図式内に仮定される個々の言語的諸類型の簡単な構造的特徴づけを行う前に、言語諸類型の構成と前提となる意味的原理について少しく触れておかなければならない。近年の専門書では、この点に関連して二種の関与的特徴——コード化特性（coding properties）とコントロール特性（control properties）——を区別することが一般的である。そのうち前者は言語類型の各種レヴェルの構造的諸特徴として示されるのに対して、後者は統語的変形の組合せによって明らかになる言語類型諸特徴として示されるものである。具体的な諸言語を研究する際には、この二種の特徴が必ずしもそれら諸言語の構造の、言語類型基準からの逸脱程度を確定するために重要な一様な結論を導くとは限らない、ことを考慮しておく必要がある。

　語彙構造のレヴェルにおいてコード化特性として登場するのは、名詞語彙と動詞語彙のいくつかの一般的および個別的構造化原理である。一般的原理に入れるべきものとしては、一定の統語的、形態的投影を課す名詞の分類法と動詞の語彙化、品詞目録の特性（cf. 特に、形容詞が一般化していないこと）があり、個別的原理に入れるべきものとしては、それらを構成する語類の様々な特徴（cf. 所有代名詞、再帰代名詞、その他若干の代名詞、所有動詞、等が一般化していないこと）がある。統語構造の分野では、言語諸類型の診断特徴は、その類型に特有の構文とか補語のような文の二次成分の構成の特徴に現れる。形態分野では、これらの違いは、動詞活用における人称指

標や名詞曲用におけるいわゆる位置格（позиционные падежи, positional cases）の機能に現れる（本書の筆者は、形態の「表層的な」性格からして、形態は言語の類型的状態の何がしかの重要特徴と見なすことができない、とする広く行われている見解には与しない）。コントロール特性に関していうならば、それは統語レヴェルの類型的特徴を明らかにする変形テストを一定総合することによって決定される。このテストの中で最も広く知られるのは、同一名詞句削除（equi-NP deletion）、主語繰り上げ（subject raising）、主語再帰代名詞化（subject reflexivization）、他若干のテストである。しかしながら、これらテストの完成状態は、現在のところ完全に満足のいくものとは考えられないから、その可能性の評価は言語学者によって様々である。

言語類型を構成する構造的諸特徴の内容的特徴づけの特性から、ある内的動因子——意味的決定因子（семантическая детерминанта, semantic determinant）——の性格について判断することができる（ここで用いるこの概念は、ビルンバウムの研究に定式化されているような「類型学的深層構造」、またディクソンの刊行物に見受けられる「浅い構造」の概念と概ね同じである[8]）。正に言語類型の意味的原理こそ、言語構造の各種レヴェルへの固有の投影を機能化させるもの、と考えるべきである。

主格言語類型は、語彙レヴェルにおいては、内容的に決定された名詞分類を欠く一方で、動詞語彙素が他動詞と自動詞に区分される、という特徴を有する（主格言語類型のいくつかの代表言語に見受けられる、名詞の形式化した区分は、通常はある先行状態の残滓的現象と解される）。統語面においては、ここでは原則として単一の主格構文が機能し、また直接補語と間接補語の対立も認められる。主格組織の形態においては、例えば名詞曲用における主格と対格、ないしは動詞活用における主体系列（時には客体系列）の人称指標、のような固有の単位に出くわす。これらの諸特徴は、他の多数の諸特徴と組織体系的な連係関係にある。例えば、周知の如く、能動文と受動

---

[8] See: *Birnbaum H.* Probleme of typological and genetic linguistics viewed in a generative framework. The Hague–Paris, 1970, p. 26; *Dixon R.M.W.* Ergativity. Language, 1979, vol. 55, N 1, p. 120 et seq.

文の対立は、この対立の前提である他動詞の語形の能動態と受動態の区別とともに、主格構造の代表言語にのみ可能なものである。属格、与格、具格のような格単位も、典型的な主格性包含事象である（能格言語でこれらの単位に出くわすのは、それが確実に主格化過程に踏み出した場合だけである）、最近、言語における性の範疇と対格の専用形の機能化の間に連係包含的依存関係が存在するという、補足的論証を必要とする推定が提起されている。

すでに上述の構造的諸特徴から、これら全ての特徴は、現実の主体・客体関係の伝達にかなり直接的に適合したものであることに気付くのである。したがって、主格構造は、全体として主体と客体の意味役割の深層的な対立に定位したものである、という結論が思い浮かぶ。

能格組織には、それとは異なった言語の構造的諸要素の組合せが現れる。内容的に決定された名詞分類が欠落する一方で（興味深いことに、能格諸言語においては、形式化した名詞区分が恐らく主格言語以上に頻繁に見られよう）、動詞語彙は二つの語類に分れるのであり、これは表面上は主格組織に特有の他動詞と自動詞の区別を思わせるが、完全にはそれと一致しない。こうした不一致が最も顕著に現れるのは、我々の観点からすれば他動詞であるかなり多数の動詞群（cf. 例えば、「打つ」、「叩く」、「突く」、「引きずる」、「つかむ」、「刺す」、「咬む」、「引っ掻く」、「つねる」、「接吻する」、「頼む」、「呼ぶ」、「待つ」、他多数）をここでは非他動詞と解さなければならない、という点である。したがって、能格性問題についての現代フランスの研究者達（ラフォン、デュメジル、パリ、チェーホヴァ）が、普通これらの語類を他動性〜自動性特徴に従って資格付けすることを差し控えている、のは偶然とは思われない。同時に、これら語類は、ソヴィエトの論者等の最近のいくつかの研究では用語法上、作因（агентивный, agentive）動詞類と叙実（фактктивный, facti[ti]ve）動詞類と定義されている[9]。能格組織の統語レヴェルでは、極めて条件的にのみ直接補語と間接補語と定義できるよう

---

[9] Cf.: *Кибрик А.Е.* Структурное описание арчинского языка методами полевой лингвистики. Автореф. докт. дис., М., 1976, с. 34–35.

な補語の弁別が行われる中で、単一の主格構文に代って、能格構文と絶対構文の対立が存在する。形態の分野では、この言語類型は、主格と対格とは異なる特別な格——能格と絶対格——の対立、ないしは、この両格と機能的に類似した、動詞の能格系列と絶対格系列の人称指標あるいは類別指標の対立、を特徴としている。能格構造の構造的諸要素が主体・客体関係を未分化融合的に（синкретически, syncretically）伝達することは、専門書ではすでにはるか以前から明らかになっていることである。したがって、能格は他動的行為の主体の格であるばかりでなく、間接客体（行為手段、受信者 [адресат, addressee]、等）の格であり、絶対格は非他動的行為の主体と直接客体の格である。能格組織の作因動詞（能格動詞 agent. v.）が主格組織の他動詞と同じでないことが解れば、どうしてそれが能動態と受動態の語形の対立を知らないかという理由が解ることになる。多数の能格言語の中に知られるディアテシスは、専ら拡散動詞（可変動詞 diffuse v.）にのみ関係するものであって、それが有するのは明らかに態（voice）的な性格ではない。

　全体として、能格性の構成要素は主体と客体の表現に定位するのではなく、作因項 agentive（行為源 источник [source] действия [of action]）と叙実項 facti[ti]ve（行為の担ぎ手 носитель [bearer] действия）という深層的な意味役割に定位している、と考えるべき多数の論拠が存在している。

　さらに鮮明な構造特性をもつのは、活格構造である。ここでは動詞語彙は独自の語彙化原理を示す：すなわち、それは活格動詞と状態動詞という二つの基本動詞類に分れる（ここには、不随意的な行為と状態を表す特別な動詞類もある）。活性類ないしは「有生」類（人、動物、植物の名称を含む）と不活性類ないしは「無生」類（事物の名称から成る）に区分される名詞も、この動詞区分に対応する語彙群を成す。同時に目につくのは、次のようなシンタグマ（統合）面の法則性である：すなわち、活格動詞述語と常に結合するのは活性類名詞が表す主語であり、状態動詞述語と通常結合するのは不活性類名詞が表す主語である。この言語類型に特徴的なその他若干の語彙的諸事象も存在する：cf. 語彙・文法的な形容詞語類が未発達であること、通常複数1人称の内包的代名詞語彙素と排外的語彙素が対立すること、人間と

動物の一連の身体部分名称と植物の部分の名称を表す語彙素が同一であること、他若干。活格組織の統語的メカニズムにおいては、動詞語の活格動詞と状態動詞への区分によって、活格構文と不活格構文の対立また近い補語と遠い補語への補語の構成区分が惹起される。近い補語は行為の向けられる客体を伝達し（cf.「木の葉を・乾かす」、「川へ・駆けて行く」、の内容）、一方、遠い補語は機能的には状況語に近い。活格構造言語の動詞形態に特徴的なのは、形態的な人称範疇（機能的に独特の二系列――活格系列と不活格系列――の人称接辞）、相（version）範疇（活格動詞は遠心相と非遠心相を区別する）、主格言語や多数の能格言語の時制とアスペクトの範疇に代る動作態（Aktionsart）範疇である。目につくのは、活格動詞が完全な活用パラダイムを有するのに対して、状態動詞のそれが不完全であることである。ここではるかにもっと貧弱な名詞形態は、非分離（有機的）所有と分離（非有機的）所有の形を区別する所有性範疇として現れる。現有の伝統に合せて、活格言語に稀に見受けられる活格と不活格の対立は、活格言語において弱化した、活性類名詞と不活性類名詞の語彙的対立の一種の代償措置であると考えられる。数の範疇は、名詞の形態手段の中に入っていない。

　全体として明白であるはずだが、活格組織は、その構造的パラメーターからして、決して過去に考えられていたように、能格組織の一種に帰することができない。活格組織の構成諸要素は、なお能格性の呼応諸特徴以上に、主体と客体の対立の伝達への適応性が劣る。これらの諸要素ははっきりと活性原理と不活性原理の意味的対立の伝達に定位している、といっても完全に正当である[10]。

　現在、はるかに鮮明さを欠くと考えられるのは、類別構造と中立構造の組織の弁別特徴である。類別組織において最も典型的な、語彙の構造化原理の特徴は、内容的に決定された名詞分類の存在である。同時にここでは、動詞語彙の構造化原理が不明である。類別構造の統語法の類型的特性は、依

---

[10] 活格構造組織についての詳細は see: Климов Г.А. Типология языков активного строя. М., 1977. Изд. 2: Книжный дом «ЛИБРОКОМ»/URSS, 2009 ― [訳者] クリモフ著「新しい言語類型学――活格構造言語とは何か」、三省堂、1999.

然として研究が進んでいない。動詞形態の発達の一方で、名詞形態が語形成（словообразование, word-formation）と分離していない。ここでの動詞活用にあるのは、名詞の類別区分を反映した、主体・客体関係の観点からして未分化拡散的な一連の人称・類別接辞である。最後に、中立組織は、これの特徴がこれ以外の言語諸類型と異なるという消極的な基準に基づいて極めて条件的に仮定されたものである。

　ここに大雑把に特徴づけた内容類型学的な分類は自然分類であるという基本的性質を有しており、この点で、これは少なくとも大多数の形式類型学的分類とは区別される。第一に、内容類型学的分類では、言語の構造的諸特徴がその諸特徴に伝達される内容と直接的に関連づけられる。第二に、内容類型学的分類に利用される基準は、恣意的基準とは見なすことはできない。第三に、この分類は、言語を総体として捉えようとする（このことから、形式的分類が大多数の場合個別的分類と解すべきであるのに対して、内容的分類は一種の全体的分類と認定できる）。上述のことから、内容的分類の存在論的（ontological）な有意義性そしてとりわけその説明力は、各種形式類型学的分類がもつ可能性を本質的に凌駕していると思われる。上述のことが真であれば、内容類型学的分類を精査検討することによって、予備的な性格を有する形式類型学的分類が不可避的にもつ制約を克服して行くという科学の発展が鋭く提起している課題が、解決を見ることになる。内容類型学的分類の存在論的な価値は、諸言語の系統的 genealogical（また恐らくは、地域的 areal）分類の然るべき可能性（ポテンシャル）と対比できるのである。

　ここに検討中の問題領域と有機的に関る最後の問題は、諸言語の内容類型学的分類の歴史的解釈の可能性に関してである。この問題提起は、歴史との関連を欠いた人為的分類とは違って、「真の自然分類はどんな形であれ、諸対象の歴史的発展の結果形成された、分類すべき諸対象間の正に連関と相関関係をこそ反映するものである」から、法則に適ったものである[11]。同時に、

---

[11] *Кедров Б.М.* Классификация наук. 1. Энгельс и его предшественники. М., 1961, с. 6.

この問題の研究は現代類型学においてようやく始まったばかりである、ことを確認しておく必要があり、この点で、ここから何がしかの絶対的結論を引き出すことは時期尚早である（とりわけ、言語学において、類型学的再構の問題が専門的に提起されたのはつい最近になって初めてである、ことに注意しておくべきである[12]）。したがって、ある言語類型から別の言語類型への不可逆的な発展の可能性を仮定する一般理論的な諸見解に限って言及しておくのが妥当である。

先ず p. 109（原著 p. 87）に掲げた言語諸類型の配列表において左列の類型が右列の類型に対して高い説明力を有することを指摘しておかなければならない。活格、能格、主格構造の諸言語の多少とも信頼すべき資料を利用するならば、第二、第三の構造の代表言語に見られる非体系的な（そして、なかんずく、形態レヴェルのように内容類型学の観点からして保守的なレヴェル内に観察される）諸現象全体の解釈において、第一の構造が著しく重要な分解能（разрешающая сила, resolving power）を有することが注意を引くのであって、これは過去の類型学諸研究においてすでに再三利用されて来たものである。周知の如く、まだ曖昧な形ではあれ初めてこの分解能を武器に使ったのはユレンベックであったが、彼は、歴史的に立証された多数の印欧諸語の名詞形態のいくつかの特徴を基にして印欧祖語の前主格状態に関する仮説を定式化した[13]。それからはるか後になって、ブィホフスカヤは、能格諸言語において絶対構文の無補語動詞は他動詞類に転換できないことを以て（逆の前提に立てば転換可能としなければならないだろうが）活格構文の方が能格構文に比べてより古いことを暗示的に論証したのであった[14]（能格構造の代表諸言語では、非生産的ないわゆる可変動詞群は特に無補語的用法の

---

[12] *Климов Г.А.* К типологической реконструкции. — ВЯ, 1980, № 1.

[13] Uhlenbeck C.C. Agens und Patiens im Casussystem der Indogermanischen Sprachen. — IF, 1901, XII.

[14] *Быховская С.Л.* «Пассивная» конструкция в яфетических языках. — В кн.: Язык и мышление, II, 1934, с. 72; cf.: *Мещанинов И.И.* Общее языкознание. К проблеме стадиальности в развитии слова и предложения. Л., 1940, с. 219. — [訳者] cf. クリモフ著, 三省堂, p. 26–27, 154.

場合に絶対動詞 [fact. v.] 類に転換するという反対の傾向が現れている）。さらに後になって、ライオンズは、能格的文類型と主格的文類型の内的メカニズムを通時的に説明するために、活格組織（彼の用語法では、「理想的能格組織」）の一般モデルを構築したのであった[15]。最後に、近年ソ連邦では、一連の具体的諸言語の能格組織と主格組織の起源を検討すべく、活格構造組織に問いかけるいくつかの研究が発表されている（cf. ヴェルネル、ヂヤコノフ、グフマン、パルマイティス、サフチェンコ、他）。反対に、能格組織あるいは主格組織に問いかけることは、活格型類型の代表諸言語に見られる改新の解釈にとってのみ有効である。周知の如く、能格諸言語に観察される改新も、主格構造組織に説明が見出される。

推定される類型的進化の方向性を裏付ける第二の論証として指摘できるのは、仮定される各組織内での構造諸要素の形式と内容の間に存在する特徴的な弁証法的相関関係である。そこで例えば、形式面では能格構造の構造的諸特徴が活格型類型のそれと多数の接点を示している——二つの言語類型が科学の歴史において長い間互いに区別されてこなかったことは、特にこのことによって説明されるのであるが——のに対して、内容面では能格構造の諸特徴が主格構造の諸特徴との相当顕著な結びつきを示しているために、例えば、両者間の違いは純表層的な性格のものだとする見方が今日でもかなり広がりを見せる、という結果まで招いている。したがって、表現面では能格構文は多くの点で活格構文の三項文タイプに一致するが（cf. 文の名詞成分に対する動詞述語の明確な支配性、ニュートラルな SOV 語順、構文を構成する諸要素の多数の形態諸特徴）、内容面ではそれはすでに幾分主体・客体関係の伝達への適応性を強めている（cf. 他動的行為、非他動的行為の主体の明確化、直接客体と間接客体の区別、等）。そして、この関係の表現への定位性をさらに強めるのが主格構造組織である。

第三に、このことを証明し得るのは、二つの言語類型の特徴の混在を示す

---

[15] *Lyons J.* Introduction to theoretical linguistics. Cambridge, 1971, p. 356–357; cf.: *Климов Г.А.* Очерк общей теории эргативности, с. 213–215. — [訳者] cf. クリモフ著, 三省堂, p. 35, 154.

言語の類型諸要素が、その構造の別々のレヴェルに分裂するという独特の法則性を示すことである。したがって、専門書によく知られた観察では、言語に能格性と主格性の特徴が混在する場合、能格性は原則として形態のような保守的なレヴェルにより徹底して張り付くのに対して、統語法の方では主格性が大きな比重を示し、時には完全にそれが主格的であると認められることもある、とされる（例えば、コムリーの考えによれば、カフカースのヒナルグ語は、形態レヴェルでは能格的だが、統語的には主格的である[16]）。統語はそれに資する形態に比してより高い地位を占めるのであるから、発生する類型的再編を真っ先に受け易いとする言語構造の階層性に関する普通の言語学認識に照らして見ても、また、言語の形態手段は語彙的手段と統語的手段のある種の転置であるとする伝統学説に照らして見ても、こうした相関関係は示唆的である。同時に、歴史的に主格言語であるインド・イラン諸語が能格化過程を辿ったとする、すでに 10 年ほど前に発表された誤った学説が証明するように[17]、以前挙げられた可逆的な通時的発展の先例の確度は、重大な疑念を引き起すものである（こうした先例は全て専門書において事実上論破されていることを想起しておくべきである）。

　上述とは別に、主格構造の意味的決定因子が、掲げた分類図表の左列にある言語諸類型の深層的動因子寄りに弱化して行くことは、意識分野が現実の主体・客体的弁証法の反映において一定の退歩を示したものだ、と推定できる。反対に、左列の言語諸類型から主格構造側へ向けた再編過程を仮説することは、この過程を、意味的決定因子の逐次連続的な交替に合せて起って行く、言語構造の主体・客体的定位性の一続きの段階的増大過程として提示させるのである。

　異なる言語類型の特徴を混在させる諸言語の経験的証例も、原則として、ここに挙げた見地に符合する。現在までに、多数の能格諸言語や主格諸言

---

[16] *Comrie B.* Ergativity. — In: Syntactic typology. Studies in the phenomenology of language. Sussex, 1978, p. 344–345.

[17] See: *Пирейко Л.А.* Основные вопросы эргативности на материале индо-иранских языков. М., 1968, с. 64.

語には、活格型類型の多少とも明白な残滓がすでに再三見出されてきた。そうした残滓は、一つは印欧諸語、アフロ・アジア諸語、チュルク諸語、エニセイ諸語、ドラヴィダ諸語のような今日の主格諸言語に、もう一つはアブハズ・アディゲ諸語、ナフ・ダゲスタン諸語のような今日の能格諸言語に認められてきた。同時に、言語学の経験は、主格構造ないしは能格構造の何がしかの残滓的特徴を保存するような活格言語あるいは類別言語を知らない。概して、例えばあれやこれやの活格諸言語の名詞形態に主格、対格、属格、与格、具格の残滓を求めようとしても、徒労に終るだろうという印象を受ける。名詞の語形変化の機能事実そのものが、一番早くとも活格構造に関る可能性があるからである（cf. 曲用の発生に関するヴントの周知の仮説）。

　最後に付言すべきは、現代の世界の言語地図において主格構造そしてさらに能格構造の代表諸言語（そしてまた、これらの両類型要素を混在させる諸言語）が際立って優勢であること自体すでに、これら諸言語こそが現人類の特徴的な言語である、という結論に至らしめることである。しかも、これら両言語相互の構造的近接性を考えれば、能格言語が主格言語に比してひどく古体的だとする見解には到底同意し兼ねる。

　結びとして、内容類型学研究の今後の展望は、恐らくは、言語資料に対するアプローチにおいて科学が未だその内在的ポテンシャルを利用し切っていない体系性と歴史主義の原理を如何に貫徹して行くかという点に掛っている、ことを強調しておこう。

SUMMARY

Numerous attempts were made in the past to take into account in typological research the content component of language resulting in mutual separation of the formal and the so-called content-oriented typology. In contrast to the former, which is abstracted from the content conveyed in language, the latter may be defined as content-oriented. Its origins lie in the work done by Soviet typologists in the 1930-40s. Subsequent research conducted abroad, primarily in the field of relation grammar, made a substantial contribution to its development.

The modern content-oriented typology treats of formal structures of the world' s languages in terms of those differences which exist in the ways they convey subject and object relationships of reality. The content-oriented criterion's typological relevance and, furthermore, its fundamental importance for structural research, are determined by the fact that it is on the basis of this criterion that the broadest possible units of systematically interrelated structural characteristics of languages, forming various language types, can be identified.

In contrast to various schools of the formal typology that pay insufficient attention to the very concept of language type (its traditional replacement by the notion of the "type in language" was later supplemented by an opinion that typology is possible without the concept of types altogether), the content-oriented typology has been invariably based on the notion of language type which encompasses all the logically necessary features-coordinates of the lexical, syntactical, morphological and, apparently, phonological (but in any case, morphonological) levels of a language. It is not an arbitrary system superimposed on a language, but rather an inductively revealed set of features of various levels of a language type, that accounts for the fact that all linguists working in the field of the content-oriented typology operate with essentially the same inventory of types, each identifying a specific typological class of languages which embody the type to a greater or lesser degree. It follows that the resulting classification of the world's languages has a natural character, with all its consequences (e.g. it admits of historic interpretation), and therefore it becomes comparable with the genealogical and areal linguistics in terms of objective value and, in particular, explanatory power.

On the level of lexical features operate and make their specific projections on the rest of the levels, principles of organization of the noun and verb vocabulary specific to a given language type. In the sphere of syntax, a type is characterized by a special set of sentence structures, as well as a special nomenclature of objects. In the sphere of morphology, a language type is characterized by specific series of personal markers of verb conjugation, and fundamental cases of noun declension. Alongside with the coding properties listed above, there exist so called controlling properties of a language type, that consist in a certain body of transformational tests, used to identify the type to which a particular language belongs.

Four language types can be identified within the framework of the content-oriented typology: nominative, ergative, active and class, each having a specific structure which apparently is, determined by an innate content-oriented stimulus or a semantic determinant of this type. These determinants are the following: for the nominative system — the opposition of semantic roles of the subject and object, for the ergative system — of agent and factitive, for the active system — of active and inactive, for the class system — of a number of class roles (the neutral type was postulated conditionally, on the basis of a negative criterion, i.e. its features do not coincide with those of other types). The above mentioned sequence of the types reflects the degree of their mutual structural kinship. Therefore, the greatest typological distance lies between the nominative and the neutral types.

In the nominative system, where verb words are lexicalized on the basis of their transitivity and intransitivity, nouns do not reveal content-motivated classes. In the field of syntax, where there is a single nominative sentence construction (with the possibility of contrasting the active and passive voices of the verb), the distinction between direct and indirect objects becomes obvious. At the level of morphology, there is a correlation of personal verb affixes of the subject and object series or of the nominative and accusative cases with their derivatives.

In the lexical nomenclature of the ergative system, in the absence of the content-motivated nominal classification, verbs are grouped into the agentive and factitive classes. Its syntax is characterized by the opposition of ergative and absolutive sentence constructions, and of objects which can be qualified as "direct" and "indirect" with difficulty. Among morphological implications of the ergative system the most important are the difference between the ergative and absolutive series of personal affixes in verb conjugation or the difference between the ergative and absolutive cases of noun declension.

The organizational principles of the active system lexical vocabulary are characterized by the existence of a latent nominal classification differentiating between active ("animate") and inactive ("inanimate") nouns whereas verbs are broken down into active and stative classes. The corresponding syntactical correlates are the opposition between active and inactive sentence construction and distinction between the near and the distant objects. The distinction between active and inactive series of personal affixes of verb conjugation or the active and inactive cases of noun declension, the diathesis of the active verb differentiating between the centrifugal and non-centrifugal versions, the Aktionsart graduations of the verb in lieu of the temporal ones constitute of a specific morphological character of the active system.

The fundamental breakdown of substantives into stable and content motivated classes (the principle of lexicalization of verb words is unclear) forms the lexical implication of the class system. The specific nature of the typology of its sentence has not been explored. Its verb morphology is characterized by the presence of a number of series of class-personal affixes. The noun morphology is not separated from word formation.

The natural character of the content-oriented classification presupposes the possibility of its historic interpretation. There emerges a working theory that the logical interpretations of the language classes postulated are able to reflect a historic sequence of typological transformations. This is testified to by a high explanatory power of the taxonomy of the left-hand types in relation to the right-hand ones (see page 87), which has been repeatedly used in typological research (see a role of active system in interpreting non-system phenomena in the ergative and nominative languages). The hypothesis is backed by the characteristic dialectical interrelation between form and content of structural features of every type (thus, when, in terms of form, the ergative system has much in common with the active one, its ties with the nominative system are obvious in terms of content). This is testified to by specific breakdown of typological components of languages combining two types into various levels of their structures (e.g., in languages, combining nominative and ergative components, the latter is more clear on the more conservative level of morphology).

SUMMARY

As a rule, empiric research of numerous languages, combining heterogeneous typological components, supports these theoretical considerations; by contrast, infrequent cases of opposite interpretation of development are always accompanied by an alternative view in specialized literature. It is clear that diachronic conclusions will be more adequate when linguists start paying greater attention to the methodology of typological reconstruction.

It seems that further prospects of content-oriented research will depend on a consistent use of the system principle and historic approach to typological material.

訳者あとがき

　本訳書は、G.A. クリモフ (1928–1997) の遺作「内容類型学の原理」«Principy kontensivnoj tipologii» (1983) の全訳である。これは活格構造言語に焦点を絞った既刊のクリモフ著「新しい言語類型学——活格構造言語とは何か」(1999 三省堂)——「活格構造言語の類型学」(1977) を改題した訳書——とは異なって、内容類型学が析出する、体系としての諸類型 (類別型、活格型、能格型、主格型) 全てについてその共時と通時は勿論、現時点で内容類型学の問題群全体を鳥瞰するに最も相応しい総括的著書である。クリモフなき今日では、恐らく当面、内容類型学を通観する上でこれ以上まとまった著書はないと思われる。
　G.A. クリモフには、「活格構造諸言語の特徴づけによせて」(1972「言語学の諸問題」No. 4)、「能格構文の起源によせて」(1974 同 No. 1)、「言語類型の概念について」(1975 同 No. 6) 等々を含めて 380 を超える著作があり、その内 18 がモノグラフである。勿論、クリモフは初めから言語類型学理論プロパーの研究者であった訳ではない。カフカース学者として出発した G.A. クリモフは、カフカース諸語の専門家であり (cf.「カルトヴェリ諸語語源辞典」(1964)、「カフカース諸語」(1965)、「カフカース言語学入門」(1986) 等々多数の著書)、したがって起源言語学 (比較言語学) にも地域言語学にも関係する自らの研究を進める必要性の中でこそ、内容類型学に関

わって行ったと思われる。諸言語の専門家による集団的労作「各種類型諸言語における能格構文」(ЭКПЯРТ, 1967) に発表された論文「ザン語における能格構文によせて」は、「カルトヴェリ諸語の類型学的特徴づけによせて」(1960 第 25 回国際東洋学者会議報告) とともに、あるいはクリモフの能格性問題研究の起点であったかもしれない。序ながら、これはソヴィエト言語学学術理論会議がジルムンスキー、カツネリソン等を組織委員として、1964 年末レニングラードで科学アカデミー言語学研究所レニングラード支部との共同で開催された学会＝科学アカデミー言語学研究所拡大教授会の報告書テーゼが基になった論集である。これはいわゆる 50 年論争以後のソヴィエト言語学内での類型学問題の最も真剣な組織的討議の場であり、リセットされた内容類型学研究の発展の契機になった学会の一つであったと思われる。

クリモフの能格性問題研究への関りはやがて、重要な類型学関係の五つのモノグラフ——1)「能格性総論概説」[1] «Очерк общей теории эргативности» (1973)、2)「活格構造言語の類型学」«Типология языков активново строя» (1977)、3)「カフカース諸語の類型学」«Типология кавкапских языков» (1980)[2]、4)「ソ連邦における類型学研究 (20-40 年代)」«Типологические исследования в СССР (20-40-е годы)» (1981)[3]、そして 5)「内容類型学の原理」«Принципы контенсивной типологии» (1983)、等という著書へ発展して行った。さらに、晩年の重要なモノグラ

---

[1] 同著の書名は「一般能格論概説」あるいは「能格性一般論概説」等の訳もあり得る。クリモフは、能格問題の研究が構造の片鱗（例えば能格構文とか能格の形態）にだけ集中されている現状に対する批判から、能格性は、語彙、統語、形態、形態音素の呼応諸特徴からなる全一的構造総体としての類型、組織体系全体に及ぶ現象である、という意図を書名に込めたのである。今回の訳書では、書名ではない訳語として、「能格性一般論」という名称を使ったが、逐語訳すれば、能格性の一般論、全般論、全体論である。

[2] M.E. アレクセーイェフとの共著。第 1 章「アブハズ・アディゲ諸語の類型学」、第 2 章「カルトヴェリ諸語の類型学」をクリモフが担当。第 3 章「ナフ・ダゲスタン諸語の類型学」はアレクセーイェフの担当。結語は両著者の共同執筆。同著の一部は「内容類型学の原理」（本訳書）の基礎にもなったと考えられる。

[3] 科研報告書「ロシア・ソヴィエト言語類型論の研究」（代表者――柳沢民雄 2002）に拙訳が収められている。

訳者あとがき　　283

フには比較言語学と言語類型学の関係の問題を扱った「比較言語学要理」《Основы лингвистической компаравистки》(1990) がある。これらは、それぞれが個別のテーマを扱う一方で、内容類型学の理論と実際の精密化過程、弁証法的発展過程を反映した一つの連続でもある。例えば、1) では上記のザン語論文での能格言語のシンタグマ問題への言及を修正している。また、5) では、第一には、1) に記述された能格性原理、したがってそれに関連して能格言語に作動する動詞の語彙化原理等、の精密化、第二に、「中立型」類型設定への保留、第三に、類型、類型種、言語内類型という概念の峻別、起源言語学（比較・歴史言語学）、地域言語学と類型学の関係、言語の構造的研究一般（言語性格学、対照言語学、言語普遍論）と類型学の関係、等々について精密化、明確化がなされている。なお、上記モノグラフの内 1), 2), 3), 5) は 2009 年にモスクワのリブロコム (ЛИБРОКОМ) 社から一括して再版されている。またこの再版に呼応するかのように、同じ 2009 年「言語学の諸問題」誌 (No. 3) は、現在活躍中の日本学者・言語学者アルパートフ (В.М. Алпатов)[4] の論文「G.A. クリモフの言語構想」(Лингвистичские идеи Г.А.Климова) を掲載し、クリモフの諸業績の意義について総括している[5]。

　さて、本書の内容であるが、これについてはクリモフ自身による本書の「結語」が最も適切な摘要になっていることをまず指摘しておきたい。その上で、ここで大きなポイントだけを拾うとすれば[6]、第一には、体系性と歴史

---

[4]　「ある神話の歴史——マールとマール主義」(1991, 2004)、「言語学史——教程」(1998) の著者。また最近では「日本語理論文法」全二巻 (2008) の共著がある。

[5]　Cf. 同論文の邦訳は 木下晴世訳「クリモフの言語観」（類型学研究会編「類型学研究」No. 3, 京都, 2011) がある。アルパートフは言語発展に関するクリモフの段階論に批判的であるが、クリモフは、言語の意味的決定因子の段階性の客観的事実と思考の一部である「言語的思考」の相関性に限ってのみ言える現時点での補外法的結論を提示したにすぎない (cf. アルパートフ論文については、拙論「G.A. クリモフ著『能格性総論概説』についての覚書」——「類型学研究」, No. 3, 2011 年——に若干付言した)。cf. なお、同氏には、「言語学の諸問題」誌 No. 2 (2002 年) に論文『『言語学の諸問題』誌の 50 年」がある (1952 年創刊～1994 年の動静についての記述)。

[6]　次も参照：Cf. 拙論「G.A. クリモフ著『内容類型学原理』についての覚書」——類型学

主義（歴史性）の原則、第二に、形式と内容の弁証法的な関係、の重視という点である。これらは言語自体の属性であると同時に、言語研究に際しての原理、原則として提示されている。ここで特に重要なのは、歴史主義と弁証法という視点であろう。構造主義あるいは形式類型学ではこの視点が抜け落ちる。こうした原則は特に言語研究に限ったことではないと思われるが、内容類型学の原理としての第一点、第二点は、具体的には次の諸点に現れる。

まず、内容類型学とは、言語まるごとの類型を扱う総体系的類型学である。こうした総体系的類型学にいう類型 (type) とは、語彙、統語、形態、形態音素各レヴェルの、連係相呼応する諸特徴（包含事象 implication）の統一的あるいは全一的集合体すなわち言語構造総体（構成体）としての類型である。同時に、こうした類型は統一性＝全一性＝体系性を、つまり類型内呼応諸特徴間の必然性、一貫性、「純正さ」を予定する限りにおいて、理論的装置であり、尺度であり、基準である。第二に、この言語構造総体としての類型内呼応諸特徴は一定のヒエラルキーの下で連係呼応する。すなわち、この類型は、語彙組織を頂点として音組織を最下層におく階層的依存関係、つまり語彙→統語→形態→形態音素という下向きの支配関係によって構造化される体系である（語彙の一次性と文法の二次性という原則）。しかし、第三に、この体系なるものは不動ではなく変化する、すなわち歴史性である。そしてクリモフは、「変化して行く体系としてだけではなく本物の歴史過程を辿る体系として」の類型の理解を説く[7]、つまり弁証法である。具体的には次のようなダイナミズムである。言語体系の変化を惹起するのは意識である。クリモフは、この言語的意識、言語的思考分野の変化、変動を惹起する意味的動因子 (semantic stimulus)＝意味的決定因子（semantic determinant）――類別型言語では類別原理（→有生・無生原理）、活格型では活性・不活性原理、能格型では作因性・叙実性 (agentive-factitive) 原理、主格型では主体・客体原理――の交替を受けて、人類史における言語の構造化過程は、非常に大き

研究会編「類型学研究」, No. 2, 2008, 京都；拙論「言語タイプと文の成分」――「国文学解釈と鑑賞」7 号, 2010, 至文堂（ぎょうせい）。

[7] 「ソ連邦における類型学研究 (20–40 年代)」（註 2 所収の拙訳, p. 256）

なスパンで類別型→活格型→能格型→主格型という再編過程(段階)を辿って来た、すなわち人類史における言語の構造化過程は主体の能動化過程である(ただし、活格型→主格型の過程も可、例えば印欧語)、とする結論に至っている。そしてこれは概ね不可逆的な過程である。さて、この意識分野の変動を受けて言語が変化してくとき、真っ先にその変化に反応するのは、上述の階層性に従って、語彙組織であり、続いて語彙組織の変化は統語へ、次いで形態へ、さらに形態音素の組織へ波及して行く。したがって、現実の言語の発展過程においては、語彙組織や統語組織では次段階の改新的要素を先取りする一方で、形態組織は前段階位相の諸要素を残滓、保守する、という矛盾(ズレ)を内包することになる。言語構造総体ではなく言語の部分系では、先駆け的事象と古い事象が分裂するのである。クリモフは、矛盾を内包しつつ言語構造総体として相対的には一つの統一的な全体(体系)を構成する、当該類型に属する具体的多様な現実の諸言語を、類型種(typological class)と呼んでいる。類型を形而上学的にではなく弁証法的に捉える必要がある。こうした事態を歴史を捨象して共時面だけから観れば、「混合類型」や分離能格性がことさらに強調されるが、「混合類型」という用語法は予め純粋類型を想定していることを自白しているようなものだから、これは形容矛盾(contradictio in adjecto)であり、余分な概念だとクリモフは指摘している。第四に、内容類型学は、「内容に定位した類型学」であり、「現象の形式と内容の相関関係における弁証法に立脚して、言語の内容面の形式面に対する規定性を追究することを前提とする」、と述べる。例えば、能格構文が形式面では三項文タイプの活格構文と一致するが、内容面ではすでに幾分主体・客体関係の伝達への適応性を強める、つまり主格構造との接点を見せるという再編過程の顕れ方である。こうした形式と内容の弁証法的関係は実に多様に現象化する。またこのことに関連して言えば、ここにいう各類型(種)は、形式類型学的分類にいう孤立、膠着、屈折型何れの形であれ発現するのであって、例えば能格性あるいは活格性等の関係は深層的なものであって、形態面で見れば、それを動詞語形に集中的に表示する動詞型(名詞の格形態の未発達段階)でも、名詞成分だけで表示する名詞型(名詞の格形態の発達段階)でも、

それら両者に表示する混合型（名詞の格形態の発達が弱い段階あるいは動詞語形中の接辞系列が退化しつつある段階、動詞型から名詞型に至る過渡的段階）でも発現し得る（したがって、歴史的には、動詞型→混合型→名詞型）。それ故、例えば能格性について、「能格的形態法なしに能格的統語法は存在せず、逆に対格的統語法なしに対格的形態法は存在しない」とか、「能格性は何よりもまず名詞の格表示として現れ、その意味で形態的現象である。形態論を抜きにして能格性はあり得ない」、とする認識があるとすれば、それは体系性、歴史性、弁証法の無視と断ぜざるを得ないであろう。

　本書のもう一つのポイントを挙げるとすれば、内容類型学が重視する類型の主体・客体的基準に関してである。クリモフは、内容類型学の成立に決定的な第一歩が踏み出されたのは、現実の主体・客体関係の伝達の仕方に比較・類型的研究にとって発展的展望性をもった基準があることが明らかになった時点においてであった、と述べている。また、この関係こそが「言語構造レヴェル全体に及ぶ多岐的組織網を敷く」ことから原理的に重要である、と述べる（第1章）。この基準は、いくつかの現代の類型学にあるような、ア・プリオリに定めた恣意的基準ではなく、典型的な主格言語である印欧諸語とバスク語やカフカース諸語等能格言語間の差異の核心が正にこの点にあることが経験的に明らかになる中で確定された基準である。勿論、サピアの、「ことばにおいて絶対に欠くことのできない概念」(absolutely essential concepts in speech) の研究の準備段階があったことも確かである。またマール構想の基本的な構造区分（ヤペテ諸語と印欧諸語）の背後には、同基準の直観的認識が透けて見える。これが当初未分化であった語族と類型の概念の分離の端緒となり、メッシャニーノフに続く内容類型学の成立の契機となって行った、と思われる。そして今日では、人類史における言語の構造化過程すなわち類別型から主格型への発展過程こそ、主体・客体関係に定位する程度の増大過程であることが明らかになった。クリモフのいう「主体・客体の弁証法」とは正にこの点にある。ところが、これは主体と客体間の弁証法でもある。例えば、能格言語における能格が行為主と間接客体（間接補語）機能を未分化に融合させる兼務能格段階から行為主だけを表す

専用能格へ転換して行く過程が見られるが、これは能格が未分化不安定な状態から次第に安定した主体格に発展して行く過程である。この不安定性は、能格言語での陳述核（第一次シンタグマ）がまずは VO 間に形成され、S は VO 結合に対する二次的補完的要素にすぎないことに起因すると思われる。一方、主格言語では第一次シンタグマを形成するのは SV である。すなわち主格言語にとって O は二次的補完的要素であるため、直接客体格(O)としての対格の機能の確定化（安定化）は極めて長期にわたると思われる。印欧語の古層（ホメーロスのギリシャ語）がもっていた対格が述語の意味を補完する限定・状況格一般であったことは、すでに周知のところである（メッシャーニノフ期以来活躍した女性印欧学者デスニツカヤの研究が証明している[8]）。能格と対格がそれぞれ主体格、直接客体格に至る過程は現在でも未完である、と思われる。こうして、SVO（あるいは SOV）結合句における弁証法的関係も観察される。

ところで、これまでの人類史における言語の構造化過程が主体・客体関係の弁証法であることを証明して見せたクリモフも、類型の将来の発展方向については直接言及していない。そのような意図をもった「試行」はすでに、例えば、山口巌教授の論文「言語の類型的発達の諸問題」にも現れているが、L.A. イェルモラエヴァの論文「主格構造諸言語の意味的決定因子に関する問題によせて」（「言語学の諸問題」誌 1995/No. 5）からもそうした意図が窺われるかに見える[9]。これらは、活格型に先行する言語類型の研究の一層の深化とともに、今後の課題である。

---

[8] Cf. 例えば *Десницкая А.В.* К истории развития грамматической категории винительного падежа в индоевропейских языках. (Функции винительного падежа в языке гомеровской «Илиады»)「印欧語における文法的対格範疇の発展史によせて——ホメーロスの『イーリアス』の言語における対格の機能」——«Сравнительное языкознание и история языков»「比較言語学と諸言語史」, Л., Наука, Лен. отд., 198, 所収；cf. 山口巌著『類型学序説——ロシア・ソヴェト言語研究の貢献』京都大学学術出版会, p. 242–245. も。

[9] 山口巌氏の論文は「類型学研究」3 号, 2011, p. 1–37 に所収；*Ермолаева Л.С.* К вопросу о семантической детерминанте языков номинативного строя. ВЯ. 1995, № 5. с. 60–73.

また近年我が国では、特に日本語研究の分野で内容類型学の観点からする諸研究がすでに大きな成果を上げていることは注目される。例えば、琉球方言とりわけ奄美方言の研究に永年携わって来られた松本泰丈（別府大、元千葉大）、田畑千秋（大分大）両教授は、同方言の活格的諸現象を析出すると同時に、「日本古語（奈良・平安）の研究が進むにつれて、古代日本語でもかつて直接補語は無標識であったのはないかという研究が近年脚光を浴びてきた。また、日本語を二分する琉球方言においては、直接補語は完全に無標識（N∅形）である。このことから、日本語の補語は、述語動詞との関係のちがいをなかだちして主語と対立すると捉えることが妥当であるということにつながってくる」[10]、と言及されている。とまれ、好奇心をそそる発言である。

　ロシア・ソヴィエト言語学史に関して若干付言しておく。本書も含めて上記の 1)〜5) すべてが言語類型学史を扱っているが（中でも最も系統的にそれを扱った著書は 4)）、内容類型学こそ良くも悪くも革命以後とりわけ 20–40 年代のロシア・ソヴィエト言語学を主導したものであり、正にこの時期にこそ、クリモフが集大成したそして本書に記述した内容類型学の基本原理と類型分類の基礎が築かれたのである。ソ連邦における 20–40 年代の内容類型学研究の高揚を惹起した背景には何があるのか。クリモフは、その原点に、世界言語学のパラダイム自体の交替（「そのポテンシャルを使い果した青年文法学派ドクトリン」からの脱却の必要性）、新生ソヴィエトの非印欧語諸民族の言語記述、言語建設の課題から自ずと生じた印欧主義批判、そして革命前のロシア言語学の伝統（カフカース学者ウスラル、印欧学者・スラヴ学者ポテブニャ、現代言語学の創始者ボードゥアン・ド・クルトネ）という三つのファクターがあった、と総括している（4）— 第 1 章[11]）。また、20–40 年代の言語研究について、「当時の我が国の言語学者等が程度の差

---

[10] 松本泰丈、田畑千秋共編「奄美語研究ノート——内容類型学から見た奄美語方言」(p. 5)、2012 年 3 月（大分大学教育福祉科学部・田畑千秋研究室）。Cf. 鈴木泰教授「古代日本語のヲ格とはだか格について」（類型学研究会 2010 年 2 月）、等々、他関連諸研究多数。

[11] Cf. 註 2 拙訳。

こそあれ指針とした最も一般的な、類型学研究の原理」は「何といっても…体系的アプローチの原理と歴史主義の原理」であった、と述べる (4) p. 24[12])。体系性と歴史主義の原則の原点には正にクルトネとポテブニャがあった。弁証法的な視点の重視は、上述デスニツカヤ (1912–1992) によるメッシャニーノフ期の回想記録から推して、30–40年代の最盛期に「言語と思考研究所」に集まった学者等の熱い議論[13]、例えば、「ポテブニャの言語学的諸見解の解釈は、能格性問題と並んで、花崗岩のネヴァ河岸沿いを散策しながら若い類型学徒等が交した尽きることなき会話と論争のお気に入りのテーマの一つであった」とか「文法的発展問題のポテブニャの見解の理論的意義を巡ってヴィノグラードフとカツネリソンの間に交された激論」のような雰囲気の中から生まれて来たであろうと、訳者は想像している。また、彼女はレニングラード（現サンクトペテルブルグ）のネヴァ河右岸の古い科学アカデミーでの学術活動を回想しながら、メッシャニーノフが史的・類型学的問題群に「熱中した独創的かつ有能な研究者であり、全ての人々に対して好意的で、他者の意見に対しても忍耐強い指導者であった」、と述べている。何れにせよ、この時期例えば能格性問題のかなりの基幹部分が明らかになっていた：ほんの一例であるが、能格が主体機能と客体機能（具格的機能と間接客体的機能）を兼務することを始めて強調したのはメッシャニーノフであったし、また彼は能格性を深層的な構造化原理として理解し、表層面（形態面）では多様であること、したがって現代の用語で動詞型、混合型、名詞型と定

---

[12] Cf. 同上拙訳, p. 256.；Cf. なお、本訳書の刊行と同じ年、「言語学の諸問題」誌 (1983/No. 3, p. 3–8) は、クリモフ論文「マルクス主義古典家等の遺産と言語学における歴史主義原則」を掲載しているが、その中で、クリモフは、同原則についてのポテブニャ、クルトネ、メッシャニーノフの伝統を具体的に紹介する一方、歴史主義原則は言語学が「しっかりと唯物論的な言語発達構想に立つ中で、言語研究の現実的手段になる」(p. 4)、と述べる。

[13] Cf. Десницкая А.В. Вопросы типологии предложения и проблема происхождения номинативного строя индоевропейских языков в исследованиях советских лингвистов 30–40 годов.「30–40年代ソヴィエト言語学者等の諸研究における文類型の諸問題と印欧諸語主格構造の起源の問題」——註7同著「比較言語学と諸言語学史」に所収。

義される三種の能格構文を峻別していたこと、あるいはまた、ヤコヴレフは能格言語における他動性〜自動性に関して、客体に対する表面的な波及作用を表す多数の意味的他動詞（打つ、突く、刺す、つねる、接吻する、咬む、待つ等の動詞）がここでは構造的な自動詞に属すること、すなわち主格言語の他動詞〜自動詞の対立とは異なる性質をもつと認定していたこと、可変動詞や情緒動詞の存在も明らかにされていたこと、等。また、同時期には、活格構造は未だ独立した言語類型として能格構造から分離されていなかったけれども、能格性の起源を探る諸研究の中から、ブィホフスカヤは「運動動詞全てがヤペテ諸語の他動詞と同じ活用をする、すなわち論理的主体が能動(active)格に立つ」言語を「逸脱」(deviate)能格言語と認定していたし、カツネリソンは古態的(archaic)能格構造（「行為動詞」〜「状態動詞」の語彙化を行う）と残滓的能格構造（本来の能格型）を分離する必要性を主張し、またヤコヴレフは多数の研究で遠心相と求心相の対立についての理論展開を行っていた、等々のように、活格型類型の析出の基礎が築かれつつあった[14]。

我が国で紹介されてきたかの国の言語学史は、ほんの断片しかも偏った断片にすぎない。マールとスターリンとフォルマリズムとバフチンという断片を増幅し浮き彫りにした学史である。それはいわば点の学史である。例えば上述のアルパートフによれば、過去の言語学史を抽象的客観主義と主観主義的個人主義に切り分けた上で言語研究のあるべき方向を結局はメタ言語学、超言語学へと導くバフチンは、今や国外では「深遠奥義 esoteric の性格を帯び…伝説と神話と英雄と化している」が[15]、ロシア本国では言語学史の外での話題である。また彼は、例えばバフチン・サークルの論者等について、彼らは「ソヴィエト言語学においても世界の言語学においても孤立していた。彼らに最も近かったのは、歴史的に見通して見ればすでに舞台から消え去ったフォスラー学派であった。『マルクス主義と言語哲学』は当時の

---

[14] Cf. 註2拙訳稿、第3章 (p. 271–273, 277, 279, 281 等)；cf. 特に活格構造研究史については、クリモフ著「新しい言語類型学」、三省堂、1999、第1章。

[15] アルパートフ著「ヴォロシノフ、バフチン、言語学」, p. 9.(*Алпатов В.М.* «Волошинов, Бахтин и лингвистика», 2005, Языки славянских культуры.

言語学にとって傍流であり、またその論者等はソヴィエト言語学において傍流であり、言語学への外来者であった」[16]、と述べる。バフチンやヴォロシノフ等が「深遠奥義」の思索を凝らしていたころ、メッシャニーノフ等は「新言語学」の構築を目指す軌道を走っていた。ソヴィエト言語学史を冷静な目で総括してみれば、マールの印欧諸語と「ヤペテ諸語」という区別の背後には、今日析出された主格構造言語と能格構造言語（あるいは活格構造言語）の直観的な原型がある。「類型学」という用語を初めて使ったのもマールである（1923年）。ただし、マールには語族と類型という概念に厳密な分離はなかったが、マールの直観は言語起源論（glottogony）的見通しまで含めた類型学構想を思い描いていたのである——尤も、それを数々の荒唐無稽な思弁によって埋め合わせつつ。その結末はすでに周知のところである。マールの直弟子で100歳を生きたイラン学者アバーエフ（Абаев Василий Иванович, 1900–2001）は、頭脳の創造中枢が弱体で制動中枢ばかり働く学者（"učonyj kroxobor" — hair-splitting scholar の意）とは逆に、マールは創造中枢は「活火山」の如く活発であったが制動中枢が弱体であった、と述べる（「言語学史から——マール没後25年忌にあたって」——「言語学の諸問題」誌 1960/№ 1）。しかし、鋭い直観をもつがパトスばかりが先走ったカフカース学者、考古学者マールがソヴィエト言語学における類型学研究の先駆けであったことは確かであろう。それ以後メッシャニーノフ期（30–40年代, 50年代後半以後）にメッシャニーノフが主宰した「言語と思考研究所」に集まった錚々たる学者群こそ、今日に続く内容類型学の基礎を築いたことを銘記しておくべきである、と訳者は考えている。

　序でながら、2013年秋、クリモフ以後のロシアにおける内容類型学の今後の発展と継承を占う上で注目すべき論集が「ナウカ社」から上梓された。「言語史. 類型学. カフカース学」（ナウカ社、モスクワ）と題するクリモフ追悼論集である。これは2004年初秋に科学アカデミー社会科学情報研究所（ИНИОН）でYu.S. ステパーノフを議長に開催された「クリモフ追悼講

---

[16] 同上, p. 60.

座」学会関連の論集である。ここには、クリモフが関った言語史、類型学、カフカース学分野の論文がそれぞれ5編ずつ掲載されており、クリモフの諸研究の意義に関する諸論文は勿論クリモフ構想を継承し、精密化する意味での内容類型学的諸研究を見ることができる。そこには、現在活躍中の印欧語学者K.G. クラスーヒンの論文「クリモフとカルトヴェリ語・印欧語の接点」、特に類別型類型設定の問題を扱ったV.A. ヴィノグラードフ論文「言語諸類型体系におけるクリモフの類型学」、能格型言語と対格型言語における可変動詞類の比較分析を行ったA.B. レトゥーチー論文「ヨーロッパ諸語と北カフカース諸語における可変動詞.比較分析試論」、言語の進化の問題を考察・精査し、言語発展のいくつかの法則性を挙げたA.P. ユダヒン論文「外的再構のための言語学資料」、またM.A. クマホフ / Z.Ju. クマホヴァ論文「チェルケス諸語（アディゲ諸語）における能格性とそのantipassiveとの関係」、B.M. アターイェフ論文「クリモフとアヴァール語史研究の諸問題」、M.E. アレクセーイェフ論文「クリモフとダゲスタン言語学」、等々が見られる。同書には、まだユーラ（ゲオルギーの愛称 cf. Georgij Andreevič Klimov）であったクリモフの幼・少年期、レニングラード大学卒業時や20代半ばの印欧学者、カルトヴェリ学者ガムクレリゼ（T.V. Gamkrelidze）、マチャヴァリアニ（G.I. Mačaviriani）との親交を表す写真等々も添えられており、往時のイメージを髣髴させる感がある。

本訳書の刊行は難産であった。本訳書の刊行のために、二度ほど形を変えて科研費(出版助成)申請を試みたが、二度とも外国語からの翻訳書は審査対象外として訳稿そのものを審査する以前に、すでに門前払いであった。三省堂が同じクリモフの著書「新しい言語類型学——活格構造言語とは何か」（原題「活格構造言語の類型学」）を刊行して以来すでに十余年になる。これは活格構造言語を特に扱ったものであり、これはこれで重要な意義をもつものであるが、このままでは訳者の任務は道半ばである。少なくとも今回の本書抜きには内容類型学の全容を捉えることはできない。内容類型学全体を通観する本書によって初めて活格構造の位置付けも明確になると思われる。例

えば、活格構造を主格構造のプリズム越しに眺めてこれを自動詞の分裂と捉える認識の歪みの原因が把握できるのではないだろうか。能格性等についても、本書ではそれまでの記述を修正かつ精密化している点も重要である。

　以上のような困難な事情の中での本訳書の刊行は、偏に鈴木泰教授（東京大学名誉教授、専修大学教授、元日本語学会会長）の御尽力の賜物である。また、前訳書でも TeX 化を助けて下さった越智誠一氏（ナウカ・ジャパン社）が、御自分の多忙な仕事時間外の、実は休息に当てるべき時間を割いて今回も最終的 TeX 化の編集作業を個人的に快く引き受けてくださった。全体に目を通した細かい校正と索引作成作業も全面的に同氏に負っている。90年代の最初の拙訳稿の TeX 化組版を自主的に作成して届けてくださった赤井規晃氏（阪大図書館専門委員）にも大変お世話になった。各氏に対して恐縮と感謝の気持ちで一杯である。さらに、困難な状況の中刊行へと導いてくださった三省堂の山本康一氏の御尽力も忘れられない。この刊行に関った諸氏全ての方々に心より深い感謝の意を表する次第である。

訳者

索引

人名索引

■ ア 行 ■

アターイェフ（Б.М. Атаев） 292
アバーエフ（В.И. Абаев） 291
アルトマン（G. Altmann） 264
アレクセーイェフ（М.Е. Алексеев） 292
アロンソン（H.I. Aronson） 63, 85, 151, 209, 235
アンダーソン, J.（J. Anderson） 78
アンダーソン, St.（St.R. Anderson） 70, 81, 107, 158, 159, 218, 245-247
アンドレーエフ（Н.Д. Андреев） 214
イヴァノフ（Вяч.Вс. Иванов） 70, 151, 197, 213
イェスペルセン（O. Jespersen） 15, 21, 181, 212
イェルムスレウ（L. Hjelmslev） 38, 250
イサチェンコ（А.В. Исаченко） 182
イトコネン（T. Itkonen） 151, 166
ヴァフチン（Н.Б. Вахтин） 218
ヴァリン（R. van Valin） 83, 84, 107, 151
ヴィノグラードフ, V.A.（В.А. Виноградов） 232, 292
ヴィノグラードフ, V.V.（В.В. Виноградов） 205, 289
ウィルバー（T.H. Wilbur） 139
ヴィンクラー（W. Winkler） 9
ヴェグリン（K. Voegelin） 38, 262
ヴェルネル（Г.К. Вернер） 70, 151, 213, 272
ウォトキンス（C. Watkins） 198
ヴォロシノフ（В.Н. Волошинов） 291
ウスペンスキー（В.А. Успенский） 30, 35, 94, 264
ウスラル（П.К. Услар） 48, 122, 288
ヴント（W. Wundt） 144, 202, 220, 225, 274
エアケルト（R. Erkert） 60
エーデルマン（Д.И. Эдельман） 70, 151
エリザレンコヴァ（Т.Я. Елизаренкова） 240
エントヴィスル（W.J. Entwistle） 250

■ カ 行 ■

ガーベレンツ（G. von der Gabelentz） 176
カインツ（F. Kainz） 144
カッシーラー（E. Cassierer） 50, 220
カツネリソン（С.Д. Кацнельсон） 2, 59, 70, 103, 196, 282, 289, 290
ガビンスキー（М.А. Габинский） 220
ガプリンダシヴィリ（Ш.Г. Гаприндашвили） 58
カペル（A. Capell） 10, 11, 25, 258

ガムクレリゼ（Т.В. Гамкрелидзе） 151, 197, 292
ギヴォン（T. Givón） 90
キケロ（M.T. Cicero） 131
キブリク（А.Е. Кибрик） 15, 16, 51, 70, 107, 127, 139, 151, 152
キャットフォード（J.C. Catford） 78, 151
ギンネケン（J. van Ginneken） 194, 195
クシーシコヴァー（Běličová Křížková） 72
グフマン（М.М. Гухман） 70, 151, 174, 186, 198, 199, 213, 272
クマホヴァ（З.Ю. Кумахова） 292
クマホフ（Н.А. Кумахов） 292
クラーク（D.R. Clark） 242
クラスーヒン（К.Г. Красухин） 292
グラッスリー（R. de la Grasserie） 221
クリウォヴィッチ（J. Kuryłowicz） 55, 75, 133, 136, 158, 198, 204
クリモフ（Г.А. Климов） 17-20, 30, 37, 58, 62, 64, 87, 107, 108, 110, 120, 123, 126, 137, 139, 156, 160, 166, 167, 176, 217, 221, 249, 252, 260, 281-288, 291, 292
グリンバーグ（J.H. Greenberg） 10, 22, 27, 30-33, 89, 90, 95, 96, 170, 181, 260, 261, 264
ケピング（K.B. Kepping） 160
コセリウ（E. Coseriu） 187
コムリー（B. Comrie） 70, 82, 151, 156, 157, 165, 166, 218, 273
コリンジ（N.E. Collinge） 79, 166
コルシ（Ф.П. Корш） 67
ゴレロフ（И.Н. Горелов） 248, 250
コロストフツェフ（М.А. Коростовцев） 249

■ サ 行 ■

サピア（E. Sapir） 9, 10, 18, 21, 30, 95-97, 100, 106, 176, 177, 185, 189, 257, 258, 260, 286
サフチェンコ（А.Н. Савченко） 70, 151, 213, 225, 272
シシェルバ（Л.В. Щерба） 15
シャイケヴィッチ（А.Я. Шайкевич） 68
シャニゼ（А.Г. Шанидзе） 63
シャラシゼ（G. Charachidzé） 124
シューハルト（H. Schuchardt） 60
シュタインタール（H. Steinthal） 9, 30, 93, 129, 263

シュミット（K.H. Schmidt） 70, 74, 114, 151, 213, 216
シュライヒャー（A. Schleicher） 30, 93, 176, 263
シュレーゲル（A. Schlegel） 30, 93, 176
シュレーゲル（Fr. Schlegel） 30, 93
シュレーゲル兄弟 263
ショール（P.O. Шор） 17, 144
ジョルベナゼ（В.А. Джорбенадзе） 15
ジョンソン（D. Johnson） 151
シルヴァースティーン（M. Silverstein） 87, 89, 244
ジルコフ（Л.И. Жирков） 178
ジルムンスキー（В.М. Жирмунский） 20, 260, 282
ズヴェギンツェフ（В.А. Звегинцев） 31
スカリチカ（V. Skalička） 28, 30, 36, 109, 184, 264
ステパーノフ（Ю.С. Степанов） 248, 291
ストパ（R. Stopa） 250
スニク（О.П. Суник） 34, 126
セキ（L. Seki） 70, 85, 151
セレーブレンニコフ（Б.А. Серебренников） 190
ソーンツェフ（В.М. Солнцев） 34
ソシュール（F. de Saussere） 97
ゾマーフェルト（A. Sommerfelt） 56

■ タ 行 ■

タルビッツァー（W. Thalbitzer） 59
チェーホヴァ（C. Tchekhoff） 75–77, 123, 242, 267
チェルニー（V. Černy） 124, 127
チェルヌィシェフスキー（Н.Г. Чернышевский） 9
チコバヴァ（А.С. Чикобава） 105, 125, 226
チハイゼ（М.П. Чхаидзе） 151
チャーチウォード（C.M. Churchward） 139
ヂヤコノフ（И.М. Дьяконов） 70, 151, 213, 249, 272
チャン（S. Chung） 107, 241
ディクソン（R.M.W. Dixon） 71, 87, 88, 107, 108, 142, 146, 151, 156, 160, 162, 166, 168, 266
テイラー（A. Taylor） 78
デジェ（L. Dezsö） 71, 91, 151
デスニツカヤ（А.В. Десницкая） 287, 289
デベツ（Г.Д. Дебец） 210
デュメジル（G. Dumézil） 123, 267
トプリア（Г.В. Топуриа） 129
トラスク（R. Trask） 151, 157, 247
トロンスキー（И.М. Тронский） 249
トンプソン（S.A. Thompson） 91

■ ナ 行 ■

ニコルス（J. Nichols） 85, 151

■ ハ 行 ■

バーゼル（Ч.Е. Базелл） 40
ハイダコフ（С.М. Хайдаков） 151
パウリニ（E. Pauliny） 72
パウル（H. Paul） 184
バフチン（М.М. Бахтин） 290, 291
パリ（C. Paris） 123, 267
パリーブランク（E.G. Pulleyblank） 224
ハリデー（M.A.K. Halliday） 77, 78, 244
ハルトマン（P. Hartmann） 2, 34
パルマイティス（М.Л. Палмайтис） 29, 70, 151, 213, 272
ハロドーヴィチ（А.А. Холодович） 144
バンヴェニスト（E. Benveniste） 55, 68, 136, 188, 224, 250, 251
パンフィーロフ（В.З. Панфилов） 34, 40, 190
ヒース（J. Heath） 83
ビルンバウム（N. Birnbaum） 138, 192, 266
ピレイコ（Л.А. Пирейко） 241
ファース（J.R. Firth） 40
ブィホフスカヤ（С.Л. Быховская） 105, 156, 212, 217, 271, 290
フィルモア（Ch.J. Fillmore） 59, 139, 151
フィンク（N. Finck） 30, 59, 95, 264
フェーンリヒ（G. Fähnrich） 70, 71, 73
フォスター（J. Foster） 151
フォリー（W.A. Foley） 83, 151, 242
プストイ（J. Pusztay） 71, 73
ブダゴフ（Р.А. Будагов） 151
プランク（F. Plank） 75, 151, 234
ブリュノ（F. Brunot） 15
ブルィギナ（Т.В. Булыгина） 60, 103
ブレアル（M. Breal） 183, 220
ブレイク（B.J. Blake） 86, 157
ブレットシュナイダー（G. Brettschneider） 161
プロトキン（В.Я. Плоткин） 198
フンボルト（W. von Humboldt） 9, 13, 30, 38, 59, 93, 144, 176, 263
ヘイル（K.L. Hale） 86, 218, 241, 244
ヘーゲル（K. Hegel） 151
ベーダー（W. Boeder） 70, 75, 151, 225
ベートリンク（O.N. Böhtlingk） 14, 98
ペザーセン（H. Pedersen） 59
ヘップ（G. Höpp） 250
ベハート（J. Bechert） 36, 64, 70, 74, 125, 139, 151
ペレリムーテル（И.А. Перельмутер） 151
ボアズ（F. Boas） 84
ボードゥアン・ド・クルトネ（J.I.N. Baudouin de Courtenay） 31, 49, 67, 184, 288, 289
ボカリョフ（А.А. Бокарев） 120
ボカリョフ（Е.А. Бокарев） 60
ポスタル（P.N. Postal） 85, 140
ボッソン（G. Bossong） 151
ポット（A.F. Pott） 195

索引　297

ポテブニャ（А.А. Потебня）　67, 176, 288, 289
ホヘパ（P.W. Hohepa）　241
ホルツ（H.H. Holz）　144, 221, 237, 250
ホルマー（N.N. Holmer）　25, 30, 59
ボンファンテ（G. Bonfante）　198, 250

■　マ　行　■

マール（Н.Я. Мapp）　17, 34, 176, 201, 210, 286, 290, 291
マイケルソン（T. Michelson）　222
マインホフ（C. Meinhof）　100, 109, 111, 232
マゴメドベコヴァ（З.М. Магомедбекова）　125
マチャヴァリアニ（Г.И. Мачавариани）　292
マルクス（K.H. Marx）　248, 290
マルティネ（A. Martinet）　39, 75, 124
ミステリ（F. Misteli）　30, 263
ミューラー（N. Müller）　30, 176, 264
ミレウスキ（T. Milewski）　11, 12, 30, 31, 180, 250, 258, 264
ミンコヴァ（К.А. Минкова）　71, 73, 151
メイエ（A. Meillet）　206
メサロシュ（Ю. Месарош）　60
メッシャニーノフ（И.И. Мещанинов）　6, 14, 15, 18, 24, 28, 37, 39, 56, 58, 61, 64, 110, 116, 129, 130, 137, 141, 144, 185, 188, 196, 286, 287, 289, 291
メンツェラト（P. Menzerath）　95, 96
モースト（A. Moust）　10

■　ヤ　行　■

ヤコヴレフ（Н.Ф. Яковлев）　64, 125, 222, 247, 290

ヤコブセン（W.H. Jacobsen）　167
ヤコブソン（P. Якобсон）　23, 29
ヤホントフ（С.Е. Яхонтов）　62
ヤンセン（H.J. Jansen）　224
ユダヒン（А.П. Юдахин）　292
ユレンベック（C.C. Uhlenbeck）　69, 129, 195, 212, 222, 271

■　ラ　行　■

ライオンズ（J. Lyons）　77, 78, 150, 151, 213, 272
ラザール（G. Lazard）　77
ラツァルス（M. Лацарс）　30, 263
ラフィット（P. Lafitte）　130
ラフォン（R. Lafon）　53, 75, 123, 131, 267
ラング（R. Lang）　218
ランドン（M. Langdon）　90
リー（Ch.N. Li）　91, 218
リフチン（А.П. Рифтин）　19
ルージチカ（Růžička）　34
レヴィ・ブリュール（L. Lévi-Bruhl）　220
レーフェルト（W. Lehfeldt）　264
レガメ（C. Regamey）　75, 76
レトゥーチー（А.Б. Летучий）　292
レフォルマツキー（А.А. Реформацкий）　98
ロジェストヴェンスキー（Ю.В. Родженский）　25, 94
ロムテフ（Т.И. Ломтев）　169
ロムポルトル（S. Romportl）　71, 73, 151

■　ワ　行　■

ワグナー（H. Wagner）　70, 79

言語名索引

■　ア　行　■

アイスランド語　202
　古代──　196
アヴァール・アンディ・ツェズ諸語　125
アヴァール語　55, 61, 74, 120, 122, 124, 125, 127, 180, 292
アウェティ（族）　100
アサバスカ諸語　100
アジア・エスキモー諸族　218
アシニボイン語　100
アディゲ語　53, 122, 123, 129, 222, 226, 227
　──群　215
　現代──　207

アディゲ諸語　53, 120, 292
アナトリア語群　209
アバザ語　52, 90
アブハズ・アディゲ
　共通──語　215
　──諸語　43, 47, 52, 55, 76, 101, 120, 121, 129, 135, 150, 152, 169, 207, 215, 216, 222, 223, 226, 230, 252, 263, 274
　──諸方言　52
アブハズ語　52, 64, 90, 196, 226
アフリカの諸言語　99, 234
アフロ・アジア諸語　43, 102, 169, 229, 274

アメリカ・インディアン諸語　84
アメリカ原住民の諸言語　48
アメリカ諸語　31, 43, 229
アラバナ語　155
アラワック諸語　230
アランタ語　163, 196
アリュート語　196
アルゴンキン
　──語族　90
　──諸語　55, 222, 252
　──・リトワ語族　102
アルタイ諸語　43, 44
アルバニア語　33
アンディ語　226
イーヤック語　100

イタリア語 30
　共通―― 203
イテリメン語 101
イラン諸語 64
　インド・―― ⇒ インド・イラン諸語
イロクォイ・カッド諸語 100
印欧語 25, 44, 56, 73, 76, 195, 197, 198, 209, 224, 285, 287, 288, 292
　共通―― 33, 197, 203
　後期―― 209
　非―― 288
印欧諸語 12, 42, 43, 48, 56, 58, 68, 73–75, 84, 102, 105, 123, 136, 174, 195, 198, 209, 210, 212, 220, 229, 246, 253, 271, 274, 286, 291
　古代―― 135
　非―― 84
印欧祖語 73, 191, 196, 198, 212, 271
インド・イラン語 238, 240, 241
　現代―― 241
インド・イラン諸語 63, 102, 154, 232, 238–241, 273
インド諸語 64, 208
ウェルスリ(諸)島の(諸)言語 43, 102, 244
ウビフ語 46, 47, 60
ウラヒン型諸方言 58
ウラル・アルタイ語 25
ウラル諸語 43, 58, 102, 169, 220
英語 30, 77, 78, 84, 107, 119, 168, 175, 208, 232, 235, 236, 245
　古―― 235
エスキモー・アリュート諸語 55, 101, 152
エスキモー語 48, 59, 64
　グリーンランド・―― 265
エニセイ諸語 102, 153, 230, 274
エラム語 100, 230
　古―― 100
エトルリア語 101
エンガ語 218
オーストラリア(の)(諸)(言)語 25, 43, 47, 55, 61, 84–87, 101, 102, 118, 155, 157, 161–164, 216, 226, 229, 243, 244
　共通―― 162, 244
オーストロ・アジア諸語 102
オジブエ語 222

■ カ 行 ■

カシナヤ語 155
カチン語 224
カトーバ語 100
カバルダ語 53, 121, 227
カフカース諸語 12, 48, 123, 226, 265, 281, 282, 286
　北―― 43, 226, 292
カマユラ語 117
カマユラ(族) 100
カルトヴェリ(諸)語 6, 43, 56, 58, 62, 63, 73–75, 79, 102, 135, 137, 150, 153, 155, 159, 160, 207, 208, 215, 216, 223, 226–228, 252, 281, 282, 292
　共通―― 208, 215, 223
ガルフ(諸)語 230
　――群 100
キプチャク諸語 135
近西アジア
　――の古(代)語 55, 101
　――の古代文字言語 100
クイーンズランドの諸言語 157
クシト語 102
クルィズ語 56
グルカリ語 238
グルジア語 6, 63, 155, 160, 209, 223
　現代―― 209
　古代―― 207, 209
グルジア・ザン語 207
クルド語 240
(グ)ワラニ語(族) 100, 116
　トゥピ・―― ⇒ トゥピ・(グ)ワラニ語族
ケチュア語 135
ケチュマラ(諸)語(族) 58, 102, 180, 210, 230, 252
ゲルマン(諸)語 25, 196
コアサティ語 100
古アジア語群 64
ゴート語 196, 202
古トゥピ(族) 100
コランケ語 99
コンゴ語 99

■ サ 行 ■

サモア語 154
ザン語 223, 282, 283
シーナー語 238, 239
シナ・チベット(諸)語 ⇒ チベット
シャンバラ語 99
シュメール語 101
ショナ語 99
シリオノ(族) 100
スヴァン
　――語 155, 207
　――祖語 208, 209, 223
スー語 210
　――群 100
ズールー語 99
スペイン語 123
スラヴ諸語 42
スワヒリ語 112
セイリッシュ語 102, 210
セム(諸)語 25, 48, 224
セム・ハム諸語 102, 229
全バスク方言 ⇒ バスク
ソト語 99
ソニンケ語 99

■ タ 行 ■

タイ諸語 102
タカナ・パノ(諸)語 ⇒ パノ
ダゲスタン諸語 60, 107, 236
　ナフ・―― ⇒ ナフ・ダゲスタン諸語
ダコタ語 54, 100
タバサラン語 56, 236, 237
ダルギン語 58
タングート語 101, 160
チェルケス諸語 292
チヌーク語 244
チヌーク・ツィムシアン語族 102
チベット
　――語 101
　――古典 154, 224
　シナ・――(諸)語 101, 102, 224, 228
　――・ビルマ諸語 154, 228, 230
チャド語 102
中国語 102, 169, 170, 189
　現代―― 170
　古代―― 224
チュクチ
　――・カムチャツカ諸語 101, 115
　――語 157
チュルク諸語 58, 102, 135, 220, 230, 274
朝鮮語 58, 102

索 引　299

チョクトー語　100, 230	131, 137, 154, 156, 161, 217, 265, 286	ポリネシア(諸)語　101, 107, 229, 232, 241, 242
ツァフル語　56, 121, 122	全——方言　53	ポンカ語　100
ツィムシアン・チヌーク語　55	バツビ語　130	
ツダハル方言　58	パノ	■ マ 行 ■
ツングース・満州諸語　58, 102	——語族　155	マイヤ語　154
ディウラ語　99	タカナ・——(諸)語　55, 90, 102, 210, 252	マスコギ語　100
ディルバル語　81, 88, 89, 155, 156, 160–164	パハリ方言　238	マヤ・キチェ語族　55, 102, 210
ドイツ語　30, 74	パプア諸語　55, 101, 102, 218	マリンゲ語　99
トゥテロ語　100	パマ・ニュンガ(語族)　102	マンデ語族[諸語]　99
トゥピ・(グ)ワラニ語(族)　100, 116, 117, 210	パンジャーブ語　239, 240	ミャオ・ヤオ諸語　102
トゥピナンバ(族)　100	バントゥー	ムリンバダ語　156
ドラヴィダ諸語　43, 58, 102, 230, 274	——系諸(言)語　99, 181, 232	メグレル語　167
トリンギット語　100	——(諸)語　110, 111, 169, 181, 202, 232	モトゥ語　167, 168
トンガ語　107, 123, 139	——語族　99, 152	モンゴル諸語　58, 102, 220, 229
	——祖語　233	
■ ナ 行 ■	バンバラ語　99	■ ヤ 行 ■
ナ・デネ	ヒダツァ語　252	ヤペテ
——語　210	ヒチティ語　100	——語群　64
——大語族　100, 152	ヒッタイト語　100	——諸語　137, 217, 286, 290, 291
ナフ・ダゲスタン諸語　43, 55, 57, 60, 73, 99–101, 118, 120, 121, 129, 136, 137, 150, 152, 154–156, 213, 226–228, 230, 243, 274	ヒナルグ語　157, 273	ユート・アステック語族[諸語]　102, 180
	ヒンディー語　154, 238, 239	ユカテク語　154
	フィリピン語　100	ユマ諸語　90
	フィン・ウゴル諸語　48, 56	ヨーロッパ諸語　292
	フィンランド語　165, 166	
	フパ語　102	■ ラ 行 ■
ニウエ語　101	ブラックフット語　222	ラジャスタニ語　154
ニジェール・コンゴ連合　181	フランス語　30, 46, 123, 175	ラズ語　209
西スーダン諸語　183	フリジア語　202	ラック語　56, 60, 122
日本語　25, 58, 102, 288, 293	フルリ・ウラルトゥ諸語　101, 230	ラテン語　123, 131
古代——　288	ブルシャスキ語　55, 99–101, 118, 154, 228, 252	レズギン(諸)語　122, 157
ネパール語　238	ベジタ語　56	ロマンス(諸)語　42, 203
ノストラ(大)語族　43, 44	ペルシャ語　134	共通——　203
	ホカ語　210	
■ ハ 行 ■	北米原住民の諸言語　84, 233	■ ワ 行 ■
ハイダ語　100	北米諸(言)語　90, 101, 102, 118	ワラニ語(族)　⇒ (グ)ワラニ語(族)
パシュトゥ語　154		ワルビリ語　218
バスク		
——語　48, 54, 55, 76, 78, 84, 101, 123, 130,		

事項索引

■ アルファベット ■

Active　73, 98, 110, 113, 115, 116, 130, 135, 143, 207, 290
　——/stative languages　151
——languages　151
Actor　78, 83
Affected　78
Agens　49, 72, 74, 76, 77, 168
Agentive(ness)　50, 51, 53, 122, 139, 141, 143, 149, 155, 163, 220, 263, 267, 268, 284
—— verbs　108, 118, 127–130, 132, 138, 145, 200, 205, 219,

222, 233, 239, 253, 263, 268
Antiactive　　　　　　　145
Antiergative　　　　164, 165
Ātmanepada(為自言／反射態)　135
Causer　　　　　　　　78
Dativus adverbialis(副詞的与格)　　　　　　　57, 137
　cf. 副詞的与格 ⇒ 与格
Dativus objectivus(客体の与格)　　　　　　　57, 137
　cf. 客体の与格 ⇒ 与格
Dativus subjectivus(主体の与格)　　　　　　　　57
　cf. 主体の与格 ⇒ 与格
Ergative　6, 73, 82, 98, 121, 128–130, 141
Facti(ti)ve(ness) 50, 53, 284
　— verbs　　　　　　108
Fientive　　　　　　　　51
Genitivus objectivus(客体の属格)　　　55, 56, 136
　cf. 客体(の)属格 ⇒ 属格
Genitivus subjectivus(主体の属格)　　　55, 57, 136
　cf. 主体(の)属格 ⇒ 属格
Goal　　　　　　　　　78
Homo sapiens　　　　209
Mediactive　　　　　　223
Object　　　　　　　　77
Objective role　　　　139
Parasmaipada(為他言, 能動態)　　　　　　　　135
Patiens　49, 72, 74, 76, 77, 104
Proximative(近接項)　139
Ratio　　　　　　　　　36
Subject　77, 84, 110, 168, 266
Undergoer　　　　　　83

■　あ　行　■

アオリスト(形)　6, 154, 155, 159
　——時制　　　162, 167
アクセント
　意味的——　　　　　56
　語的——構造　　　174
浅い構造 ⇒ 構造
アナクロニズム　　　　182
アメリカ・インディアン語学　81
亜類型　　　　　　　　79
異型性(allomorphism) 23, 24, 26
異種構造諸言語　　　　69

位置格 ⇒ 格
一系列組織 ⇒ 組織
一次性　41, 71, 200, 205, 219, 284
一般的(構造化)(な)(諸)原理　21, 45, 103, 200, 265
イデオロギー　18, 45, 188
イベリア・カフカース仮説　43
意味
　——価(intention)
　　客体の[的な]—— ⇒ 客体
　　主体・客体的—— ⇒ 主体・[と]客体
　　主体の[的な]—— ⇒ 主体
　——から形式へ　15, 16, 259
　——(的)基準　10, 69, 70, 151, 258
　空間的—— ⇒ 空間
　——特徴目盛　　87, 89
　内包的—— ⇒ 内包
　排外的—— ⇒ 排外
　——普遍
　　——の総体　　　　16
　——(的)役割　49, 71, 76, 139, 143, 159, 214, 268
　主体と客体の—— ⇒ 主体・[と]客体
　普遍的な—— ⇒ 普遍的
　融合的—— ⇒ ハイパーロール(融合的意味役割)
　——レヴェル　　16, 51
　——連合　　　　　　17
　——論者　　　　　　51
意味的
　——アクセント ⇒ アクセント
　——(決定)因子　16, 50, 71, 104, 138, 143, 149, 152, 203, 214, 219, 220, 254, 266, 273, 284, 287
　言語(諸)類型の—— ⇒ 類型
　主体・客体的な—— ⇒ 主体・[と]客体
　——言語事実 ⇒ 言語
　——原理　73, 75, 79, 85, 88, 103, 104, 152, 263, 265, 266
　(な)自動詞 ⇒ 自動詞
　純——な関係　　　151

——素因子(semantic primes)　　　　　141
　(な)他動詞 ⇒ 他動詞
——単位　　　　　　104
——転移 ⇒ 転移(シフト)
——動因子　70, 71, 80, 88, 108, 138, 144, 259, 284
　内的な——　　　　144
——ファクター　　　74
——不変値　　　　　223
異類型
——(諸)言語　3, 20, 61, 73, 78, 179, 181
——諸特徴　　　　　154
——の構造特徴　　　154
——の諸要素　　　　262
印欧学者　73, 287, 288, 292
印欧語学者　　　　　292
印欧語類型　　　　　　44
印欧祖語 ⇒ 「言語名索引」印欧祖語
因果的相関性　　　　184
イントネーション　51, 52
インパーフェクト ⇒ 半過去(インパーフェクト)
インフォーマント　　131
ヴァージョン(version 相)範疇　112
遠心
——形　　215, 222–224
——相　54, 117, 146, 199, 222, 224, 235, 269, 290
非—— ⇒ 求心
——的行為　　　　　222
円唇化　　　　　　　　30
——母音　　　　　　30
非——　　　　　　　30
円唇母音　　　　　　261
——言語　　　　　　261
非——　　　　　　261
オセアニア語学　　　　81
音
——形式　　　　　　13
——交替　　　　　　222
——法則作用
——歴史的　　　　　178
音韻
——構造　　　　　263
——資料　　　　　　52
——組織　　　198, 263
——的　　　　　　　27
　——諸特徴　　　　　2
　——包含事象 ⇒ 包含事象
　——類型 ⇒ 類型

——(的[の])レヴェル　20,
　　　40, 51, 52
　　——レヴェル　52, 193, 260,
　　　262
　　——論　52
　　——形態——　⇒　形態
音声学者　51
音声学的
　　——改新　241
　　——過程　52, 263
　　——言語事実　193
純——
　　——基準　30
　　——性格　83
　　——な要因　53
　　——同化現象　263
　　(純)——(な)法則(性)　54,
　　　245, 246
音素
　　——交替　52, 263
　　——的系列関係　⇒　系列
　　——の弁別特徴の類型学　4
母音——ペア　⇒　母音
　　——類型学　262
オントロギー(存在論)　⇒　存
　　在論

■　か　行　■

改新　174, 202, 203, 213, 227,
　243, 251, 253, 254,
　272, 285
　音声学的——　⇒　音声学的
　構造的——　⇒　構造的
　　——性　203
　　——的性格　215
　　——ファクター　174
階層
　　——形態　205
　　——性　51, 75, 155, 205,
　　　273, 285
　　　内的——　104
　　　類別的——　⇒　類別
　　多項——構造　16
　　——的連続性　205
　　統語——　205
　　——レヴェル　216
階層的
　　——構造化原理　⇒　構造
　　　化(の)原理
外的な年代順　201
概念　2, 5, 10, 18, 19, 21,
　25–28, 36–38, 42, 45,
　48, 50, 51, 61, 62,
　72, 73, 75, 77–81,
　91, 97, 104, 112,
　114, 124, 139, 140,

　151, 153, 159,
　166–169, 174, 175,
　187, 190, 203, 204,
　240, 258, 260–262,
　264, 266, 283, 285,
　286
　——関係——　⇒　関係
　——基本——　10, 48, 264
　——言語類型の——　⇒　類型
　——世界の——化　11, 258
　——装置　5, 187
　——的
　　——分類　97
　　——優勢の類型学　11,
　　　258
　　——類似性　38
　——範疇
　　——の総体　16
　——必須——　18
　　——分類　10
　　——類型学　2
　類型の[という]——　⇒　
　　類型
改変的行為　139
開母音　⇒　母音
閉母音　⇒　母音
格
　　——異形態　246
　位置——　59, 73, 103, 112,
　　　116, 129, 134, 138,
　　　266
　基軸——　103, 116, 142
　　——機能　239
　客体——　⇒　客体
　具——　⇒　具格(造)格
　　——形　160
　　——形式
　　　——化　218
　　　名詞の——　218
　　——形成手段　160
　　限定・状況——　287
　　向——　⇒　向格
　　——構成組織　82
　　——語尾　⇒　語尾
　　斜——　⇒　斜格
　　主語——　⇒　主語
　　受動——　⇒　受動
　　所——　⇒　所格
　　真の——　225
　　——接辞添加　⇒　接辞
　　ゼロ語尾——　⇒　語尾
　　専用——　166
　　造——　⇒　具格(造)格
　　——組織　54, 58, 146
　　　——体系　88, 146, 212
　　属——　⇒　属格
　　対——　⇒　対格

奪——形　⇒　奪格形
　　——単位　54, 58, 59, 61,
　　　139, 166, 209, 227,
　　　246, 267
　　　——の総体　58
　　中間的な——　130
　　直接客体——　⇒　客体
　　直接補語——　⇒　補語
　　直——　⇒　直格
　　直近客体の——　105
　　同——的関係　18
　　内——指標　⇒　内格指標
　　能動——　⇒　能動(active)
　　——の具現形(exponent)
　　　191
　　——の体系　90
　　——パラダイム　73, 90,
　　　112, 136, 137, 139,
　　　146, 148, 150, 157,
　　　243
　　——単位　59
　　——範疇　112
　　——表徴化
　　　能格型[式]の——　246
　　文法　225
　　——変化　110, 163
　　　——語尾　⇒　語尾
　　——マーキング　84, 87,
　　　166
　　能——　⇒　能格
　　名詞の——形態　285, 286
　　名詞の——表示　286
　　与——　⇒　与格
　　——枠組みの再編　244
(文法的な)核　19
拡散(divergence)　22, 66
　　——(の)過程　21, 32, 33,
　　　42
拡散(diffused)
　　——性　147
　　——動詞　⇒　動詞
　　未分化——的　⇒　未分化拡
　　　散的
過去
　　——時制　⇒　時制
　　——性　104
未完了——(imperfect)
　　154
下降的従属関係　205
活格　109, 116, 148, 163, 191,
　198, 225
　　——型　51, 98, 109, 146,
　　　152, 235, 264, 281,
　　　284, 285, 287
　　——類型　100, 105,
　　　117, 147, 152, 154,

213, 217, 272, 274, 290
――系列　　147, 148
3人称――接辞　　117
――(の)(動詞)人称接辞　109, 116, 269
――(型)(諸)言語　5, 43, 57, 61, 100, 101, 137, 146, 152, 168, 181, 195, 202, 210, 212, 213, 220–222, 224–226, 231, 269, 274
後期――　230
――の代表言語　100
構造　47, 57, 72–75, 79, 80, 102, 113, 115–117, 136, 143, 146–155, 159, 164, 196, 212–216, 219, 221, 222, 225, 227, 231–236, 252, 265, 268, 274, 290, 292, 293
――(の)(諸)言語　55, 99, 148, 233, 269, 271, 281, 282, 291, 292
後期――　252
――組織　73, 78, 90, 115, 169, 205, 213, 215, 227, 230, 233, 249, 272
――の代表言語　41, 48, 90, 202, 221, 225, 236
――構文　109, 115, 117, 143, 212, 213, 219, 269, 271, 272, 285
――状態　75, 200, 207, 225, 228, 231
後期(の)――　54, 146, 148, 225, 252
――性　81, 83, 85, 116, 151, 200, 207, 215, 216, 227, 233, 235, 285
――組織　50, 54, 57, 90, 112, 114, 133, 143, 149–153, 166, 181, 216, 219, 232, 234–236, 247, 251–253, 269, 272
――体系　73, 85, 141, 143, 144, 214
――的　208
――諸現象　288

――要素　63, 101, 159
――動詞　50, 54, 109, 113–117, 143, 146, 147, 199, 205, 219, 222, 233, 235, 236, 242, 252, 253, 268, 269
――述語　114, 115, 268
――と不活格の対立　54, 116, 146, 269
不――　⇒ 不活格
――(的な)類型　230
――的[の]要素　43, 159, 160, 219
――の代表(諸)言語　54, 145
活性　149
――原理　99, 143, 149, 220, 269
――的(な)行為　143, 223
――・[～]不活性
――原理　284
――的な二分法　152
――特徴　225
――(類)名詞　113–115, 117, 143, 146, 268, 269
――類　109, 150, 231, 268
活用　109, 116, 212, 217, 244, 290
――原理
主体・客体的――　⇒
主体・[と]客体
主体的――　⇒ 主体
人称――　⇒ 人称
複人称的――　134
主体(的)――　⇒ 主体
――(の)接辞　147, 148
動詞――　⇒ 動詞
人称――　⇒ 人称
――パラダイム　247
類別――　⇒ 類別
類別・人称――　⇒ 類別・人称
カフカース
――学　123, 227, 291, 292
――学者　32, 45, 74, 78, 128, 281, 288, 291
――言語学の経験　226
可変(labile)動詞　⇒ 動詞
空言語種　169
カルトヴェリ学者　63, 209, 292
含意性(implications)
歴史的な――　171
含意的普遍(性)　⇒ 普遍
関係

――概念　10, 18
――文法　⇒ 文法
――(的)類型学　⇒ 類型学
間接客体　⇒ 客体
間接補語　⇒ 補語
観念　13, 19, 152
――形態(イデオロギー)　14, 188, 189
原子論的な――　⇒ 原子論的
論理的――型式　144
起源(的)言語学　5, 13, 21–24, 26, 27, 29, 32, 33, 38, 42, 47, 48, 66, 97, 173, 176, 180, 191–193, 201, 203, 261, 262, 264, 281, 283
cf. 比較・歴史言語学
起源(学[論])的(genetic)(比較・歴史的)　24, 42, 43, 67, 195, 201, 226, 249
――(な)アプローチ　3, 4, 176, 184
――確度　197
――(な)研究　4, 21, 97, 184, 194, 203
――(な)語族　28, 68, 195
――(な)再構　191–193, 195–197, 203
――法　196
――種類　38
――所属　41
――同一性　43, 44
――(に)同系(性)　42, 90
言語の――　22
――分類　30, 170, 172, 182, 203, 264
――モデル　69
――レヴェル　197
基軸格　⇒ 格
記述(的)
――(諸)研究　7, 16, 52, 57, 58, 111, 135, 140, 220
共時的・――　⇒ 共時的
――言語学　32
諸言語の――分析　5
――体系　69
――文法　⇒ 文法
――(方)法　16, 141
基準　16, 20–22, 25, 27–32, 35, 37, 47–49, 57, 66, 98, 99, 107, 111, 124, 129, 150, 159, 169–171, 183, 189,

索 引　303

190, 197, 203, 259, 262, 264, 270, 284, 286
意味(的)── ⇒ 意味
　──型　169
　区分──　24
形式的(な)── ⇒ 形式的
言語類型(の)── ⇒ 言語
構造的── ⇒ 構造的
主体・客体(的)(な)── ⇒ 主体・[と]客体
　──の与格 ⇒ 与格
　──選択　27
　──点　35
内容的── ⇒ 内容的
主要──　11
類型的── ⇒ 類型的
基層 ⇒ 生理
起点　16, 19, 35, 72, 203, 236
機能域　11, 163
文成分の── ⇒ 文
機能的
　──意味　17, 18
　──任務　129, 214
基本
　──概念 ⇒ 概念
　──形態素 ⇒ 形態素
基本の意味　17
　──機能　132
逆受身(受動)(antipassive)　77, 145, 146
　──構文　127
逆主格(antinominative)　164, 167
客体　12, 19, 21, 72, 77, 104, 110, 116, 118, 124, 137, 140, 142, 167, 269, 290
　──一致　240
　──格　138
間接──　128, 129, 135, 136, 140, 141, 147, 159, 268, 272
　　──関係　208
　　──(的)(な)(の)機能　57, 64, 129, 136, 137, 139, 156, 164, 239, 243, 246, 286, 289
　　行為の──　135
　──(的)機能　57, 129, 138, 147, 148, 289
　──原理　50, 75, 85, 149
行為(の)── ⇒ 行為
3 人称──接辞　132
主体・── ⇒ 主体・[と]客体
　──相　135, 208

──(の)属格 ⇒ 属格
他動詞の── ⇒ 他動詞
直接──　57, 82, 128, 135, 136, 147, 268, 272
　　──格　103, 287
　　──関係　208
　　──機能　164
　──の[的な]意味
　　価(intention)　132, 147, 249
　──の与格 ⇒ 与格
無──モデル　246
　──名詞 ⇒ 名詞
逆対格(antiaccusative)　164, 167
客体系列　147, 148
　──(の)人称指標　266
　　動詞──　111
　　──の動詞人称接辞　134
客体(の)属格 ⇒ 属格
　──の属格　138
　──相関性　148
　──定位性　147
　対格の──　148
　──な意味内容　135
客体の与格 ⇒ 与格
逆能格(antiergative)　82, 165, 166
　──型(antiergative type)　164, 165
　　──言語　165
　　──構文　166
逆能動(antiactive)　145
客観的現実　65
求心
　──形(非遠心形)　215, 222–224
　──相(非遠心相)　54, 117, 146, 199, 222, 224, 235, 242, 269, 290
　　──指標　252
　　──接頭辞　252
　　──的行為　222
旧石器時代後期　209
共演項(actant)　72, 124, 139, 243
共時(的)　49, 52, 61, 141, 149, 182, 281
　　──・記述的研究　32
　　──研究　185
　　──動機性　162
　　──文法　185
　　──面　76, 173, 253, 285
　　──類型学研究　262
鏡像的反射
主格類型の── ⇒ 主格

能格(組織[構文])の── ⇒ 能格
曲用　148, 156, 274
能格の──サブシステム ⇒ 能格
　──パラダイム　56–58, 134, 141, 162, 208, 209, 225
　(人称代)名詞(の)──　47, 135, 139, 161, 163, 182, 195
名詞── ⇒ 名詞
許容(permissive)　122
近似性　5, 42, 150, 220, 221, 227, 231, 265
言語の類型的── ⇒ 類型的
構造的── ⇒ 構造的
相互(的)── ⇒ 相互
近接項　139
空間
　──関係　106
　──的な意味　61
偶然的　20, 40, 64, 66, 235, 260
非── ⇒ 非偶然的
具格(造格)　54, 57–59, 61, 86, 136, 137, 146, 227, 239, 243, 246, 267, 274
　──形　131
　──専用　57, 243
　──専用形　58
　──的　64, 246
　　──機能　129, 139, 289
　──補語　128
　──のない構文　243
具現形(exponent)　221
格の── ⇒ 格
　──成分　214
相(version)の── ⇒ 相
対格の── ⇒ 対格
屈折　37, 259
　──型　45, 169, 208, 285
　──言語　169
　──構造　208
　──性　175
非──形態法　169
クラス(類)　111, 118, 198
内容に規定される(名詞の)──　109, 132
繰り上げ
　──規則　107
　──主語 ⇒ 主語
駆流(drift)　177

経験　4, 7, 10, 37, 40, 55, 62, 76, 80–82, 106, 112, 129, 132, 133, 142, 150, 154, 175, 179, 181, 189, 202, 206, 213, 217, 224, 226, 228, 241, 249, 251, 255, 259, 273, 286
　言語的——　⇒　言語的
　——的(な)資料　16, 45, 73, 115, 119, 206
形式　　　　　　14, 97, 217
　意味から——へ　⇒　意味
　——化　87, 110, 118, 155, 160, 167, 168, 217, 234, 266, 267
　外面的——　　　　　189
　格——　⇒　格
　主格的——　⇒　主格的
　——段階　⇒　段階
　同一——　　　　　　168
　能格式——　⇒　能格
　能格的——　⇒　能格的
　——から内容へ　　　　15
　機能と——　　　　　　83
　系列——　　　　　　148
　言語——　⇒　言語
　交信交流——　　　　174
　対立——　　　　　　　71
　態(voice)の——　⇒　
　　態(voice)
　統語的任務が融合した——
　　　　⇒　統語的
　——特徴　　　　　　109
　——と内容　13, 213, 214, 272, 284, 285
　言語の[における]——　12–14, 157, 257, 259
　現象の——　　　　3, 285
　内容なしの——　　　　14
　——に定位した
　　　　——視点　　　110
　——類型学研究　⇒　類型学
　表明——　　　　　　144
　物と——　　　　　　　98
　——(的)(な種類の)類型学
　　1, 2, 9, 11, 17, 28, 30, 37, 39, 45, 49, 54, 98, 99, 108, 153, 187, 204, 208, 255, 257, 258, 260–264, 284
　　——的(な)(諸)研究　3, 5, 36, 175, 187, 204, 263

　——的(な)(諸)的研究　66
　——的(な)研究　　　 45
　——的(な)言語分類(法)　169, 264
　——的[の](な)(諸)構想　257
　——的[の](諸)構想　51
　——的(な)構想　9, 67, 97
　——的[の]構想　　　 17
　——的特徴づけ　　　 42
　——的分類　97, 171, 270, 285
　——レヴェル　　　　 10
形式主義　　　　　　　 75
　——的　　　　　　　246
　——色彩　　　　　　 86
　——なアプローチ　　 88
　——な潮流　　　　　 81
形式的　11, 16–18, 47, 51, 77, 82, 132, 160, 163, 167, 169, 171, 188, 189, 214, 225, 252, 270
　——(な)アプローチ　46, 79, 174, 189, 245, 246
　——依存関係　　　　 45
　——(な)基準　5, 9, 10, 16, 165, 258
　——言語手段　　　　 18
　——構造の諸類型　⇒　類型
　——コード化手法　⇒　コード(化)
　——語形変化パラダイム　⇒　語形変化
　純——パラメーター　 47
　——説明法　　　　　247
　——対立　235, 236, 240
　——な主語　⇒　主語
　——能格性　⇒　能格性
　——発達程度　　　　258
　非——　　　　　　　　9
　　——な類型学構想　⇒　類型学
　——表現手段　　　　189
　——分析　　　　　　 14
　——(言語)類型　17, 72
　——(な)類似性　9, 258
形式面　3, 14, 71, 169, 189, 213, 272, 285
　言語の——　　　　2, 257
　　——の研究　　　　 14
　　——の分析　　　　 72
形而上学　　　　　　　285
継続相　⇒　相(version)

形態　17, 18, 39, 46, 48, 54, 67, 71, 81, 82, 84, 89, 103, 104, 108, 111, 128, 130, 133, 149, 156–161, 169, 170, 189, 200, 205–207, 216, 245, 265, 266, 268, 273, 284, 285, 289
　異——
　　——格——　⇒　格
　　主格の——　⇒　主格
　——音韻論　　　　　 52
　——音素　103, 204, 205, 262, 263, 284, 285
　　——規則　　　52, 206
　　——組織　　　　　263
　　——論的　　　　　103
　——階層　⇒　階層
　観念——　⇒　観念
　——形成　　　　15, 183
　文成分の(然るべき)——
　　⇒　文
　——構造　47, 54, 67, 78, 89, 117, 119, 120, 126, 163, 175, 183, 204, 216, 217, 239, 263
　——手段　81, 104, 112, 200, 206, 216, 269, 273
　——素　　　　　89, 244
　　——機能　　　　　263
　基本——　　　　　　 10
　語形変化——　　　　 10
　専用の——　　　　　 52
　派生——　⇒　派生
　——組織　39, 41, 48, 177, 189, 201, 206, 285
　——タイプ　　　217, 253
　　構文の——　　　　253
　混合型——　⇒　混合
　動詞型——　　　217, 219
　(純)名詞型——　217, 254
　——統語的メカニズム　84
　全一的な——　　　　 75
動作態の——　⇒　動作態(Aktionsart)
動詞——　⇒　動詞
　——(的)(諸)特徴　16, 17, 41, 63, 103, 117, 162, 207, 214, 237, 272
　——と統語間の不一致　88
　——と統語の相互整合性　⇒　相互

索引　305

能格的——（法）⇒ 能格的
——（的）（諸）範疇　111, 117, 127, 135, 183, 203, 205, 221, 235
動詞（の）時制的［の］—— ⇒ 動詞
——分析　84
——（的）分類　9, 13, 17, 31, 37, 40, 41, 94, 176, 262
——法
　対格的—— ⇒ 対格
　能格的—— ⇒ 能格的
　非屈折—— ⇒ 屈折
名詞—— ⇒ 名詞
名詞の格—— ⇒ 格
——（的）レヴェル　2, 41, 51, 54, 80, 81, 88, 89, 107, 116, 157, 159, 161, 200, 207, 212, 262, 271, 273
——論　286
形態的——　16, 18, 27, 81, 84, 103, 156, 158, 161, 162, 202, 204, 240, 254, 265
——言語分類 ⇒ 言語
——言語類型 ⇒ 類型
——現象　286
——原理　130
——古体（態）　164
——差異　67
——（な）時制範疇 ⇒ 時制
——相関性　195
——単位　104
統語（的）——メカニズム　218
　諸言語の——　20
——な人称範疇 ⇒ 人称
——能格性 ⇒ 能格性
——包含事象 ⇒ 包含事象
——ポテンシャル　142
——類似性　103
——類推現象　244
形態論的類型学　49, 263
系統
　言語起源論的—— ⇒ 言語
　　——的(genealogical)　288
　　　　——発生　248
　　　　——分類　30, 44, 97, 182, 270
形容詞　103, 136, 265
　　——語類　268
　　動詞派生状態——　247
系列
　——外の所格 ⇒ 所格
　——関係　138, 170

音素的——　52
客体—— ⇒ 客体系列
時制—— ⇒ 時制
主体—— ⇒ 主体
所格—— ⇒ 所格
原型(archetype)　191–194, 197, 203, 204, 227
言語　1, 3, 6, 9–11, 284, 285, 287, 290
　（非）円唇母音—— ⇒ 円唇母音
　——外的　94
　　——前提　185
　　——抽象　191
　　——動因子　204
　——科学　23, 66, 201
　　現代の——　192
　　伝統的——　71
　——の現発展段階 ⇒ 発展（過程）段階
　——記述　288
　——装置　77
　——技法　45, 70, 174
具体的（な）（諸［各］）——　2, 5, 10, 28, 32–34, 37, 42, 47, 58, 61, 62, 65, 140, 152, 154, 165, 169, 196, 201, 205, 213, 232, 262, 265, 272
　——形式　13–15, 188, 201, 260
（諸）——（の）研究　1, 15, 22, 31, 38, 42, 94, 130, 184, 188, 190, 210, 265, 284, 288, 290
　　——期　111
　構造的—— ⇒ 構造的
　——地域　22
　——（諸）現象　2, 30, 35, 40, 41, 46, 182, 190, 209
　——建設　288
　——構造
　　　——の体系性　81, 183
　膠着（型）（諸）—— ⇒ 膠着
　混成関係　96
　（諸）——史　182, 190, 201–204, 214, 220, 248, 249, 254, 291, 292
　——事実
　　意味的——　193
　　音声学的—— ⇒ 音声学的
　　——総体　35

事象優勢——　11, 258
純粋関係——　96
　　——状態　104, 194
　　——資料　83, 94, 95, 110, 159, 174, 179, 184, 191, 255, 274
　　　　——解釈の総体　4
　　具体的（な）——　3, 71, 186, 203
　　多——の研究　40
　　　——の［を］類型化　7, 237, 259
　　——（の）進化　202, 251, 292
　　内容類型学的な—— ⇒ 内容類型学的
　　　　——方式　198
　　——性格学 ⇒ 性格学
　世界の（諸）——　11, 17, 18, 29, 30, 34, 37, 49, 56, 70, 77, 83, 90, 93, 97, 154, 178, 185, 187, 198, 258, 259, 261, 264
　　　——の記述　68, 69
　　——体系　66, 284
　対象優勢——　11, 258
　——哲学　290
　——と思考 ⇒ 言語と思考
　——内容 ⇒ 内容
　——に伝達される内容 ⇒ 内容
　（諸）——の記述分析 ⇒ 記述（的）
　——の形式面 ⇒ 形式面
　（諸）——の構造的再編 ⇒ 構造的再編
　——の前進運動 ⇒ 前進運動
　——の専門家　282
　——の総体系的理解　262
　——の内容的ポテンシャル ⇒ 内容的
　——の内容面 ⇒ 内容面
　——の無形性 ⇒ 無形性(amorphousness)
　——（の）発展　174–176, 292
　——過程　42, 249, 285
　先史時代の——　248
　風変り諸——　84
　——分析　14
　（諸）——（の）分類　14, 18, 31, 40, 94, 97, 170, 182, 258
　形式類型学
　　的（な）——（法）⇒

　　　　　形式
　　　　　　形態的——　　17, 39
　　　　　　——種　　　　　66
　　　　　　世界の——　　66, 91
　　　　　　内容類型学的な——法
　　　　　　　⇒ 内容類型学
　　　　　　——法　　　97, 98
　　　　　　類型学的(な)——　⇒
　　　　　　類型学的
　　　　　——メカニズム　　77
　　　　　メタ——　⇒ メタ言語
　　　　　文字——　　　　　201
　　　　　　——無——　　　201
　　　　　——類型　⇒ 類型
　　　　　　　——学　⇒ 類型学
　　　　　　　——論　⇒ 類型論
　　　　　(諸)類型(諸)——　117, 141,
　　　　　　246, 282
　　　　　多——　⇒ 類型
　　　　　連結——　　　　　210
　　　　　　——連合　23, 28, 38, 42
　　　　　　　　——形成　　185
　　　　　　　　——成立　　185
　　　　　　同一——　　　　 66
　　　　　　——(の基準)の概念　44,
　　　　　　261
　　　　　バルカン——　　　 33
言語学　4, 13, 17, 18, 29, 31,
　　　　　32, 38, 40, 42, 49,
　　　　　77, 84, 93, 94, 138,
　　　　　176, 178–180, 183,
　　　　　184, 189, 192, 198,
　　　　　205, 211, 216, 271,
　　　　　273, 281, 283, 287,
　　　　　291, 292
　　　　　オーストラリアの——　71
　　　　　——会　　　　　　　86
　　　　　——外の分野　　　　 4
　　　　　起源(的)——　⇒ 起
　　　　　源(的)言語学
　　　　　記述——　⇒ 記述(的)
　　　　　——(諸)研究　1, 21, 32,
　　　　　　81, 105, 173, 191
　　　　　現代(の)——　1, 4, 14, 32,
　　　　　　52, 68, 81, 93, 103,
　　　　　　200, 216, 224, 288
　　　　　　　　——書　　189, 210
　　　　　　　　——潮流　　263
　　　　　古——　　　　　　248
　　　　　国外の——　39, 151, 251
　　　　　　　　現代の——　1, 7, 13
　　　　　——史　48, 94, 173, 180,
　　　　　　290, 291
　　　　　ソヴィエト——　⇒ ソ
　　　　　ヴィエト言語学
　　　　　ロシア・ソヴィエト——
　　　　　　⇒ ロシア・ソヴィエト

　　　　　言語学
　　　　　——思想　　　　　 80
　　　　　——者　1, 2, 4, 14, 16, 17,
　　　　　　21, 31, 37, 39, 43,
　　　　　　48, 51, 67, 68, 81,
　　　　　　93, 94, 96, 123, 148,
　　　　　　174, 176, 178, 184,
　　　　　　185, 187, 189, 248,
　　　　　　251, 259, 260, 266,
　　　　　　283
　　　　　アメリカの——　　9, 83
　　　　　イギリス[英国]の——
　　　　　　77, 79, 157, 247
　　　　　オーストラリアの——
　　　　　　10, 85, 86, 258
　　　　　オランダの——　　　 6
　　　　　西独の——　　　　　125
　　　　　ソヴィエトの——　　 1,
　　　　　　12, 65, 196, 248, 259
　　　　　ハンガリーの——　　71
　　　　　比較——　⇒ 比較言
　　　　　語学
　　　　　ポーランドの——　　11,
　　　　　　258
　　　　　わ[我]が(国)の——　 12,
　　　　　　14, 288
　　　　　社会——的場　⇒ 場
　　　　　——書　　　　220, 231
　　　　　新——　　　　　　291
　　　　　　　——説　　　　249
　　　　　進化——理論　　　214
　　　　　西欧——　⇒ 西欧言語学
　　　　　世界(の)——　12, 259, 288,
　　　　　　290
　　　　　——説　　　　　　178
　　　　　対照——　1, 23–25, 27,
　　　　　　261, 283
　　　　　地域——　21, 23, 24, 27,
　　　　　　29, 32, 33, 38, 42,
　　　　　　47, 49, 66, 173, 184,
　　　　　　185, 261, 262, 264,
　　　　　　281, 283
　　　　　　　——者　　　　 33
　　　　　　　——的[の]研究　22,
　　　　　　184
　　　　　超——　　　　　　290
　　　　　——潮流　　　　　 39
　　　　　心理主義的——　⇒
　　　　　心理
　　　　　通時——　　　　　197
　　　　　　　——的　　　　 68
　　　　　　　——再構　191–193
　　　　　　　——諸見解　　289
　　　　　内容への——アプローチ
　　　　　　⇒ 内容
　　　　　　　——分類法　　 93
　　　　　伝統的な——　　15, 58

　　　　　東欧の——　　　　　 71
　　　　　——入門書　　　　　 94
　　　　　——一般——　　　　176
　　　　　——の経験　　13, 274
　　　　　カフカース——　⇒ カ
　　　　　フカース
　　　　　——の現発展段階　⇒ 発
　　　　　展(過程)段階
　　　　　——の発展理論　　173
　　　　　比較——　⇒ 比較言語学
　　　　　比較・歴史——　⇒ 比較・
　　　　　歴史言語学
　　　　　——文献　26, 39, 44, 96,
　　　　　　173, 204
　　　　　——分野　1, 4, 5, 16, 21,
　　　　　　27, 32, 45, 69, 259
　　　　　自立的な——　　　192
　　　　　メタ——　　　　　290
　　　　　理論——　15, 55, 159, 192
　　　　　歴史——　⇒ 歴史言語学
　　　　　ロシア——　⇒ ロシア言
　　　　　語学
　　　　　ロシア・ソヴィエト——
　　　　　　⇒ ロシア・ソヴィエト言
　　　　　　語学
　　　　　——論争　　　　　179
　　　　　わ[我]が(国)の——　12, 19,
　　　　　　64, 259
言語起源論(glottogony)　180,
　　　　　　185
　　　　　——的
　　　　　　　——系統　　　192
　　　　　　　——構想　　　191
　　　　　　　——見通し　　291
　　　　　　　——(な)[の]問題(群)
　　　　　　　188, 195, 259
(諸)言語(の)構造　13, 18, 20,
　　　　　22, 29, 35, 38, 41,
　　　　　45, 47, 54, 62, 65,
　　　　　66, 70, 74, 98, 104,
　　　　　134, 137, 141, 144,
　　　　　145, 150, 154, 158,
　　　　　161, 164, 167, 178,
　　　　　187, 199, 200, 204,
　　　　　208, 210, 214, 216,
　　　　　217, 234, 236, 239,
　　　　　241, 245, 246, 251,
　　　　　254, 257, 259, 263,
　　　　　265, 266, 273
　　　　　——化過程　⇒ 構造化
　　　　　主格——　⇒ 主格
　　　　　——進化過程　⇒ 構造
　　　　　世界の——　　　　　94
　　　　　全一的な——　　　　47
　　　　　——総体　　　284, 285
　　　　　——組織　　　　　216
　　　　　——的　⇒ 構造(的)

索引　307

同一―　　　　　　6
　――の階層性 ⇒ 階層
　――の(諸)特徴　　76
　　　――づけ　　　69
　――の発達　　　175
　――の発展性　　188
　――レヴェル 66, 147, 212, 286
言語組織　25, 29, 155, 215
　主格構造　　　⇒ 主格(的)構造
　――体系　　　164
　統一的――　　164
言語地図
　世界の――　28, 33, 51, 98, 185, 188, 194, 261
　現代の――　101, 234, 274
言語的
　――意識　　　　284
　――経験　　137, 159
　――現実　　　22, 33
　非――　　　　　39
　――思考　65-67, 144, 284
　――事実　　　　192
　――質料　　　　214
　――抽象　　　　206
　――類似性　　　22
言語と思考　　14, 259
　――研究所　289, 291
言語内類型 ⇒ 類型
言語普遍　　　　　26
　――の深層構造　71
　――論　1, 23, 24, 26, 261, 283
　　　――的　　　27
　――(分野)的[の]研究 32, 192, 199
顕在
　――的　　　39, 138
　　――な名詞分類 ⇒ 名詞
　非――　　　　　138
　――範疇　　　　126
　非――　　　　　127
現在時制形 ⇒ 時制
原住民
　――語　　　　　210
　――諸言語　　　233
原子論的(atomistic)
　――諸現象　　　35
　――な観念　　　182
原始論理的(protological)思考 ⇒ 思考
現代印欧語学　　183
限定
　――語　　　11, 44

　　――指標　　　12
　　――・被状況格 ⇒ 格
　　――成分　　　89
限定的機能　　　137
兼務能格　　141, 286
非――　　　130, 141
語彙 18, 39, 41, 99, 111, 147, 149, 205, 284
　――群 111, 113, 115, 268
　――構成　　18, 189
　――構造　103, 170, 265
　――素
　　内包的―― ⇒ 内包
　　排外的―― ⇒ 排外
　――素(類)　15, 77, 108, 113, 114, 120, 121, 147, 219, 224, 269
　派生的な――　　120
　――層　　　　　174
　――(的)組織 41, 132, 160, 206, 284, 285
代名詞―― ⇒ 代名詞
　――(的)対立　181, 207, 269
動詞―― ⇒ 動
　動詞(語)(の)語彙
　――の構造化原理 ⇒ 構造化(の)原理
　――範疇　　153, 175
　――・文法的　　268
　名詞の二項的――な分類 202
名詞―― ⇒ 名詞
　――(的)レヴェル 51, 108, 113, 200, 207, 245, 262, 266
　――論的　　　　2
語彙化　　　225, 290
　――原理　　5, 268
　動詞(語)の――　119
　名詞の――　　　106
　動詞(語)の――原理 48, 105, 127, 150, 153, 165
語彙性要素　　　221
語彙的 17, 41, 63, 70, 83, 85, 189, 200, 204, 205, 207, 254, 268
　――呼応性　114, 115
　――手段　153, 169, 189, 200, 206, 216, 273
　――(な)性質　105, 217
　動詞の―― ⇒ 動詞
　――前提条件　20, 81
　――抽象　　71, 200
　――　　　　　147

　　――特徴　　　237
　　――包含事象 ⇒ 包含事象
　――行為 110, 113, 114, 117, 118, 124
　――者　　　　　131
　――主　　　　　137
　　　――補語　　131
　　――主格　　　137
　――(の)主体　124, 135
　――(の)手段　　139
　――対象　　　　110
　――の実現者　　139
　――の受信者　　139
　――の担い手　　117
行為 18, 19, 56, 65, 72, 74, 104, 207, 215, 223, 268, 269
　遠心的―― ⇒ 遠心
　活性的―― ⇒ 活性
　――(の)客体　11, 258
　他動的―― ⇒ 他動的
　求心的―― ⇒ 求心
　――項　　　　　76
　非――　　　　　76
　――自動詞 ⇒ 自動詞
　――者　　　76-78, 83
　被――　　　76, 77
　文の――　　　　245
　――主　　49, 74, 286
　被――　　49, 74, 104
　――(の)主体　11, 50, 56, 148, 258
　他動的―― ⇒ 他動的
　――(の)手段　　268
　他動的―― ⇒ 他動的
　――動詞 ⇒ 動詞
　――動詞　　　　72
　――の受け手　　83
　――の(直接的な)担ぎ手 139, 268
　――の随意性　　236
　――の他動性 ⇒ 他動性
　――の担い手　　223
不活性的―― ⇒ 不活性
不随意――・状態 ⇒ 不随意
　――文モデル　　245
　――名詞 ⇒ 名詞
　――元　　　　　19
高音調　　　　　233
口蓋化　　　　　54
向格(allative)　　122
後期
　　――活格
　　　――言語 ⇒ 活格
　　　――構造 ⇒ 活格
　　　――状態 ⇒ 活格

——共通印欧語 ⇒ 「言語名索引」印欧語
——能格状態 ⇒ 能格
——類別状態 ⇒ 類別
語形成 39, 85, 111, 149, 150, 183, 270
——接頭辞 120
交差的な証例 196
高次 206
——状態 174
——(の)レヴェル 52, 70, 134, 200, 204, 205
構造
　浅い—— 71, 266
　音韻—— ⇒ 音韻
　活格—— ⇒ 活格
　屈折—— ⇒ 屈折
　形態—— ⇒ 形態
　——(的)研究
　　(諸)言語の—— 23, 91, 262, 283
　言語(の)—— ⇒ (諸)言語(の)構造
　言語の——進化仮定 89
　——原理 70
　語彙—— ⇒ 語彙
　膠着—— ⇒ 膠着
　語のアクセント—— ⇒ アクセント
　孤立型—— ⇒ 孤立(型)
　主格—— ⇒ 主格(的)構造
　——主義 284
　所有—— ⇒ 所有
　深層—— ⇒ 深層
　——性 13
　総合的—— ⇒ 総合
　——組織 37, 39, 233
　　純粋—— 261
　　全一的な—— 73
　　多レヴェル—— 73
　　類型的—— ⇒ 類型
　——組成 103
　属格的—— ⇒ 属格
　——体(構成体) 28, 82, 84, 261, 284
　　分析的(諸)—— 84
　——対比性 49
　——(的)タイプ 24, 196
　　具体的な諸言語の—— 203
　　先史的な—— 194
　多項階層—— ⇒ 階層
　中立—— ⇒ 中立
　統語—— ⇒ 統語
　——(的)(諸)特徴 20, 25, 26, 33–35, 38, 47, 50, 52, 61, 71, 74,
80, 86, 94, 99, 103, 104, 106, 119, 124, 143, 144, 148, 149, 152, 156, 158, 165, 169, 182, 212, 237, 260, 265–267, 272
　異類型の—— ⇒ 異類型
　(諸)言語の——(づけ) 66, 259, 270
　——(の)集合 164, 265
　——(の)(集合[体系的])総体 28, 34, 61, 260, 261
　——組織 34
　——づけ 52, 103, 265
　内容類型学的な——図式 ⇒ 内容類型学的
　能格—— ⇒ 能格
　——の歴史的前進性 189
　表層—— 78, 81
　不可逆的——変化 ⇒ 不可逆
　文—— ⇒ 文
　——分解能(resolving power) 212
　分析—— ⇒ 分析
　文法—— ⇒ 文法
　変形—— 119
　——(的[の])(諸)要素 73, 76, 138, 143, 152, 195, 213, 216, 246, 262, 268, 272
　(諸)言語(の)—— 45, 91, 138, 205, 219, 267
　類別—— ⇒ 類別構造
　——レヴェル 20, 106, 206
　深層—— ⇒ 深層
構造化 15, 39, 115, 188, 233, 253, 284
　——過程
　　言語の—— 284–287
　主語・述語的—— 91
　——手法 111
　体系的—— 103
　テーマ・レーマ的—— 91
構造化(の)原理 41, 119, 289
　一般的—— ⇒ 一般的(構造化)(な諸)原理
　階層的—— 35
　語彙(組織)の—— 41, 48, 104, 113, 118, 132, 205, 232, 269
　動詞—— ⇒ 動詞(語)(の)語彙

名詞—— ⇒ 名詞(の)語彙
個別的—— ⇒ 個別的(構造化)原理
体系的—— 40
構造式 90, 133, 142, 159
線状化—— 91
——語—— 90
能格性—— ⇒ 能格性
構造的 2, 5, 27, 29–33, 42, 49, 65, 79, 81, 90, 98, 114, 121, 130, 137, 141, 144, 146, 149, 153, 181, 192, 199, 201, 202, 220, 235, 239, 242, 252, 261
——アプローチ 32
——依存関係 89, 105
——改新 201
——核心 219, 233, 253
——基準 27, 96
——近似性 42, 138
——近接性[度] 153, 274
　具体的な言語の——輪郭 36
——言語研究 1
　言語の——な姿 153
——(諸)現象 27, 32, 35, 36, 51, 80, 182, 196, 198, 200, 220, 264
——呼応(する)(諸)特徴 ⇒ 呼応(する)(諸)特徴
——(な)差異 19, 26, 70, 119, 188
——(な)自動詞 ⇒ 自動詞
——支配要素 104
——集合総体 200
——主格化 ⇒ 主格
——前提 245
——相関性 195
——対応関係 48, 64, 65
——(な)他動詞 ⇒ 他動詞
——転移(シフト) 205
——動機
　——性 57, 115
　——付け 136
——同型性 ⇒ 同型性
——(諸)特徴 ⇒ 構造
——二分化 252
——(諸)パラメーター 99, 152, 171, 269
　諸言語の—— 5
——変化 198, 237
　言語の—— 235
——包含事象 ⇒ 包含事象
——(諸)要素 32, 33, ⇒ 構造

索引　309

　　――類似性　　22, 47–49,
　　　149, 178, 264, 265
　　（具体的）（諸）言語の――
　　　21, 22, 24, 32, 49
構造的再編　　162, 187, 216,
　　236, 237
　　――過程　　198
　　――段階
　　　言語の――　　137
　　　――法則　　182
　　　諸言語の――　　254
構造内的完結性　　152
膠着　　169
　　――型　　45, 169, 285
　　――・屈折的　　37
　　――（型）（諸）言語　　16, 109,
　　　169
　　――（型）構造　　2, 109
　　――性　　175
構文　　6, 46, 47, 64, 77, 103,
　　105, 108, 115, 121,
　　126, 128, 131, 133,
　　154, 155, 160, 162,
　　167, 168, 214, 217,
　　219, 239, 241, 243,
　　246, 254, 265, 272
　　活格　　⇒　活格
　　逆受身――　　⇒　逆
　　具格補語のない――　　⇒
　　　具格
　　――（の）形成　　56, 66
　　再帰――　　⇒　再帰
　　避けるべき――　　131
　　主格――　　⇒　主格
　　受動――　　⇒　受動
　　情緒――　　⇒　情緒
　　助動詞をもつ――　　131
　　所有――　　⇒　所有
　　生産――　　247
　　非――　　248
　　絶対――　　⇒　絶対
　　統語――　　⇒　統語
　　能格――　　⇒　能格
　　能格式――　　能格式構文
　　不活格――　　⇒　不活格
　　変則的――　　131
　　無規定――　　⇒　無規定構文
　　名詞型――　　⇒　名詞
合法則性　　⇒　法則性
呼応　　148, 283, 284
　　語彙的――性　　⇒　語彙的
　　――接頭辞　　⇒　接頭辞
呼応（する）（諸）特徴　　41, 51,
　　113, 133, 269, 284
　　言語類型の――　　51, 52
　　構造的――　　35, 118, 200
　　――集合　　200, 204, 213

　　――全一的な――　　182
　　――総体　　34, 262
　　――組織　　32, 35
　　類型内――　　284
コード（化）　　15, 51, 89
　　――原理　　155
　　――（諸）特性　　16, 51, 104,
　　　107, 157, 160, 265
　　――（手）法　　94, 104, 167,
　　　168
　　――形式的――　　166
国際類型学ワーキング・グループ
　　6
語形変化　　174, 183
　　――形態素　　⇒　形態
　　代名詞の――　　⇒　代名詞
　　動詞（の）――　　⇒　動詞
　　――パラダイム　　174
　　――形式的――　　15
　　動詞の――　　⇒　動詞
　　名詞の――　　⇒　名詞
　　――目録　　183
語結合　　12, 67
語順　　90, 91, 214, 245, 272
　　基本的――モデル　　72
　　――式　　133
　　自然的――推移　　90
　　――特徴　　90
　　――の類型学　　⇒　類型学
古人類学　　250
　　――研究　　209
語族　　24, 28, 38, 42, 43, 49,
　　66, 176, 194, 201,
　　228
　　起源的（な）――　　⇒　起源（学
　　　［論］）的（genetic）（比較
　　　・歴史的）
　　――の［という］概念　　261,
　　　286, 291
古体（態）　　201–203
　　形態的――　　⇒　形態的
　　――現象　　193
　　――性　　182, 190, 201,
　　　203, 213, 227, 253
　　――的　　215, 221, 234,
　　　244, 251, 254, 274
　　――指標　　⇒　指標
　　――能格構造　　⇒　能格
　　――保存　　164
個体発生　　248
語頭有声音　　52
語尾　　55, 57
　　――格　　63, 163
　　主格――　　⇒　主格
　　主語――　　⇒　主語
　　絶対格――　　⇒　絶対格
　　ゼロ――　　12, 246

　　――格　　246
　　絶対格――　　⇒　絶対格
　　対格（の）――　　⇒　対格
　　動詞人称――　　⇒　動詞人称
　　人称動詞――　　⇒　動詞
　　能格――　　⇒　能格
　　変化――　　57
　　　格――　　60
　　補語――　　⇒　補語, 166
　　名詞――　　⇒　名詞
個別的（構造化）原理　　103, 265
個別的特性　　35
語末子音　⇒　子音
コミュニケーション　　14
固有名詞　⇒　名詞
孤立　　101, 285
　　――（型）（諸）言語　　169
孤立（型）　　45, 169, 175
　　――（諸）言語　　99, 169, 189
　　――構造　　198
　　――の代表言語　　108,
　　　170
　　――類型　　198
混合　　37, 161
　　――型　　36, 37, 219, 253,
　　　286, 289
　　――形態タイプ　　217,
　　　254
　　――構文　　117
　　言語類型の――　　⇒　類型
　　主格・能格――構造　⇒　主
　　　格・能格
　　――的　　37
　　――（的）類型　　86
　　――（的［型］）類型　　152, 261,
　　　262, 285
　　――の代表言語　　254
混在種　　156
混成関係言語　　⇒　言語
コントロール　　83
　　――・テスト　　107
　　――特性　　51, 81, 89, 104,
　　　106, 157, 160, 239,
　　　265, 266
　　――変形　　84

■　　さ　行　　■

再帰
　　――構文　　108
　　――性範疇　　112
再帰代名詞　　103, 265
　　――化　　84, 107, 108
　　　主語――　　266
再構（reconstruction）　　90, 97,
　　99, 188, 190, 191,
　　193–198, 200, 201,

203, 204, 206–209, 223, 231, 242–244, 248, 255
外的―― 292
起源(論)的―― ⇒ 起源(学[論])的(genetic)(比較・歴史的)
言語学的―― ⇒ 言語学的
体系的―― 199
――手順 192–196, 203, 204
内的―― 196
――方法 191
類型学的(な)―― ⇒ 類型学的
類型的―― ⇒ 類型的
再編 43, 83, 141, 150, 174, 175, 199, 204, 205, 219, 225, 227, 228, 233, 236, 237, 243, 252–254
格枠組みの―― ⇒ 格
――過程 91, 130, 208, 219, 221, 273, 285
類型的―― ⇒ 類型的
――可能性 236
構造的―― ⇒ 構造的再編
通時的―― ⇒ 通時的
――テンポ 204, 208
統語的―― ⇒ 統語的
内容類型学的―― ⇒ 内容類型学的
汎時代的(panchronic)―― 199
変形的―― 18
類型学的―― ⇒ 類型学的
類型的―― ⇒ 類型的
歴史的―― ⇒ 歴史的
作因
――項 50, 139, 141, 268
――性 143, 263
――原理 142, 149, 284
――特徴 53
――動詞 ⇒ 動詞
作因・叙実的動因子 220
座標 138
主―― 219
サブシステム(部分系)類型論 ⇒ 類型論
三項
――能動構文 ⇒ 能動
――文 ⇒ 文
残滓 206, 225, 274, 285
――(的)(な)(諸)現象 47, 79, 150, 196, 200, 221, 230, 231, 266

主格構造[状態]の―― ⇒ 主格
――的 181, 207, 221, 252
――特徴 224, 274
――能格構造 ⇒ 能格
――要素 37
能格性の――(現象) ⇒ 能格性
名詞分類の―― ⇒ 名詞
歴史的―― 223
三数形 182
名詞の―― 193
三分型 164, 167
参与項 124
第一―― 76
恣意
――性 27–29, 31, 60, 183, 264
非―― 38, 48, 170, 171
――的 22, 27, 29, 31, 32, 34, 47, 48, 171, 182, 243, 246, 261, 264
――(な)基準 29, 66, 171, 270, 286
――な原理 29, 263
非――(non-arbitrary) 170
思惟 14, 20, 260
子音
――音素 242
語末―― 245
先頭―― 52, 263
――組織 197
鳴―― 244
使役 122
――動詞 ⇒ 動詞
時間的深度 188, 193, 204, 208
仕切り直し(reorientation) 206
思考 66, 67, 129, 139, 144, 184
――規範 65
――形式 190
言語的―― ⇒ 言語的
言語と―― ⇒ 言語と思考
原始論理的(protological)―― 145
主格的―― ⇒ 主格的
前論理的―― 145
――タイプ 66
抽象化――能力 189
能格的―― ⇒ 能格的
――表現 97
不変的――レヴェル 189
指示

――対象 17, 113, 143
――代名詞 ⇒ 代名詞
――的相関度 108
――方法 180, 182
名詞――物 ⇒ 名詞
役割と――の文法 ⇒ 文法
事象優勢言語 ⇒ 言語
時制 117, 183, 198, 225, 269
アオリスト―― ⇒ アオリスト
過去――(形) 64, 104, 154, 162, 239
――形 154
――形式 88
――系列 238, 239
現在――(形) 154, 155, 160
――的形態範疇 ⇒ 形態
動詞(の)――的[の]形態範疇 ⇒ 動詞
半過去―― 217
――範疇 199, 221
形態的(な)―― 182, 249
未来―― 198
自然的語順推移 ⇒ 語順
自然(的)(な)分類 ⇒ 分類
時代区分 178
実質面 72
実名詞 ⇒ 名詞
史的・類型学的 4
――研究 175, 179, 186, 198, 203, 205
――構想 193
――展望 232
――(諸)問題(群) 178, 180, 289
史的類型論[学] 186, 187, 199
自動詞 6, 52, 109, 120, 126, 132, 133, 217, 223, 224, 246, 293
意味的(な)―― 112, 119, 121, 249
行為―― 223
構造的(な)―― 119, 290
――述語 11, 119, 133, 160
――文 119
中能動的な―― ⇒ 中能動的(mediactive)な自動詞
定常―― 127
――の主語 ⇒ 主語
――文 124
――モデル 166
――類

索引 311

他動詞(類)と―― ⇒ 他動詞(類)～[と]自動詞(類)
自動性 ⇒ 他動詞～[と]自動性[非他動性]
自動的 125
　――意味 125
他動・――動詞 ⇒ 他動・自動的動詞
指標 12, 52, 59, 60, 110, 132, 161-163, 165, 167, 168, 174, 175, 189, 207, 208, 223, 239, 263
　――機能 224
共通カルトヴェリ語―― 215
形式―― 12
検証―― 108
限定語―― ⇒ 限定
古体(態)的―― 242
3人称不活格系列―― ⇒ 不活格
主語の―― ⇒ 主語
診断―― 143
絶対格―― ⇒ 絶対格
ゼロ―― 155, 161
相―― ⇒ 相
属格―― ⇒ 属格
(型)代名詞―― ⇒ 代名詞
単数――
2人称―― 53
定性―― 131, 132
動詞―― ⇒ 動詞
内格―― ⇒ 内格指標
内包的―― ⇒ 内包的
人間類―― ⇒ 人間類
人称―― ⇒ 人称
能格―― ⇒ 能格
排外的―― ⇒ 排外的
非遠心相―― ⇒ 求心相(非遠心相)
方向性転換―― 158
類別―― ⇒ 類別
社会的――
　――受動類 234
　――能動類 234
　――発展 19
　　　　――段階 ⇒ 発展(過程)段階
斜格 146, 239, 240
　――形 46
　　　　――の主語 ⇒ 主語
　　　　――補語 ⇒ 補語
尺度 10, 49, 284
　　――と整理の類型学 ⇒ 類型学

――の類型学 ⇒ 類型学
集約(convergence) 22, 66
　――(の)過程 21, 32, 33, 42, 185
主格 5, 54, 58, 72, 105, 109, 126, 130, 142, 155, 162, 165, 191, 198, 217, 225, 231, 239, 243, 274
　――化 54, 137, 154, 216, 217, 226
　――過程 89, 136, 137, 141, 208, 236, 237, 267
　――傾向 57, 150, 162, 251
構造的―― 54
――型 47, 51, 82, 98, 109, 146, 152, 194, 235, 241, 245, 264, 265, 281, 284-286
　　――(類型の)代表言語 102, 189
　　――類型 105, 120, 132, 154, 213, 217
逆――(antinominative) ⇒ 逆主格
――形 161, 226, 239
――(型)(の)(諸)言語 43, 48, 56, 58, 60, 62, 76, 77, 80, 83, 86, 91, 102, 106, 115, 118, 119, 122, 125, 127, 130, 132-134, 146, 148-150, 165, 169, 170, 181, 200, 202, 210, 213, 220-222, 227, 230, 233, 234, 242-246, 251-253, 267, 269, 273, 274, 286, 287, 290
　　――構造 50, 132
　　非―― 5, 50, 76, 85, 145
　　――類型 266
行為―― ⇒ 行為
――構造
　　――組織 73
――構文 3, 6, 46, 76, 109, 126, 130, 133, 138, 214, 237, 238, 241, 243, 245, 247, 266, 268
――語尾 12
主語―― ⇒ 主語

――(的)状態 75, 183, 194, 237, 240
　――の残滓 244
――性 39, 47, 63, 74, 77, 83, 85-87, 101, 102, 133, 156, 158, 159, 161, 162, 209, 215, 216, 220, 273
　――規範 155, 160, 162
　――原理 216
　――特徴 55
分離―― 62, 64
――(の)包含事象 ⇒ 包含事象
前――
　――(的)状態 195, 212, 271
　――的特徴 196, 209
――(的)組織 54, 57, 59, 81, 89, 90, 112, 119, 122, 127, 132-136, 138, 147-151, 153-155, 160, 161, 166, 167, 208, 213, 216, 219, 221, 224, 228, 234, 235, 238, 239, 241, 242, 244, 253, 266-268, 272
　――体系 36, 73, 82, 85, 101, 141, 142, 144, 145, 214, 227
非―― 59
――と対格 59, 134, 138, 148, 165, 209, 227, 266, 268
　　――の一種の転置 ⇒ 転置(transposition)
　　――の対立 54, 59, 135, 146, 161
　――の異形態 246
　――の主体的定位性 ⇒ 主体的
　――のマーカー 245
――文
　　――モデル 63
無徴の―― 47
　――(的な)類型 145
　　――的要素 43, 216
　　――の鏡像的反射 167
　　――の代表諸言語 145
　　――の文構造 77
主格(的)構造 43, 72, 74-77, 79-81, 83, 86, 87, 119, 132, 133, 141, 142, 146-150, 152, 153, 158-160, 164,

166, 168, 179, 209,
　　　212, 215, 217, 219,
　　　220, 226, 232,
　　　234–239, 244, 246,
　　　249, 265, 267,
　　　272–274, 285, 293
　──(の)(諸)言語　12, 72,
　　　122, 136, 147, 233,
　　　271, 287, 291
　　　──組織　　　　　　50
　──組織　5, 55, 63, 77, 78,
　　　114, 119, 164, 213,
　　　230, 233, 245, 272
　　──の残滓　　　　　163
　　──の代表言語　5, 49, 54,
　　　56, 75, 134, 137,
　　　170, 220, 239, 267
　　──の包含事象　⇒　包含
　　　事象
　　──(の)要素　60, 100, 152
主格・対格
　　──原理　　　　　　156
　　──組織　　　　　　218
　　──的　　　　　　　218
　　　　──モデル化　　160
主格的　81, 84, 157, 159, 168,
　　　246, 273
　　──曲用パラダイム　141
　　──形式化　74, 87, 156
　　──思考　　　　　　 65
　　　純──　　　　　　 64
　　──統語法　80, 107, 156,
　　　158, 216
　　──特徴　　　　　　209
　　──文構造　5, 110, 144
　　──文類型　205, 213, 272
　　──(な)(諸)要素　43, 63,
　　　76, 87, 101, 154,
　　　155, 159, 219, 234,
　　　241
　　　非──　　　　　　 63
主格・能格
　　──混合構造　　　　102
　　──的言語類型　⇒　類型
主語　11, 19, 84, 91, 107, 110,
　　　114–116, 118, 121,
　　　122, 129, 130, 132,
　　　136, 160, 165, 166,
　　　170, 214, 217, 268,
　　　288
　　──格　　　72, 165, 166
　　──繰り上げ　84, 106–108,
　　　266
　　形式的な──　　　　 12
　　──語尾　　　　　　166
　　──再帰代名詞化　⇒　再帰
　　　代名詞

自動詞の──　　　　151
斜格形の──　　　　240
　　──主格　　　　　110
　　──・述語的構造化　⇒　構
　　　造化
受動的──　⇒　受動
他動詞の──　　　　151
能格形　　⇒　能格
能動的──　⇒　能動
　　──の指標　　　　 12
　　──・補語・述語成分　89
補語節の──　　　　107
名詞──　　　　　　 90
主座標　⇒　座標
主体　12, 50, 72, 74, 77, 110,
　　　116, 118, 119, 128,
　　　137, 140, 167
1 人称──接辞　　　132
　　──(の)格　103, 105, 138,
　　　287
　　──(的)活用
　　　　──原理　170, 246
　　　　──構造　　　110
　　──(的)(な)機能　57, 129,
　　　130, 136–139, 147,
　　　148, 168, 239, 243,
　　　289
　　──系列　　　147, 148
　　──(の)(動詞)人称接辞
　　　109, 134
　　──の人称指標　　266
　　──(的)原理　50, 75, 85,
　　　149
行為(の)──　⇒　行為
実際的──　　　　　 19
社会的な──　　　　 19
状態(の)──　⇒　状態
状態動詞の──　⇒　動詞
真の──　　105, 126, 131
　　──相　　　　　　135
　　──相互間　　　　 19
他動詞の──　　　　160
　　──人称範疇　⇒　人称
　　──の[的な]意味
　　　価(intention)　132,
　　　147, 249
　　──の概念　　 21, 84
　　──の状態　⇒　状態
　　──の能動化過程　⇒　能動
不随意行為・状態の──　⇒
　　　不随意
論理的──　　　　　290
主体・[と]客体　50, 67, 118,
　　　120, 132, 134, 147,
　　　148, 150, 268
　　──(的)(な)活用
　　　　──原理　　　238

　　──構造　　　　　110
　　──(的)関係　19, 20, 46,
　　　47, 52, 54, 60, 66,
　　　74, 99, 106, 112,
　　　144–146, 148, 149,
　　　153, 163, 170, 214,
　　　246, 259, 260, 263,
　　　268, 270, 272, 285,
　　　286
現実の──　3, 16, 18,
　　　20, 45, 49, 98, 108,
　　　146, 148, 219, 259,
　　　264, 267, 286
　　──の弁証法　　　287
間の弁証法　　　　　286
　　──(的)(な)基準　17, 20,
　　　49, 65, 286
内容類型学の──　　 48
　　──機能　 55, 142, 148
　　──(的)(の)原理　143, 284
　　純──　　　　　　227
内容類型学の──　　 45,
　　　264
　　──的　　50, 65, 129
　　　──意味価(intention)
　　　147
　　　──相概念　　　135
　　　──(な)相関性　112,
　　　147
　　　──組織体系　　138
　　　──(な)(への)定位(性)
　　　127, 135, 219, 237,
　　　273
　　　──動因子　　　220
　　　──な意味的決定因子
　　　149
　　──内容　　　　　 46
　　──(な)二分法　 134,
　　　151, 152
　　──[の]弁証法　 69,
　　　273, 286
　　──融合性　　　　141
　　──の意味(的)役割　49,
　　　138, 213, 220, 267
　　──の概念　18, 134, 138
　　──の属格　　　　136
　　──の[的]対立　50, 269
主体(の)属格　⇒　属格
主体的　　　　　138, 148
　　純──　　　　　　142
　　　　──原理　　　227
　　──(な)定位　237, 246
　　──な動詞人称接辞
　　　239
　　──能格　⇒　能格
　　──相関性　　　　148
　　──定位性　　　　147

索 引　313

主格の――　148
　――な意味内容　135
主体の与格　⇒ 与格
述語　11, 67, 77, 115, 126, 214, 258, 287
　活格動詞――　⇒ 活格
　合成――　131
　自動詞――　⇒ 自動詞
　主語・――的構造化　⇒ 構造化
　主語・補語・――成分　⇒ 主語
　状態動詞――　⇒ 動詞
　絶対動詞――　⇒ 絶対
　他動詞――　⇒ 他動詞
　――動詞　288
　動詞――　⇒ 動詞
　能格動詞――　⇒ 能格動詞
受動　112, 146, 165, 215
　――格　195
　逆――(antipassive)　⇒ 逆受身(受動)
　――形　6, 112, 134, 222, 227, 249
　――構造　130, 217, 247
　――構文　5, 81, 131, 242
　――二項　112
　相対的――　207
　――態　61, 63, 138, 145, 170, 199, 225, 242, 267, 268
　――的
　　――主語　110
　　――文構造　83
　能動性～――性特徴　⇒ 能動
　――の接頭辞要素　215
　――文　63, 130, 131, 133, 238, 243, 244, 267
　――変換　131
　――変形　243
　　他動詞の――規則　⇒ 他動詞
　無徴――　215
　――類　234
　社会的――　⇒ 社会的
受動性　225
　――説　122
　　能格構文――　86
純意味的な関係　⇒ 意味的
循環　62, 175
　――過程　208
　――性　187, 204
　――説　226
順次性　75, 178, 194
　歴史的――　⇒ 歴史的
純主体的　⇒ 主体

純粋
　――関係言語　⇒ 言語
　――構造組織　⇒ 構造
　――類型　⇒ 類型
純正型　36
純正さ　284
　言語類型の――　⇒ 類型
小辞　168
　能格――　⇒ 能格
状態　23, 42, 63, 79, 100, 111, 114, 120, 159, 162, 183, 186, 194, 196, 198, 204, 207, 208, 215, 216, 235, 250, 266, 287
　活格――　⇒ 活格
　言語――　⇒ 言語
　言語の外面的(機能的)――　175
　行為と――の不随意性　⇒ 不随意
　高次――　⇒ 高次
　構造――　174, 192, 204
　主格(的)――　⇒ 主格
　――(の)主体　50
　不随意(的)(な)行為・[や][と]――　⇒ 不随意
　――(の)主体　148
　主体の――　118
　――性　81, 207, 233
　先行――　196, 250, 266
　前動詞――　⇒ 動詞
　祖語(の)――　⇒ 祖語, 243
　低次――　⇒ 低次
　――動詞　⇒ 動詞
　動詞派生――形容詞　⇒ 形容詞
　能格(的)――　⇒ 能格
　飽和――　36
　類型(的)――　⇒ 類型
情緒
　――構文　115
　――性特徴　207
　――動詞(類)　⇒ 動詞
所格　61, 86, 146
　――系列　146
　系列外の――　60
　――的機能　139
初期
　――ソヴィエト　76, 185
　――(の)段階　48, 59, 86, 225
　――能格構造　⇒ 能格
　――能格状態　⇒ 能格
植物　111, 113, 268
　――の部分の名称　269

叙実
　――項　50, 139, 141, 142, 268
　作因・――的動因子　⇒ 作因・叙実的動因子
　――性　143, 263
　　――原理　142, 149, 284
　　――特徴　53
　――動詞　⇒ 動詞
所有　135, 252
　――型　194
　――形　118, 231, 235
　――構造　168
　――構文　247
　――性　117, 136
　　――形態範疇　117
　　――範疇　150, 269
　――属格　⇒ 属格
　――代名詞　⇒ 代名詞
　――段階位相　196
　――的文構造　144
　――動詞　⇒ 動詞
　非有機的(分離)――　50, 117, 235, 252, 253, 269
　名詞の――変化　252, 253
　有機的(非分離)――　50, 117, 118, 235, 252, 253, 269
自立語　89
人為的　⇒ 論理的
　――分類(人工的分類)　⇒ 分類
進化仮説　176, 178
人工的(論理的)(な)分類　⇒ 分類
深層　76, 82, 237
　――構造　78
　　言語普遍の――　⇒ 言語普遍
　　普遍的な――　⇒ 普遍的
　　類型学的――　⇒ 類型学的
　　　――レヴェル　83
深層的　45, 64, 78, 104, 146, 202, 267, 268, 285, 289
　――意味構造　15
　――(な)動因子　138, 259
　――言語(諸)類型の――　⇒ 類型
シンタグマ　268, 283
　限定的――　56
　　第一次――　287
診断指標　⇒ 指標

心的傾向　　　　　206
真の格　⇒ 格
真の文法関係　⇒ 文法
新フンボルト学派　　69
　cf. ネオ・フンボルト主義
心理
　　——学
　　　　——者　　177
　　　　動物——　248
　　——主義的言語学潮流　66
　生理・——的な基層 ⇒ 生理
　——的
　　　　——法則　　67
　　　　——要因　 177
　　民族——　　　　66
人類発生論　210, 249, 250
神話　　　　　　　290
　——的性格　　　129
随伴事象(多発事象)　72
　cf. 多発事象
　動機性をもつ——　128
数類別接頭辞　⇒ 接頭辞
西欧言語学　　　　13
性格学(言語性格学)　1, 23–25,
　　　　44, 283
　　——的　　　 26, 27
　　——(な)研究　192, 262
　　——なアプローチ　25
成語要素(formative)　214
生産的　　　　　　125
　非——　62, 125, 128, 212,
　　　 221, 242, 271
　　——(な)動詞(類) ⇒
　　　　動詞
静態
　　——形　　　　207
　　——性
　　動態性〜——特徴 ⇒
　　　　動態
　　——動詞(static v.) ⇒
　　　　動詞
青年文法学派　　　184
　　——ドクトリン　288
成分　　　　　　　158
　　具現形 ⇒ 具現形
　　限定—— ⇒ 限定
　　構成　　72, 127, 141
　　　　基本——　148
　　　　範疇的——　242
　　主語・補語・述語 ⇒
　　　　主語
　　動詞—— ⇒ 動詞
　　二次—— ⇒ 二次成分
　　必須——　　　243
　　文(の)—— ⇒ 文
　　変形——　　　140
　　補語—— ⇒ 補語

名詞(諸)—— ⇒ 名詞
有意(義)—— ⇒ 有
　　意(義)成分
生理
　　——・心理的な基層　67
　　——的な法則　　67
整理法　　　　　　95
世界観　　　　　144
　統一的——　　　184
接辞　18, 47, 113, 132, 148,
　　　163, 164, 168
　1人称主体—— ⇒ 主体
　格——添加　　　230
　活用(の)—— ⇒ 活用
　　——系列　　　286
　3人称客体—— ⇒ 客体
　絶対格(の)—— ⇒ 絶対格
　ゼロ——　　　　155
　多——性　　　　215
　動詞人称—— ⇒ 動詞人称
　人称—— ⇒ 人称
　能格—— ⇒ 能格
　　——の多様性　215
　類別—— ⇒ 類別
絶対
　——(格)系列　128, 132,
　　　 138, 147
　——(の)(動詞)人称接辞
　　　109, 128, 148
　　——の人称指標　200,
　　　268
　——構文　3, 45, 47, 76,
　　　81, 83, 107, 109,
　　　120, 126–128 , 132,
　　　139, 157, 159, 200,
　　　212, 219, 237, 239,
　　　246–248, 268, 271
　——性　　　　　263
　——動詞　109, 118, 121,
　　　122, 129, 132, 142,
　　　212, 222, 236, 263,
　　　272
　　——述語　　　127
　　能格動詞〜[と]—— ⇒
　　　能格動詞
　　——の主体　　128
　——文モデル　　46
絶対格　53–56, 63, 109, 110,
　　　126, 129, 130, 132,
　　　136, 138, 142, 143,
　　　148, 161–163, 165,
　　　166, 217, 226, 240,
　　　246, 268
　——形　　121, 122, 132
　——原理　85, 140, 149
　——語尾　　　　12
　——指標　　53, 130

——(の)接辞　163, 217
——ゼロ語尾　　245
能格・—— ⇒ 能格・絶対格
能格と——の区別 ⇒ 能格
能格と——の対立 ⇒ 能格
　　——補語　　　162
　　無徴の——　　72
絶対的年代　　185, 201
接頭辞　　18, 110, 215
　呼応——　　　　233
　語形成—— ⇒ 語形成
　受動の——要素 ⇒ 受動
　数類別——　　　233
　　——組織　　　90
　動詞—— ⇒ 動詞
　　——人称指標 ⇒ 人称
　人称—— ⇒ 人称
　非遠心相—— ⇒ 求心
説明
　形式的——法 ⇒ 形式的
　　——的側面　　　2
　　——力　2, 5, 23, 75, 97,
　　　171, 187, 211, 270,
　　　271
　　——理論　　 3, 83
狭母音　⇒ 母音
ゼロ
　　——型　　164, 168
　　——語尾 ⇒ 語尾
　　——指標 ⇒ 指標
　　——接辞 ⇒ 接辞
全一的[統一的](な)
　　——解釈　　　163
　　——形態統語的 ⇒ 形態
　　——言語構造 ⇒ (諸)言
　　　語(の)構造
　　——言語類型 ⇒ 類型
　　——呼応特徴集合 ⇒ 呼
　　　応(する)(諸)特徴
　　——集合体　　284
　　——世界観 ⇒ 世界観
　　——全体(体系)　285
　　——組織体系 ⇒ 組織
　　——能格構造 ⇒ 能格
　　——文構造 ⇒ 構造
　　——類型組織体系 ⇒ 類
　　　型(的)(諸)組織
　　——類型(的)特徴 ⇒ 類
　　　型(的)(の)(諸)特徴
先行性(priority)
　統語の—— ⇒ 統語
潜在
　　——素性　　　87
　　——的　　99, 232
　　——範疇　40, 127
前主格
　　——状態 ⇒ 主格

索引　315

――的特徴 ⇒ 主格
線条化
　　――構造式 ⇒ 構造式
　　文成分の――規則 ⇒ 文
前進運動　　　　　　174
　　言語の――　　184, 189
前舌母音 ⇒ 母音
全体的
　　――定位性　　　　132
　　――分類　　　171, 270
先頭子音 ⇒ 子音
前動詞状態 ⇒ 動詞
前能格
　　――状態 ⇒ 能格
　　――段階位相 ⇒ 能格
専用
　　――格 ⇒ 格
　　――具格 ⇒ 具格(造格)
　　具格――形 ⇒ 具格(造格)
　　造格 ⇒ 具格(造格)
　　――能格 ⇒ 能格
　　――の形態素 ⇒ 形態
専用形
　　対格の――形 ⇒ 対格
前論理的思考 ⇒ 思考
相(version)　　112, 134, 135,
　　　　　　　198, 235
　　遠心―― ⇒ 遠心
　　客体―― ⇒ 客体
　　求心(非遠心)―― ⇒ 求心
　　継続――　　　　　155
　　――指標　　　　　223
　　主体―― ⇒ 主体
　　主体・客体的――概念 ⇒
　　　主体・[と]客体
　　――対立　　　　　135
　　中立―― ⇒ 中立
　　内容における二つの――
　　　　146
　　――の具現形(exponent)
　　　　223
　　――範疇　　　　　269
ソヴィエト言語学　12, 45, 194,
　　　　　282, 290, 291
　　――史　　　　　　291
　　ロシア・―― ⇒ ロシア・
　　　ソヴィエト言語学
造格 ⇒ 具格(造格)
相互
　　――(的)近似性　146, 148,
　　　150
　　――近接性　　153, 233
　　――近接度　　　　153
　　形態と統語の――整合性　81
　　――性範疇　　　　112
　　――人称代名詞 ⇒ 代名詞
総合　　　　　　　　175

――型　　　　　　　45
　　――の
　　　　――構造　　　42
双数形　　　　　　　182
　　名詞の――　　　　193
総体　　　　　139, 186, 270
　　意味普遍の―― ⇒ 意味
　　概念範疇の―― ⇒ 概念
　　格単位の―― ⇒ 格
　　――系
　　　　――性 ⇒ 体系性
　　　　――的 ⇒ 体系的
　　　　――(的)(な)類型学 ⇒
　　　　　類型学
　　言語構造 ⇒ 言語
　　言語事実 ⇒ 言語
　　言語資料解釈の―― ⇒
　　　言語
　　構造的諸特徴(の)(集合[体系
　　　的]) ⇒ 構造
　　呼応特徴―― ⇒ 呼応(す
　　　る)(諸)特徴
　　集合――
　　　　構造的―― ⇒ 構造的
　　　　諸事実の――　　47
　　　　組織体系の―― ⇒
　　　　　組織
　　諸言語の一定集合　　196
　　諸現象の――　　　　34
　　諸特性の――　　　　34
　　多レヴェル呼応特徴―― ⇒
　　　多レヴェル
　　地域的(に)相関(する)諸特徴
　　　の(集合)―― ⇒ 地
　　　域的
　　変形諸規則の――　　106
相対的
　　――受動 ⇒ 受動
　　――年代　　　　　201
　　――発達度　　　　11
相的ディアテシス ⇒ ディアテ
　　シス
祖語　　　　　　　42, 203
　　印欧―― ⇒「言語名索引」
　　　印欧祖語
　　――(の)状態　　32, 42
　　――的平面　　　　203
　　――崩壊期　　　　203
　　――モデル　28, 195, 203
　　――概念　　　38, 261
組織
　　――系列――　　　110
　　音――　　　　　　284
　　音韻―― ⇒ 音韻
　　格―― ⇒ 格
　　格構成 ⇒ 格
　　活格 ⇒ 活格

下部――　　　　　　160
形態―― ⇒ 形態
形態音素―― ⇒ 形態
言語―― ⇒ 言語組織
語彙(的)―― ⇒ 語彙
構造 ⇒ 構造
　　活格―― ⇒ 活格
　　言語―― ⇒ 言語
　　主格(的)―― ⇒ 主格
　　全一的な―― ⇒ 構造
　　多レヴェル―― ⇒
　　構造
　　動詞語彙の――化原理
　　　⇒ 動詞(語)(の)語彙
　　能格―― ⇒ 能格
　　類型的―― ⇒ 類型
構造特徴―― ⇒ 構造
呼応(する)(諸)特徴―― ⇒
　　呼応(する)(諸)特徴
子音―― ⇒ 子音
主格―― ⇒ 主格
信号――　　　　　　26
――図　　　80, 144, 197
接頭辞―― ⇒ 接頭辞
――体系　16, 41, 47, 63,
　　71, 74, 84, 132, 139,
　　140, 150, 162, 167,
　　169, 182, 211, 254,
　　266
　　格―― ⇒ 格
　　活格―― ⇒ 活格
　　言語―― ⇒ 言語
　　主格(的)―― ⇒ 主格
　　主格・客体的―― ⇒
　　　主格・[と]客体
　　――全体　61, 143, 165
　　統一的な――　　　171
　　統語(的)―― ⇒ 統
　　　語的
　　内容類型学的な―― ⇒
　　　内容類型学的
　　能格(的)―― ⇒ 能格
　　――の集合総体　　98
　　文法性(gender)の――
　　　⇒ 文法
　　類型(的)―― ⇒ 類型
代名詞―― ⇒ 代名詞
中立(構造の)―― ⇒ 中立
統語(的)―― ⇒ 統語
動詞形態―― ⇒ 動詞
同質的な――　　　　40
二系列の人称指標―― ⇒
　　人称指標
能格(的)―― ⇒ 能
　　格(的)組織
非主格―― ⇒ 主格

分離能格性(の)—— ⇒ 分
  離能格性
 方言——   237
 名詞分類——   ⇒ 名詞
 ——網   15, 20, 286
 類型(的)(諸)   ⇒ 類
  型(的)(諸)組織
 類別——   ⇒ 類別
属格   33, 54-61, 135-137,
  146, 208, 225, 227,
  239, 246, 267, 274
 ——(的)関係   55, 137
 ——機能   59, 60
 ——客体(的) 55, 56, 136
  cf. Genitivus objec-
  tivus
 共通印欧語——   33
 ——形   59
 ——指標   12
 従属的——   30
 ——主体(の) 55, 56, 136
  cf. Genitivus subjec-
  tivus
 所有——   136
 ——的
  ——構造   233
  ——の形成   136
 部分——   136
存在論(オントロギー) 171, 172,
  270

■ た 行 ■

態(voice) 5, 86, 109, 112,
  125, 126, 198, 215,
  268
 受動——   ⇒ 受動
 他動詞(形)の—— ⇒ 他
  動詞
 中動——   ⇒ 中動態
 ——的ディアテシス ⇒
  ディアテシス
 能動——   ⇒ 能動
 ——の概念   112
 ——の[的]区別 110, 253
 ——の形態範疇 138, 139
 ——の対立   130
  ——形式   193
  ——の欠如   226
 ——の分化   165
 ——の弁別   126, 246
 ——形   239
 ——(の)範疇 77, 124, 134,
  182, 239
第一義性   15
第一参与項   ⇒ 参与項
第1類動詞   ⇒ 動詞

対応関係   65, 223
 構造的—— ⇒ 構造的
 統語的—— ⇒ 統語的
 類型的(進化における)——
       ⇒ 類型的
対格   47, 54, 58, 104, 105,
  109, 126, 133, 136,
  160, 162, 165, 166,
  225, 274, 287
 ——型   51
 逆——(antiaccusative)
       ⇒ 逆対格
 ——形   195
 ——(型)言語 62, 108, 292
 ——(の)語尾   12, 133
 ——指標   155
 主格・——(的) ⇒ 主格・
  対格
 主格と——   ⇒ 主格
 主・——形   226
 ——性   104
 直接補語の——   246
 ——的
  ——形態法   286
  ——統語法 107, 286
 ——の機能   136, 287
 ——の客体的定位性 ⇒ 客
  体的
 ——の具現形(exponent)
  161
 ——の専用形   267
 ——マーカー   245
 ——類型   167
体系性 4, 7, 46, 49, 66, 70,
  274, 283, 284, 286,
  289
 言語構造の—— ⇒ 言語
 言語類型の(総)—— ⇒
  類型
 総——   51
体系的   89, 103, 130, 145,
  158, 162, 261
 ——(な)アプローチ 3, 159,
  162, 179, 183, 198,
  199, 255, 262, 289
 言語類型の——理解 ⇒
  類型
 ——構造化   ⇒ 構造化
 構造的諸特徴の——総体 ⇒
  構造
 語形弁別の——実行 238
 ——再構   ⇒ 再構
 総—— 38, 39, 41, 262
  言語の——理解 ⇒
   言語
  ——な言語類型観 ⇒
   言語

——な類型解釈 ⇒
  類型
 ——モデル   39
 ——(な)類型学 ⇒ 類
  型学
 ——な依存関係   88
 非——   196, 212
 ——(な)諸現象 3, 226,
  271
 ——なアプローチ 158,
  181, 182, 237, 248
代償   128, 146, 225
 ——措置   117, 269
 ——の発展   254
対照言語学   ⇒ 言語学
対照的研究   192
対象優勢言語   ⇒ 言語
第2類動詞   ⇒ 動詞
代表言語 99, 101, 102, 169,
  209, 212, 231, 252,
  266, 271
 一定の類型種の—— ⇒ 類
  型種
 活格言語の—— ⇒ 活格
 活格構造の—— ⇒ 活格
 活格類型の—— ⇒ 活格
 後期類別状態の—— ⇒
  類別
 孤立型構造の—— ⇒ 孤
  立(型)
 混合型類型の—— ⇒ 混合
 様々なタイプの——   40
 主格型(類型の)—— ⇒
  主格
 主格構造の—— ⇒ 主
  格(的)構造
 純正——   61
 純正な段階的—— ⇒ 段
  階的
 中立構造の—— ⇒ 中立
 同一類型種の—— ⇒ 類
  型種
 能格型の—— ⇒ 能格
 能格構造の—— ⇒ 能格
 分離能格性組織の—— ⇒
  分離能格性
 類別型の—— ⇒ 類別
 類別構造の—— ⇒ 類別
  構造
代名詞 89, 103, 148, 160-162,
  181, 227, 265
 ——語彙   87
 ——素   180
 再帰—— ⇒ 再帰代名詞
 指示——   87
 ——指標   110
 所有——   103, 265

索 引　317

自立的な――　217
――組織　164, 202
内包(的)――　⇒ 内包
人称――　47, 89, 110, 155, 163, 207, 226
　1、2(人称)(の)――　155, 160, 161, 163, 168, 226
　　相互――　181
　　複数 1――　181, 227
――の語形変化　164
排外(的)――　⇒ 排外
――(的)要素　162, 168
択一的な問題解決　237
タクソノミー　68
ダゲスタン(言語)学　236, 292
多数事物類　109
多接辞性　⇒ 接辞
多段階発展　⇒ 段階
奪格形　131
他動詞　6, 46, 63, 86, 105, 109, 110, 121–123, 126, 127, 130, 132, 133, 145, 165, 170, 193, 199, 217, 219, 222–224, 227, 241, 242, 244, 246, 253, 268, 290
　意味的(な)――　119, 120, 122, 290
　――(語)(形)の態(voice)　160, 238, 239, 253, 267
　構造的(な)――　119, 120
　――語基　52, 125
　――述語　11, 119, 133, 160, 166
　　――構造　238
　　――文　119
　――の客体　140
　――の形態構造　127
　――の構造特徴　125
　――の主語　⇒ 主語
　――の主体　⇒ 主体
　――の受動変形規則　86
　非――　47, 222, 236, 267
　　――文　12, 124, 166
　　　　――モデル　166
　――類　122, 212, 271
　――論　105
他動詞(類)〜[と]自動詞(類)　74, 76, 111, 119, 123, 126, 132, 133, 138, 147, 149, 182, 200, 239
　――の[という]概念　123, 124

――の対立　205, 224, 233, 235, 290
――の二分法　133, 226
――文と――文　12, 119
(へ)(の)[に]区分[別]　81, 88, 125, 127, 138, 266, 267
他動・自動詞　120
他動・自動的動詞　222
他動性　77, 124, 126, 127, 133
　行為の――　140
　――の概念　133
　非――　46
他動性〜[と]自動性[非他動性]　110, 124, 126, 127, 140, 290
　――対立　235
　――特徴　5, 53, 114, 119, 120, 125, 132, 165, 170, 225, 227, 267
　　――の概念　150
　　――範疇　126
他動的　125
　(な)意味　54, 110, 125, 142, 168
　非――　110
　――行為　50
　　――の客体　80, 88, 141, 160, 167, 170
　　――の主体　57, 80, 88, 108, 140, 141, 160, 167, 170, 214, 268, 272
　非――　⇒ 非他動的行為
　(非)――な動詞　⇒ 動詞
多発事象(随伴事象)　128
　cf. 随伴事象
多類別　⇒ 類別
多レヴェル　204
　――構造組織　⇒ 構造
　――(の)呼応(諸)特徴　85, 98, 183
　　――(集合)総体　71, 85
　　――的[の]諸事実　72, 199, 200
単一系列　112, 134
段階
　――位相　148, 219, 254
　所有――　⇒ 所有
　前――　285
　前能格――　能格
　過渡的(な)――　58, 286
　機能――
　　言語類型の――　⇒ 類型
　　相対する――　214

形式化――　194
再編――　285
　構造的――　⇒ 構造的再編
　社会的発展――　⇒ 発展(過程)段階
　初期(の)――　⇒ 初期
――性　248, 250
――(性)説　178, 251
　反――　178
先行――　182
　――の状態　37
漸次的形成――　183
多――発展　248
――的　202, 251
　――アプローチ　250
　――移行　67
　――解釈　179
　純正な――　代表言語　37
　――な進化　67
　非――性格　179
　――類型構想　251
発達――　250, 285
　言語――　249
　未――　285
発展(過程)――　⇒ 発展(過程)段階
　言語(科)学の現――　262
歴史――　186
――論　237
単人称的動詞活用　⇒ 動詞
地域言語学　⇒ 言語学
地域言語学的[の]研究　⇒ 言語学
地域的　187, 199
　――アプローチ　4
　――研究　97, 185
　――種類　38
　――所属　41
　――(に)相関(する)諸特徴
　　の(集合)総体　28, 38, 261
　――広がり　185
　――分類　22, 30, 44, 97, 170, 172, 270
　――結びつき　24
　――類型　⇒ 類型
　――類似性　22
近い補語　⇒ 補語
中間形(medial)　224
抽象化
　――思考能力　⇒ 思考
　――能力　190
文法的――　⇒ 文法的
抽象概念　38, 190
中枢環　254

中動態 224
中能動的(mediactive)な自動詞 223
中立
　——型　98, 99
　　　——諸言語　99
　　　——の基準　108
　　　——類型　283
　——形(neutral)(中間形) 224
　——構造　144
　　　——の組織　269
　　　——の代表言語　108
　——相　135
　——組織　169, 270
　——的　120, 126, 245
中和　53
　——化　53, 202, 237, 253
　　　——傾向　235
直接
　——客体 ⇒ 客体
　——的相関項　3
　——補語 ⇒ 補語
直格　240
　——形　240
通時　281
　——言語学 ⇒ 言語学
　——(的側)面　76, 150, 173, 233, 240, 253
　——(的)類型学[類型論] 1, 173, 174, 178, 179, 186
　　　——研究　183, 262
通時的　128, 132, 141, 167, 205, 213, 272
　——観察　90
　——起因性　162
　——研究　90, 175, 184, 185, 241, 242
　——再編　241
　——相関現象　192
　——相関性　86, 117, 221
　——定数　187, 198, 199
　——展望　75
　——動機付け　133
　——発展　273
　——文法　186
　——分野　192
　——変化　175
　　　——法則　253
　——問題群　89
ディアテシス　112, 145, 146, 253, 268
　　相的——　253
　　態的(な)——　63, 130, 226, 253
　　非——　112, 117, 253

動詞——　77, 145, 146
　　内容における——　145
定位性　124, 134, 146, 148, 152, 170, 214, 219, 263, 272
　客体的—— ⇒ 客体的
　主体・[と]客体的(な)[への]—— ⇒ 主体・[と]客体
　主体的—— ⇒ 主体的
　全体的—— ⇒ 全体的
　内容的—— ⇒ 内容的
低音調　233
低次　174
　——状態　174
　——(の)レヴェル　70, 204, 205
定常自動詞 ⇒ 自動詞
定性
　——指標 ⇒ 指標
　——〜不定性関係　106
テーゼ 13, 15, 27, 36, 43, 47, 54, 55, 60, 67, 69, 73, 74, 78, 81, 86, 90, 91, 103, 105, 130, 132, 138, 157, 176, 184, 189, 200, 204-206, 214, 218-220, 244, 248, 282
テーマの概念　91
テーマ・レーマ的構造化 ⇒ 構造化
転移(シフト)　205
　意味的——　18
　構造的—— ⇒ 構造的
　統語的境界線の—— ⇒ 統語的
転置(transposition)　181, 200, 206, 207, 216, 254, 273
　言語(的諸)手段の(レヴェル間)——　205
　主格と対格の一種の——　55, 136
伝統文法 ⇒ 文法
統一的 ⇒ 全一的[統一的](な)
同一名詞句削除　84, 106, 266
動因子　71, 149, 265
　意味的—— ⇒ 意味
　言語外的—— ⇒ 言語
　作因・叙実的—— ⇒ 作因・叙実的動因子
　主体・客体的—— ⇒ 主体・[と]客体
　深層的(な)—— ⇒ 深層的
　同質性の究極的——　66

内的——　11, 104, 129, 214, 258, 266
　内容的—— ⇒ 内容的
　類型的な変化の——　66
同音異義性(homonymy) 226
同化　52, 263
　音声学的——現象 ⇒ 音声学的
　——過程　52, 53
同格的関係 ⇒ 格
動機性　16, 59, 111
　共時的—— ⇒ 共時
　構造的—— ⇒ 構造的
　内容的に——がある名詞分類 ⇒ 名詞
　——をもつ随伴事象 ⇒ 随伴事象
　——をもつ包含事象 ⇒ 包含事象
同系
　——関係　43, 102, 177
　——(諸)言語　21, 23, 32, 42, 48, 202
　——語群　42
　——性　42, 43
　　原初的——　201
　　諸言語の相互間の——　97
同型
　構造的(に)——(性)　24, 203
　(諸)言語の——　23, 24
　——性(isomorphism) 23, 94
　(諸)言語の[的]——　23, 24, 33
　——的　42
同系性
　起源(的に)——(性) ⇒ 起源(学[論])的(genetic)(比較・歴史的)
統語　18, 39, 71, 74, 82, 156, 158, 160, 200, 205, 206, 216, 273, 284, 285
　——階層 ⇒ 階層
　——関係　11, 19
　——機能　158
　——形式　205
　形態と——間の不一致 ⇒ 形態
　形態と——間の類型的諸要素 ⇒ 類型的
　形態と——の相互整合性 ⇒ 相互
　——(的)現象　156, 254

索引　319

──構造　67, 72, 79, 82, 84, 89, 103, 104, 159, 161, 170, 205, 226, 237, 249, 263, 265
──構文　79
──(的)手段　11, 169, 200, 206, 216, 273
──(的)組織　39, 41, 48, 160, 161, 206, 285
　　──体系　74
　　能格的──　⇒ 能格的
　　──テスト　107
──(的)特徴　16, 41, 124, 237
　　──と形態の相関性　86
──の先行性(priority)　206
──の優先性　71
──範疇　205
──分析　84
──法　107, 115, 157, 161, 162, 269, 273
　　主格的──　⇒ 主格的
　　対格的──　⇒ 対格
　　能格的──　⇒ 能格的
　　文の──　105
──面　18, 48, 60, 81, 133, 216, 266
──(的)レヴェル　51, 80, 81, 88, 127, 133, 157, 159, 161, 174, 200, 216, 245, 262, 266, 267
統合関係的(syntagmatic)　263
統語的　63, 67, 84, 88, 103, 108, 156, 157, 160, 204, 244, 253, 265, 273
　　──一体性　115
　　──過程　156
　　──規則や制限　88
　　──基盤　87
　　──境界線の転移(シフト)　205
　　──結合
　　　　語の──関係　52
　　　　──法　115
　　──原理　79, 130
　　──再編　206
　　──従属性特徴　133
　　──前提(条件)　47, 162, 246
　　──相関関係　200
　　──対応関係　67
　　──特性　82
　　──任務

──が融合した形式　116
──能格性　⇒ 能格性
──描出　103
──文構造　81
──変形　265
──包含事象　⇒ 包含事象
──ポテンシャル　119, 120, 142
──メカニズム　78, 269
　　形態──　⇒ 形態
──役割　76
──類型学　⇒ 類型学
動作態(Aktionsart)　198
──の形態(的)範疇　199, 221
──範疇　117, 182, 221, 269
動詞　47, 74, 77, 90, 105, 107–112, 290
　　運動──　290
　　拡散(diffused)(的な)──　77, 120, 128, 145, 147, 222, 268
　　──型　156, 219, 253, 254, 285, 286, 289
　　──の主体タイプ ⇒ 形態
　　──構文　117
　　活格──　⇒ 活格
　　──活用　103, 128, 133, 139, 148, 168, 200, 227, 265, 266, 270
　　単人称的──　252
　　──のパラダイム　209
　　複人称的な性格の──　252
　　可変(labile)──　77, 120, 128, 145, 212, 222, 268, 271, 290, 292
　　──区分　76
　　──形　110
　　──形態　11, 112, 143, 147, 162, 181, 218, 225, 239, 253, 258, 269, 270
　　　　──組織　112
　　　　──範疇　134
　　　　──語　5, 114, 269
　　　　──形　5, 53, 112, 117, 135, 236, 239, 240, 253, 285, 286
　　行為──　193, 195, 290
　　　　──行為 ⇒ 行為
　　　　──構造　83
　　　　無──　249
　　　　──(の)呼応　218

──語基　52, 221, 223
──(の)語形変化　117, 183, 203
　　──パラダイム　198
作因──　108, 109, 118, 127, 138, 200, 253, 267, 268
自──　⇒ 自動詞
使役──　122
──(の)時制的[の]形態範疇　193, 220
──指標　213
──述語　6, 46, 64, 88, 105, 132, 154, 159, 168, 214, 217, 239, 240, 253, 272
　　──形　155, 162
　　非他動的──　168
述語──　⇒ 述語
状態──(類)　50, 54, 109, 114–116, 143, 147, 193, 195, 198, 205, 233, 235, 236, 268, 269, 290
　　──述語　114, 115, 118, 268
　　──の主体　116
情緒──(類)　120, 147, 207, 221, 244, 290
叙実──　108, 109, 118, 127, 138, 142, 200, 267
所有──　103, 120, 220, 265
静態──　234
──成分　156, 218
　　文の──　156
絶対──　⇒ 絶対
──接頭辞　208
──人称指標　⇒ 人称指標
前──状態　194
──先頭位置型　90
他──　⇒ 他動詞
　　第1類──　123
　　第2類──　123
　　他動的な──　119
　　非──　119
──中心的文構造説　⇒ 構造
──ディアテシス　⇒ ディアテシス
定形──複合体　79
動態──　234
人称──　136
　　二系列の──語尾　128
能格──　⇒ 能格動詞

能動―― 126
　――派生
　　――状態形容詞 ⇒ 形容詞
　　――名詞 79
　　――モデル 242
非生産的(な)――(類) 145
　　――分布 234
　――(の)分類 114
　　――原理 123
　　――法 103
未分化拡散的(diffuse)な
　　 249
無生―― 114
有生―― 114
動詞(Zeitwort) 183
動詞(語)(の)の語彙 81, 103, 111, 113, 124, 132, 195, 200, 235, 265, 267, 268
　――化 ⇒ 語彙化, 265
　　――原理 81, 106, 119, 122–124, 127, 150, 205, 233, 254, 283
　――素 53, 78, 88, 105, 111, 113, 114, 118, 126, 132, 133, 144, 147, 149, 207, 219, 224, 233, 235, 241, 253, 263, 266
　――補語 ⇒ 補語
　――的性質 85, 254
　――の構造(組織)化原理 41, 86, 108, 111, 168, 269
　――類 79
　　――類 46, 74, 114, 119, 220, 233, 236
動詞中心的文構造説 ⇒ 構造
同質 261
　――性 66, 249
　　――の究極的な動因子 ⇒ 動因子
　　――的 215
　　　――な組織 ⇒ 組織
動詞人称
　――語尾 138
　――単一系列の―― 134
　――指標 ⇒ 人称指標
純主体的な―― ⇒ 主体的
　――接辞 244
　　活格系列の―― ⇒ 活格
　　客体系列の―― ⇒ 客体
　　主体系列の―― ⇒ 主体

絶対格系列の―― ⇒ 絶対
単一の系列の―― 148
二系列の―― 116, 134, 147, 148
能格系列の―― ⇒ 能格
不活格系列の―― ⇒ 不活格
動態
　――形 207
　――図 198
　――性
　　――～静態性特徴 207, 227
　　――動詞(dynamic v.) ⇒ 動詞
動物 111, 113, 268, 269
　――界 29
　――心理学 ⇒ 心理
脊椎―― 29
　――無 29
　　――類 233
同方向的
　　――構造 76
　　――な変化過程 42
　　――(な)発展(過程) 22, 66
遠い補語 ⇒ 補語
特異(idiosyncratic)な発展 247

■　な　行　■

内格指標 131
内的 44, 77, 93
　　――因子 176
　　――階層性 ⇒ 階層
　言語類型の――な ratio(原理) ⇒ 類型
　　――再構 ⇒ 再構
　　――統一性 3
　　――動因子 ⇒ 動因子
　　――動機付け 195
　　――な意味的動因子 ⇒ 意味
　　――な内容的動因子 ⇒ 内容的
　　――年代順 201
　　――分化 1
　　――矛盾 37, 152
　　――メカニズム 213, 272
内包 285
　　――形(inclusive) 180, 227
　　――(的)代名詞 181, 202, 227
　　　――語彙素 268
　　――的

　　――意味 56, 180
　　――語彙素 181
　　――指標 207
内容 14, 171, 189, 270
形式と―― ⇒ 形式と内容
言語 15
言語(形式)が伝達する――
　　 13, 257
言語形式の―― 14
言語に伝達される―― 2, 45, 257
　――定位の次元 169
　――なしの形式 ⇒ 形式
　――におけるディアテシス
　　 ⇒ ディアテシス
　――における二つの相(version) ⇒ 相(version)
　――に規定される
　　――一定多数群 111
　　――名詞類別 ⇒ 名詞
　　――(名詞の)類(クラス)
　　　⇒ クラス(類)
　――表現面 106
　――への言語学的アプローチ 13
　――面 ⇒ 内容面
　　――類型学 ⇒ 内容類型学
　――レヴェル 89, 193
内容的 18, 99, 134, 139, 196
　――解釈 188
　――(な)基準 9, 165, 258
　言語の――ポテンシャル 174
　――言語(諸)類型 ⇒ 類型
　――(な)原理(基準) 52, 66
　――定位性 138
　――動因子 70, 99, 103, 149
　――内的な―― 152
　――(な)(諸)特徴 17, 143, 170, 189, 214
　　　――づけ 143, 266
　――な[諸]関係 142, 143
　――な比較原理 66
　――に決定[規定]された[る]名詞分類 ⇒ 名詞
　――に動機性がある名詞分類
　　 ⇒ 名詞
　――分析 246
　――分類 33, 270
内容に定位した
　　――研究 5
　　――言語形式の研究 14
　　――言語類型 ⇒ 類型
　　――視点 110

索引　321

──（言語）類型学　2, 11, 49, 97, 187, 204, 257, 260, 262, 264, 285
　　　──（的）研究　1, 14, 45–47, 66, 93, 165
　　　──構想　17
　　　──的問題群　12
内容面　104, 169, 189, 203, 213, 214, 272, 285
言語の──　3, 9, 12, 45, 188, 257, 259, 285
　　　──の類型学　2, 257
内容類型学　1–3, 11, 13, 18, 21, 37, 45, 47–49, 51, 65, 69, 71, 81, 83, 89–91, 103, 152, 153, 161, 167, 184, 187, 188, 204, 205, 208, 212, 236, 254, 255, 257, 259–264, 271, 281, 283–286, 288, 291, 292
──（的）（な）（諸）研究　5, 16, 17, 39, 41, 46, 57, 71, 76, 79, 86, 89, 98, 99, 104, 107, 108, 133, 165, 172, 173, 175, 189, 200, 204, 211, 216, 247, 253, 258, 261, 274, 282, 288, 292
──（の）（基本）原理　51, 281, 282, 284, 288
──（的）［の］構想　12, 66, 69, 106, 140, 144
　　　──図式　265
　　　──の基準　47
　　　──の研究史　138, 218
──の主体・客体（的）
　　　　──原理　⇒ 主体・［と］客体
　　　　──な基準　⇒ 主体・［と］客体
──の［的］（基本）（諸）問題（群）　3, 69, 77, 190, 255, 259, 281
内容類型学的　104
　　　──（な）再編　204, 214, 224, 237, 252
　　　──な言語進化　179
　　　──な言語類型　⇒ 類型
　　　──な構造図式　152
　　　──な説明の精神　252
　　　──な組織体系　98, 153
　　　──な特徴（づけ）　42, 111
　　　──な分析　46

──（な）（言語）分類　88, 99, 109, 171, 172, 185, 194, 211, 234, 237, 270
　　　──法　169
二系列　148
──の動詞人称接辞　⇒ 動詞人称
──の人称指標組織　⇒ 人称
──の人称接辞　⇒ 人称
──の人称動詞語尾　⇒ 動詞
二項　237
　　　──区分　111
　　　──原理　143
　　　──受動構文　⇒ 受動
　　　──（的）対立　143, 232
　　　　　──原理　99
　　　──的
　　　　　名詞の──語彙・文法的な分類　⇒ 語彙
　　　　　──名詞分類　⇒ 名詞
二次
　　　──性　41, 71, 226, 284
　　　歴史的──　⇒ 歴史的
　　　──的　235, 242
　　　　　──機能　136
　　　　　──資料　62
　　　　　──性格　226
　　　　　──補完的要素　287
二次成分　103
文の──
　　　　　──目録　133
人間類　233
　　　──指標　232
人称
　　　1──複数　202
　　　──活用　213
　　　　　──原理　237
　　　　　類別・──　⇒ 類別・人称
　　　──接辞　148
　　　　活格系列（の）──　⇒ 活格
　　　　主体系列（の）──　⇒ 主体
　　　　絶対格系列（の）──　⇒ 絶対
　　　　多類別──　⇒ 類別
　　　　動詞──　⇒ 動詞人称
　　　　二系列の──　128, 147, 269
　　　　能格系列（の）──　⇒ 能格
　　　　不活格系列（の）──　⇒ 不活格

　　　──接頭辞　47
　　　──代名詞　⇒ 代名詞
動詞──語尾　⇒ 動詞
　　　──範疇　112, 127
　　　　形態的な──　269
　　　　主体──　79
複数1──（形）　180, 207, 268
　　　　──代名詞　⇒ 代名詞
　　　類別・──　⇒ 類別・人称
人称指標　103, 123, 266
　　　客体系列（の）──　⇒ 客体系列
　　　──系列　139
　　　主体系列の──　⇒ 主体
　　　絶対格系列の──　⇒ 絶対
動詞──　138, 181, 227
　　　二系列の──　117, 148
動詞1、2──　263
動詞接頭辞──　54
二系列の──組織　110
能格系列の──　⇒ 能格
類別・──　⇒ 類別・人称
ネアンデルタール人　210
ネオ・フンボルト主義　144
　　　cf. 新フンボルト学派
能格　53, 54, 57–60, 63, 78, 86, 105, 109, 123, 126, 129–131, 136–139, 142, 143, 148, 152, 154, 156, 161–163, 191, 215, 217, 226, 231, 239, 240, 243, 245, 246, 268, 286, 287, 289
　　　──域　57
　　　一般──論　⇒ 能格性
　　　──化　245, 251
　　　　　──過程　238, 273
　　　　言語の──　237
　　　──型　47, 51, 98, 109, 146, 194, 241, 245, 264, 265, 281, 284, 285, 290
　　　　──の格表徴化　⇒ 格
　　　　──（類型）の代表（諸）言語　122, 252
　　　　──類型　105, 152, 154, 167, 217, 219
　　　──機能　239
　　　逆──　⇒ 逆能格(antiergative)
　　　──形　121, 122, 131, 132
　　　　──主語　162
　　　──（の）形態　240
　　　──系列　128, 132, 138, 147

――(の)(動詞)人称接辞
109, 128, 148
――の人称指標　　200, 268
――(型)(の)(諸)言語　　7, 43, 45, 48, 55, 58–60, 62, 73, 74, 76, 77, 80, 81, 83, 84, 86, 90, 101, 102, 105, 108, 114–116, 119, 122–128, 136, 137, 145–148, 152, 157, 158, 162, 163, 168–170, 181, 196, 202, 210, 212, 213, 217, 220–222, 226, 227, 230, 233, 234, 238, 243–245, 253, 267–269, 271–274, 283, 286, 287, 290, 292
逸脱(deviate)――　　290
――の動詞　　126
兼務――　⇒　兼務能格
――原理　　85, 139, 149
――構造　　3, 43, 48, 57, 60, 72, 75–77, 79, 86, 101, 105, 116, 119, 120, 125, 127, 135, 136, 138, 150, 152, 153, 158, 159, 169, 196, 200, 212, 215, 219, 221, 232, 236, 238, 244, 249, 253, 265, 268, 271, 272, 274, 290
――(の)規範　　6, 64, 87, 241
――(の)(諸)言語　　61, 72, 142, 233, 271, 291
――原理　　46, 158
古体(態)的――　　290
残滓的――　　290
初期――　　225, 227
――組織　　73, 77–79, 81, 118, 119, 213, 233
統一的な――　　160
――の代表言語　　12, 41, 47, 50, 55, 57, 64, 75, 88, 105, 133, 212, 241, 251
――構文　　3, 5, 6, 45, 76, 79, 81, 83, 105, 107, 109, 120, 121, 126–130, 132, 139,

157, 159, 200, 212–214, 217, 219, 237, 239, 241, 242, 244, 246, 247, 268, 271, 272, 281, 282, 285, 290
逆――　⇒　逆能格(antiergative)
――受動性説　⇒　受動性
非――　　6
――(理)論　　105, 126
――語尾　　12
――式　　241
――形式化　　245
――の格表徴化　⇒　格
――指標　　53, 130
二つの数の1人称および複数2人称の――　　52
指標
原――　　243
主格・――　⇒　主格・能格
純主体的――　　141
――小辞　　168
――(的)状態　　75, 159, 162, 183, 194, 237, 244, 253
後期――　　225
初期――　　216
――接辞　　217
前――
――状態　　226
――段階位相　　196
専用――　　130, 287
――組織　　112, 149
――のメカニズム　　154
――と絶対格の区別　　161
――と絶対格の対立　　54, 146, 161, 200, 268
――(組織[構文])の鏡像的反射　　165, 166
――の曲用サブシステム　　161
非兼務――　⇒　兼務能格
文体的――説　⇒　文体的能格説
――文モデル　　46
――マーキング　　87
理想的――
――(構造)組織　　78, 150, 213, 272
――理論　　119
――(的な)類型　　86, 145
――的要素　　159, 219
――の代表諸言語　　145
――の文構造　　77

能格式構文　　6, 78, 121, 122, 217, 238, 240
能格性　　39, 73, 74, 77–79, 82, 83, 85, 87, 101, 107, 119, 124, 128–130, 150, 152, 155–159, 161, 162, 169, 200, 215, 216, 220, 226, 234, 239, 242, 244, 245, 247, 263, 268, 269, 273, 282, 285, 286, 289, 290, 292, 293
――(の)一般論(一般能格論)　　1, 3, 13, 54, 73, 80, 130, 140, 145, 218, 219, 240, 242, 253
――解釈　　57
――拡大(分布)圏　　101, 252
――(の)規範　　47, 53, 155, 159, 169, 217
形式的――　　78
形態的――　　82, 88, 156, 157
――研究　　166, 254
――現象　　88
――原理　　119, 162, 216, 283
――構造式　　141
――全体論　　238, 241
統語的――　　157
――(の)(諸)特徴　　86, 100, 101, 119, 240
――の残滓　　200
――現象　　170
分離――　⇒　分離能格性
――(の)メカニズム　　52, 53, 83, 123, 131, 263
――(の基本的)問題　　81, 82, 86, 123, 238, 267, 289
――研究　　282
――要素　　232
能格・絶対格　　218
――原理　　156, 218
――的　　218
――的――モデル化　　160
能格(的)組織　　50, 54, 57, 59, 62, 81, 90, 118, 119, 122, 125, 127, 129, 130, 132, 133, 136, 138, 139, 141, 146–149, 151, 153, 160, 161, 166, 168, 213, 221, 224, 228, 234, 235, 239–245,

索引　323

247, 253, 267–269, 272
──体系　36, 73, 85, 86, 101, 140–142, 144, 150, 214
──の概念　61
　部分的──　80
　分離的──　80
能格的　43, 64, 81, 88, 89, 156, 157, 230, 273
　──過去　170
　──形式化　74, 87, 156
　──形態(法)　80, 156, 158, 216, 286
　──思考　65
　主格・──言語類型　⇒ 類型
　──(な)性格　87, 89, 161, 246
　──統語
　　──組織　87
　　──法　89, 286
　──特徴　196
　──文構造　144
　──文類型　140, 205, 213, 272
　──(な)(諸)要素　62, 63, 87, 101, 155, 157, 159, 234
能格動詞　109, 118, 122, 128–130, 219, 222, 253, 263, 268
　──述語　127, 130, 132
　──～[と]絶対動詞　108, 145, 147
　　──の[に]区分　138, 239
　　──の対立　132, 205, 233
能動(active)　112, 165
　──化(主格化)過程　137
　　主体の──　285
　──格　60, 110, 123, 130, 195, 217, 290
　逆──　⇒ 逆能動(antiactive)
　──形　112, 134, 222, 224, 227, 241
　──構文　243
　──三項──　112
　社会的──類　⇒ 社会的
　──性　225
　　──～受動性特徴　126
　──態　63, 135, 138, 145, 170, 199, 224, 225, 240, 267, 268
　──的意味　15
　　──意味　125

──主語　110
中──な自動詞　⇒ 中能動的(mediactive)な自動詞
──動詞　⇒ 動詞
──文　63, 130, 131, 133, 238, 243, 266
──類　234
ノストラ語族仮説　43

■　は　行　■

場　19, 118, 139, 150, 227, 282
　社会言語学的──　4
排外
　──形(exclusive)　180, 227
　──(的)代名詞　181, 202, 227
　──的
　　──意味　180
　　──語彙素　181, 268
　　──指標　207
ハイパーロール(融合的意味役割)　149, 214
派生
　──概念　10
　──形態素　10
　──構造　251
　──的
　　──意味　17
　　──性格　136
　　──な語彙素　⇒ 語彙
　──動詞
　　──状態形容詞　⇒ 形容詞
　　──名詞　⇒ 動詞
　　──モデル　⇒ 動詞
　──歴史的
　　──関係　200
　　──性　205
　　──論理的──(性)　59, 205
発展(過程)段階　158, 180, 185, 188, 220, 248
　言語(科)学の現──　95
　社会的──　174
　(社会・)(一)歴史的(な)──　189, 248
　言語の──　178, 186
発話時以前　104
パラダイム　230, 288
　　──格　⇒ 格
　活用──　⇒ 活用パラダイム
　曲用──　⇒ 曲用パラダイム

形式的語形変化──　⇒ 語形変化
複数の──　⇒ 複数(性)
半過去(インパーフェクト)　53, 217
　──時制　⇒ 時制
汎時代的(panchronic)再編　⇒ 再編
反射態　⇒ Ātmanepada
バントゥー祖語期　233
半母音　⇒ 母音
反歴史主義　188
　──的　182, 262
　　──見解　182
非遠心
　──形　⇒ 求心形
　──相　⇒ 求心相
非円唇(化)母音　⇒ 母音
比較言語学　48, 191, 197, 199, 201, 281, 283
　印欧語──　197
　──者　33
　──的レヴェル　197
比較的再構(法)　⇒ 起源(学[論])的(genetic)(比較・歴史的)
比較文法　⇒ 文法
比較・歴史言語学(起源言語学)　195, 283
　cf. 比較言語学、歴史言語学
比較・歴史的再構　⇒ 起源(学[論])的(genetic)(比較・歴史的)
非偶然性　28
非偶然的　65
非形式的　⇒ 形式的
非顕在範疇　⇒ 顕在
被限定語　⇒ 限定
非兼務能格　⇒ 兼務能格
非行為項　⇒ 行為
被行為主　⇒ 行為
非恣意性　⇒ 態意
非恣意的(non-arbitrary)　⇒ 恣意
非主格言語　⇒ 主格
非主格組織　⇒ 主格
非生産的動詞類　⇒ 動詞
非体系的　⇒ 体系的
非態的ディアテシス　⇒ ディアテシス
非他動詞　⇒ 他動詞
非他動性　⇒ 他動性
非他動的行為　143
　──の主体　80, 88, 140, 141, 167, 170, 214, 268, 272

324

――の概念　50
非他動詞的動詞述語 ⇒ 動詞
必須概念 ⇒ 概念
必然的　3, 16, 32, 33, 35, 36, 63, 65, 71, 120, 133, 146, 205, 247, 255, 261
　　――相関項　83
　　――属性　261
　　――な法則的連関性　40
　　論理的に（相互）（に）――　61
　　――な（諸）特徴　34, 61
非能格構文 ⇒ 能格
非文法的 ⇒ 文法的
非分離所有（有機的所有）⇒ 所有
非分類的類型学 ⇒ 類型学
非有機的所有（分離所有）⇒ 所有
標識　16, 205, 253
　　無――　288
表層的　15, 78, 103, 104, 156, 158, 159, 202, 266
　　純（粋に）――　70, 82, 213, 244, 272
　　――多様性　45
表徴　47, 155, 241, 242, 246
　　――化　246
　　――格―― ⇒ 格
　　――の機能化　246
広母音 ⇒ 母音
品詞　103
　　――目録　103, 265
フィロロジー　68
風変り諸言語 ⇒ 言語
不可逆
　　――性　199, 214, 216, 224
　　――的　175, 187, 198, 219, 285
　　　　――構造変化　187
　　　　――な発展　211, 271
　　　　――方向説　236
不活格　109, 116, 148, 163, 225
　　活格と――の対立 ⇒ 活格
　　――系列　147, 148
　　　3人称――指標　118
　　――（の）（動詞）人称接辞　116, 269
　　――（の）人称接辞　109
　　――構文　109, 115, 118, 143, 269
不活性　149
　　活性・［～］―― ⇒ 活性
　　――原理　99, 143, 149, 220, 269
　　――性　163

――的行為　143
――（類）名詞　113, 115, 143, 146, 268, 269
――類　109, 150, 231, 268
不均斉現象（asymmetrism）　218
複合体　35, 67, 79
　　定形動詞―― ⇒ 動詞
　　――的言語類型 ⇒ 類型
副詞的
　　――機能　57, 137
　　――与格 ⇒ 与格
複数（性）　10, 104, 198
　1人称―― ⇒ 人称
　　――1人称（形）⇒ 人称
　　　　――代名詞 ⇒ 代名詞
　　――形　182
　　――の概念　10
　　――のパラダイム　53
複人称的
　　――活用原理 ⇒ 活用
　　――な性格の動詞活用 ⇒ 動詞
複文　190
不随意
　　――（的）（な）行為・［や］［と］状態
　　　　――の主体　50
　　　　――の［を表す］（特別な）動詞（類）　50, 115, 120, 221, 236, 268
　　――性　215
　　行為と状態の――　207
　　行為の――　236
　　――範疇　207
　　――的　236
普通名詞 ⇒ 名詞
部分系的　82
部分属格 ⇒ 属格
普遍　26
　　――41　90
　　意味―― ⇒ 意味
　　含意的――（性）　26, 89
　　完全――　26
　　不――　26
　　関与的な――　26
　　非――　26
　　言語――（論）⇒ 言語普遍
　　――性　103
　　――の法則性 ⇒ 法則性
　　類型的―― ⇒ 類型的
　　歴史的―― ⇒ 歴史的
普遍的　34, 81, 88, 248, 249
　　――（な）意味　17
　　――役割　80
　　――要素　141
　　――（な）特性　35

――な深層構造　49
――な文法範疇 ⇒ 文法
――な（言語）範疇　20, 260
不変的思考レヴェル ⇒ 思考
フレーズ　18, 122
プロファイル ⇒ 輪郭
文
　　――構造　72, 84, 85, 89, 105, 154, 168, 218, 237, 243, 253
　　――種　246
　　主格的―― ⇒ 主格的
　　主格類型の―― ⇒ 主格
　　受動的―― ⇒ 受動的
　　所有的―― ⇒ 所有
　　全一的――　247
　　統語中心的 ⇒ 統語的
　　動詞中心的――説　106
　　能格的―― ⇒ 能格的
　　能格類型の―― ⇒ 能格
　　三項――　213, 246, 272, 285
　　――（の）成分　105, 118, 258
　　――の機能域　11
　　――の（然るべき）形態形成　105
　　――の線条化規則　89
　　名詞―― ⇒ 名詞
　　――目録　115, 127
　　――の行為者 ⇒ 行為
　　――の統語法 ⇒ 統語
　　――の動詞成分 ⇒ 動詞
　　――の倒置　131
　　――の二次成分（目録）⇒ 二次成分
　　――の名詞成分 ⇒ 名詞
　　変形――　119
　　――モデル　46, 127, 154, 165, 170, 218
　　行為―― ⇒ 行為
　　自動詞―― ⇒ 自動詞
　　主格―― ⇒ 主格
　　絶対―― ⇒ 絶対
　　他動詞―― ⇒ 他動詞
　　能格―― ⇒ 能格
　　――類型 ⇒ 類型
文化　174, 177, 180
　　――水準　174, 180
　　――的つながり　64
分解能　212, 271
　　――構造―― ⇒ 構造
分割多数性　104
文献　42, 62, 100, 123, 199, 201, 207, 209, 220,

索引 325

235, 236, 238
欧米の―― 1
言語学―― ⇒ 言語学
古―― 201
西欧の―― 104
専門(分野の)―― 73, 78, 86, 232, 238
分詞 103
過去―― 130
完了―― 241
第1―― 130
分析 175
――型 45, 208
――構造 208
――性 42, 169
――的(諸)構造体 ⇒ 構造
文体的能格説 75
文法 41, 80, 123, 124, 186, 189, 205, 263, 284
――化 215
――格 ⇒ 格
――関係 21
真の―― 151
関係―― 1, 13, 16, 21, 75, 104, 140, 141, 158, 164, 259
記述―― 32, 54, 130, 227, 239
共時的―― ⇒ 共時(的)
――(的)形式 188, 190
――(的諸)現象 189, 215
――構造 17, 31, 78, 84, 99, 106, 109, 110, 124, 158, 167, 183, 188, 194, 220, 226
古代インドの――家 135
――性(gender)
――の組織体系 212
青年――学派 ⇒ 青年文法学派
通時的―― ⇒ 通時的
伝統―― 124, 132
――(的)(諸)範疇 16–18, 84, 85, 145, 153, 174, 176, 188, 206, 214
――の概念 76
普遍的な―― 56
――目録 189
比較―― 58, 194, 195, 197, 215
印欧語―― 195
――分野 62, 206
役割と指示の―― 83
――理論 73
――レベル 21, 216
歴史―― 186

文法性要素 221
文法的 17, 41, 71, 200, 205
――意義 49
語彙・―― ⇒ 語彙
――事実 124
――手段 153, 189
――相似性 64
――タイプ 97
――抽象 71, 200
――化 190
――度 41
――伝統 179
――特性 80
――な核 ⇒ 核
――発展問題 289
非―― 129
――表現手段 170
――類別範疇 ⇒ 類別
文明 180
農耕―― 185
分離
――主格性 ⇒ 主格
――所有 ⇒ 所有
分離的能格組織 ⇒ 能格
分離能格性 62, 216, 217, 285
――(の)組織 218
――の代表言語 63
――の概念 62, 63
――の機能化 89
――の特徴 124
分類
――学 ⇒ タクソノミー
起源的―― ⇒ 起源(学[論])的(genetic)(比較・歴史的)
形式類型学的―― ⇒ 形式
(諸)言語(の)―― ⇒ 言語
――原理 40, 144
動詞の―― ⇒ 動詞
名詞の―― ⇒ 名詞
――構想 93, 96
自然(的)(な)―― 68, 69, 169, 171, 185, 211, 270
人為的(人工的)(論理的)(な)―― 33, 68, 169, 185, 211, 270
――図式 51, 74, 93, 96, 106, 110, 195
地域的―― ⇒ 地域的
動詞(の)―― ⇒ 動詞
内容類型学的(な)―― ⇒ 内容類型学的
部分的―― 171
名詞(の)―― ⇒ 名詞
類型(的)―― ⇒ 類型

――(的)類型学 ⇒ 類型学
類型学的(な)―― ⇒ 類型学的
類別的下位―― ⇒ 類別的
変化と発展 174, 187
変形テスト 81, 266
弁証法 3, 254, 284–286
主体・客体関係[間][的](の) ⇒ 主体・[と]客体
――的 37, 285, 289
――(な)関係 284, 285, 287
――相関関係 12, 259, 272
――相関性 213
――統一 214
――発展過程 283
連関関係の―― 19
変則的構文 ⇒ 構文
弁別(諸)特徴 25, 269
音素の――の類型学 ⇒ 音素
――の閉鎖性 25
(諸)類型の―― ⇒ 類型
母音
円唇―― ⇒ 円唇母音
円唇化 ⇒ 円唇化
――音素ペア 30
開―― 224
――交替 54, 215, 222–224, 263
――組織 53
狭―― 222
前舌―― 54
――対立 224
半―― 244
広―― 222
閉―― 224
包含事象 54, 72, 79, 116, 128, 133, 221, 284
音韻的―― 51, 263
形態的―― 133, 209, 245
語彙的―― 3, 73, 81, 157, 209, 263
構造的―― 48, 54, 143, 146, 259
主格構造の―― 33
主格性(の)―― 63, 132, 267
――的依存関係 184
動機性をもつ―― 146
統語的―― 209
方言組織 ⇒ 組織
抱合(incorporation) 115, 156
――型 194
方向性転換指標 ⇒ 指標
法則性 17, 65, 89, 147, 292

――合―― 172
統合的―― 52
普遍の―― 22
歴史的―― ⇒ 歴史的
方法論 10, 17, 179, 193, 195, 203
方法論的 4, 97, 248
研究の――基盤 178
――手段 17
――性格 4
――装置 4
理論的・―― ⇒ 理論的
――手順 33
――特徴 140
――武器 184
――類似関係 23
補外法(extrapolation) 191, 198
類型学的―― ⇒ 類型学的
補語 84, 103, 126, 127, 133, 139, 166, 265, 268, 288
間接―― 50, 109, 122, 127–130, 133, 138, 139, 158, 160, 214, 235, 236, 266, 267
――機能 286
具格―― ⇒ 具格
行為主―― ⇒ 行為
斜格―― 47
主語・―― ・述語成分 ⇒ 主語
――成分 158
絶対格―― ⇒ 絶対格
――節の主語 ⇒ 主語
近い―― 109, 115, 117, 143, 214, 236, 269
直接―― 50, 109, 121, 122, 125, 127, 129, 132–134, 136, 138, 139, 151, 158, 160, 165, 166, 214, 217, 235, 236, 240, 266, 267, 288
――格 165
――の対格 ⇒ 対格
遠い―― 109, 115, 143, 236, 269
――の構成区分 269
無――
――動詞 212, 271
――(的)用法 212, 271
名詞―― ⇒ 名詞
補充法(suppletion) 227
補助語 89, 170
ポテンシャル 68, 155, 172, 270, 274, 288

形態的―― ⇒ 形態的
言語の内容的―― ⇒ 内容的
統語的―― ⇒ 統語的
発展―― 233

■ ま 行 ■

未完了過去(imperfect) ⇒ 過去
密接度 98
非―― 98
未分化拡散的(diffuse) 112, 114, 270
――な動詞 ⇒ 動詞
未来時制 ⇒ 未来
民族心理 ⇒ 心理
無規定(と認定される)構文
――の[という]概念 45, 46
無規定構文 46, 226
無形性(amorphousness) 175
言語の―― 188
無形的(amorphous)状態 183, 194
無生 87, 235
――原理 99, 220
――動詞 ⇒ 動詞
――範疇 117
――名詞 ⇒ 名詞
有生・[～] ⇒ 有生
有生性～――性 ⇒ 有生性
有生と―― ⇒ 有生
――類 150, 231, 232, 234, 268
無徴
――受動 ⇒ 受動
――的
――性格 72
――絶対格 ⇒ 絶対格
――の主格 ⇒ 主格
無動詞構造 ⇒ 動詞
無標識 ⇒ 標識
無文字言語 ⇒ 言語
名詞 30, 105, 109, 111, 113, 117, 118, 122, 123, 126, 131–133, 146, 150, 155, 157, 160, 162, 168, 217, 225, 231, 234, 235, 246, 253, 266, 268, 269
――化 83
――型 156, 253, 285, 286, 289
――形態タイプ ⇒ 形態
――構文 117
――タイプ 219

活性(類)―― ⇒ 活性
客体 122
――曲用 47, 103, 112, 129, 133, 148, 200, 209, 226, 266
――パラダイム ⇒ 曲用
――句
同一――削除 ⇒ 同一名詞句削除
――変形 119
――区分 111, 118, 143, 267
多類別の―― ⇒ 類別
――形態 11, 143, 148, 150, 162, 183, 195, 212, 218, 225, 239, 253, 254, 258, 269–271, 274
――形成 225
行為―― 136
――語尾 208
固有―― 87, 155, 168
――指示物 155
実―― 111, 118
――支配 122
――主語 ⇒ 主語
女性―― 195
――(諸)成分 46, 130, 156, 218, 245, 285
文の(基本的)―― 88, 156, 167, 168, 214, 217, 244, 253, 272
代―― ⇒ 代名詞
男性―― 195
中性―― 195
――的 126
動―― 131
動詞派生―― ⇒ 動詞
――の格形態 ⇒ 格
――の格表示 ⇒ 格
――の語形変化 164, 203, 274
――の所有変化 ⇒ 所有
――の性分類 182
――の多類別法 ⇒ 類別
――の二項的語彙・文法的分類 ⇒ 語彙
――の類型 ⇒ 類型
不活性(類)―― ⇒ 不活性
――付接的使用 136
普通―― 87, 155
文成分 116
――(の)分類 99, 110, 118
顕在的な―― 232
――原理 115
――組織 232

索 引　327

内容的に決定[規定]され
　た[る]　　149, 182,
　266, 267, 269
内容的に動機性がある
　――　　　　　　231
　　二項的――　　　235
　　――の残滓　　　231
　　――対立　　　　231
　　――法　103, 106, 265
　　――補語　46, 90, 133
無生――　55, 56, 113, 143,
　146, 155
有生――　　56, 113, 143,
　146, 155
　　――要素　　　　162
　　――(の)類別　　 111
　　――区分　　　　270
　　――原理　　　　111
　　――組織　　　　111
内容に規定される――
　　99
　　――法解除　　　225
鳴子音　⇒ 子音
名詞(の)語彙　87, 103, 143,
　265
　　――化原理　⇒ 語彙化
　　――素　　　　　112
　　――類　　　　　114
　　――の構造化原理　41, 108,
　111
メタ言語　　5, 63, 110, 145
メタ言語学　⇒ 言語学
網羅性(exhaustiveness)　170
網羅的(exhaustive)　170
目的意識性　　　　　 22
文字言語　⇒ 言語
モデル化　　　　　　 22
　　主格・対格的――　⇒ 主格・
　　対格
　　能格・絶対格的――　⇒ 能格

■　や　行　■

役割と指示の文法　⇒ 文法
唯一性(uniqueness)　　170
唯一の分類(unique
　classification)　　 170
有意(義)成分　　　　 89
　　言語の――　31, 89, 90, 259
　　――の語順の類型学　 13
有機的所有(非分離所有)　⇒
　所有
融合的意味役割　⇒ ハイパー
　ロール
有生　　　　　　87, 235
　　――客体　　　　163
　　――原理　　 99, 220
　　――動詞　⇒ 動詞

　　――と無生　　　143
　　――の区別　　　149
　　――の対立　　　149
　　――範疇　　　　117
　　――・[～]無生　 202
　　――原理　　　　284
　　――対立　　　　232
　　――特徴　　　　225
　　――名詞　⇒ 名詞
　　――類　150, 231-234, 268
有生性　　　　　　　 56
　　～無生性
　　――特徴　　111, 150
優先性(primacy)
　統語の――　⇒ 統語
　歴史的――　⇒ 歴史的
有徴
　　――化　　　　　233
　　――性　　　　　167
誘導的諸要素　　　　201
用語装置　　　 26, 42, 44
与格　33, 54, 57-61, 136, 137,
　146, 160, 208, 225,
　227, 239, 246, 267,
　274
　客体の――　　 57, 137
　cf. Dativus objecti-
　　vus
　主体の――　　 57, 137
　cf. Dativus subjecti-
　　vus
　　――的関係　　　137
　副詞の――　　 57, 137
　cf. Dativus adverbia-
　　lis

■　ら　行　■

理想的
　　――能格　⇒ 能格
理論言語学　⇒ 言語学
理論的
　　――装置　　 82, 284
　　――方法論的装置　 3, 179
輪郭
　　――特徴[像](プロファイル)
　　　3, 61, 62, 76, 103,
　　　109, 118, 119, 123,
　　　132, 145, 149, 152,
　　　154, 158, 168, 170,
　　　195, 196, 200, 222,
　　　233, 236
　　――的　　 143, 158
類(クラス)　⇒ クラス(類)
類型　3, 11, 12, 20, 34-36, 40,
　61, 72, 103, 106,
　108, 144, 145, 153,

　165, 167, 174, 177,
　201, 210, 234, 260,
　261, 263, 283-287
亜――　⇒ 亜類型
異――　⇒ 異類型
音韻的――　　　　　 31
　　――化　3, 5, 39, 95, 111,
　183
　　――対象　　 73, 255
活格――　⇒ 活格
基本――　　　　　　 10
形式的構造の諸――　 259
言語(諸)――　 3, 11, 20,
　25-29, 34-38, 40, 45,
　47, 50-52 , 54, 61,
　69-71, 73, 75, 80-82,
　85, 86, 88, 89,
　97-99, 103-106,
　108-110, 133, 138,
　141, 144-146, 148,
　149, 152, 153, 156,
　157, 165, 167-169,
　178, 187, 188, 194,
　195, 213, 214, 237,
　248, 250, 253, 254,
　259, 260, 262-266,
　268, 270-273, 287,
　290
　　――の意味的決定因子
　　144, 145, 254
　　――(の)基準　69, 203,
　　265
　　――形成　　　　177
形態的――　　　　　177
　　――構想　　　　 13
　　――種　　　　　169
　　――(の)集合　188, 209
主格・能格的――　　 37
　　――の深層的動因子
　　219, 273
全一的(統一的)な――
　　70, 80, 81, 98
総体系的な――観　　 38
　　――体系　　　　292
　　――(の)(諸)特徴　106,
　　110, 154, 265, 272,
　　273
内容的――　51, 52, 72,
　73, 148, 208, 263
内容に定位した――　 45
内容類型学的な――
　　219
　　――の概念　1, 24, 25,
　　27, 32, 33, 35, 37,
　　45, 61, 183, 199,
　　260, 261, 281
　　――の機能段階　　254

――の混合　　36, 216
――の純正さ　　36
――の(総)体系性　　73, 247
――の体系的理解　　88
――の内的な ratio(原理)　　36
――の変異性　　174
――のメカニズム　　88
複合体的――　　72
言語内――　　165, 262, 283
――の概念　　27, 35, 260
――(的)構造　　75, 94
――組織　　77
孤立型――　　⇒ 孤立(型)
混合――　　⇒ 混合
純粋――　　262, 285
――(的)状態　　58, 64, 140, 200, 206, 211, 266
――像　　7
総体系的な――解釈　　39
多――諸言語　　49
地域的――　　44
中立型――　　⇒ 中立
――(的)特徴　　30
――内呼応諸特徴　　⇒ 呼応(する)(諸)特徴
――の[という]概念　　25, 27, 37, 40, 260, 261, 286, 291
(諸)――の弁別諸特徴　　34, 98
各言語――　　106
――(的)比較　　35, 85
文――　　112, 115, 127, 133, 139, 143, 157, 205
主格的――　　⇒ 主格的
能格的――　　⇒ 能格的
――(的)分類　　30, 34, 35, 37, 41, 94, 95, 170, 177, 288
――法　　2
名詞の――　　106
――目録　　167
――(的)(の)(諸)要素　　36, 44, 62, 74, 101, 154, 156–158, 162, 216, 233, 245, 273, 274
活格的な――　　⇒ 活格
形態と統語間の――　　164
主格的な――　　⇒ 主格的
能格的な――　　⇒ 能格
――理論　　176

類別型――　　⇒ 類別
――論　　⇒ 類型論
類型学――　　1, 4, 14, 21–25, 27–29, 31–33, 36–38, 40, 42, 45, 69, 71, 72, 93–97, 119, 153, 159, 171, 173, 175, 176, 180, 191–194, 197, 198, 201, 203, 205, 250, 255, 257, 260–262, 281–283, 291, 292
音素――　　⇒ 音素
音素の弁別特徴の――　　⇒ 音素
概念――　　⇒ 概念
概念的優勢の――　　⇒ 概念
関係(的)――　　1, 13, 75, 259
形式――　　⇒ 形式
形式的(な種類の)――　　⇒ 形式的
――(諸)研究　　2–7, 16, 21–23, 26, 27, 29, 35, 40, 41, 45, 72, 83, 89, 94, 96, 97, 114, 119, 122, 132, 143, 150, 166, 170, 178, 179, 183, 185, 193, 203, 204, 211, 271, 282, 289, 291
共時的――　　⇒ 共時
形式に定位した――　　237
――(の歴)史　　36, 98, 153, 212, 220
――者　　5, 33
――潮流　　18
言語――　　3, 5, 7, 22, 26, 27, 36, 67, 95, 97, 187, 192, 257, 281, 283, 292
――史　　288
内容に定位した――　　⇒ 内容に定位した
――理論　　281
言語の内容面の――　　⇒ 内容
言語の有意成分の語順の――　　⇒ 有意(義)成分
現代(の)――　　3, 29, 34, 180, 182, 211, 271, 286
――潮流　　174
語彙の――　　39
――構想　　9, 10, 26, 49, 87, 258, 259, 291

非形式的な――　　12
国際――ワーキング・グループ　　⇒ 国際類型学ワーキング・グループ
語順の――　　89, 90, 259
史的――　　⇒ 史的類型論[学]
――者　　3, 6, 7, 20, 27, 33, 61, 65, 69, 71, 73, 74, 76, 79, 80, 88, 140, 144, 174, 178, 180, 191, 238, 245, 261, 264
尺度と整理の――　　95
尺度の――　　97
――(諸)説　　74, 93, 179
総体系(的)(な)――　　38, 39, 262, 284
通時(的)――　　⇒ 通時
――徒　　289
現代の――　　6
統語的――　　11, 258
内容――　　⇒ 内容類型学
内容に定位した――　　⇒ 内容に定位した
――の分野　　13, 193, 199
――の歴史　　41
――的基礎　　187
――(の)分野　　159, 195, 204
分類(的)(な)――　　94–97
非――　　94, 96, 97
――(的)問題(群)　　4, 79, 82, 94, 152, 282
――(の)理論　　2, 6, 26, 37, 45, 47, 75, 94
――構想　　31
――の原理　　21
――レヴェル　　23, 197
類型学的――　　5, 21, 27, 37, 43, 54, 51, 95, 116, 178, 181, 187, 194, 201, 203, 262
――(な)アプローチ　　25, 32, 192
――解釈　　235
――確度　　197
――関連性　　96
――結論　　107
――(な)研究　　1, 9, 21, 25, 184
内容に定位した――　　⇒ 内容に定位した
比較・――　　202
――(な)言語分類　　3, 40, 49
――(な)考察　　260
純――　　198

索 引　329

──根拠　197
──(な)再建[再構]　3, 80, 190–198, 200–204, 211, 271
──再編　237
──資格付け　168
──次元　191
史的・──　⇒ 史的・類型学的
──深層構造　71, 138, 266
──(な)性格　197, 260
──側面　191
──(な)手順　25, 261
──(な諸)[に]特徴　109, 155, 156
　　　──づけ(る)　44, 63, 101, 107, 168, 238, 282
内容の──　⇒ 内容類型学
──な原理　69
──な定式化　100
──比較　27
──(な)分類　30, 44, 94, 171, 182, 203, 235
　　　──基準　171
──法則性　192, 197
──補外法　192, 198
──レヴェル　191, 197
類型種　24, 28, 33, 43, 48, 49, 51, 195, 196, 234, 258, 261, 264, 283, 285
　　一定の──　24, 28, 196
　　──の代表言語　61
(諸)言語の──　28, 37, 38, 42, 61, 80
同一[じ](の)──　49, 64–66
　　──の代表言語　65
　　──分類　31
類型(的)(諸)組織　50, 75, 79, 80, 108, 127, 129, 138, 145, 146, 149, 152, 154, 216, 253
　　──体系　82, 99, 139
　　全一的な──　85
類型的　26, 31, 42, 118, 136, 153, 155, 162, 166, 193, 198, 218, 230
　　──カテゴリー　53
　　──(な)関与性　20, 32, 35, 48, 80, 261
　　──記述　39
　　──基準　31, 37
　　──規範　201
　　──共存性　200
　　──研究　22

比較・──　286
言語の──近似性　28
──考察　20
──構成体　28
──差異　185, 190
──再構　187, 199, 200
──再編　43, 174, 182, 192, 209, 226, 241, 243, 245, 273
──過程　87, 216, 232
──システム　235
──シフト　205, 236
──集合全体　200
──諸事実　94
──所属　41
　　　──性　52
──進化　74, 178, 213, 241, 248, 272
──相関
　　　──概念　62
　　　──関係　182, 265
　　　──性　57
──相互分裂　154
──(進化における)対応関係　74, 75
──適合性　182
──特性　35, 78, 269
──に関与的　3, 25, 26, 34, 35, 160, 182
──に(相)異なる　150, 158, 162, 195, 203, 215
──認定　84, 162
──発達　287
　　　──面　175
──発展　188, 236, 249, 251
非──　36
　　　──特性　35
　　　──普遍　35
──隔たり　153, 193
──(な)変化　70, 184, 251
　　　──の動因子　⇒ 動因子
──変換　206
──(な)類似性　42
類型(的)(の)(諸)特徴　35, 82, 100, 105, 152, 154, 195, 218, 254, 261, 266
全一的(な)──　168
　　　──づけ　84
　　　──づけ　37, 62, 78
別──　61
類型論　20, 29, 49, 63, 82
言語──　29
サブシステム(部分系)──　39

史的──　⇒ 史的類型論[学]
──者　28, 77
通時(的)──　⇒ 通時
類似性　4, 21, 22, 48, 64, 65, 103, 114, 162, 167, 203, 222, 261, 262, 264
概念的──　⇒ 概念
形式的──(な)　⇒ 形式的
形態的──　⇒ 形態的
言語的──　⇒ 言語的
構造的──　⇒ 構造的
地域的──　⇒ 地域的
非──　24
類型的──(な)　⇒ 類型的
類別　31
──型　98, 109, 146, 148, 169, 202, 220, 281, 285, 286
　　　──の代表言語　109, 181, 226
　　　──類型　99, 152, 292
──活用　213
──群　112
──(型)(諸)言語　99, 100, 106, 112, 145, 147, 148, 232, 274, 284
──原理　284
名詞の──　⇒ 名詞
後期──状態
　　　──の代表言語　99
──指標　110, 268
──接辞
人称・──　270
　　　──目録　143
──組織　110–112, 143, 147, 149, 150, 153, 181, 212, 231, 269
名詞の──　⇒ 名詞
多──
　　　──人称接辞　109
　　　──の名詞区分　193
名詞の──法　99
──的
　　　──階層性　231
　　　──数詞　231
　　　──対立　149
──範疇　112
　　　文法的──　111
名詞(の)──　⇒ 名詞
　　　──役割　149
類別構造　109, 143, 149, 150, 152, 153, 214, 219, 269
　　　──の組織　254, 269
　　　──体系　214

――の代表言語　　41, 99,
　　　111, 149, 232
類別的
　　――下位分類　　112
類別・人称
　　――活用　　147, 148
　　――指標　　112
　　――的　　116
レーマ　⇒　構造化
歴史言語学　　194
　　cf. 比較・歴史言語学(起源言
　　　語学)
歴史主義　　7, 184, 187, 262,
　　284
　　――(の)原則　　289
　　――(の)原理　　179, 184,
　　　185, 255, 262, 274,
　　　289
　　反――　⇒　反歴史主義
歴史性　　284, 286
歴史的　　23, 24, 37, 83, 86, 89,
　　97, 98, 163, 178,
　　179, 183–186, 194,
　　201, 207, 208, 212,
　　213, 215, 217, 224,
　　226, 230, 235, 237,
　　242–244, 246, 251,
　　253, 254, 257, 271,
　　273, 286, 290
　　――(な)アプローチ　⇒　起
　　　源(学[論])的(genetic)
　　　(比較・歴史的)
　　――解釈　　3, 97, 173, 188,
　　　211, 226, 237, 242,
　　　270
　　――過去　　231
　　――過程　　66, 177
　　――関係　　176

　　――関心　　245
　　――観点　　136
　　――基礎
　　　類型学の――　⇒　類型
　　　　学
　　――基盤　　188
　　――形成問題　　198
　　――(諸)研究　　255
　　言語の――　　177
　　言語の――動き　　189
　　――現実　　204
　　――原理　　177, 185
　　――根拠　　182
　　――再編　　90
　　――残滓　⇒　残滓
　　――産物　　178
　　――順次性　　194
　　――進化　　67
　　――性格　　3, 176, 181
　　――相関
　　　――関係　　241
　　　――性　　227, 235
　　――側面　　71, 190, 255
　　――展望　　179, 187
　　――な音法則作用　⇒　音
　　――な含意性　⇒　含意性
　　――二次性　　245
　　――派生　⇒　派生
　　――(な)発展　　33, 185, 233,
　　　270
　　　――過程　　61, 186, 238,
　　　　248
　　　――段階　⇒　発展(過
　　　　程)段階
　　　――法則　　248
　　比較(・)――　⇒　起源(学
　　　[論])的(genetic)(比較
　　　・歴史的)

　　非――傾向　　180
　　――必然性　　185
　　――普遍　　187
　　――法則性　　66
　　――見通し　　174
　　――未発達性　　182
　　(諸)――(群)　　172, 177,
　　　178
　　優先性(primacy)　　253
　　――来歴　　177
　　――隣接性　　234
　　　――構想　　233
歴史文法　⇒　文法
連係包含的(implicational)
　　　199, 267
連結言語　⇒　言語
連合関係(paradigmatics)　　263
連声　　52
連結辞　　233
ロシア言語学　　12, 67, 259, 288
ロシア・ソヴィエト言語学　　288
　　――史　　288
論理的(人為的)　　31, 34, 36, 61,
　　66, 146, 148, 164,
　　203, 208, 227, 261
　　――依存関係　　200
　　――帰結　　127, 184
　　――(な)結果　　193, 206
　　――思考　⇒　思考
　　――主体　⇒　主体
　　――派生　⇒　派生
　　――必然性　　35
　　――分類　⇒　分類
論理範疇　　18

■　わ　行　■

話者　　145, 258
　　――の意識の中　　49, 50

著　者

Георгий Андреевич Климов（1928-1997）
ゲオルギー・アンドレーヴィッチ・クリモフ
ロシアの言語学者（言語学、言語類型学、カフカース言語学）

訳　者

石田　修一（いしだ・しゅういち）
1938年生まれ。京都大学大学院博士課程中退。
大阪外国語大学名誉教授（ロシア語学、言語学）
論文：「G. A. クリモフ著『内容類型学原理』についての覚書」（「類型学研究」2号2008年）；「G. A. クリモフ著『能格性総論概説』についての覚書」（同3号2011年）；「関係類型学と内容類型学 — A. E. キブリクとG. A. クリモフ」（同4号2014年）（以上は京都大学電子リポジトリ「くれない」に掲載）；「言語タイプと文の成分」（「国文学解釈と鑑賞」2010年7月）、他。
訳書：G. A. クリモフ著「新しい言語類型学 — 活格構造言語とは何か」（三省堂1999年）、他。

内容類型学の原理

2016年9月10日　第1刷発行

著　者　G. A. クリモフ
訳　者　石田修一
発行者　株式会社 三省堂　代表者 北口克彦
印刷者　三省堂印刷株式会社
発行所　株式会社 三省堂
　　　　〒101-8371　東京都千代田区三崎町二丁目22番14号
　　　　　　　　　電話（編集）03-3230-9411
　　　　　　　　　　　（営業）03-3230-9412
　　　　　　　　　振替口座　00160-5-54300
　　　　　　　　　http://www.sanseido.co.jp/

〈内容類型学の原理・336pp.〉

落丁本・乱丁本はお取替えいたします

© G. A. Klimov, S. Ishida 2016　　　　Printed in Japan

ISBN 978-4-385-35916-8

Ⓡ本書を無断で複写複製することは，著作権法上の例外を除き，禁じられています。本書をコピーされる場合は，事前に日本複製権センター（03-3401-2382）の許諾を受けてください。また，本書を請負業者等の第三者に依頼してスキャン等によってデジタル化することは，たとえ個人や家庭内での利用であっても一切認められておりません。